SAP Kompetent

Reihenherausgeber:
Professor Dr. Dr. h.c. mult. Peter Mertens
Universität Erlangen-Nürnberg

Dr. Peter Zencke
SAP AG, Walldorf

Andreas Hufgard · Heiko Hecht
Wolfgang Walz · Frank Hennermann
Gerald Brosch · Sabine Mehlich
Christian Bätz

Business Integration mit SAP-Lösungen

Potenziale, Geschäftsprozesse,
Organisation und Einführung

Mit 77 Abbildungen
und 48 Tabellen

Dr. Andreas Hufgard · Dr. Heiko Hecht · Dr. Wolfgang Walz
Dr. Frank Hennermann · Dipl.-Kfm. Gerald Brosch · Dr. Sabine Mehlich
Dr. Christian Bätz
IBIS Prof. Thome AG,
Mergentheimer Straße 76a, 97082 Würzburg

Microsoft®, WINDOWS®, EXCEL®, Word® und SQL Server® sind eingetragene Marken der Microsoft Corporation.
ORACLE® ist eine eingetragene Marke der ORACLE Corporation.
HTML, XML sind Marken oder eingetragene Marken des W3C®, World Wide Web Consortium, Massachusetts Institute of Technology.
JAVA® ist eine eingetragene Marke der Sun Microsystems, Inc.
MarketSet und Enterprise Buyer sind gemeinsame Marken von SAP AG und Commerce One.

SAP, R/2, R/3, mySAP, mySAP.com und weitere im Text erwähnte SAP-Produkte und -Dienstleistungen sowie die entsprechenden Logos sind Marken oder eingetragene Marken der SAP AG in Deutschland und anderen Ländern weltweit.
Alle anderen Namen von Produkten und Dienstleistungen sind Marken der jeweiligen Firmen.

Bibliografische Information Der Deutschen Bibliothek
Die Deutsche Bibliothek verzeichnet diese Publikation in der Deutschen Nationalbibliografie; detaillierte bibliografische Daten sind im Internet über *http://dnb.ddb.de* abrufbar.

ISBN 3-540-21350-3 Springer Berlin Heidelberg New York

Dieses Werk ist urheberrechtlich geschützt. Die dadurch begründeten Rechte, insbesondere die der Übersetzung, des Nachdrucks, des Vortrags, der Entnahme von Abbildungen und Tabellen, der Funksendung, der Mikroverfilmung oder der Vervielfältigung auf anderen Wegen und der Speicherung in Datenverarbeitungsanlagen, bleiben, auch bei nur auszugsweiser Verwertung, vorbehalten. Eine Vervielfältigung dieses Werkes oder von Teilen dieses Werkes ist auch im Einzelfall nur in den Grenzen der gesetzlichen Bestimmungen des Urheberrechtsgesetzes der Bundesrepublik Deutschland vom 9. September 1965 in der jeweils geltenden Fassung zulässig. Sie ist grundsätzlich vergütungspflichtig. Zuwiderhandlungen unterliegen den Strafbestimmungen des Urheberrechtsgesetzes.

Springer ist ein Unternehmen von Springer Science+Business Media
springer.de

© Springer-Verlag Berlin Heidelberg 2004
Printed in Germany

Die Wiedergabe von Gebrauchsnamen, Handelsnamen, Warenbezeichnungen usw. in diesem Werk berechtigt auch ohne besondere Kennzeichnung nicht zu der Annahme, dass solche Namen im Sinne der Warenzeichen- und Markenschutz-Gesetzgebung als frei zu betrachten wären und daher von jedermann benutzt werden dürften.

Einbandgestaltung: Erich Kirchner, Heidelberg
Herstellung: Helmut Petri
Druck: betz-druck

Gedruckt auf säurefreiem Papier – 42/3130 – 5 4 3 2 1 0

Vorwort

Software: es ist nur ein Wort, ein Terminus Technicus, den wir zu verstehen glauben, und doch ist er Auslöser vieler unnötiger, kostenträchtiger Projekte, weil sie unter falschen Voraussetzungen gestartet werden. Gemeint ist hier nicht die Entwicklung von Programmen zur automatisierten Verarbeitung digital dargestellter Informationen als solche, sondern die unrealistische Assoziation, die dieser Begriff auf Grund der Bedeutung seiner Bestandteile in unserem Gehirn und insbesondere in den Köpfen von Menschen auslöst, die eigentlich gar nichts davon verstehen – aber entscheiden.

Software: anpassbar, gar anpassungsfähig, wandlungsfähig und sicher ohne störende, Schmerzen verursachende Ecken und Kanten, so stellt der Begriff die in strengen algorithmischen Regeln abgebildeten Anweisungen für schwierig zu verstehende Abläufe vor.

Software: dies ist aber in Wahrheit ein heute fast unüberschaubares Konglomerat einzelner Anweisungen, die in Gruppen zusammengefasst, durch gegenseitige Aufrufe dafür sorgen, dass die Aktion eines Mitarbeiters vielfache Auswirkungen für andere Mitarbeiter, Kunden, Lieferanten, Geräte und Bilanzen hat. Daraus ergibt sich eine hohe Interdependenz zwischen Software und Organisation eines Betriebes, eine Abhängigkeit über die Zeit und letztendlich sogar einen gegenseitigen Ausschluss.

Wenn die Software nicht in der Lage ist, die betrieblichen Aufgaben oder deren Ablauf abzubilden, kann sie nicht zum Einsatz kommen, wenn der Betrieb nicht in der Lage ist, sich den Funktionen und Prozessen der Software anzupassen. Um die Entscheidung für oder gegen die Anwendung einer Standardsoftware zu treffen, ist es daher entscheidend, deren Funktionsumfang, Entwicklungsstand und Strategie zu kennen. Dies ist bei der Dynamik der Entwicklung nicht einfach nachzuvollziehen.

Complexware: das wäre die richtige Bezeichnung. Kaum jemand würde leichtfertig vorschlagen, da und dort durch eine kleine Umprogrammierung oder Ergänzungsentwicklung „schnell" eine Anpassung zwischen Programm und Ablauf zu erreichen. Der mentale Respekt wäre zu groß, die Gefahren würden deutlicher. Erst nach sehr gründlicher Abwägung aller Alternativen würde man zu einer fundierten Entscheidung kommen, die auch die Folgekosten über Jahre berücksichtigt.

Die Begriffe lassen sich nicht mehr austauschen. Es ist aber zu hoffen, dass durch die hier dargestellten Funktionszusammenhänge der SAP-Lösungen dem Leser eine neue Transparenz und damit ein Verständnis geboten wird für die sinnvollen Möglichkeiten und die zu vermeidenden Vorgehensweisen auf dem Weg zu einer integrierten Informationsverarbeitung.

Rainer Thome

Inhaltsverzeichnis

PROLOG IM UNTERNEHMEN 1
Andreas Hufgard

1 BUSINESS INTEGRATION MIT SAP-LÖSUNGEN 15
Andreas Hufgard

    1.1 LÖSUNGSSTRATEGIE DER SAP 16
    1.2 WEGE ZUR BUSINESS INTEGRATION MIT SAP-LÖSUNGEN 23
    1.3 ENTWICKLUNG EINER BUSINESS-INTEGRATION-STRATEGIE 26
        1.3.1 Strategische Situationsanalyse 27
        1.3.2 Operative Situationsanalyse aus Organisationssicht 30
        1.3.3 Taktische Situationsanalyse der produktiven Systeme 31
        1.3.4 Strategische Projektplanung 32
    1.4 BLICK AUF DIE GRUNDSTRUKTUR DER FOLGENDEN KAPITEL 34

2 SAP BW - VOM BERICHTSWESEN ZUM DATA WAREHOUSE 35

Heiko Hecht

    2.1 Informationssysteme vor dem Data Warehouse 35
        2.1.1 Externe Entwicklungen 35
        2.1.2 Die Aufholjagd der SAP AG 38
    2.2 Was ist wirklich neu am SAP BW? 41
        2.2.1 Konzept des SAP BW 42
        2.2.2 Anwendergruppen des SAP BW 47
        2.2.3 Rollenkonzept des SAP BW 48
        2.2.4 Datenanalyse in ERP- versus DW-Systemen 49
    2.3 Organisatorische Voraussetzungen für die Einführung und den Einsatz von SAP BW 50
    2.4 Problemfelder bei der Einführung von SAP BW 53
    2.5 Verbesserungspotenziale des SAP BW 56
    2.6 ... und was können die Mitbewerber? 60
        2.6.1 Gruppierung der Lösungen 60
        2.6.2 Porträt der vorgefertigten Data-Warehouse-Lösungen 62
    2.7 Informationen und Verweise 64

3 MYSAP SEM – VON DER ISOLIERTEN ZUR INTEGRIERTEN UNTERNEHMENSSTEUERUNG 68

Wolfgang Walz

- 3.1 ANKNÜPFUNGEN IM ERP-SYSTEM 70
- 3.2 WAS IST WIRKLICH NEU AN MYSAP SEM? 74
  - 3.2.1 Management Cockpit 80
  - 3.2.2 Business Planning and Simulation 81
  - 3.2.3 Business Information Collection 83
- 3.3 PROBLEMFELDER UND MÄNGEL DES SEM 87
- 3.4 ... UND WAS KÖNNEN DIE MITBEWERBER? 89
- 3.5 INFORMATIONEN UND VERWEISE 90

4 MYSAP CRM – VON DER VERTRIEBSUNTERSTÜTZUNG ZUM INTEGRIERTEN KUNDENMANAGEMENT 93
Frank Hennermann

4.1 Kundenmanagement im SAP-R/3-System 93
4.2 Was ist wirklich neu an mySAP CRM 97
    4.2.1 Technische Entwicklungen 98
    4.2.2 Funktionale Besonderheiten 100
        4.2.2.1 Marketing und Kundenakquisition 100
        4.2.2.2 Multichannel-Sales 102
        4.2.2.3 Kundenservice 105
        4.2.2.4 Analytisches CRM 107
        4.2.2.5 Provisionen und Leistungsanreize 107
        4.2.2.6 Channel Management 107
    4.2.3 Operatives CRM 109
4.3 Organisatorische Voraussetzungen für eine CRM-Lösung .. 110
4.4 Problemfelder bei der Einführung von SAP CRM 114
    4.4.1 Organisatorische Problemfelder 114
    4.4.2 Technische Problemfelder 115
4.5 Was fehlt noch? 115
4.6 ... und was können die Mitbewerber? 117
4.7 Informationen und Verweise 121

5 MYSAP SRM – DER EINKAUF WIRD ZUR QUERSCHNITTSFUNKTION 123

Gerald Brosch

- 5.1 Mehr als nur die Beschaffung von Bleistiften? 123
    - 5.1.1 Beschaffung im R/3-System 123
    - 5.1.2 E-Procurement-Lösungen der SAP 124
    - 5.1.3 Supplier Relationship Management 129
- 5.2 Was ist wirklich neu an mySAP SRM? 131
    - 5.2.1 Technische Innovation Internet 131
    - 5.2.2 Systemarchitektur, Schnittstellen und Integrationsszenarios 132
    - 5.2.3 Elektronische Kataloge 134
- 5.3 Organisatorische Voraussetzungen für erfolgreiche E-Procurement-Projekte 135
    - 5.3.1 Analyse des Beschaffungsportfolios 136
    - 5.3.2 Katalogauswahl 137
    - 5.3.3 Lieferantenanalyse 139
- 5.4 Einführung einer E-Procurement-Lösung 140
- 5.5 Supplier Relationship Management – was fehlt noch? 145
- 5.6 ... und was können die Mitbewerber? 146
- 5.7 Informationen und Verweise 148

6 MYSAP SCM – VOM MRP II-KONZEPT ZUM SUPPLY CHAIN MANAGEMENT 150

Sabine Mehlich

- 6.1 Entwicklung von PPS zu SCM 151
  - 6.1.1 Material Requirements Planning (MRP) 151
  - 6.1.2 Manufacturing Resource Planning (MRP II) 152
  - 6.1.3 Konzeptionelle Schwachstellen klassischer PPS-Systeme 152
  - 6.1.4 Grundlagen moderner SCM-Ansätze 153
  - 6.1.5 SCM-orientierte Planung 156
  - 6.1.6 Vorteile von APS-Systemen 159
  - 6.1.7 Supply-Chain-Planning-Matrix 160
  - 6.1.8 Architektur einer SCM-Software-Lösung 163
- 6.2 Was ist wirklich neu an mySAP SCM? 163
  - 6.2.1 Entwicklung von mySAP SCM 164
  - 6.2.2 Komponenten von SAP APO 166
  - 6.2.3 Architektur 168
  - 6.2.4 Integration 170
- 6.3 Organisatorische Voraussetzungen für die Einführung von SAP APO 172
- 6.4 Problemfelder der Einführung 176
- 6.5 Was fehlt noch? 178
- 6.6 ... und was können die Mitbewerber? 179
- 6.7 Informationen und Verweise 181

7 MYSAP PLM – VON PRODUKTDATEN UND PROJEKTEN ZUR ABBILDUNG DES PRODUKTLEBENSZYKLUS..............184

Christian Bätz

7.1 Vom Projektmanagement zum Product Lifecycle Management im Multisystemumfeld 185
    7.1.1 Projektmanagement mit SAP R/3 185
    7.1.2 Product Lifecycle Management 187

7.2 Was ist wirklich neu an mySAP PLM? 191
    7.2.1 Strategische Programmplanung auf übergeordneter Ebene 192
    7.2.2 Erstmalige Abbildung des Lebenszyklus 192
    7.2.3 Kooperative Entwicklung und Datenaustausch ... 193
    7.2.4 Beschaffung im Collaborative Engineering 198

7.3 Organisation der unternehmensübergreifenden Zusammenarbeit 199
    7.3.1 Gründe und Auslöser 199
    7.3.2 Organisatorische Voraussetzungen 200

7.4 Problemfelder bei der Einführung 200

7.5 Was fehlt noch? 202

7.6 ... und was können die Mitbewerber? 204

7.7 Informationen und Verweise 205

8 MARKTPLATZ – VON EDI ZU HANDELS- UND SERVICEPLATTFORMEN IM INTERNET 207

Andreas Hufgard

8.1 Von der ERP-Welt auf den Marktplatz 208
8.2 Was ist wirklich neu an Internet-Marktplätzen? 211
    8.2.1 Schlüsselfunktion Dokumentenaustausch 213
    8.2.2 Architektur von Marktplatz-Lösungen 214
    8.2.3 Ein- und Verkaufen über Internet-Marktplätze – Stufe 1 216
    8.2.4 Geschäftsabwicklung über Marktplätze – Stufe 2 218
    8.2.5 Business Integration durch Marktplatz-Anwendungen – Stufe 3 219
    8.2.6 Marktplatzbasierte Kooperation – Stufe 4 221
8.3 Organisatorische Voraussetzungen für eine Marktplatzbeteiligung 222
8.4 Problemfelder einer Marktplatzbeteiligung und -Integration 225
8.5 Was fehlt noch? 225
8.6 ... und was können die Mitbewerber? 226
8.7 Informationen und Verweise 227

ANHANG – PROZESSE DER BUSINESS INTEGRATION MIT SAP-LÖSUNGEN 229

A1 Einführung in die Prozessdarstellung 229
- A1.1 Entwicklung des Geschäftsprozessgedankens 229
- A1.2 Darstellung der Business Integration mit LIVE KIT Power 231
- A1.3 Glossar der Prozessbelege 232

A2 Geschäftsprozesse im mySAP BW 235
- A2.1 Data-Warehouse-Architektur 235
  - A2.1.1 Administrator Workbench 235
  - A2.1.2 Betriebswirtschaftliche Auswertungsobjekte ... 237
  - A2.1.3 Reporting 239
- A2.2 Data-Warehouse-Administration 241
  - A2.2.1 Data-Warehouse-Managementsystem 241
  - A2.2.2 Berichts- und Benutzeradministration 242

A3 Geschäftsprozesse im mySAP SEM 245
- A3.1 Business Planning and Simulation 245
- A3.2 Corporate Performance Monitor 247

A4 Geschäftsprozesse im mySAP CRM 250
- A4.1 Account Management 250
- A4.2 Marketing- und Kampagnenplanung 252
- A4.3 Lead Management 253
- A4.4 Aktivitäten-Management 254
- A4.5 Opportunity Management 255
- A4.6 Sales 257
- A4.7 Service 258
- A4.8 Anrufabwicklung 259
- A4.9 Lösungsdatenbank 260

A5 Geschäftsprozesse im mySAP SRM 262
- A5.1 Stammdaten E-Procurement 262

A5.2	Prozesse E-Procurement – Standalone-Szenario	264
A5.3	Prozesse E-Procurement – Klassisches Szenario	266
A5.4	Prozesse E-Ausschreibungen	267
A5.5	Prozesse Lieferantenportal	269

A6 Geschäftsprozesse mit SAP APO ... 272

A6.1	Absatzplanung	272
A6.2	Globale ATP	275
A6.3	Production Planning & Detailed Scheduling	277
A6.4	Supply Chain Cockpit	281
A6.5	Supply Network Planning	283
A6.6	Transportation Planning & Vehicle Scheduling	288

A7 Geschäftsprozesse im mySAP PLM ... 292

A7.1	ERP-basierte Zusammenarbeit mit einem externen Projektpartner	292
A7.2	Internet-basierte kooperative Entwicklung durch ein unternehmensübergreifendes virtuelles Team	294
A7.3	Engineering Change Management unter Einbeziehung eines externen Projektpartners	297

A8 Geschäftsprozesse eines Internet-Marktplatzes ... 300

A8.1	Marktplatzkataloge	300
A8.2	Dokumentenaustausch	302
A8.3	Auktionen und Ausschreibungen	304
A8.4	Supply-Chain-Zusammenarbeit	306
A8.5	Projekt- und Produktentwicklung	307

ABBILDUNGSVERZEICHNIS ... 308

TABELLENVERZEICHNIS ... 310

ABKÜRZUNGSVERZEICHNIS ... 312

AUTORENVERZEICHNIS ... 316

Inhaltsverzeichnis

ANHANG – PROZESSE DER BUSINESS INTEGRATION MIT SAP-LÖSUNGEN 229

A1 Einführung in die Prozessdarstellung 229

    A1.1 Entwicklung des Geschäftsprozessgedankens 229

    A1.2 Darstellung der Business Integration mit LIVE KIT Power....................... 231

    A1.3 Glossar der Prozessbelege 232

A2 Geschäftsprozesse im mySAP BW............................ 235

    A2.1 Data-Warehouse-Architektur................................ 235

        A2.1.1 Administrator Workbench 235

        A2.1.2 Betriebswirtschaftliche Auswertungsobjekte... 237

        A2.1.3 Reporting 239

    A2.2 Data-Warehouse-Administration 241

        A2.2.1 Data-Warehouse-Managementsystem.............. 241

        A2.2.2 Berichts- und Benutzeradministration............ 242

A3 Geschäftsprozesse im mySAP SEM............................ 245

    A3.1 Business Planning and Simulation....................... 245

    A3.2 Corporate Performance Monitor 247

A4 Geschäftsprozesse im mySAP CRM 250

    A4.1 Account Management.. 250

    A4.2 Marketing- und Kampagnenplanung.................... 252

    A4.3 Lead Management 253

    A4.4 Aktivitäten-Management....................................... 254

    A4.5 Opportunity Management 255

    A4.6 Sales... 257

    A4.7 Service 258

    A4.8 Anrufabwicklung.. 259

    A4.9 Lösungsdatenbank.. 260

A5 Geschäftsprozesse im mySAP SRM............................ 262

    A5.1 Stammdaten E-Procurement................................. 262

A5.2 Prozesse E-Procurement – Standalone-Szenario .. 264

A5.3 Prozesse E-Procurement – Klassisches Szenario .. 266

A5.4 Prozesse E-Ausschreibungen................................. 267

A5.5 Prozesse Lieferantenportal 269

A6 GESCHÄFTSPROZESSE MIT SAP APO 272

A6.1 Absatzplanung 272

A6.2 Globale ATP 275

A6.3 Production Planning & Detailed Scheduling 277

A6.4 Supply Chain Cockpit... 281

A6.5 Supply Network Planning 283

A6.6 Transportation Planning & Vehicle Scheduling.... 288

A7 GESCHÄFTSPROZESSE IM MYSAP PLM 292

A7.1 ERP-basierte Zusammenarbeit mit einem externen Projektpartner.. 292

A7.2 Internet-basierte kooperative Entwicklung durch ein unternehmensübergreifendes virtuelles Team 294

A7.3 Engineering Change Management unter Einbeziehung eines externen Projektpartners 297

A8 GESCHÄFTSPROZESSE EINES INTERNET-MARKTPLATZES 300

A8.1 Marktplatzkataloge... 300

A8.2 Dokumentenaustausch 302

A8.3 Auktionen und Ausschreibungen 304

A8.4 Supply-Chain-Zusammenarbeit 306

A8.5 Projekt- und Produktentwicklung......................... 307

ABBILDUNGSVERZEICHNIS 308

TABELLENVERZEICHNIS 310

ABKÜRZUNGSVERZEICHNIS 312

AUTORENVERZEICHNIS 316

Prolog im Unternehmen

Andreas Hufgard

Zur Einführung soll an einer Fallstudie beispielhaft dargestellt werden, wie ein Unternehmen – LIVE AG – den Weg der Business Integration mit mySAP von 1997 bis 2003 vorangetrieben haben könnte. Dabei soll deutlich gemacht werden, welche Schritte in welcher Reihenfolge mit welchen Voraussetzungen möglich und sinnvoll erschienen. Dazu wird auf Unternehmensziele und -planungen, Software-technische Lösungen und ihre sukzessive Verankerung in den betrieblichen Abläufen eingegangen.

In die Fallstudie wurden Erfahrungen aus der Forschungs- und Beratungspraxis der IBIS Prof. Thome AG eingebaut.

Als LIVE AG stellt sich hier ein größeres mittelständisches Unternehmen vor, das Serien- und Einzelfertigungen betreibt, Handelsware und eigengefertigte Produkte vertreibt und zusätzlich Dienstleistungen offeriert.

Im Zeitraum von 1995 bis 1997 war SAP R/3 sukzessive in allen Unternehmensbereichen eingeführt worden.

1997

Die LIVE AG hatte als Unternehmen mittlerer Größenordnung einen Web-Auftritt zum erstenmal im Jahre 1997 ernsthaft ins Auge gefasst. Angesiedelt auf Abteilungs- und Bereichsebene war eine Präsentation vorhandener unternehmensinterner Inhalte Gegenstand der statischen HTML-Darstellung. Neben der obligatorischen Unternehmensgeschichte, Telefonnummern oder Fotos des Firmengebäudes waren auch Produktbeschreibungen in mehr oder weniger systematisierter und vollständiger Form zu finden. Der Einsatz von elektronischen Katalogen war noch relativ teuer und rechnete sich nur für größere und professionellere Auftritte. Die Marketingabteilung war zusammen mit der IT-Abteilung Initiator dieses Web-Auftrittes; von Unternehmensleitung, Einkauf und Vertrieb wurden diese Maßnahmen nicht ernst genommen. Der Schwerpunkt der inhaltlichen Gestaltung lag im Rahmen eines Projektes auf der einmaligen Definition und Darstellung von Inhalten. Projektpartner für dieses Projekt war ein Werbegrafiker.

Der statische Webauftritt

1997 war die Integration einer solchen Lösung in eine ERP-Welt noch völlig unangebracht. Trotzdem beschäftigte sich die IT-Abteilung erstmalig intensiver mit dem Thema „Internet"; es wurde versucht, über Internet Service Provider und verbesserte Anschlüsse einen adäquaten

Erste Erfahrungen mit Internet-Technologie

Internet-Zugang zu ermöglichen. Die Themen „E-Mail" und „Zugänge" wurden auf bestimmte ausgewählte Internet-Arbeitsplätze konzentriert, zentrale E-Mail-Adressen für das gesamte Unternehmen ohne persönliche Widmung waren üblich.

Wenige Wochen nach dem ersten Online-Auftritt stellten sich die Fragen:

- Wer pflegt die Inhalte weiter und welche Inhalte sollen zusätzlich ins Internet gestellt werden?
- Wer ist oder sind die Zielgruppe(n) für den Internet-Auftritt?
- Was bringt dieser Internet-Auftritt an Mehrwert, was können wir damit erreichen?

Keinerlei Business Integration — Status der Business Integration in diesen Anfängen der Internet-Verwendung war eine existierende SAP ERP-Lösung, die völlig unabhängig von einem Internet-Auftritt war. Die statische Webseite diente in erster Linie als eine Art Visitenkarte des Unternehmens.

ERP-Berichtswesen — Das Berichtswesen LIVE AG war im Jahr 1997 im Wesentlichen durch die SAP-Standardberichte und Microsoft Excel geprägt. Die Standardberichte des SAP R/3 wurden angepasst und zum Teil durch eigens definierte bzw. programmierte Berichte ergänzt. Zur Aufbereitung auf Anwenderseite bzw. zur Erstellung von einmaligen individuellen Auswertungen wurden Daten aus dem SAP-System heruntergeladen, mit Microsoft Excel weiterbearbeitet und grafisch aufbereitet. Der Einsatz von zusätzlichen Berichtswerkzeugen wurde erwogen, allerdings boten weder die SAP-Werkzeuge SAP EIS bzw. das Open Information Warehouse noch Werkzeuge von Drittanbietern eine komfortable Möglichkeit, die SAP-Daten aufzubereiten und mit externen Daten zu verknüpfen. Obwohl dem Management die Manipulations- und Fehlerpotenziale der personellen Datenaufbereitung mit einem Tabellenkalkulationsprogramm bewusst waren, wurden andere Probleme und Herausforderungen als dringlicher angesehen.

1998

E-Commerce für Anfänger — Anfang 1998 wurden erste E-Commerce-Aktivitäten ins Auge gefasst. Die LIVE AG entschied sich für einen günstigen Online-Webshop bei einem Internet Service Provider, um möglichst schnell für ausgewählte Produkte eine Ordermöglichkeit im Vertriebskanal „Internet" bereitzustellen.

Erste Probleme im Verkauf — Frühzeitig ergab sich das Problem, dass man bestehende Vertriebskanäle mit der neuen Lösung „kannibalisierte". Der Fokus und auch die Euphorie, den Endkunden über das Internet schneller zu erreichen, wurde rasch von unzureichender Technik, Bandbreite und Akzeptanz konterkariert. Einschränkungen wie die statische Preissetzung wirkten desillusionierend in der ersten Internet-Runde. Auch wenn es zu erfolgreichen Aufträgen kam, so war der Anteil von gescheiterten, fehlerhaften oder unvollständigen Auftragsabwicklungen aufgrund unzureichender Integration mit den ERP-Systemen zu hoch. Die Ziele, Internet-elektronisches Massenmarketing zu betreiben oder ein neues Medium mit weitergehenden Umsatzpotenzialen auszuschöpfen, wurden nur unzureichend und unbefriedigend erreicht.

Auf der anderen Marktseite des Unternehmens, der Beschaffung, bemühten sich jetzt die Einkaufsabteilung, aber auch Teamassistenten, Sekretärinnen und diverse Mitarbeiter in allen Abteilungen, über im Internet verfügbare Shops einzukaufen. Dies führte in der LIVE AG schnell zu einem gewissen Wildwuchs, da nicht klar war, wie Zahlungsabwicklung, Geschäftsbedingungen und Abwicklungsformen auf dem Internet-Beschaffungsweg jeweils aussehen sollten. Wichtige Aussagen wie die Verfügbarkeit eines bestimmten Produktes, Liefertermine oder Lieferbedingungen waren schwer zu erhalten, da entsprechende Systeme bei Lieferanten ebenfalls kaum Integration zu den ERP-Lösungen aufwiesen.

Erste Probleme im Einkauf

In diesem Jahr der Euphorie wuchs der Druck auf die SAP, die entsprechenden professionellen Lösungen auf Internet-Basis zu entwickeln und zur Verfügung zu stellen. Integrationsprojekte zwischen fremden Online Shops und SAP erwiesen sich als Kostenfallen, die einen höheren Aufwand verursachten als die eigentliche Online Shop-Einführung. Der Entwicklungsdruck auf die SAP aus dem vermeintlich boomenden Markt heraus war so groß, dass sie zunächst mit einer zweitbesten Lösung auf den Markt ging. Mit so genannten Internet Application Components, die quasi auf die ERP-Lösung aufgesetzt waren, wurde es möglich, bestimmte SAP-Transaktionen per Internet-Zugang durchzuführen. Als problematisch erwiesen sich aber mittelfristig die starken Einschränkungen hinsichtlich Sicherheit und Verfügbarkeit, so dass sich diese Lösungen nur in einem gewissen Rahmen stabilisierten. Die SAP entwickelte deswegen eigenständige E-Procurement- und E-Selling-Lösungen.

Erste SAP-Lösung: Online Store

Technisch-organisatorisch schaffte die LIVE AG in diesem Jahr die Voraussetzungen, den Ein- und Verkauf mit Internet-Zugängen auszurüsten, mit eigenen E-Mail-Servern umgehen zu können, einen extern verwalteten Online Shop verfügbar zu halten und katalogorientierte Angebote aufzubauen.

Prolog im Unternehmen

Nur Kosten, keine positiven Ergebnisse

Die schnellen und isolierten Projekte des Jahres 1998 führten letztendlich weder zu Ersparnissen noch Umsatzsteigerungen. Es entstanden in erster Linie Kosten für eine Internet-Infrastruktur, die aufgebaut werden musste. Zusätzlich handelte man sich unter Umständen erste kleinere Probleme mit Reklamationen, Irrläufern und Schwierigkeiten ein, die durch die nichtintegrierten Abläufe entstanden waren.

1999

Der Zugang zum Internet wurde auf eine breitere technologische Basis gestellt. Die LIVE AG wechselte von einer klassischen ISDN-Leitung zu einer 2-Megabit-Standleitung und setzte erste Sicherheitstechniken, einfache Firewalls und verbesserte Routersysteme ein.

Neue Lösung, neue Fragen

Nach der Implementierung eines externen Webshops im Vorjahr stellten sich schnell heikle betriebswirtschaftliche Entscheidungen:

- Für welche Zielgruppe sollte der neue Kommunikationskanal gestaltet werden?
- Wie erreicht man über das Internet neue Kunden?
- Welcher Marketingansatz soll verfolgt werden?
- Sollen bestehende Produktangebote teilweise oder vollständig im Internet angeboten oder eine neue Produktpalette speziell für das Internet entwickelt werden?
- Wie ist die Wirkung auf Altkunden und die bestehenden Vertriebskanäle?
- Kann man die Vertriebskanäle Internet, Händlersystem, Telefonverkauf und Direktverkauf parallel betreiben, und wenn ja, wie?

Letztendlich stellte sich auch die Frage, wie eine Kundenauftragsabwicklung mit geringeren Kosten durchgeführt werden kann, da zwar der Auftrag schneller erfasst, aber trotzdem mit einem Medienbruch oder einer zusätzlichen Schnittstelle in das ERP-System übermittelt werden musste. Im Lauf des Jahres 1999 wurde versucht, den Online Shop auf bestimmte Produktbereiche hin zu fokussieren. Das Thema Katalog für Ersatzteile stellte sich als sinnvollste Lösung dar.

Auf der Einkaufsseite der LIVE AG kamen im Rahmen der Zwänge einer angestrebten Integration sofort Fragen auf wie:

- Wer darf wie viel einkaufen?
- Welche Produkte sollen bei welchem Lieferanten über das Internet geordert werden?

- Wie sehen Konditionen und Bestellabwicklung aus?

Bei einer Untersuchung der ersten verfügbaren E-Procurement-Software-Lösungen lag die Fokussierung auf Einkaufsmaterialien, die nicht aufwändig disponiert werden, so genannten C-Materialien, Verbrauchsmaterialien, indirekten Materialien oder auch MRO-Gütern (Maintenance, Repair und Operations). Doch auch hier war die fehlende Integration fatal, da die LIVE AG sofort und unmittelbar Einkaufsanforderungen auch aus der Disposition ihrer bestehenden ERP-Lösungen ableiten und über das Internet abwickeln wollte. Ebenso mussten – umgekehrt – über das Internet ausgelöste Bestellungen an irgendeiner Stelle wiederum in ein ERP-System integriert werden. *MRO-Einkauf*

Das Jahr 1999 kann als Startzeit für die innerbetriebliche Nutzung der Web-Technologien im Intranet angesehen werden. Meist mit individuellen Entwicklungen oder auf Basis der Microsoft-Office-Produkte entstanden erste Intranet-Anwendungen, die Abteilungs- oder Unternehmensinformationen allen anderen Mitarbeitern zur Verfügung stellten. *Erste Intranet-lösungen*

Technische Entscheidungen in diesem dritten Jahr der Internet-Nutzung waren geprägt durch Aufrüstungen, Einsatz von Werkzeugen, z. B. Web-Autoren-Tool, und Einführung von Dokumenten-Verwaltungssystemen. Ein eigener Web-Server wurde für das Intranet bereitgestellt. Für den „Online Shop" fiel die Entscheidung, die extern verwalteten Lösungen aufgrund ihrer schlechten Integrationsfähigkeit von nun an selbst zu betreiben. Der Aufbau der Internet-Sicherheit und die Verbesserung der Bandbreiten für einen besseren Internet-Zugang gingen einher mit einem Ausbau der Server-Landschaft. Zur Verstärkung der IT-Abteilung wurden Experten für die Internet-Anwendungen eingestellt. *Ausbau der Internet-Plattform*

Im Rahmen der Business Integration erwies sich als ebenso schwierig, das Intranet in Form einer Insel-Lösung zu betreiben wie einen Online Shop oder Web-Auftritt. Unmittelbar nach der ersten Euphorie stellten sich die Fragen:

- Welche Informationen und Services machen Sinn?
- Welche Mitarbeiter – oder gar Externe – können auch von außerhalb zugreifen?
- Wie kann man Sicherheitsprobleme vermeiden und sich vor unerwünschtem fremdem Zugriff schützen?

Die Problematik beim Online Shop konzentrierte sich jetzt auf die grundsätzliche Überlegung, welche Geschäftsarten für das Internet geeignet erscheinen und wie bestehende Vertriebskanäle, wie z. B. Händler, einbezogen und unterstützt werden können. Rein technisch stand *Die richtigen Geschäfte fürs Internet* im Vordergrund, individuelle Preisvereinbarungen abzubilden. Die offene Frage am Ende des Jahres 1999 war, wie E-Commerce-Abläufe mit der bestehenden ERP-Anwendung SAP R/3 integriert werden können.

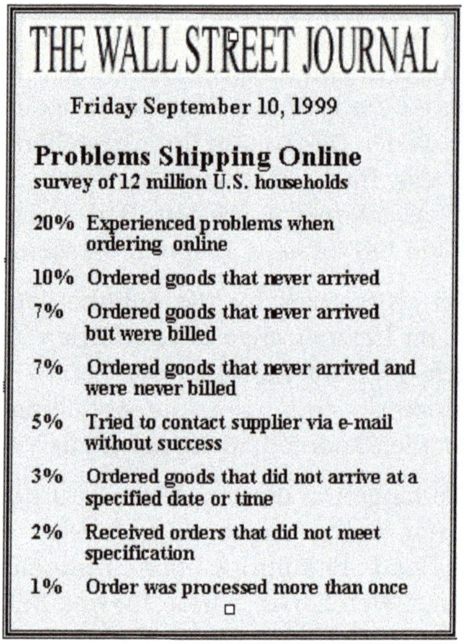

THE WALL STREET JOURNAL

Friday September 10, 1999

Problems Shipping Online
survey of 12 million U.S. households

20%	Experienced problems when ordering online
10%	Ordered goods that never arrived
7%	Ordered goods that never arrived but were billed
7%	Ordered goods that never arrived and were never billed
5%	Tried to contact supplier via e-mail without success
3%	Ordered goods that did not arrive at a specified date or time
2%	Received orders that did not meet specification
1%	Order was processed more than once

Abbildung 0.1: Erste Krise: Ohne Logistik und ERP geht's nicht!

Das Wall Street Journal berichtete von erstaunlichen logistischen Problemen bei jeder fünften Online-Auslieferung. Folglich führten die Falschlieferungen vieler Unternehmen zu hohen Kosten und geringer Akzeptanz der Kunden. Die erste Krise wurde sichtbar!

Als Ergebnis kann man feststellen, dass in diesem dritten Jahr der Anwendung neuer Lösungen immer noch keine Ersparnisse und Umsatzsteigerungen erzielt wurden, aber Klagen über Mehrarbeit und Medienbrüche kumulierten.

Erste Data Warehouse-Lösung der SAP

Als die SAP AG im Jahre 1999 mit dem Business Information Warehouse (SAP BW) eine Data-Warehouse-Lösung auf den Markt brachte, entschloss man sich in der LIVE AG dieses Produkt näher anzusehen. Wie schon im ERP-Bereich stand man auch im Business-Intelligence-Umfeld vor einem Auswahlproblem, welches sich allerdings durch die Vielzahl der Data-Warehouse-Produkte als weitaus differenzierter herausstellte.

Da es im ersten Projektschritt ohnehin fast ausschließlich um die Extraktion von SAP-Daten ging und die SAP dabei ohne Zweifel einen

Know-how-Vorsprung vor der Konkurrenz hatte, fiel die Wahl auf das SAP BW. Die Aussicht mit dem SAP BW eine Basisplattform für die in Zukunft anstehenden Projekte im E-Commerce oder im Supply Chain Management aufzubauen, bekräftigte das Management in seiner Entscheidung den SAP BW im Jahr 2000 einzuführen. Daneben erhoffte man sich auch weitere Anstrengungen von Seiten der SAP, das SAP BW weiter zu verbessern, da es eine wesentliche Rolle in der zukünftigen Produktpalette des Software-Anbieters spielen sollte.

2000

Mit der Übernahme von „Time Warner" durch „AOL" erreichte die Internet-Euphorie im Jahr 2000 ihren Höhepunkt. Der Absturz begann mit der berühmten Pleite von „Boo.com".

Die LIVE AG führte erste Internet-Konsolidierungsbemühungen auf Projektbasis durch. Der Online Shop sollte in das ERP-System integriert werden. Homepage und Intranet sollten aus einem Guss sein und mit einem Werkzeug zur inhaltlichen Redaktion bearbeitet werden können. Das Hauptproblem der Aktualisierung von Inhalten wurde erkannt und ein Konzept für das Wissensmanagement – sprich, wer im Unternehmen für welche Inhalte verantwortlich ist und sie vorantreiben sollte – aufgestellt. *Konsolidierung*

Im Verkaufsbereich konzentrierten sich die Anstrengungen darauf, die Qualität für bestehende Absatzkanäle zu verbessern, z. B. durch ein Händler- oder Dienstleister-Informationssystem. Durch Befragung von Kunden, Händlern und Lieferanten ermittelten Verkauf und Einkauf entsprechende Anforderungen. Die Abläufe per Internet begannen darauf ausgerichtet zu werden.

Technische Entscheidungen des Jahres 2000 bezogen sich auf eine dynamisierbare Internet-Präsenz durch Datenbank-basierte Internet-Auftritte, Intranet-Lösungen, Verschlüsselungsmöglichkeiten und Anbindung von Content-Management-Systemen. Im Rahmen der SAP-Welt wurde die Ablösung des „fremden" Online Shops durch den SAP Online Store als zusätzliche Internet Application Component (IAC) zum R/3 betrieben. *Mehr Dynamik ins Web*

Im Einkauf war das Ziel, die C-Teile-Beschaffung abzurunden und ein eigenständiges E-Procurement einzuführen, welches die Geschäftsprozesse integrativ sowohl nach innen zum ERP-System als auch nach außen zu den Geschäftspartnern steuern und abwickeln konnte. Deswegen sollte als weiteres Produkt der SAP-Lösungen in der LIVE AG das Business-To-Business-Procurement mit einer Integration ins Rechnungswesen zum Einsatz kommen. Zusätzlich wurde der Erwerb einer Katalog-Software als notwendig erachtet, um eigenständig die Daten *Einführungsentscheidung mySAP E-Procurement für 2001* der Produkte, die eingekauft werden sollten, intern zu gestalten. Die Katalog-Lösung sollte auch auf der Verkaufsseite für die Gestaltung des Produktkataloges dienen.

Alle diese Entscheidungen führten zur weiteren Notwendigkeit, IT- und Fachabteilung mit Internet-Kompetenz auszustatten. Als betriebswirtschaftliche Problemstellungen, die sich daraus ableiten, stellten sich folgende Fragen zu Intranet und Homepage:

- Wie kann ich den Aufwand für die inhaltliche Pflege verringern bzw. in Grenzen halten?
- Wie kann Intranet-basiert ein Wissensmanagement betrieben werden?
- Welche Möglichkeiten sollten genutzt werden und wo waren die Kosten-Nutzen-Grenzen?

Im Verkaufsbereich analysierte man, welche Aktivitäten Kunden, Lieferanten und Wettbewerber entfalteten. Es stellte sich erstmals die Frage, ob und wo es erfolgreiche E-Selling-Konzepte gibt, die den Vertriebskanal Internet nachvollziehbar für sich vorteilhaft nutzen konnten. Die Desillusionierung, die Mitte 2000 einsetzte, bremste vielerlei hochfliegende Projekte, die den Internet-Vertriebskanal überbewertet hatten. Der Verlauf des Aktienkurses von Intershop vermittelt einen Eindruck dieser Desillusionierung.

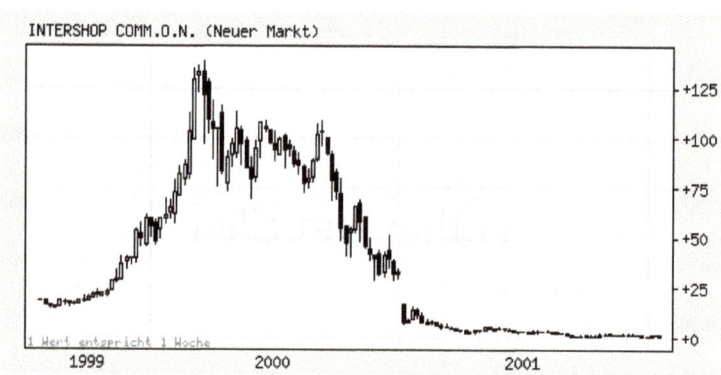

Abbildung 0.2: Absturz des Aktienkurses des Online Shop-Anbieters Intershop im Jahr 2000[1]

Offene Fragen im E-Procurement

Im E-Procurement stellten sich folgende Fragen:

---

[1] Quelle: http://www.wallstreet-online.de

- Welche Teile können noch über das Internet eingekauft werden?
- Wo sind die besten Bezugsquellen?
- Wie kann eine Vielzahl von heterogenen Lieferantenkatalogen zusammengefasst werden?

In diesem Zusammenhang kam das Thema der Internet-Marktplätze auf der Einkaufsseite zu einer gewissen Bedeutung, da sich hier eine Möglichkeit bot, Multilieferanten-Kataloge – das komplette Spektrum, welches das Unternehmen bezog – im MRO-Güter-Bereich über einen einzigen Kanal zu erreichen. *Einkaufen über Internet-Marktplätze*

Ende 2000 wurden leider nur geringfügige Ersparnisse und Umsatzsteigerungen durch die genannten Aktivitäten erzielt. Es gab allerdings weniger Medienbrüche durch die Integrationsbemühungen. Aber ein durchschlagender Erfolg fehlte nach wie vor, auch weil die Verfügbarkeit von einsatzfähigen Software-Produkten immer noch ein großes Problem war. *Gute Lösungen fehlen immer noch*

Der von der SAP ausgelieferte betriebswirtschaftliche Inhalt des SAP BW erleichterte dem ansonsten DW-unerfahrenen Projektteam die Einarbeitung in die Thematik und ermöglichte eine rasche Ersteinführung bis Mitte 2000. Nachdem die ersten Erfahrungen und Rückmeldungen im Produktivbetrieb in den Bereichen Controlling und Vertrieb analysiert waren, folgte die Produktivsetzung der Bereiche Finanzwesen, Materialwirtschaft und Personalwirtschaft bis Anfang 2001. *Schnelle Einführung SAP BW*

Zusammenfassend kann für die Jahre 1997 bis 2000 festgestellt werden, dass sich in dieser Zeit die Produktanforderungen an E-Procurement und E-Selling stark erhöhten. Waren es in den Anfängen vornehmlich technische Funktionalitäten wie freie grafische Oberflächengestaltung, die Aufbereitung von Marketing-Informationen oder Personalisierung der Oberfläche, so stellten sich jetzt erhöhte Anforderungen an die Integration in bestehende Landschaften. Vergleicht man den Funktionsumfang, den eine E-Procurement-Software in den Jahren 1997 und 1998 hatte, so ist er signifikant kleiner als das, was 2000 minimaler Standard war. Funktionalitäten wie „Genehmigungs-Workflows" oder die Gestaltung von „Lieferanten-Portalen" sollen als Beispiel dienen. *Anforderungen erhöhen sich*

2001

Im Jahr 2001 erkannte der Vorstand der LIVE AG, dass es eine Notwendigkeit ist, zunächst ein Geschäftsmodell zu entwickeln – eine neue Produktlinie oder eine neue Form einer Dienstleistung – bevor man weitere Investitionen in bestimmte E-Business-Themen angehen darf. Produktiv waren bis zu diesem Zeitpunkt der Webauftritt, der SAP *Ein Geschäftsmodell muss her*

Online Store für das Ersatzteilgeschäft und eine Dokumentenverwaltung im Intranet. Die Einführung des E-Procurement stand an, wurde aber verschoben.

Richtiges E-Procurement mit Marktplätzen

Im Einkaufsbereich war im Rahmen der Analyse klar geworden, dass das Vorhaben nur im Zusammenhang mit extern auf Marktplätzen verwalteten Katalogen eine sinnvolle Business Integration bieten würde. Man erkannte, dass es unvorteilhaft wäre, lediglich eine rudimentäre Web-basierte Materialwirtschaft einzuführen. Ferner sollte die Funktionalität des E-Procurement um weitere Elemente der klassischen Materialwirtschaft – wie Rahmenvertragsverwaltung – und auch um neuartige Möglichkeiten – wie die Abwicklung von Auktionen und Ausschreibungen – erweitert werden können.

Die Zusammenarbeit mit Marktplätzen, die Multi-Lieferanten-Kataloge zur Verfügung stellen und mit einer lokalen E-Procurement-Software relativ problemlos integriert werden können, begann sich als richtige Strategie durchzusetzen. Diese Form der Beschaffungslösung fordert aber bei ihrer Einführung komplexe einkaufspolitische Entscheidungen, da nicht nur eine Software implementiert, sondern auch ein Marktplatz-Partner mit den dahinter stehenden Lieferanten einbezogen werden muss. Dies beinhaltet umfassende Änderungen der Einkaufsabwicklung und Organisation.

Beschaffung von A-, B- und C-Teilen

Im nächsten Schritt wurde die Isolierung der Beschaffung von C- bzw. MRO-Gütern aufgehoben und auch ein umfassendes Konzept für A- und B-Teile gefordert und entwickelt. Wenn neue Lösungen nicht betriebliche Notwendigkeiten, wie unterschiedliche Fertigungsarten, Kundeneinzelfertigung, Projektthemen oder hochkomplexe Produkte berücksichtigen, bleibt ihr Nutzen gering.

Produktkataloge auf dem Marktplatz

Auf der Verkaufsseite bot die Marktplatz-Thematik die Möglichkeit, den eigenen Online Shop abzuschaffen und die Funktionalitäten eines Marktplatzes zur Produktpräsentation und Auftragsabwicklung zu nutzen. Das Unternehmen investierte in die Erstellung von qualitativ hochwertigen Produktkatalogen, welche sich aktuell als einer der wichtigsten Erfolgsfaktoren des Verkaufens über das Internet erweisen; Aktualität und Umfang der Produktinformation sind dabei die Schlüsselfaktoren.

E-Commerce und CRM

Letztlich entstand die Erkenntnis, dass eine isolierte Betrachtung des Internets als Vertriebskanal falsch war. Die bestehenden parallelen Vertriebskanäle (Multi-Channel-Sales) sollten konsolidiert und auf eine einheitliche Systembasis, einheitliche Kundenstämme und einheitliche Auftragsbestände umgestellt werden. Erfolgreiches E-Selling ist nur in gelebten CRM-Konzepten möglich. Die Fragestellungen, wie ein echtes

CRM organisatorisch aufgebaut werden kann und wie die Möglichkeiten der Lieferkette am anderen Ende der Wertschöpfung verbessert werden können, stellen sich in diesem Zusammenhang ebenfalls.

Die Marktplatzbeteiligung barg noch weitere problematische Aspekte: Marktplatz- und Partnerintegration

- Welche weiteren Dienste der Marktplätze sind sinnvoll?
- An welchen Marktplätzen soll man sich (noch) beteiligen?
- Mit welchen Partnern will man die Marktplatzplattform nutzen?
- Wie werden mit dem Marktplatz allgemeinverbindlich geschriebene Dokumente (XML) ausgetauscht und integriert?

Alles Fragestellungen, mit denen sich die IT-Abteilung in Zusammenarbeit mit den Fachabteilungen intensiv auseinandersetzen musste.

Das Vorhandensein mehrerer Systeme und auch der Marktplatzzugang ließen die Anforderung der Anwendungsintegration in einem unternehmensweiten rollenorientierten Portal aufkommen. Es sollte den Web-Auftritt, die Intranet-Anwendungen, aber auch externe Zugangsmöglichkeiten zusammenführen. Geschäftspartner mussten in die Informationsbereitstellung und Informationsgewinnung einbezogen werden, die ein Unternehmens-Portal erlaubt. Der Zugriff auf Anwendungen und Dienste für Mitarbeiter sollte mit einem Unternehmensportal zentral gesteuert werden. *(Anwendungsintegration im Unternehmensportal)*

Ende des Jahres 2001 konnte die LIVE AG erste Einsparungen erzielen, Umsatzsteigerungen im Ersatzteilgeschäft und bei Dienstleistungen, zufriedenere Geschäftspartner und eine bessere Beschaffung vermelden.

2002

Zu Jahresbeginn 2002 war die Wirtschaftlichkeit eines integrierten E-Procurement als zufriedenstellend und nachvollziehbar einzuschätzen, wohingegen der wirkliche Nutzenbeweis einer E-Selling-Anwendung noch nicht erbracht werden konnte, sondern die Einbindung in eine CRM-Strategie notwendig erschien. Ebenso ist im Sinne einer Anwendungsintegration das Thema des Unternehmensportals bei weitem nicht befriedigend erfüllt worden. Auch die Marktplatznutzung wurde aufgrund der Desillusionierung, die im Jahr 2000/2001 stattfand, stark gebremst.

Standen bisher in der LIVE AG Überlegungen zu mySAP E-Procurement und Internet Sales im Vordergrund, so wurde der Fokus jetzt auf mySAP CRM und mySAP SCM gerichtet. Aus Sicht der Business Integration ist deren Anwendung allerdings für viele Unternehmen nach wie vor Zukunftsmusik, wenn die organisatorischen Voraussetzungen für ein CRM und ein SCM fehlen. Hinter beiden Begriffen stehen primär Mana-

Prolog im Unternehmen

gement-Konzepte und nur zu einem gewissen Grad Software-Komponenten.

Ziele 2002 - Schwerpunkt CRM

Für das Jahr 2002 geht unser Unternehmen davon aus, dass die Internet-basierten Marktplätze jetzt zur ernsthaften Nutzung einladen. Neben dem Ersatzteilgeschäft sollen gemeinsame Produktdefinitionen in der Kundenauftragsfertigung zusätzlich Internet-basiert durchgeführt werden. Marketing-Kampagnen auf Grundlage einer direkten Einbindung der Vertriebsbeauftragten sowie eine schnellere Reaktion auf Marktwünsche und -gegebenheiten werden ebenfalls angestrebt. Die Verbesserung der Kunden- und Händlerbindung durch einen besseren Informationsaustausch und qualitativ gute, aktuelle Kundendaten sind hier Schlüsselthemen. Im CRM wird weiterhin eine Ablösung von isolierten oder bisher nicht unterstützten Aufgaben, wie z. B. Marketingkampagnen, durch eine Software-basierte Funktionalität angestrebt.

SCM-Absatzplanung

Wünschenswert im Bereich des SCM war die schnellere Integration der über die Händler und Vertriebsbeauftragten gewonnenen Absatzdaten in eine Absatzplanung, deren aufbereitete Ergebnisse auch den Lieferanten zur Verfügung gestellt werden können. Im Rahmen der Supply-Chain-Integration zur Absatzplanung müssen die Quellen verifiziert werden, aus denen Planungsdaten beschafft werden können oder sollten. Weiterhin ist das Vertrauensverhältnis zu bestimmten Lieferanten und Geschäftspartnern zu vertiefen, um sie frühzeitig in eine Planungsrunde einzubeziehen. Durch alle diese Maßnahmen könnten neue Kooperationsformen mit Partnern, neue Geschäftsmodelle und Umsatzverlagerungen zu Stande kommen. Datenaustausch im standardisierten Format ist hierbei die notwendige Voraussetzung.

Für die integrierte Absatzplanung sah die LIVE AG die Möglichkeit, eine Komponente des SAP Advanced Planner & Optimizers (SAP APO) einzusetzen. Daten, die vom Vertrieb und aus sonstigen Marktquellen gewonnen wurden, sind hier gesammelt und in eine konsolidierte Form überführt worden. Dies konnte auch im Austausch mit wichtigen Lieferanten und Kunden geschehen, welche die Plausibilität gegenprüften und gleichzeitig die gewonnenen Erkenntnisse durch günstigere Preise und höhere Termintreue an die LIVE AG weitergaben.

SAP BW als zentraler Datensammler

Ab Mitte des Jahres 2002 war das SAP BW ebenfalls für den Aufbau des SAP APO sowie des SAP CRM herangezogen worden. Dazu wurden auch Daten aus dem mittlerweile integrierten Marktplatz in das Data Warehouse übernommen. Im Nachhinein hatte sich in der LIVE AG als besonders positiv herausgestellt, dass bereits ein Data Warehouse etabliert worden war, auf das im Rahmen der Business Integration zurückgegriffen werden konnte. Ein umfassendes E-Procurement oder ein CRM kann ohne eine adäquate analytische Informationsaufbereitung nicht aufgebaut werden. Die Datenflut aus unterschiedlichen Systemen kann durch ein integriertes Business Data Warehouse aufgefangen und kanalisiert werden, um auswertbar zu bleiben.

Ferner begannen für Vertriebsbeauftragte und Servicetechniker mobile Lösungen eine gewisse Rolle zu spielen, die es erlaubten, Daten und Informationen auf Laptops abzuziehen und damit dezentral zu arbeiten und jederzeit wieder zu konsolidieren bzw. synchronisieren.

Mobile Sales und Service

Betriebswirtschaftliche Entscheidungen entlang der Beschaffungs- und Verkaufsseite stellten sich in erster Linie hinsichtlich der Auswahl der Kooperationspartner in den Bereichen Marktplatz, Logistik, Finanzen, Kunden und Händler, mit denen Daten ausgetauscht oder Dienstleistungen geteilt werden sollten. Insgesamt musste sich die IT-Abteilung auch die Frage stellen, welche der komplexen Leistungen selbst oder durch einen externen Provider abgedeckt werden sollten. Diese Fragestellung darf sich allerdings nicht nur auf IT-Dienstleistungen beziehen, unter Umständen kann auch eine externe Lagerhaltung, z. B. die der gesamten B-Beschaffungsteile, eine sinnvolle Variante sein.

Beschaffung von A-, B- und C-Teilen

2003

Ab dem Jahr 2003 stabilisierte sich das E-Selling für Händler und das Marktplatzangebot für den Direktvertrieb. Im Bereich des CRM mussten weitere Voraussetzungen geschaffen werden, damit die Kanäle „Internet", „Call-Center" und „Direktverkauf" Hand in Hand auf einer gemeinsamen Datenbasis agieren und sich gegenseitig – je nach Vorteilhaftigkeit – die entsprechenden Kundenkontakte durchreichen. Ein denkbares Szenario ist, dass eine Produktinformation über einen Vertriebsbeauftragten an den Großkunden geleitet wird und begleitend eine spezifische Aufbereitung von Produktdaten im Internet verfügbar ist. Die Auftragserteilung erfolgt durch ein Call-Center, dessen dort erfasster Auftrag wieder über das Internet in das Bestellsystem des Kunden integriert wird. Zusätzlich wird der Händler, in dessen Gebiet der Kunde liegt, informiert und erhält eine Provision für die Auslieferung der Waren und den weiteren Service. Letztlich erhält auch der Vertriebsbeauftragte eine Meldung über die erfolgreiche Abwicklung dieser komplexen Geschäftstransaktion.

Komplexer Multi-Channel-Sales

Im Rahmen der Einkaufsaktivitäten wurden 2003 nahezu 80 Prozent Einkaufsteile und -dienstleistungen per E-Procurement oder zumindest per elektronischem Dokumentenaustausch bezogen. Die Supply-Chain-Zusammenarbeit wird im Bereich der Absatzplanung und der Produktentwicklung realistisch.

80 % E-Procurement

Die Möglichkeiten der mobilen Kommunikation – mit Wireless LAN – werden weiterentwickelt, so dass sogar Video-Integration genutzt wer-

Beratung mit Video und Mobilität

den kann. Beratungsintensive Abstimmungen können bis zu einem gewissen Grad zentralisiert und sollen bald per Videophone betrieben werden. Im technischen Bereich kann dies auch bedeuten, dass eine Service- oder Instandhaltungsabwicklung durch eine beim Kunden befindliche Anlage direkt ausgelöst wird, d. h., dass die defekte Maschine ihren eigenen Service anruft. Umgekehrt können Partnern und Mitarbeitern Zugriffe auf Informationen zu jeder Zeit und an jedem Ort per mobiler Endgeräte gewährt werden, was schnellere Reaktionen mit höherer Informationsqualität ermöglicht.

Technisch bedeutet dies für das Jahr 2003, dass große Investitionen für Kommunikationstechnik getätigt werden. Arbeitsplätze müssen mit einer Computer-Telefon- und einer Video-Integration ausgebaut werden. Für das CRM stellt sich die Entscheidung, wie durch eine richtige Multi-Channel-Strategie die jeweilige Zielgruppe komplett und in einer hohen Servicequalität erreicht werden kann. Das Internet kann u. U. als eine Art begleitende Plattform dienen, die andere Kanäle unterstützt oder als eigener Kanal andere mit einbezieht.

Die Frage bleibt, auf welchem Kanal welcher Service und welche Anwendung einem individuellen Kunden oder Partner angeboten wird. Der Vorteil von mobilen Anwendungen und ihr Zusatznutzen müssen sich noch bewähren. Er kann nur aufgrund der schnelleren Reaktionszeit und verbesserten Informationsqualität antizipiert werden.

... will be continued!

Fazit:

Die Fallstudie zeigt, dass die Business Integration kein linearer Migrationsprozess sein kann, sondern viele Projekte und Phasen in unterschiedlichen Anwendungsfeldern durchlaufen und abgestimmt werden müssen. Eigene Erfahrungen müssen gesammelt und frühzeitig Weichen gestellt werden. Eine falsche Richtung zu ändern und Projekte zu stoppen, darf kein Tabu sein. Kurzfristiges Quartalsdenken ist aber genauso falsch wie es komplexe strategische Projekte ohne Nutzenbewertung und Meilensteine sind. Inwieweit auf die Erfahrung anderer Anwender aufgesetzt werden kann, ist nur im Einzelfall zu klären.

Business Integration mit SAP-Lösungen

Andreas Hufgard

Mit Ankündigungen in den Jahren 1997 und 1998, das Spektrum der ERP-Lösung (Enterprise Resource Planning) R/3 zu erweitern, führte die SAP den Begriff der „New Dimension" ein. Vom Standpunkt der SAP aus mochte dies stimmig sein, da wirklich neue Dimensionen aus der Sicht der Entwickler und der mit Standardanwendungssoftware abdeckbaren Prozesse, Funktionen und Daten eröffnet wurden. Aus der Perspektive der Anwender gesehen waren dies aber nur notwendige Entwicklungen, um weitere wichtige interne und zwischenbetriebliche Geschäftsaktivitäten ihrer Unternehmen mit einer integrierten Standardanwendungssoftware abzudecken. Bisher waren viele dieser Themen wie z. B. CRM (Customer Relationship Management) nicht oder nur rudimentär durch eine Standardsoftware abgedeckt. Entweder dominierten Individualentwicklungen oder erweiterte Office-Anwendungen, z. B. für die Vertriebsunterstützung, die kaum mit den Stammdaten (z. B. Kundendaten) oder nachfolgenden Prozessen (z. B. Kundenauftragsabwicklung) verbunden waren.

Lösungen jenseits der ERP-Welt

Ermöglicht wurde der Vorstoß von SAP-Lösungen in diese bisher nicht erreichten Themen durch die Kombination von:

Neue Lösungen für neue Organisationskonzepte

- neuen Organisationskonzepten wie CRM, SCM, dezentrale elektronische Beschaffung, Internet-Marktplätze oder Internet-basierte Zusammenarbeit (Collaboration) und
- Software-technologischen Innovationen wie Internet-basierte Oberflächen oder verbesserte Hauptspeicherverarbeitung (Live Cache).

Die neue, höhere Ebene von Standardanwendungssoftware ermöglicht eine tiefergehende und umfangreichere Art der Business Integration von Software-Lösungen und Geschäftsaktivitäten.

Der Begriff „Business Integration"[2] beinhaltet die klassische Integration mit ihrer Forderung nach einer durchgängigen automatischen Informationsverarbeitung und der digitalen Vernetzung auf allen Ebenen: in-

Was ist Business Integration?

---

[2] gleichnamiger MBA-Studiengang (Uni Würzburg): http://www.businessintegration.de

1 Business Integration mit SAP-Lösungen

nerhalb eines Unternehmens, über Unternehmen hinweg und zwischen Volkswirtschaften. Durch den Begriff „Business" soll darüber hinaus in den Integrationsbegriff auch die Organisations-[3] und Marktebene miteinbezogen werden. Denn die Informationsverarbeitung hat die kontinuierliche Neuausrichtung auf sich verändernde geschäftliche Aktivitäten zu leisten. Die Erschließung neuer unternehmerischer Chancen muss sie durch Innovationsimpulse eröffnen. Das heißt, der Gestaltungsauftrag der Business Integration sollte von der Datenebene bis hin zu einem Geschäftsmodell reichen.

Neben den eigenen Software-Anwendungen müssen auch die Möglichkeiten der Geschäftspartner einbezogen werden. Ferner sollte man bei der Einführung einer Software-Anwendung auch das notwendige Managementkonzept berücksichtigen.

Die Möglichkeiten, der Weg und auch die Herausforderungen einer zunehmenden Business Integration mit SAP-Lösungen sind Gegenstand der folgenden Darstellung mit Analysen und Bewertungen.

Überblick Kapitel 1

Im Rahmen der Einführung wird zunächst eine Beschreibung der SAP-Lösungsstrategie geliefert. Dabei wird versucht, die Hintergründe und Zusammenhänge offen zu legen. Die Darstellung der Lösungen selbst ist kurz gehalten, da sie einer hohen Änderungsdynamik unterliegt. Hier verweisen wir jeweils auf die aktuellen Informationsquellen der SAP im Internet.

In einem zweiten Schritt soll geklärt werden, wie die Strategieentwicklung der Business Integration für die nächsten drei Jahre aussehen kann. Was muss geklärt und untersucht werden? Mit welchen Ergebnissen kann man rechnen?

1.1 Lösungsstrategie der SAP

Im Laufe der 90er Jahre entwickelte die SAP ihre Standardanwendungssoftware R/3 zunehmend zu einer umfangreichen, ausgereiften Softwarebibliothek[4], die alle klassischen ERP-Bereiche weitgehend abdeckt, die dem Rechnungswesen, der Logistik und dem Personalwesen zuzuordnen sind.

---

[3] „Integration von Organisation und Information", erstmals 1996 von THOME und HUFGARD in: Continuous System Engineering – Entdeckung der Standardsoftware als Organisator.

[4] "Softwarebibliothek", erstmals 1994 von HUFGARD in: Betriebswirtschaftliche Softwarebibliotheken und Adaption.

1.1 Lösungsstrategie der SAP

Ein zweiter Entwicklungsschwerpunkt folgte ab 1996; es war der Ausbau des R/3 für die Anforderungen unterschiedlicher Wirtschaftszweige und Branchen. Beispiele hierfür sind die Automotive-Lösung für die Automobilhersteller, die insbesondere Themen wie Lieferplanabwicklung, spezielle Verpackungsthemen etc. beinhaltet oder eine Banken-Lösung, die sich derzeit noch im Weiterentwicklungsprozess befindet.

Branchenlösungen

Die Angebote für andere Branchen, wie für die chemische Industrie oder die Konsumgüterhersteller, waren spezielle Zusammenstellungen aus bestehenden Komponenten wie Varianten- oder Produktionsplanung, die speziell für diese Industrien voreingestellt wurden und mit zusätzlichen, weniger umfangreichen Branchenfunktionalitäten ausgestattet bzw. ergänzt waren.

Eine ganze Reihe von Lösungen für Wirtschaftszweige und Branchen sind in der folgenden Tabelle 1.1 [5] aufgeführt.

Tabelle 1.1: mySAP Business Suite: Branchenlösungen

mySAP Business Suite: Branchenlösungen	
Aerospace & Defense	Media
Automotive	Mill Products
Banking	Mining
Chemicals	Oil & Gas
Consumer Products	Pharmaceuticals
Financial Service Provider	Professional Services
Engineering, Construction & Operations	Public Sector
Healthcare	Retail
Higher Education & Research	Service Providers
High Tech	Telecommunications
Industrial Machinery & Components	Utilities
Insurance	

Durch die vielen Branchenentwicklungen war ein gewisser Wildwuchs an divergierenden Software-Versionen nicht zu vermeiden. Sie wurden allerdings ab 2002 mit der Version R/3 4.7 Enterprise als sog. Extensions teilweise wieder in den Standard überführt, so dass die Strategie der SAP, eine groß und breit angelegte Softwarebibliothek zu entwickeln, gegenüber dem Auseinanderdriften in einzelne Branchenlösungen eindeutig dominiert.

Branchenlösungen als Extensions in R/3 4.7 Enterprise

---

[5] SAP: http://www.sap-ag.de/germany/solutions/industry

1 Business Integration mit SAP-Lösungen

Parallel dazu wurde die SAP ab dem Jahr 1997/98 zunehmend von Seiten der Analysten, weniger von ihren Kunden, der Internet-Euphorie ausgesetzt. Die veröffentlichte Meinung erzeugte einen enormen Druck, neue Internet-basierte Lösungen für die Einkaufs- und Verkaufsabwicklung anzubieten.

Integriertes CRM für alle Vertriebs- und Servicekanäle

Mit mySAP CRM[6] für das Customer Relationship Management wurde versucht, den Funktionsumfang der Vertriebsabwicklung, der bisher von der Anfrage über das Angebot bis zur Auftragsabwicklung, Lieferung und Faktura reichte, zu erweitern. Grundlage bildet eine zentrale Kundendatenbasis, die mit einem sogenannten Account Management eine bessere Nutzung und Verwaltung der Informationen über den Kunden aus allen Sichten ermöglicht. MySAP CRM liefert eine Marketingunterstützung, z. B. für Kampagnen, und insbesondere mobile Lösungen für Vertriebsmitarbeiter. In voller Ausbaustufe erlaubt mySAP CRM eine Daten- und Prozessintegration aller Vertriebskanäle (Multi-Channel-Sales) vom Direktvertrieb über ein Call-Center bis hin zum Internet. Das CRM-Spektrum wird abgerundet durch ähnlich umfangreiche Funktionen und Prozesse für alle Servicekanäle.

Auf Basis des SAP BW werden zusätzlich in einem so genannten analytischen CRM die Kundendaten, Vertriebs- und Serviceaktivitäten zusammengeführt.

CRM wird als ein relativ neuer, expandierender Markt von den Analysten immer noch hoch gelobt. Hier muss die SAP gegen einen starken Konkurrenten antreten: die Firma Siebel[7] aus Kalifornien, die als Marktführer gilt und mit einer sehr speziellen Lösung einige Jahre mehr Erfahrung besitzt.

Softwarebibliothek für das Planen und Terminieren im SCM

Ein sehr dominantes mySAP-Thema ist das mySAP SCM[8] (Supply Chain Management). Ähnlich wie das CRM ist SCM mehr eine Management-Methode als eine konkrete Software-Systembeschreibung. Im engeren Sinne wird SCM nur durch das so genannte APS (Advanced Planning and Scheduling) getragen. APS ist eine spezialisierte Software, die Planungs- und Terminierungsaufgaben technisch schneller und effizienter lösen kann. Man muss sich APS als einen Aufsatz auf eine bestehende ERP-Basissoftware vorstellen, um damit Planungs- und Bedarfsdaten sehr schnell – hauptspeicherbasiert – hoch zu rechnen. Das APS-Rechenergebnis führt zu veränderten operativen Anweisungen im ERP-System, z. B. einem veränderten Fertigungsauftrag und/oder umtermi-

---

[6] SAP: http://www.sap-ag.de/germany/solutions/crm

[7] Siebel Systems: http://www.siebel.com

[8] SAP: http://www.sap-ag.de/germany/solutions/scm

nierten Arbeitsvorgängen. Gegenüber bestehenden Verfahren, z. B. MRP II, können so schneller bessere Ergebnisse für die Absatz-, Fertigungs- und Distributionsplanung erzielt werden.

Sowohl CRM als auch SCM haben gemeinsam, dass sie im Rahmen der SAP-Definition auch Bereiche umfassen, die früher den ERP-Systemen zugeordnet wurden, was etwas verwirrend ist. Zu SCM wird jetzt die gesamte Logistikabwicklung hinzugezählt, von SAP LES (Logistic Execution System) genannt. Dahinter verstecken sich die klassische Lieferung, das Lagerverwaltungssystem sowie die Transport- und Frachtabwicklung.

Hauptkonkurrent der SAP ist das texanische Unternehmen i2 Technologies.[9]

Das in der Praxis am weitesten akzeptierte und umgesetzte Thema ist das E-Procurement. Vereinfacht dargestellt handelt es sich dabei um ein dezentrales Bestell- und Materialwirtschaftssystem, das Web-basiert ist und integrativ über das Internet auf Kataloge oder Verkaufssysteme von Lieferanten oder Internet-Marktplätzen zugreift und mit ihnen Dokumente austauschen kann. Am Beispiel des E-Procurement wird deutlich, in welchem Dilemma die SAP bei solchen Weiterentwicklungen steckt. Beschaffungsprozesse und -funktionen wurden bereits zum größten Teil in etablierten ERP-Systemen abgedeckt. Es gibt nur wenige sehr spezifische E-Procurement-Neuerungen, deren Vorteile aus Sicht der Anwender aber erst deutlich gemacht und nachweisbar eingeführt werden müssen. Bemühungen vieler Beratungsunternehmen konzentrieren sich geradezu in missionarischem Eifer auf diese Überzeugungsarbeit.

Web-basierter, dezentraler Einkauf mit Dokumentenaustausch

Allen bisher genannten Lösungen ist in hohem Maße gemeinsam, dass sie enorme organisatorische Veränderungen verlangen, um in ihren Vorteilen nutzbar zu werden. So muss im E-Procurement eine dezentrale Beschaffung zunächst organisatorisch eingeführt werden, bevor E-Procurement Vorteile zeigt. Anderseits sollte die Pflege der Einkaufskataloge extern durchgeführt werden, um Kosten zu reduzieren. Dies erfordert einen organisatorischen Kraftakt, weil Lieferanten und Warengruppen eingebunden bzw. konsolidiert werden müssen.

Organisatorische Veränderungen

Eine Erweiterung in ein mySAP SRM (Supplier Relationship Management[10]) war hier der nächste logische Entwicklungsschritt im Jahr 2002. Elemente wie Lieferantenmanagement, -qualifizierung, -portale und Collaboration kamen noch dazu und sollten die Lösung abrunden.

---

[9] i2: http://www.i2.com
[10] SAP: http://www.sap-ag.de/germany/solutions/srm

1 Business Integration mit SAP-Lösungen

Der wichtigste Konkurrent der SAP ist hier der Pionier des E-Procurement ARIBA[11].

Neue Technologie für Berichtswesen und Planung

Im Bereich des klassischen Berichtswesens und der Planung gibt es ebenfalls technologisch neue Standardlösungen unter der Bezeichnung mySAP Business Intelligence.

Als erstes Produkt ist hier das SAP BW[12] zu nennen. Es ist ein Auswertungssystem, das es erlaubt, Vorteile eines Data Warehouse mit den Vorteilen einer ERP-Lösung zu verbinden. Bisher waren in der ERP-Welt operative Auswertungen und Berichte direkter Bestandteil der Fachanwendung. Es gab ein Vertriebs-, Logistik- oder Finanzinformationssystem. Die eigenständige Data-Warehouse-Lösung erlaubt ein Extrahieren und Aufbereiten von Daten zu flexiblen Berichten und ermöglicht somit die Verbindung einer neuen Technologie mit der klassischen R/3-ERP-Welt. Für die SAP bedeutete dies, dass die umfangreiche Standardberichtsbibliothek im R/3 mit ca. 3.000 Einzelberichten nicht weiterentwickelt, sondern als „Business Content" in die Data-Warehouse-Welt verlagert wird. Konsequenterweise müsste dann auch dieses Data Warehouse im Standardauslieferungsumfang der „Basis"-ERP-Lösung enthalten sein.

Fokussiert sich ein Data Warehouse wie das SAP BW in erster Linie auf die Ist-Datenauswertung, so ist das fehlende Element der strategischen Planung im SAP SEM (Strategic Enterprise Management) zu finden. Im SAP SEM werden auch noch weitere – eher für Großkonzerne geeignete – Instrumente wie Konsolidierung oder Stakeholder Relationship Management zusammengefasst. Im Kern gibt es die Planungskomponente und die Balanced-Score-Card-Methode, die eine strategische Unternehmenssteuerung von Zielen bis zu Maßnahmen erlauben. Durch die Integration mit dem SAP BW können auch Soll-Ist-Gegenüberstellungen einbezogen werden.

Als wichtige Konkurrenten des SAP BW[13] treten hier praktisch alle Data-Warehouse- und Planungswerkzeug-Anbieter auf.

Technologieplattform SAP NetWeaver

Als Sammler für neuartige, eher technische Lösungen hat die SAP den Produktnamen SAP NetWeaver[14] eingeführt. Weit außerhalb des ERP-

---

[11] Ariba: http://www.ariba.com
[12] Die Bezeichnung SAP BIW musste aus markenrechtlichen Gründen in SAP BW geändert werden.
[13] SAP: http://www.sap-ag.de/germany/solutions/bi
[14] SAP: http://www.sap-ag.de/germany/solutions/netweaver

Spektrums liegen die beiden Lösungen mySAP EP[15] (Enterprise Portal; ehemals Workplace) bzw. mySAP Exchanges[16] (ehemals Marketplace).

Bei der Unternehmensportallösung mySAP EP handelt es sich um eine Web-basierte Benutzeroberfläche, die sowohl für die Anwendungsintegration im Multisystemumfeld als auch für ein Unternehmensportal zur Verwaltung jegliche Informationen (Dokumente, Datenbanken etc.) Integrationstechnologien anbietet. Hier stößt die SAP in Lösungsbereiche vor, die bisher von rein technisch orientierten Anbietern dominiert waren. *Unternehmensportal*

Die Marktplatzlösung – insbesondere die eingebundene „Exchange Infrastructure" für den Dokumentenaustausch – ist aus Sicht der Business Integration das innovativste Element der SAP-Lösungsstrategie. Als Handelsplattform, z. B. für Auktionen und Relaisstation für den elektronischen Dokumentenaustausch zwischen Geschäftspartnern, übernehmen Internet-Marktplätze eine neuartige Vermittlungsfunktion. Durch die Unterstützung der Geschäftsabwicklung mit Finanz-, Logistik- oder Informationsangeboten sind Internet-Marktplätze die Dienstleister einer Business Integration zwischen Unternehmen. *Handelsplattform*

Beide Lösungen haben gemeinsam, dass sie von der SAP zunächst in eigene Gesellschaften, die „SAP Markets" und die „SAP Portals", ausgegliedert wurden, was darauf zurückzuführen war, dass hier mit spezialisierten Anbietern im Rahmen von Joint Ventures oder Fusionen kooperiert worden war. SAP Markets basierte auf einer Zusammenarbeit mit COMMERCE ONE, dem Marktführer im Bereich der Marktplatz-Lösungen. In SAP Portals wurde ein Anbieter namens TOP TIER eingebracht, der im Bereich der Enterprise Portals eine bedeutende Marktrolle gespielt hatte. Im Jahr 2002 sind alle Aktivitäten wieder in die SAP AG re-integriert worden.

Als jüngstes Lösungsangebot führt die SAP mySAP Mobile Business[17] auf, wobei es sich hier um technische Anbindungs- und Architekturoptionen für Endgeräte und Netzinfrastrukturen handelt, die auf der Portal-Lösung aufbauen. Mögliche Zukunftsszenarios, etwa für Vertriebsmitarbeiter oder Servicetechniker, werden hier eher durch die Verfügbarkeit entsprechender Endgeräte und Bandbreiten bestimmt als durch die Software-Entwicklung. *Mobilität*

Neben den re-integrierten Branchenlösungen für Handel, Banken und öffentliche Verwaltungen kamen mit dem ERP-Release R/3 4.7 Enter- *PLM Extension zur ERP-Lösung 4.7 Enterprise*

---

[15] SAP: http://www.sap-ag.de/germany/solutions/enterpriseportal

[16] SAP: http://www.sap-ag.de/germany/solutions/exchanges

[17] SAP: http://www.sap-ag.de/germany/solutions/mobile_business

prise auch „Extensions" zu horizontalen Themen auf den Markt. Zu den wichtigsten erweiterten Lösungen zählt mySAP PLM[18] (Product Lifecycle Management). Hier vereinigen sich klassische Funktionen des Projektsystems, des Produktdaten- und Dokumentenmanagements und des technischen Anlagenmanagements mit Möglichkeiten des Austausches von Projekt- und Produktdaten auch über das Internet.

Als weitere klassische ERP-Lösungen blieben noch zu nennen: MySAP Human Resources[19] – das klassische Personalwesen – mit Weiterentwicklungen im Bereich der so genannten Employee Self Services; mySAP Financials[20] – das klassische Rechnungswesen bis hin zum Finanzmanagement – mit zusätzlichen Funktionen für Banken, Versicherungen etc. Auch gibt es neuartige Ansätze im Bereich des E-Commerce mit dem so genannten Electronic Bill Presentment and Payment.

Verbesserung durch ESA – Enterprise Service Architecture?

Mit der Ankündigung der „Enterprise Service Architecture" (ESA) im Jahr 2003 will die SAP einen Technologiesprung liefern, der für eine verbesserte Umsetzung der Business Integration relevant ist. ESA soll „eine Referenzstruktur für flexible und erweiterbare Business Solutions" sein, um ein „Adaptive Business[21]" zu ermöglichen. Im Kern geht es um das Beseitigen oder Verstecken von Komplexität der Prozess- bzw. Lösungsintegration.

Technologisch gesehen wird der SAP NetWeaver als Integrationsplattform verbessert und ausgebaut. Neben der Prozessebene werden auch „Personen", „Informationen" und „Anwendungen" einbezogen.

Als spezielle „Integrationstreiber" stehen die SAP Exchange Infrastructure (Daten- bzw. Dokumentenaustausch), die SAP xApps (anwendungsübergreifende, vordefinierte Prozesse) und das Master Data Management (Harmonisierung von verteilten Stammdaten) zur Verfügung.

Das ESA-Architekturkonzept ist abgeleitet vom Begriff der „Web Services" und wurde auf „Enterprise Services" hin umgemünzt. Es ist sicherlich als vielversprechend einzustufen und auf die Entwicklung von neuen Lösungen anwendbar. Viele der im Folgenden dargestellten Anforderungen der Business Integration gehen in die gleiche Richtung. Die offene Frage ist, inwieweit auch ältere SAP-Lösungen „aufgearbeitet" werden (können).

---

[18] SAP: http://www.sap-ag.de/germany/solutions/plm
[19] SAP: http://www.sap-ag.de/germany/solutions/hr
[20] SAP: http://www.sap-ag.de/germany/solutions/financials
[21] SAP: SAP Info, Ausgabe 113, Seite 19ff. und http://service.sap.com/adaptive

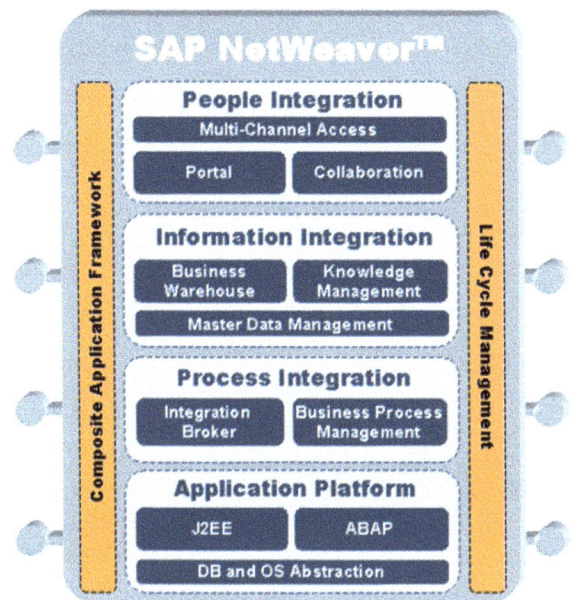

Abbildung 1.1: SAP NetWeaver – Integrations- und Anwendungsplattform für eine Enterprise-Service-Architektur. Quelle: SAP 2004

1.2 Wege zur Business Integration mit SAP-Lösungen

Insgesamt und auf den ersten Blick betrachtet scheint die Entwicklungsstrategie der SAP, ihre ERP-Lösung zu einer Collaborative-Commerce-Lösung – wie es die Gartner Group nennt – auszubauen, durchaus strategisch richtig, wichtig und nützlich. Problematisch ist allerdings, dass jede einzelne dieser genannten SAP-Lösungen durchaus eigene Entwicklungsziele und -strategien verfolgt sowie völlig unterschiedliche Reife- und Integrationsgrade im Verhältnis zu den anderen Lösungen in sich birgt. Zusätzlich entwickeln sich die SAP-Lösungen auch durchaus dynamisch weiter, worauf allein schon die immer wieder geänderten Produktnamen hinweisen. Das bedeutet aber für ein Anwender-Unternehmen, dass es jede einzelne Lösung analysieren und bewerten muss, inwieweit sie wann und in welchem Grad in die eigene betriebliche Abwicklung eingebunden werden kann, um auf dieser Grundlage eine individuelle Business-Integration-Strategie zu entwickeln.

Vom ERP zum Collaborative Commerce

Auch für das von der SAP propagierte strategische Konzept, komplett und in allen Bereichen SAP anzuwenden, um den maximalen Nutzen

Business-Integrations-Szenarios der SAP

aus der Softwarebibliothek zu ziehen, muss trotzdem eine schrittweise und von den vorhandenen Restriktionen abhängige Einführungsstrategie entworfen werden.

Die damit verbundene Komplexität steigt gegenüber R/3 noch einmal massiv an. Was dies bedeutet, zeigte auch der Versuch der SAP, die Lösungen über „ex-post" (erst im Marketing) dokumentierte Business-Szenarios zu verkaufen. Hierbei stand wohl im Vordergrund, in Business-Szenarios möglichst viele der vorhandenen oder in Entwicklung befindlichen SAP-Lösungen einzubinden. Leider war aber die ursprüngliche Software-Entwicklung „ex-ante" nicht auf diese Szenarios ausgerichtet.

In der Praxis muss man dieses „All-Inclusive-Vorgehen" als gescheitert ansehen, da Übergänge zwischen den Software-Komponenten mitunter recht „holprig", wenig durchdacht oder schlicht irrelevant waren.

Beispielsweise war es nicht sinnvoll, dass SAP APO (Advanced Planner und Optimizer) eingeführt werden musste, wenn ein Anwender im Rahmen einer einfachen Internet-Sales-Abwicklung „Business to Consumer" eine Verfügbarkeitsprüfung haben wollte. Hier ging die SAP auch wieder einen Schritt zurück und öffnete die klassische Verfügbarkeitsprüfung im R/3.

Solche Beispiele zeigen, dass insbesondere die Business Integration komplexer Szenarios anforderungsspezifisch skalierbar sein sollte. Die Softwarebibliothek muss abgestufte und gestaltbare Varianten ermöglichen.

Potenziale und Umsetzbarkeit

Ein grundsätzliches Problem an dieser Stelle ist der Interessenkonflikt zwischen einem Software-Hersteller, der die Funktionsbreite und -tiefe seiner übergreifenden Softwarebibliothek demonstrieren möchte und den Fähigkeiten eines Unternehmens, diese neuen Potenziale Schritt für Schritt in die betrieblichen Abläufe zu integrieren. Es ist durchaus konsequent und legitim, wenn die SAP versucht, ihre Software in übergreifenden Szenarios vorzustellen, die insbesondere auch von Analysten der Fachwelt gefordert werden. Auf der anderen Seite bleibt für jedes Unternehmen ein langer Weg, um diesen Szenarios nachzueifern.

Modulare Prozesse zur Business Integration

Ein Unternehmen sollte die Betrachtung der Potenziale und Integrierbarkeit des Lösungsangebots in Abgleich bringen mit den Anforderungen an übergreifende Geschäftsprozesse, die es realisieren will. Im Gegenzug muss die SAP modular verknüpfbare Prozesse pro Komponente anbieten, die man per „Stecker" und wahlfrei mit den passenden Prozessen anderer Komponenten zu individuellen, übergreifenden Szenarios intern oder extern verbinden kann.

Stufe für Stufe in die neue Lösungswelt

Jedes Unternehmen muss für sich den sinnvollen Migrationspfad in diese neuen Lösungspotenziale finden und in dem Bereich beginnen, der einfach und schnell den größten Nutzen erbringt. Es sollte auch klar sein, welche Ziele und Stufen eine Einführung anstrebt und welche integrierten Geschäftsprozesse man insgesamt haben will, bevor man mit der Umsetzung der ersten Etappe beginnt, die dann die Basis schafft für das Gros der gewünschten neuen Geschäftsprozesse.

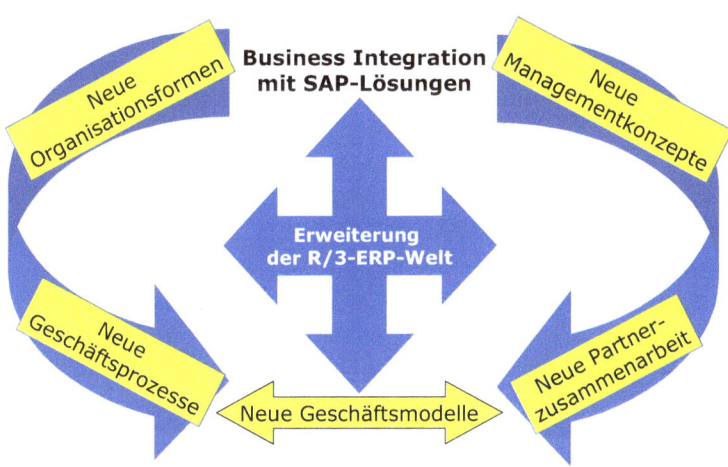

Abbildung 1.2: Erweiterung der ERP-Welt

Welche Pfade gibt es nun, den Weg aus der ERP-Welt in eine neue Lösungswelt zu finden und was ist grundsätzlich sinnvoll und denkbar? Voraussetzung für ein gutes Ergebnis ist zunächst eine richtige Vorbereitung des Unternehmens, um eine erfolgversprechende Projektstrategie zu finden. Für die Einführung z. B. einer CRM- oder SCM-Lösung muss vorbereitend und begleitend in hohem Maße reorganisiert werden. Solche Voraussetzungen sind hier härter zu bewerten als es bei klassischen ERP-Einführungen der Fall war. Es ist gefährlich, bestehende Geschäftsabläufe 1:1 auf die neuen Software zu übertragen, denn diese verlangen neue Formen der Geschäftsabwicklung bis hin zu anders gearteten, innerbetrieblichen Verantwortlichkeiten und Aufgaben.

Vorbereitung durch organisatorischen Wandel

Als Beispiel sei hier das CRM-Thema „Key Account Management" genannt. Die SAP versucht mit allerlei Informationsmaterial zu demonstrieren, dass ein Key Account Management möglich ist und wie der Prozess mit den Software-Funktionen grundsätzlich unterstützt wird. Problematisch dabei ist, was ein Unternehmen, das bisher keinerlei Erfahrungen im Key Account Management hatte, dem nicht nur die Daten, sondern auch die Kompetenzen der Mitarbeiter oder die Bereitschaft des Kunden fehlen, mit einem solchen Lösungsszenario anfangen kann.

Beispiel Key Account Management

Sind auch Teilprozesse davon einsetzbar? Was tun, wenn nur eine bestimmte Voraussetzung fehlt? Gibt es auch eine kleine Variante, die schrittweise ausgebaut werden kann?

Auch organisatorisch einfacher zu lösende Probleme werfen ähnlich große Schwierigkeiten auf. So ist die Einführung einer Web-basierten Auftragserfassung für bestehende Geschäftsverbindungen sicherlich kein großartiger organisatorischer Wandel. Aber trotzdem muss zuerst bei den Geschäftspartnern die Bereitschaft und der Nutzen geschaffen werden, sonst kann die Einführung an falschen Einschätzungen scheitern. Gerade diese schmerzliche Erfahrung mussten die Pioniere in diesem Umfeld machen. Kunden weigerten sich, manuell Daten in eine Internet-basierte Auftragserfassung einzugeben, die sie vorher automatisch aus ihren Systemen per Fax versandt hatten.

Realismus und Pragmatismus

Der hier vorgetragene Ansatz der Business Integration verlangt deswegen, die Potenziale der Lösungen, neue Geschäftsprozesse und Voraussetzungen organisatorischer Art bei Geschäftspartnern und innerbetrieblich ganzheitlich zu analysieren und darzustellen. Dies soll unter den Prämissen Pragmatismus und Realismus erfolgen. Zu kritisieren sind insbesondere Analysten, die „Business Fiction" aufzeigen, deren Abläufe in der betrieblichen Praxis in den nächsten Jahren in einer signifikanten Verbreitung unmöglich zu realisieren sind. Dazu gehören die so genannten Collaboration-Themen im SCM oder das Mobile Business. Dies liegt einerseits daran, dass die Software-Releases noch nicht ganz den nötigen Reifegrad erreicht haben und andererseits – was noch viel wichtiger erscheint – die Organisationen und Geschäftsmodelle der Unternehmen nicht auf solche, durchaus vorteilhaften Möglichkeiten ausgelegt sind. Somit müssen noch eine ganze Reihe von Entwicklungs- und Projektschritten durchgeführt werden, um bis dahin zu gelangen. Der Weg zur verbesserten Business Integration ist mühsam und langwierig, insbesondere aber eine Herausforderung in mehreren Disziplinen.

1.3 Entwicklung einer Business-Integration-Strategie

Um in die neue Dimension des unternehmerischen Handels vorzustoßen, müssen Fakten vorliegen und bestimmte strategische Felder untersucht werden. Die Abgrenzung zur traditionellen Istanalyse liegt in der Rundumsicht – unter Einbeziehung von kontinuierlichen Veränderungen, Planungen etc. – und den drei Analyseperspektiven:

- strategische Situationsanalyse der Rahmenfaktoren,
- operative Situationsanalyse aus Organisationssicht und

- taktische Situationsanalyse der produktiven Systeme (z. B. R/3).

1.3.1 Strategische Situationsanalyse

Üblicherweise muss die strategische Situationsanalyse in folgenden Kategorien der Business Integration durchgeführt werden:

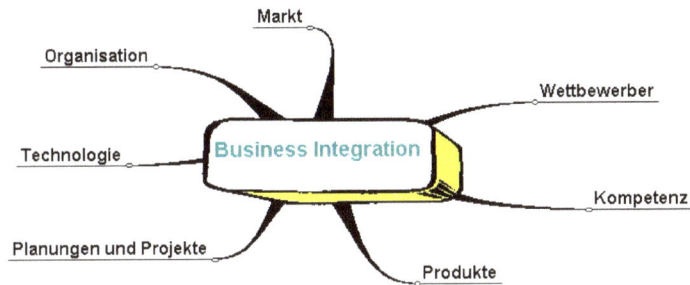

Abbildung 1.3: Felder der strategischen Situationsanalyse

Bei Wettbewerbern müssen einerseits die Maßnahmen und strategischen Planungen beobachtet werden; andererseits ist ihr Potenzial richtig und differenziert einzuordnen (Maßnahmen- und Potenzialbewertung). Konkret heißt dies, dass für die Handlungsbereiche E-Procurement, CRM, Unternehmensportale, Marktplatzbeteiligung und SCM in den entsprechenden Produkt-Markt-Feldern eine strategische Wettbewerbsbewertung durchgeführt werden sollte. Diese Bewertung muss die Marktposition im Verhältnis zu den Anstrengungen der Business Integration setzen, z. B. welche bereits bestehenden einsatzfähigen Systeme, Maßnahmen oder Vorhaben ein Konkurrenzunternehmen, das Marktführer ist, im Bereich CRM hat. Auf welche Produkt-Marktbereiche hat dies Auswirkungen? *Was planen die Wettbewerber?*

Diese Analyse kann als Business-Integration-Matrix bezeichnet werden. Sie muss quartalsweise auf dem neuesten Stand gehalten und sollte als Grundlage für Entscheidungen herangezogen werden. *Business-Integration-Matrix für Wettbewerber*

Im Markt ist es wichtig, mit Kunden, Lieferanten und anderen Partnern – seien es Händler oder Dienstleister – engen Kontakt, auch bzgl. integrationsrelevanter IT-Themen, zu halten. Ihre Aktivitäten sind ebenso zu verfolgen, wie die im Bereich der Wettbewerber. Entscheidend bei *Was wollen die Geschäftspartner?*

1 Business Integration mit SAP-Lösungen

der Marktbeobachtung ist das Wissen darüber, welche Voraussetzungen und Tendenzen bei Kunden, Lieferanten und Partnern herrschen.

Business-Integration-Matrix für Partner

Sollte es in der Marktbearbeitung eine veränderte strategische Ausrichtung geben oder diese geplant sein – beispielsweise ein Exportgeschäft zu stärken, ein bestimmtes Land vermehrt in den Vordergrund zu stellen oder organisatorische Veränderungen marktgetrieben durchzuführen – so muss diese in die Betrachtung einfließen. Für die wichtigsten zehn Kunden, zehn Lieferanten und zehn sonstigen Partner sollte ebenfalls eine strategische Business-Integrations-Matrix gepflegt werden. Marktbereiche, die von besonderer Bedeutung sind, sollten bzgl. der Partner zusätzlich eigenständig betrachtet werden. Neue organisatorische Maßnahmen können auf dieser Ebene ebenfalls zu einer engeren Betrachtung eines spezifischen Produkt-Markt-Segments führen.

Im Unterschied zur Wettbewerbsanalyse haben die Ergebnisse im Marktbereich die Aufgabe, eigene Vorhaben schnell mit Markpartnern abstimmen und angehen zu können. So macht es wenig Sinn, Lieferanten integrieren zu wollen, die keine Produktkataloge besitzen. Eine enge Kooperation mit Geschäftspartnern ist insbesondere die Voraussetzung für jegliche Form von SCM.

Welche Auswirkungen haben Produkttrends?

Der Bereich Produkte bezieht sich auf das Leistungsspektrum des Unternehmens und die spezifischen Formen der Leistungserstellung. Im Falle von beratungsintensiven Produkten gilt es andere Maßnahmen zu berücksichtigen als bei Standardprodukten. Wichtig sind auch grundsätzliche, neue Produkttrends, die Auswirkungen auf Markt, Lebensdauer, Service und sonstige Marktbearbeitungsstrategien haben. Das Thema Produkte hat Auswirkungen auf alle Bereiche der Business Integration. Neue Lösungen der SAP – wie das Product Lifecycle Management – zielen insbesondere auf die stärkere Integration, Verbreitung und Nutzung produktabhängiger Informationen hin. Auch hier sind Lieferketten zu analysieren, Servicethemen herauszuarbeiten und insgesamt für das CRM und SCM notwendige Handlungsspielräume und Maßnahmen zu identifizieren.

Welche Technologiekompetenz ist notwendig?

Der Bereich Technologie bezieht sich auf notwendige interne oder externe IT-Fähigkeiten und Infrastrukturen zur Business Integration.

- Welches Know-how besitzen die IT-Abteilung und die Fachabteilung in Bezug auf Methoden und Techniken?
- Welche Ressourcen und Kompetenzen müssen im Unternehmen selbst vorliegen?
- Welche Ressourcen sollten extern hinzugekauft werden?

Grundsätzlich muss hier darauf geachtet werden, dass nicht zu viele notwendige und wichtige Kompetenzen auf Dauer hinzugekauft werden müssen. Ansonsten geht die Fähigkeit verloren, eigenständig die Business Integration auch technisch zu überschauen und zu gestalten.

Der nächste strategische Handlungsbereich bezieht sich auf Themen in den Fachabteilungen, d. h.: Inwieweit liegt Wissen über neue Management-Methoden, Ansätze und Organisationsformen vor? Grundsätzlich kann es hier auch ein Problem sein, ob sprachliche Fähigkeiten oder Sozialkompetenzen für bestimmte Reorganisationsmaßnahmen vorhanden sind. Der Ausbau von Mitarbeiterfähigkeiten, auch Personalentwicklung genannt, muss beachtet und gefördert werden. Der Kompetenzaufbau in den Fachabteilungen ist ein wichtiger Akzeptanz-Faktor für jede Neueinführung eines Informationssystems oder den dafür notwendigen organisatorischen Wandel.

Welche Mitarbeiterkompetenz ist notwendig?

Die strategische Analyse der Organisation bezieht sich auf strukturelle Voraussetzungen in der Aufbau- und Ablauforganisation, insbesondere welche Veränderungsmaßnahmen hier geplant oder durchgeführt werden müssen. Welche Anreiz-Beitrags-Systeme bestehen z. B. für Vertriebsbeauftragte? Für die Ablauforganisation stellt sich die Frage, inwieweit die Prozesse relativ stabil oder dynamisch sind, d. h. Änderungen unterliegen können. Auch ist zu klären, inwieweit Prozess-Reorganisationen als Vorbereitung für die Business Integration durchgeführt werden müssen. Beispielsweise kann es eine Änderung im Marktumfeld geben, die eine Umstellung von indirektem Verkauf auf Direktgeschäft zur Folge hat, was eine Abwicklung völlig neuer Prozesse für das Unternehmen bedeutet. Auch andere CRM-Organisationskonzepte, wie beispielsweise das Key-Account-Management, fordern eine völlig neue Prozessform mit neuen Rollen, die sukzessive im Unternehmen etabliert werden müssen.

Welche organisatorischen Voraussetzungen fehlen?

Organisatorische Analysen betrachten insbesondere die Bereiche, die einer Veränderung durch die geplante Neueinführung von SAP-Lösungen unterliegen. Ein produktdominanter Einkauf kann im Rahmen einer Reorganisation zu einem strategischen Einkauf umgebaut werden. Ein Marketing, das bisher nur Messen gestaltet hat, muss für die Umsetzung von Direktverkaufsaktionen weiterentwickelt werden. Schließlich bleibt als letzter Handlungsbereich, die Abläufe der kritischen Prozesse zu beschreiben und auf der Basis der einzuführenden Lösungen – hier in unserem Fall SAP – zu definieren.

Wichtig für eine umfassende Bestandsaufnahme sind auch bereits definierte oder laufende Planungen und Projektmaßnahmen, die Wechselwirkungen mit den Vorhaben im Bereich Business Integration haben können. Andere Planungen, beispielsweise in der Entwicklungsabteilung oder Produktion, müssen einbezogen werden. Laufen gar Projek-

Gibt es relevante Planungen oder Projekte?

te, müssen deren Ziele konsolidiert und insgesamt neu strategisch ausgerichtet werden.

1.3.2 Operative Situationsanalyse aus Organisationssicht

Um sinnvoll Planungen aufstellen und schnell Projekte starten zu können, sollten Daten und Fakten über Organisation und betriebswirtschaftliche Merkmale des Unternehmens, die für eine bestimmte Lösung - z. B. mySAP SCM - relevant sind, am besten in einer standardisierten Form, wiederverwendbar und aktuell zur Verfügung stehen. Leider werden in der Praxis für jedes Projekt oder durch jeden Berater Unmengen von Daten und Fakten mehrfach und auch widersprüchlich gesammelt.

Business Integration beginnt mit einer sauberen Faktensammlung, die möglichst projektübergreifend und aktuell gehalten werden sollte. Eine moderne, Internet-basierte Hilfe bietet hierzu der LIVE KIT OnlineCheck[22] (Abbildung 1.4).

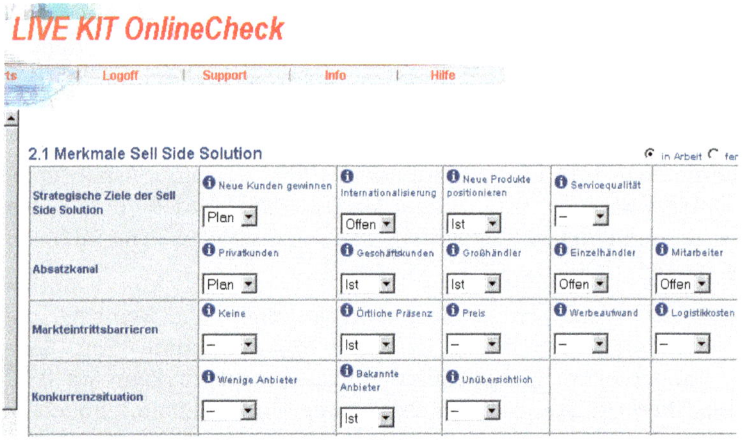

Abbildung 1.4: Operative Situationsanalyse - Merkmale

Zunächst sollten die charakteristischen betriebswirtschaftlichen Merkmale eines Unternehmens dokumentiert werden. Sie liefern einen Überblick über wichtige Prämissen des Geschäftes und geben die Eckpunkte der Anforderungen wieder. Im aufgeführten Beispiel ist auch

---

[22] Der LIVE KIT OnlineCheck (http://www.livekit.de) ist eine Entwicklung der IBIS Prof. Thome AG für Siemens Business Services GmbH & Co. OHG. Weitere Werkzeuge der LIVE KIT-Familie unter www.ibis-thome.de.

dargestellt, dass nach „Ist", „Plan" und „Offen" unterschieden werden kann, um der Forderung nach der zeitlichen „Rundumsicht" gerecht zu werden.

Die Erhebung von Organisationsdaten liefert Details zur Beurteilung der Ausgangssituation des organisatorischen Wandels. Neben Strukturdaten geht es insbesondere um Integration und Arbeitsteilung.

Die Erhebung von Mengengerüsten erlaubt es, Schwerpunkte und kritische Faktoren zu analysieren. Zusätzlich sollten noch Besonderheiten, bekannte Defizite und lang gehegte Wünsche dokumentiert werden.

Diese Form der Analyse muss für die Zukunft eines jeden Unternehmens erweiterbar sein und kann dann als Grundlage für eine systematische Faktensammlung und -fortschreibung dienen.

1.3.3 Taktische Situationsanalyse der produktiven Systeme

Als gegeben kann im SAP-Multisystemumfeld die Existenz eines R/3-Systems angenommen werden. Bei jeder zusätzlichen Einführung einer weiteren mySAP-Komponente muss diese mit dem ERP-System verbunden werden. Deswegen sind Informationen über die aktuelle Nutzung und Konfiguration von R/3 von hoher taktischer Bedeutung.

Als Alternative zu aufwändigen Befragungen gibt es für R/3 auch Instrumente zur automatischen betriebswirtschaftlichen Analyse von produktiven Systemen. Auf Basis der Methodik Reverse Business Engineering (RBE[23]) gibt es seit dem Jahr 2000 für SAP-Anwender ein entsprechendes Werkzeug. Seit Anfang 2002 stehen auch Analyseinhalte zur Verfügung, die es erlauben, auf der Basis der Anwendungsdaten des aktuellen R/3-Systems Schlussfolgerungen für den möglichen Einsatz einer mySAP-Komponente zu ziehen[24]. *Reverse Business Engineering (RBE)*

- Welche Alternativen und Verbesserungen liefern die mySAP-Komponenten gegenüber der aktuellen Nutzung im R/3?
- Gibt es wichtige Daten im R/3, die betrachtet werden müssen, um darauf aufbauend Schlussfolgerungen zu ziehen (z. B. genutzte Rahmenvertragsarten)?
- Gibt es im produktiven R/3 Restriktionen oder kritische Faktoren für die Integration und Implementierung?

---

[23] RBE ist ein Warenzeichen und eine Methode der IBIS Prof. Thome AG. Der Reverse Business Engineer ist eine gemeinsame Entwicklung der SAP AG und der IBIS Prof. Thome AG. Weitere Details zu RBE unter www.ibis-thome.de.

[24] Mehr Infos unter http://www.rbe-online.de.

1 Business Integration mit SAP-Lösungen

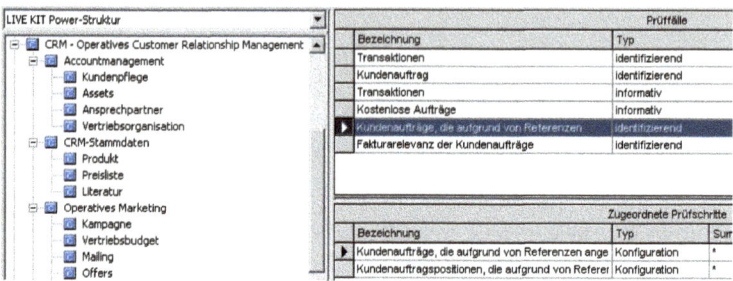

Abbildung 1.5: Taktische Situationsanalyse – RBE

Zusätzlich liefert RBE über die aktuelle Nutzung des produktiven ERP-Systems eine ganze Reihe von weiteren Informationen für andere Projektszenarios wie Harmonisierung, Bereinigung, Releasewechsel, Prozessverbesserung etc.

1.3.4 Strategische Projektplanung

Nach einer Einordnung der Situation des Unternehmens und einer Bestandsaufnahme in den strategischen Handlungsbereichen gilt es, eigene Strategien zu finden, festzulegen und fortzuschreiben. Dies ist ein individueller Entscheidungsprozess, der systematisch und durch Experten abgesichert werden sollte.

Kurz-, mittel- und langfristige Planung

Als Resultat muss eine Business-Integration-Strategie für den kurz-, mittel- und langfristigen Bereich aufgestellt werden. Wie in der Fallstudie für die LIVE AG dokumentiert, hat ein Unternehmen verschiedene Phasen zu durchschreiten, um die Qualität der Business Integration schrittweise zu verbessern. Nach einer Aufbauphase, die kurzfristige Maßnahmen mit hoher Erfolgsaussicht zum Gegenstand hat und grundlegende Infrastrukturen schaffen muss, gilt es, neue Managementkonzepte wie CRM oder SCM einzuführen und E-Commerce auszubauen und zu etablieren. Kooperationsszenarios und neuartige mobile Kommunikationstechnologien, die derzeit als Visionen dargestellt werden, könnten dann in einer dritten Phase den abschließenden Schritt dieser Kampagne darstellen.

Standards, Make-or-Buy

Aus der Analyse und Einordnung der aktuellen Situation können auch Empfehlungen für die IT-Infrastruktur abgeleitet werden. Auf welche Technologien setzt man im SAP-Umfeld? Welche Verfahren sollte man ergänzen, da sie notwendig sind für die Handlungsfähigkeit, Strategien und Realisierungen in anderen Bereichen? Empfehlenswert ist es, sich hier an Standards zu halten, da Wettbewerbsvorteile nur durch eine schnelle Umsetzung und Ausnutzung dieser Lösungen erreicht werden können und nicht durch individuelle Sonderlösungen, die nach einiger Zeit eine hohe Inflexibilität hervorrufen und aufgrund ihres großen Änderungsaufwandes immer stärker steigende Wartungs- und Erweiterungskosten produzieren.

Daneben müssen Empfehlungen für Organisation und Personalentwicklung vorangetrieben werden. Stehende Projektteams, die sich mit der Inhaltsentwicklung für ein Unternehmensportal beschäftigen, oder der Aufbau von Kompetenzträgern in den Fachabteilungen sind hier mögliche Ziele.

Aus den definierten Zielen, Strategien und Maßnahmen ist eine konkrete Projektstrategie abzuleiten, die sich in Sechs-Monatsblöcken der Reorganisation, Vorbereitung und schließlich der Einführung neuer Systeme widmet. In der Fallstudie wurden hierzu verschiedene Anknüpfungspunkte genannt. Sinnvollerweise kann in drei Bereichen begonnen werden:

Wo beginnt die Realisierung?

Auf der Beschaffungsseite (Richtung Lieferanten) sollte eine bessere Lieferantenanbindung und Abwicklung erreicht werden, wobei dies nicht immer mit der Einführung eines eigenen E-Procurement-Systems verbunden sein muss, sondern auch zunächst über eine Marktplatzbeteiligung oder eine direkte Lieferantenanbindung laufen kann. Das Ergebnis kann auch sein, dass hier nicht MRO-Teile, sondern A-Teile im Vordergrund stehen müssen.

Auf der Verkaufsseite (Richtung Kunden) lautet die Fragestellung: Wie kann ein Vertriebsmodell im Rahmen eines CRM-Konzeptes unterstützt werden? Üblicherweise sind hier die ersten Schritte der Aufbau eines Produktkataloges oder die Integration der Kundendaten im Rahmen eines standardisierten Datenmanagements.

Die dritte Säule eines ersten Projektansatzes ist die interne Thematik, ein Content-Management-basiertes Intranet-System bis hin zu einem Unternehmensportal in Verbindung mit einem Web-Auftritt zu gestalten. Im Vordergrund steht hierbei die sinnvolle Integration der Anwendungsbereiche und -themen. Die reine Informationsweitergabe reicht nicht aus.

1.4 Blick auf die Grundstruktur der folgenden Kapitel

ERP-Integration
: Im ersten Unterkapitel geht es um die Anknüpfungspunkte an das ERP-System R/3. Die Frage ist zu beantworten, welche bestehenden Funktionalitäten durch die neue Lösung ersetzt werden, inwiefern es vergleichbare Anwendungen im ERP-System gibt und welches die Integrationsprozesse und -beziehungen sind.

Was ist wirklich neu?
: Im zweiten Unterkapitel werden die Neuerungen vorgestellt. Was ist wirklich neu? Was können die SAP-Lösungen besser? Gab es einenTechnologiesprung? Wenn ja, welchen? Was sind die Glanzlichter, die besonderen Vorteile und der Nutzen der neuen Lösungen? In der Ausführung und Darstellung der Neuerungen ist auch eine Kurzerklärung zu den wichtigsten Themen und Funktionalitäten enthalten.

Organisation
: Das dritte Unterkapitel klärt die organisatorischen Voraussetzungen für die Einführung und den Einsatz.

Einführung
: Im vierten Unterkapitel werden die Problemfelder bei einer Einführung aus Lösungssicht dargestellt. Dabei ist es besonders wichtig, auf die richtige Vorgehensweise zur Vermeidung oder Lösung potenzieller Probleme einzugehen.

Was fehlt noch?
: Im fünften Unterkapitel geht es um fehlende Funktionalitäten, Perspektiven und Wünsche an die Weiterentwicklung.

Mitbewerber
: Im sechsten Unterkapitel werden auch die wichtigsten Konkurrenzlösungen kurz dargestellt.

Verweise
: Den Abschluss bilden Verweise auf Informationen und Links, über die weitere Details und aktuelle Neuigkeiten gefunden werden können.

Prozesse
: Im Anhang werden anhand der Prozessmodelle des LIVE KIT Power die wichtigsten Geschäftsprozesse der Business Integration von SAP-Lösungen dargestellt.

2 SAP BW - Vom Berichtswesen zum Data Warehouse

Heiko Hecht

Ziel dieses Kapitels ist es, dem Leser die Einordnung des SAP Business Information Warehouse (BW) in mySAP.com, die wesentlichen Funktionen, die Verbesserungspotenziale und die Fallstricke bei der Einführung des SAP BW zu verdeutlichen. Zusätzlich werden die Aktivitäten der anderen Anbieter kurz skizziert.

Braucht die Welt ein weiteres Informationssystem?

2.1 Informationssysteme vor dem Data Warehouse

Berichts- oder Informationssysteme sollten sämtliche Auswertungen umfassen, die den Informationsbedarf eines bestimmten Adressatenkreises decken. Ein Berichtssystem fokussiert sich auf die Informationsauswertung und -aufbereitung für den Anwender. Im Folgenden werden die wesentlichsten Ausprägungen von Berichts- bzw. Informationssystemen, sortiert nach ihrer Mächtigkeit, kurz erläutert.

Am Anfang stand das Berichtswesen

2.1.1 Externe Entwicklungen

Die Entwicklung der SAP-Funktionalität im Berichtswesen wurde sehr stark von wissenschaftlichen Ansätzen und praktischen Lösungen beeinflusst. Auch in diesen Bereichen sind im Laufe der Zeit verschiedene Konzepte entstanden, die schließlich auch umgesetzt wurden. Diese werden in Abbildung 2.1 den SAP-Lösungen gegenübergestellt und im Folgenden knapp erläutert.

Wurzeln der SAP-Informationssysteme

Ein Managementinformationssystem (MIS) ist ein formalisiertes Datenverarbeitungssystem, das primär die Problemlösungs- und Entscheidungsprozesse der Manager unterstützt. Der Einsatz leistungsfähiger Hard- bzw. Software ist nicht ex definitione vorgesehen, er resultiert jedoch zwangsläufig aus der Struktur und dem Aufbau von MIS[25].

Neue Aufgabenfelder für DV-Systeme

---

[25] GLUC97, S. 53; SCHI96, S. 52f.; MERT00a, S. 185

2 SAP BW - Vom Berichtswesen zum Data Warehouse

Mit dem MIS-Ansatz sollte das Einsatzspektrum der Datenverarbeitungssysteme in den 60er Jahren des letzten Jahrhunderts über den operativen Bereich der Unternehmen auch auf den strategischen Bereich ausgeweitet werden und letztlich das ganze Unternehmen mit Informationen versorgen.

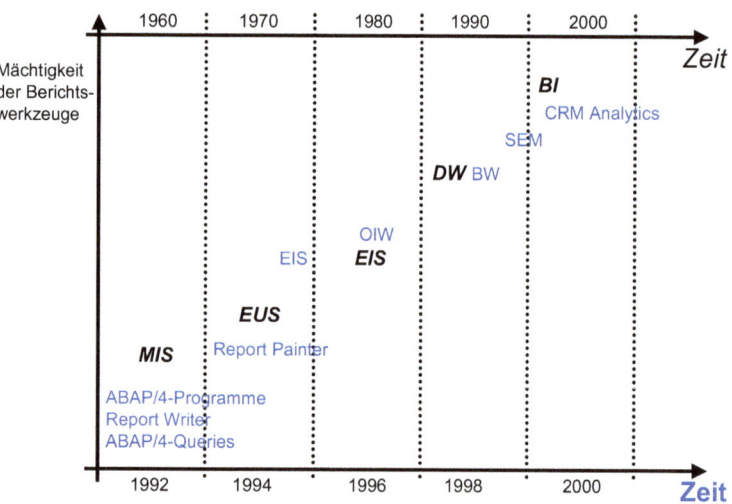

Abbildung 2.1: Die Aufholjagd der SAP AG 1992 - 2000
Die informationstechnologischen Konzepte werden fett und kursiv den SAP-Lösungen gegenübergestellt. Die obere Zeitachse bezieht sich auf die externen Entwicklungen, die untere auf die SAP-Produkte.

Zielgerichtete Informationen

Der Schwerpunkt der Entscheidungsunterstützungssysteme (EUS) lag weniger in einem strukturierten und formalisierten Berichtswesens, als vielmehr in der Vorbereitung schlecht strukturierter Entscheidungen. Die Datenversorgung, die beim MIS im Vordergrund stand, wurde Anfang der 70er Jahre durch eine problembezogene Datenbereitstellung zur Bewältigung von Teilaufgaben abgelöst. Modelle, Methoden und zukunftsbezogene Daten wurden benötigt, damit die Entscheidungsträger interaktiv Entscheidungen treffen konnten. Die Entscheidungsunterstützungssysteme wurden nicht konkurrierend, sondern ergänzend zu den Managementinformationssystemen etabliert[26].

DV-orientierter Arbeitsplatz

Die obere Führungsebene war die Zielgruppe von Executive Information Systems (EIS), die Mitte der 80er Jahre entwickelt wurden. Eine intuitiv benutzbare, grafische Oberfläche dieser Systeme und neue Tech-

---
[26] VETS95, S. 83-88, S. 107

niken wie das Drill-down- oder Exception-Reporting sowie die vielfältigen Präsentationsmöglichkeiten erforderten häufig eine vom operativen System getrennte Datenhaltung. Die internen und externen Daten wurden vereinheitlicht und verdichtet, um die Führungskräfte nicht mit inkonsistenten und zu detaillierten Inhalten zu überhäufen. Deshalb mussten auch Erläuterungen und Berichte zu den Aggregaten, Tabellen oder Grafiken hinzugefügt werden, um die Datenaufbereitung zu erklären. Während beim EUS noch die analytischen Möglichkeiten im Vordergrund standen, wurde beim FIS mehr Wert auf die Benutzerschnittstelle gelegt. Zusätzlich zur Versorgung mit Daten wurden auch andere Funktionen aus dem persönlichen und organisatorischen Aufgabenumfeld der Topmanager bereitgestellt. Neben einer Termin-, Nachrichten- und Aufgabenverwaltung wurde auch der Zugriff auf externe Datenquellen unterstützt.

Schon Anfang der 80er Jahre beschäftigten sich Theoretiker und Praktiker mit dem Data-Warehouse-Konzept. Populär wurde der Data-Warehouse-Ansatz jedoch erst Mitte der 90er Jahre. Aus der Vielzahl der Autoren ist INMON, der vielzitierte Spiritus Rector des Data Warehouse (DW), hervorzuheben. Dieser prägte den Begriff der „Datenlagerhäuser" mit folgender Definition: *Lagerhäuser für Daten*

„A data warehouse is a subject-oriented, integrated, non-volatile, and time-variant collection of data in support of management's decisions"[27].

Ein DW kann ergänzend beschrieben werden als eine „zweite, künstliche Sammlung und Anordnung von Unternehmensdaten"[28]. Diese Definition impliziert jedoch nicht, dass alle existierenden Unternehmensdaten in einer zweiten Datenbasis vorgehalten werden. In einem solchem Datenlagerhaus werden allerdings keineswegs alle vorhandenen Daten neu aufbereitet und aufbewahrt, sondern nur die relevanten. Diese werden ggf. nach einer Verdichtung in einem DW gespeichert. Zusätzlich werden auch bislang nicht im Unternehmen verfügbare Daten, z. B. Daten aus dem Internet oder Benchmark-Zahlen, beschafft und angeboten. *Redundante Datenhaltung*

Neue Konzepte wie Data Mining und Knowledge Management machen den DW-Ansatz jedoch zu mehr als nur einem Ersatz für die Informationssysteme der Vergangenheit. Den Vorteilen eines integrierten Informationssystems stehen allerdings heterogene Anforderungen der Anwender und Anwendungen gegenüber. Das DW-Konzept bildet eine gute Grundlage, um die Probleme der früheren Ansätze zu beheben. Entscheidend ist jedoch, welche Anforderungen man an eine DW-

---

[27] INMO96, S. 33
[28] THOM96a, S. 61

2 SAP BW - Vom Berichtswesen zum Data Warehouse

Auswertung des Data Warehouse

Lösung stellt und wie diese im Unternehmen eingeführt und eingesetzt wird.

DWs bilden die Datenbasis für Analysewerkzeuge, die aus den vorhandenen Daten Informationen zur Entscheidungsfindung ableiten. Eng verbunden mit der Auswertung von Daten ist der Begriff „On-Line Analytical Processing" (OLAP), der von CODD 1993 in bewusster Abgrenzung zum bekannten On-Line Transaction Processing definiert wurde. CODD stellte einen Forderungskatalog auf, der den Anwendern einen einfacheren Zugriff auf Unternehmensdaten ermöglicht[29]. OLAP ermöglicht einen dynamischen Zugriff auf Daten aus verschiedenen Blickwinkeln und bildet die Grundlage für Analysewerkzeuge im DW-Bereich. Häufig werden zur Darstellung der OLAP-Funktionalität Würfel verwendet. Diese können beliebig geschnitten und rotiert werden („slice and dice"). OLAP-Modelle können die Würfel auf *n* mögliche Dimensionen ausdehnen. Auf diese Weise können komplexe Datenstrukturen abgebildet werden.

Zusammenhänge aufdecken

Eine spezielle Form der Datenanalyse ist das Knowledge Discovery in Databases. Unter diesen Begriff fallen verschiedene Verfahren und Funktionalitäten zur Auswertung von Datenbeständen. Häufig werden statistische Methoden zur Entdeckung von Mustern verwendet.

Unterstützung strategischer Entscheidungen

Daneben wird im Zusammenhang mit den Auswertungsmöglichkeiten im DW-Bereich häufig von Business Intelligence Tools (BIT) gesprochen. Mit Business Intelligence (BI) sind allgemein alle informationstechnologischen Verfahren gemeint, die für die Auswertung unternehmensweit verfügbarer Informationen eingesetzt werden. BIT sollen das strategische Management direkt unterstützen und über eine integrative Schnittstelle mit den operativen Systemen eine kontinuierliche Überwachung der Geschäftsprozesse ermöglichen. Balanced Scorecard und Strategic Enterprise Management (SEM) sind die Schlagworte, die momentan die Diskussion im Managementbereich prägen. Die Entscheidung soll durch hochaktuelle, nahezu in Echtzeit gelieferte Daten unterstützt werden[30].

2.1.2 Die Aufholjagd der SAP AG

Lieber spät als nie, die SAP holt auf

Das Berichtswesen des SAP R/3 hat sich seit seiner Markteinführung 1992 kontinuierlich weiterentwickelt. Standen zunächst die ABAP/4-Reports im Vordergrund, wurden zunehmend mächtigere Berichtswerk-

---

[29] Auf eine Darstellung der einzelnen OLAP-Regeln wird verzichtet. Für nähere Informationen wird auf CHAMONI verwiesen [CHAM99, S. 263-266].

[30] Vgl. Kap. 3 mySAP SEM – Von der isolierten zur integrierten Unternehmenssteuerung.

zeuge ausgeliefert. Neben der operativen Berichterstattung werden dabei auch strategische Informationsbedarfe befriedigt.

Kennzeichnend für das modular aufgebaute SAP R/3 ist die fast vollständige Abdeckung der betriebswirtschaftlichen Anwendungsgebiete mit Standardberichten. Die technische Definition der SAP AG des Begriffs Bericht lautet: „Ein Bericht wird ausgeführt, um die Daten in den Datenbanktabellen zu lesen und auszuwerten. Das Ergebnis kann angezeigt bzw. ausgewertet werden. Das System bietet auch beim Ausführen eines Berichts die Möglichkeit, die gelesenen Daten zu sichern, damit sie beliebig oft eingelesen und angezeigt werden. Diese Funktionalität ist wichtig, da das Lesen von Originaldaten bei größeren Datenvolumen Performance-intensiv sein kann"[31].

Was ist eigentlich ein Bericht?

Anhand dieser Definition können im SAP-R/3-System verschiedene Berichtstypen identifiziert werden. Im Folgenden werden diese und die Hauptentwicklungswerkzeuge kurz vorgestellt[32].

Berichtstypen

Das Haupteinsatzgebiet der Software-Entwicklungsumgebung ABAP/4 liegt in der betriebswirtschaftlichen Anwendungsentwicklung. Ein ABAP/4-Bericht entspricht deshalb einer programmierten Auswertung, die neben einer Datenbankabfrage eine Aufbereitung der gelesenen Informationen durchführt. Zusätzlich können Berichtsvarianten definiert werden. Dies sind Selektionsvarianten, die zu einer Vorselektion der auszugebenden Daten führen. Diese aufwändige Form der Berichtsprogrammierung sollte nur zum Einsatz kommen, wenn sich die Anforderungen nicht mit einem anderen Werkzeug umsetzen lassen.

ABAP/4 – Der Standard der SAP AG

Mit ABAP/4-Queries werden typischerweise einfache Auswertungen wie z. B. Telefon- oder Adresslisten erstellt, die auf mehreren Tabellen des R/3-Systems beruhen können. Gegenüber den anderen Reportingwerkzeugen ist eine ABAP/4-Query nicht auf bestimmte Tabellentypen beschränkt. Hierdurch können ABAP/4-Queries in allen Anwendungskomponenten verwendet werden. Insgesamt ist die Definition eines ABAP/4-Query komplex. Darüber hinaus gibt es keine Navigationsmöglichkeiten im ausgeführten Bericht.

Listen mit ABAP/4-Queries

Ein weiterer Berichtstyp im R/3-System sind Transaktionen. Eine Transaktion ist ein logisch abgeschlossener Vorgang, durch den z. B. eine Liste aller vorhandenen Bauteilkalkulationen ausgegeben wird. Ab SAP-

Daten als Ergebnis von Prozessen

---

[31] SAP97, o. S.

[32] Für weiterführende Informationen wird auf die Kapitel 2 bis 6 aus dem Buch „Reporting Development Tools" [SAP99a] und die SAP Online Dokumentation [SAP99b, o. S.] verwiesen.

R/3-Release 4.5B sind sämtliche vormals in den Berichtsbäumen aufrufbaren Berichte über Transaktionen aufrufbar.

Berichte über Strukturen

Gegenüber den anderen Reportingwerkzeugen bieten Recherche-Berichte eine größere Flexibilität, da sich der Datenbestand durch Interaktion mit dem Benutzer nach allen Merkmalen auswerten lässt. Recherche-Berichte können jedoch nur auf die Strukturen bestimmter Module wie z. B. die der Ergebnisrechnung, des Führungsinformationssystems, des Hauptbuchs, des Projektmanagements, der Profit-Center-Rechnung, der Konsolidierung, des Corporate Finance Managements, der Debitoren- oder der Kreditorenbuchhaltung zugreifen. Mit einer Hitliste kann man sich z. B. eine Auflistung der angefallenen Kosten – nach Materialien sortiert – ausgeben lassen.

Komplexe Berichte im Controlling

Im Zusammenhang mit anwenderdefinierten Berichtsstrukturen sind der Report Writer und der Report Painter zu nennen. Der Report Writer bietet nur unwesentlich mehr Funktionen als der Report Painter. Der Unterschied zwischen beiden Tools liegt in der Verwendung von anwendungsspezifischen Berichtsbausteinen („Sets") zur Berichtsdefinition. Während der Report Writer auf Sets zurückgreift, sind beim Report Painter Standardelemente wie Berichtsbibliotheken oder vordefinierte Layouts verfügbar. Beim Report Painter handelt es sich um den Report Writer plus einer grafischen Schnittstelle zur Berichtserstellung. Mit dem Report Painter werden Berichte nach dem WYSIWYG-Prinzip ("What you see is what you get") aufgebaut. Das bedeutet, dass der Anwender schon bei der Berichtsdefinition die spätere Form der Datenausgabe erkennen kann.

Redundante Datenhaltung in der Logistik

Das Logistikinformationssystem (LIS) umfasst das Vertriebs-, Einkaufs-, Bestandscontrolling-, Fertigungs-, Instandhaltungs-, Qualitätsmanagement- und Warenwirtschaftsinformationssystem. Die Berichte des LIS beruhen auf eigenen Datenbanktabellen, den so genannten Informationsstrukturen. Eine Informationsstruktur enthält verdichtete Daten und besteht aus einer Gruppe von Merkmalen und Kennzahlen. Die einzelnen Informationsstrukturen sind sehr speziell und beziehen sich beispielsweise nur auf Informationen zu Kunden. Das LIS ermöglicht nur das Reporting über Daten, die zuvor in die Informationsstrukturen aufgenommen wurden. Für einmalige Ad-hoc-Berichte über mehrere Tabellen ist das LIS deshalb nicht geeignet. Vor der eigentlichen Berichtserstellung muss die zugrunde liegende Informationsstruktur evaluiert werden. Hierzu werden Kenntnisse über den Dateninhalt der einzelnen Informationsstrukturen benötigt. Zur Erstellung neuer Reports steht nur der Report Writer (siehe oben) zur Verfügung.

Die SAP AG entdeckt das Management

Mit dem SAP Executive Information System widmete sich die SAP AG erstmals der oberen Managementebene. Der Informationsbedarf des

Managements unterscheidet sich von dem der Anwender in den betriebswirtschaftlichen Teilbereichen. Für strategische Entscheidungen werden weniger Detaildaten als vielmehr aggregierte und übersichtliche Informationen benötigt. Eine grafische Aufbereitung der Daten wird ebenfalls vom SAP EIS angeboten. Der Nachteil, dass durch die Standard-Berichtstypen nur Daten eines Fachbereichs analysiert werden konnten, bestand im SAP EIS nicht mehr, allerdings wird die Zusammenführung von SAP-Daten und externen Daten nur rudimentär unterstützt.

Das Berichtsheft ist eine grafische Hierarchie, der verschiedene Berichte zugeordnet werden können. Externe Berichte können leicht eingegliedert werden. Berichtsheft-Berichte sind entwickelt worden, um vom Anwender vordefinierte Berichte, Grafiken und Texte präsentieren zu können. Berichtsheft-Berichte sind spezielle Reports des SAP EIS.

Das Open Information Warehouse fasst die verschiedenen Informationssysteme der SAP zusammen. Diese können mit einem Microsoft Excel Add-In ausgewertet werden. Die Zusammenführung von SAP-internen Daten wird dadurch vereinfacht, das Problem, externe Daten zu integrieren, bleibt allerdings unberührt. Die Funktionalitäten und Begriffe des Open Information Warehouse überschneiden sich teilweise mit dem Business Information Warehouse, dem bislang umfangreichsten Berichtstool der SAP AG. Konsolidierung der Informationssysteme

Es wurde aufgezeigt, dass es innerhalb des R/3-Systems eine Vielzahl an Entwicklungswerkzeugen für das Reporting gibt. Die Benutzerführung ist z. T. sehr schwierig. Nur wer regelmäßig mit den Werkzeugen arbeitet, ist in der Lage, diese effizient zu nutzen. Somit sind die Neuerstellung und selbst die geringfügige Änderung von Berichten in den meisten Fällen Experten vorbehalten.

2.2 Was ist wirklich neu am SAP BW?

Im Folgenden wird herausgearbeitet, was das SAP BW im Vergleich zu den unter 2.1 aufgeführten Berichtswerkzeugen und Informationssystemen besonders auszeichnet. Was unterscheidet das SAP BW von anderen DW?

In Abbildung 2.1 werden auch die New-Dimension-Lösungen der SAP AG im BI-Bereich aufgeführt. Das Business Information Warehouse ist die Data-Warehouse-Lösung der SAP AG. Die SAP AG ist 1998 im Rahmen der New-Dimension-Kampagne mit dem SAP BW relativ spät in den DW-Markt eingetreten. Das SAP BW wurde explizit für die Datenhaltung und Datenanalyse entwickelt. Die Integration von SAP- und externen Daten ist fundamentaler Bestandteil dieser Lösung. Der Anwenderkreis des SAP BW erstreckt sich über alle Mitarbeiter im Unter-

2 SAP BW - Vom Berichtswesen zum Data Warehouse

nehmen. Das SAP Strategic Enterprise Management (SEM) ist ein Analysewerkzeug, welches die Daten des SAP BW für verschiedene Zielsetzungen aufbereitet. Durch dieses Werkzeug sollen verstärkt die Anforderungen des Managements befriedigt werden.

Data Mining

Im Bereich Customer Relationship Management (CRM) startete die SAP Mitte 2001 erste Anstrengungen, eigene Data-Mining-Funktionalitäten im Bereich des SAP BW anzubieten. Diese umfassen mit Content Release 3.3 folgende Methoden: Entscheidungsbäume, Scoring, ABC-Klassifikation, Clustering und Assoziationsanalysen. Ansonsten werden Data-Mining-Anforderungen durch eigenentwickelte Web Applications oder Drittanbieterprodukte (z. B. IBM Intelligent Miner) abgedeckt.

2.2.1 Konzept des SAP BW

Revolution des DW-Konzepts

Im Unterschied zu den anderen SAP-Berichtswerkzeugen verfolgt das SAP BW einen echten Data-Warehouse-Ansatz, d. h. die Daten werden in einem speziell für die Datenanalyse konzipierten System bereitgestellt. Das Metadatenschema ist anwendungsübergreifend konzipiert und die Daten werden konsistent vorgehalten. Im Vergleich zu anderen Data-Warehouse-Lösungen ist dies allerdings nichts Besonderes, da diese Funktionalitäten vom Anwender erwartet werden. Relativ neu ist allerdings der Ansatz der SAP, dem Anwender eine Standardlösung anzubieten. Im Unterschied zu anderen Anbietern liefert die SAP mit dem BW dem Kunden eine vollständige Lösung, d. h. es werden nicht nur einige betriebliche Fachbereiche mit Templates zur Datenanalyse abgedeckt, sondern sämtliche im Unternehmen benötigten Informationen können in vorgefertigten betriebswirtschaftlichen Datenmodellen abgelegt werden. Dazu wird mit dem SAP BW ein umfangreicher Business Content (BC) ausgeliefert. Dieser umfasst vordefinierte Extraktions- und Analysemodelle. Darin sind Berichte und Rollen sowie die nötigen Extraktoren für SAP-Daten, Datenspeicher sowie Transformations- und Ladeprozesse enthalten, um die Informationsmodelle mit Daten zu versorgen. Neben branchenunabhängigen Vorlagen werden auch branchenspezifische Informationsmodelle angeboten.

Die SAP AG überrascht erneut mit Standardsoftware

Nicht die Idee ist revolutionär, sondern die inhaltliche Breite und Tiefe, mit der die SAP AG ihre Vision umzusetzen versucht. Zwar ist das Ziel weiterhin, eine individuelle Informationsdatenbank für ein Unternehmen aufzubauen, allerdings handelt es sich dabei nicht mehr um eine Individualentwicklung, sondern eine Anpassung der ausgelieferten Informationsmodelle. Dass es sich bei dem SAP BW um eine ganzheitliche Data-Warehouse-Lösung handelt, d. h. eine Produkt-Suite, hebt es sich zwar aus einer Schar von Anbietern hervor, allerdings gibt es auch eine Reihe von Software-Häusern, die ebenfalls ein vollständiges Informationssystem anbieten[33].

Im DW-Umfeld wurde generell das Fehlen der betriebswirtschaftlichen Basis bemängelt[34]. Die betriebswirtschaftliche Kompetenz, die sich die SAP AG in den letzten 30 Jahren im ERP-Bereich aufgebaut hat, versucht sie in das SAP BW einfließen zu lassen. Mit dem BC scheint es möglich, die Kluft zwischen der DW-Technologie und der Betriebswirtschaftslehre zu schließen. Werden die unterstützten Bereiche der Anbieter betrachtet, liefert die SAP AG die meisten Informationsmodelle[35]. Die SAP AG bietet auch E-Commerce-Inhalte und darüber hinaus auch verschiedene Brancheninhalte an. Die Funktionstiefe ist im SAP BW auch sehr stark ausgeprägt, allerdings muss die Extraktion von Nicht-SAP-Daten meist individuell oder über Drittanbieter abgewickelt werden. Bei der Anzahl der am Markt verfügbaren zertifizierten Anbieter[36] fällt dieser Nachteil nicht so sehr ins Gewicht. Zudem müssen nach Erfahrung des Autors auch bei den anderen Anbietern von vorkonfigurierten Lösungen viele Datenquellen individuell angeschlossen werden.

Funktionalität und Funktionstiefe

Durch die langjährige Erfahrung der SAP AG im ERP-Bereich sind deren Produkte homogen konzipiert und umgesetzt worden. Zusätzlich liegt dem SAP BW aufgrund des relativ jungen Ansatzes ein homogenes Datenmodell zugrunde. Die Komponenten des SAP BW sind im Vergleich zu den anderen Produkten überschaubar und werden nicht nach und nach erweitert. Neue Informationsmodelle im Bereich E-Commerce werden z. B. in derselben Form ausgeliefert wie Datenmodelle im Bereich Controlling.

Homogenität

Blickt man über das Datenlagerhaus der SAP AG hinaus, z. B. auch auf die Bereiche der logistischen Planungs- und strategischen Managementsysteme, so bestätigt sich obige Bewertung. Das umfangreiche Konzept, wie es die SAP AG anbietet, ist zurzeit auf dem Markt einmalig. Diese Produkte basieren im Beispiel der SAP AG auf identischen Basissystemen und haben einen ähnlichen Aufbau. Das SCM-Werkzeug (Advanced Planner and Optimizer) und das BI-Werkzeug (Strategic Enterprise Management) der SAP AG nutzen beide in einer integrierten Systemlandschaft das SAP BW als Basis. Sie können jedoch auch unabhängig vom SAP BW eingesetzt werden, verwenden dann allerdings

Business Integration

---

[33] Vgl. Kapitel 2.6.1

[34] HANN96, S. 21; HELM98, S. 42. HANNIG und HELMKE kritisieren den Fokus auf die Entwicklung von technischen Mechanismen und fordern eine Konzentration auf die zur Verfügungstellung von betriebswirtschaftlichen Anwendungen.

[35] HECH00, S. 42

[36] http://www.sap.com/partners/software/directory/directory.asp?softcat

2 SAP BW - Vom Berichtswesen zum Data Warehouse

auch dessen Funktionalitäten. Die Lösungen sind modular aufgebaut und können zeitlich versetzt eingeführt und kontinuierlich angepasst werden.

Flexibilität

Die SAP AG bietet mit dem BC eine Vorlage für sämtliche Datenquellen an. Die Datenextraktion von Nicht-SAP-Daten wird durch entsprechende Schnittstellen unterstützt. Die anderen untersuchten Anbieter[37] stellen für unterschiedliche Quellsysteme, z. B. für die Datenextraktion aus SAP-R/3-Systemen, eigene Vorlagen und Templates[38] zur Verfügung. Die Integrität der Vorlagen muss vom Produzenten sichergestellt werden.

Metadaten-Modell

Mit dem ausgelieferten BC, der zwar standardmäßig einfach mit den Quelldaten eines oder mehrerer SAP-R/3-Systeme aufgefüllt werden kann, bietet die SAP AG eine allgemein verwendbare Metadaten-Struktur. Hinzu kommen die branchenspezifischen Inhalte, welche die SAP AG als einziger namhafter Hersteller anbietet.

Was verändert sich bei der Einführung?

Abbildung 2.2 verdeutlicht, welche Konsequenz der Ansatz der SAP AG für die Einführung eines Data Warehouse hat. Mit dem SAP BW wird dem Anwender eine Lösungsbibliothek (Betriebswirtschaftliche Data-Warehouse-Bibliothek)[39] zur Verfügung gestellt.

Der Bibliotheksgedanke stützt sich im Wesentlichen auf den verfügbaren BC. Zusammen mit dem Metadaten-Modell bildet dieser den eigentlichen Inhalt der Data-Warehouse-Bibliothek (DWB). Es werden Strukturen vorgegeben, die flexibel ausgewählt und angepasst werden können. Anschließend können auf deren Grundlagen Daten in das Datenlagerhaus geladen werden. Die Bibliothek wird durch Analysemethoden, -verfahren und -techniken, wie z. B. Exception-Reporting, Drill-through und Deckungsbeitragsrechnung, komplettiert. Aus diesem Funktionsspektrum muss der Anwender die für ihn nötigen Bestandteile auswählen.

Auswahl und Anpassung anstelle von Entwicklung

Die Ablösung der individuellen Berichtserstellung wird mit dem DW-Produkt SAP BW auf Basis der Auswahl aus und der Anpassung von vordefinierten Informationsmodellen ermöglicht. Dies entspricht der Adaption betriebswirtschaftlicher Softwarebibliotheken wie sie bei der Lösung SAP R/3 entwickelt wurde[40]. Über den im SAP-BW-System enthaltenen betriebswirtschaftlichen Inhalt (Business Content) verspricht

---

[37] vgl. Tabelle 2.3
[38] ACTA00, S. 3; INFO04b, S. 6; SAS00, S. 5
[39] HECH01, S. 60 -74
[40] Die Vorgehensweise Continuous System Engineering (CSE) wird von THOME und HUFGARD erläutert. THOM96b

die SAP AG eine einfache Anbindung an SAP-R/3-Systeme und ein integriertes Metadatenbanksystem. Durch die Auswahl von Informationsmodellen aus dem BC ist es möglich, sehr schnell erste Erfolge zu erzielen. Der Einsatz vordefinierter Templates ist sicherlich sinnvoll, da laut SCHINZER et al. bis zu 80 Prozent der Zeit und Kosten eines DW-Projekts für die Selektion und Transformation von Daten benötigt werden[41]. Ziel ist es, über die Vorlagen mit 20 Prozent des Aufwands 80 Prozent der Funktionen abzubilden. Hierdurch können Unternehmen, die sich erst in der Aufbauphase des DW befinden, zu einer schnellen Eröffnungslösung gelangen, sofern die vorgefertigte Lösung die benötigten Funktionen beinhaltet und die nötige Flexibilität für Erweiterungen bietet. Nach der Implementierung wird die Eröffnungslösung kontinuierlich an die Veränderungen auf organisatorischer wie auch auf informationstechnologischer Ebene angepasst. Die Umgestaltung von Funktionen und Geschäftsprozessen, beispielsweise durch Joint Ventures oder Fusionen, oder Veränderungen durch Marktkräfte, wie z. B. die Globalisierung bzw. der kommerzielle Erfolg des Internets, müssen auch in einer DWB zeitnah Berücksichtigung finden.

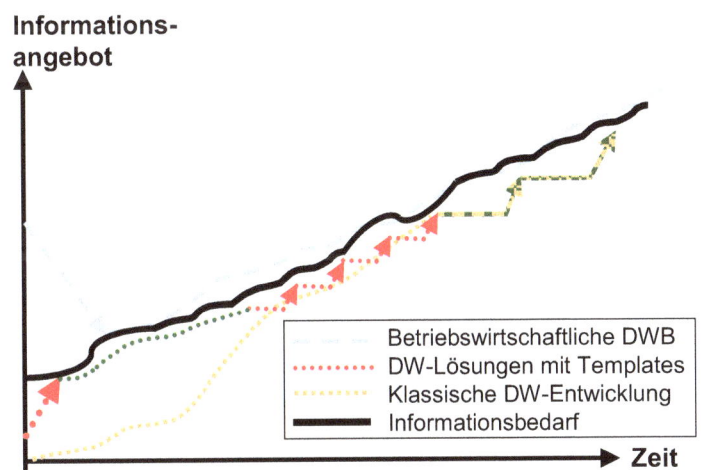

Abbildung 2.2: Abdeckung des Informationsbedarfs bei DW-Einführungen

Durch Abbildung 2.2 wird verdeutlicht, wie der Informationsbedarf im Zeitablauf bei den verschiedenen Konzepten abgedeckt wird. Bei den drei dargestellten Abläufen liegt zu Beginn ein bestimmter Informationsbedarf vor. Dieser steigt im Zeitablauf, allerdings nicht kontinuier-

Verschiedene Ansätze, ein Ziel

---

[41] SCHI99b, S. 44

lich, sondern zum Teil sprunghaft an. Dieser unregelmäßige Verlauf ist durch organisatorische und informationstechnologische Veränderungen begründet. Bei der klassischen DW-Entwicklung wird das Informationsangebot komplett neu konzipiert und entwickelt. Dementsprechend dauert es sehr lange, bis der Informationsbedarf annähernd erreicht wird. Ähnlich wie beim Business Process Reengineering kann dieser Aufwand nicht kontinuierlich betrieben werden. Dies führt dazu, dass, bedingt durch den Analyse- und Entwicklungsaufwand, das Informationsangebot nur in Intervallen an den Informationsbedarf angepasst werden kann.

Templates als erster Evolutionsschritt

Wird versucht, ein Datenlagerhaus mit Template-basierten Produkt-Suiten zu entwickeln, so beginnt das Projekt mit einem höheren Informationsangebot. Dies gilt natürlich nur dann, wenn die Templates zur Abdeckung der Informationsbedarfe verwendet werden können. Anschließend steigt das Informationsangebot schnell an, bis sämtliche Templates verwendet werden. Aufgrund der Nachlieferung von neuen Templates durch den Hersteller bzw. durch selbst definierte Strukturen wächst das Informationsangebot in kurzen Abständen sprunghaft. Irgendwann geht dieser Prozess jedoch in den der klassischen DW-Entwicklung über, da dann individuelle Informationsmodelle geschaffen werden müssen. Dies gestaltet sich bei den Template-basierten Produkt-Suiten schwierig, da das umfangreiche Metadaten-Modell fehlt. Hinzu kommt, dass das Projektteam nicht auf Dauer in demselben Umfang wie in der ersten Projektphase für den DW-Aufbau eingesetzt werden kann. Die externen und internen Ressourcen sind auf Dauer zu teuer und können in anderen Projekten effizienter eingesetzt werden.

Eine Bibliothek für alle Informationsbedarfe

Bei der betriebswirtschaftlichen Data-Warehouse-Bibliothek ergibt sich eine andere Problematik. Zur Einführung einer DWB muss das potenzielle Informationsangebot zunächst reduziert werden, da nicht sämtliche Informationsmodelle im ersten Schritt eingesetzt werden. Durch entsprechende Navigatoren muss sichergestellt werden, dass die Informationsmodelle schnell erkannt werden, die für die Abdeckung des Informationsbedarfs benötigt werden. Im Zeitablauf wird die Bibliothek weiter adaptiert. Dies kann aufgrund des großen Funktionalitätsumfangs und des zugrunde liegenden Metadaten-Modells inkrementell durchgeführt werden. Ermöglicht wird dies wiederum durch eine methodische und technische Unterstützung. Durch Releasewechsel kann das potenzielle Informationsangebot auch zwischenzeitlich wieder über den Bedarfen liegen. Es müssen die Anforderungsanalyse daraufhin fortgeführt und die relevanten Modelle der Bibliothek ausgewählt werden.

Betrachtet man zudem das Lösungsspektrum der SAP AG über das SAP BW hinaus, so wird deutlich, dass nur wenige Anbieter dem Aufbau einer Corporate Information Factory so nahe gekommen sind. Die SAP AG bietet sogenannte analytische Applikationen (CRM, SRM, SEM, APO) anstelle eines nicht integrierten Tool-Sets an. Sämtliche New-Dimension-Lösungen sind auf dieselbe Art und Weise mit dem SAP BW integrierbar wie das SAP-R/3-System.

2.2.2 Anwendergruppen des SAP BW

Bislang wurden mit den in Kapitel 1.2 aufgelisteten Informationssystemen bestimmte Anwendergruppen angesprochen. Selbst der Data-Warehouse-Ansatz zielt mit seinen aggregierten Informationen auf Fachbereichsleiter und andere Managementebenen. Durch den Umfang und die Vielseitigkeit der BC-Inhalte spricht ein Anbieter erstmals, entgegen der Definition von INMON, eine Benutzergruppe an, die über das Management hinausgeht. Mit den ca. 3150 ausgelieferten Standardberichten und 1200 Datenbehältern hat das SAP BW sämtliche Mitarbeiter eines Unternehmens als Zielgruppe. Neben der Analyse und Präsentation von historischen, aggregierten Daten werden auch zeitnahe, detaillierte Daten im Data Warehouse der SAP AG angeboten. Als ein Frontend-Werkzeug kann das in den meisten Unternehmen bekannte MS Excel verwendet werden. Neben der tabellarischen Anzeige können auch Diagramme erstellt und als Webseiten zugänglich gemacht werden.

Ein Informationssystem für alle

Verschiedene Anwendergruppen haben unbestritten unterschiedliche Anforderungen an ein Business Intelligence Tool und wollen damit voneinander abweichende Zielsetzungen erreichen. Reichen die vom SAP BW angebotenen Funktionalitäten nicht aus, können verschiedene Werkzeuge über standardisierte Schnittstellen (OLE DB für OLAP) angebunden werden. Die in Tabelle 2.1 aufgeführten OLAP-Werkzeuge sind von der SAP AG zertifiziert.

Maßgeschneiderte Analysewerkzeuge

Für weitere Informationen zu Analysewerkzeugen wird auf den Produktvergleich von SCHINZER und die Studien von BARC[42] verwiesen.

Tabelle 2.1:   Zertifizierte OLAP-Werkzeuge[43]

Firma	Produkt
Actuate	e.Reporting Suite
Arcplan Information Services	DynaSight, inSight

---

[42] SCHI99a, S. 136-372; www.barc.de
[43] http://www.sap.com/partners/software/directory/directory.asp?softcat

Firma	Produkt
Brio Software	Brio Enterprise
Business Objects Americas	Business Objects, Business Objects BW Connect
Codec	Codec BWeb
Cognos	Cognos Driver for BAPI
Comshare	Comshare Decision
Crystal Decisions	Crystal Enterprise, Seagate Holos usw.
humanIT	InfoZoom(R)
Information Builders	WebFOCUS for SAPBW
Macnica	B3 Smart
MIK - Management Information Kommunikation	MIK-ONE
MIS Technologies	MIS Alea, onVision usw.
MSE Management-Beratung und System Engineering	PointOut for BW
Samsung SDS	EasyBase, REQUBE
SAS Institute	Enterprise Guide ®
TONBeller	Qubon
Viador	E-Portal Suite

2.2.3 Rollenkonzept des SAP BW

Gruppierung ohne Gleichmacherei

Die SAP AG verwendet, analog ihrer anderen Produkte, das Rollenkonzept im SAP BW, um das Anwendermenü und die Berechtigungen für jeden Benutzer zu hinterlegen. Die Berechtigungen werden damit nicht einzeln an bestimmte Mitarbeiter vergeben, sondern über ein Rollenkonzept, das Berechtigungen je nach Aufgabengebiet zu Profilen zusammenfasst. Das Konzept ist demnach funktionsbezogen, d. h. es folgt im Groben einer aufgabenorientierten Anwenderklassifikation. Die Architektur des BW-Berechtigungskonzepts beruht genau wie das des SAP R/3 auf der Verwendung mehrerer einzelner logisch miteinander verbundener Komponenten. In ihrem BC liefert die SAP AG Rollen für das SAP BW aus. Diese beinhalten die für jede Rolle benötigten Data-Warehouse-Berichte. Durch die Rollen ist es möglich, effizient ein auf der Anwendertypisierung basierendes Berichtsmenü und ein Berechtigungskonzept aufzubauen. Daneben gibt es allerdings auch umfangreiche Freiheitsgrade, um eine Personalisierung der Data-Warehouse-Analyse zu erreichen. Neben lokalen, d. h. benutzerabhängigen Berichten, einer Favoriten- und Variablentechnik kann die Anwenderoberfläche frei gestaltet werden.

2.2.4 Datenanalyse in ERP- versus DW-Systemen

In Tabelle 2.2 werden die wesentlichen Unterschiede zwischen dem Berichtswesen von ERP- und DW-Systemen aufgeführt.

OLTP versus OLAP

Tabelle 2.2: Unterschiede zwischen operativen und DW-Systemen

Kriterium	Operative Systeme	Data Warehouse
Datenquelle	Eine ERP-Datenbank	Mehrere unterschiedliche Datenquellen
Umgang mit Daten	Daten in das System bringen	Daten aus dem System herausziehen
Typische Operation	Update	Read-only
Ansichten der Daten	Vorgegeben	Benutzerdefiniert
Datenmenge je Transaktion	Wenig	Viel
Niveau der Daten	Detailliert	Verdichtet/aufbereitet
Alter der Daten	Aktuell	Historisch, aktuell, projiziert
Verarbeitungseinheit	Anwendungsübergreifend	Sachbezogen, übergreifend
Art der Transaktion	Einfache Transaktionen, statische Aufrufe	Komplexe Abfragen, dynamische Anwendungen
Zweck	Unterstützung und Abwicklung von Geschäftsprozessen	Informationen für Controlling, dispositive Entscheidungen
Inhalt	Detaillierte, aktuelle Geschäftsvorfälle	Detaillierte, verdichtete und berechnete Daten
Aktualität	Online, realtime	Unterschiedliche, aufgabenabhängige Aktualität, Historienbetrachtung
Modellierung	Altbestände oft nicht modelliert, funktionsorientiert oder granulare normalisierte Entitäten	Sachgebiets- oder themenbezogen, standardisiert und endbenutzertauglich
Zustand	Redundanz, Inkonsistenz, normalisiert, bitverschlüsselt in diversen Datenquellen	Konsistent modelliert, kontrollierte Redundanz in einer integrierten Datenbasis

Kriterium	Operative Systeme	Data Warehouse
Update	Laufend und konkurrierend	Ergänzend, automatische Fortschreibung abgeleiteter, voraggregierte Daten
Abfragen	Strukturiert, meist statisch im Programmcode	Ad-hoc für komplexe, ständig wechselnde Fragestellungen und vorgefertigte Standardauswertungen
Berichtserstellung	Je nach Werkzeug	Einheitlich, grafische Berichtsdefinition
Berichtspräsentation	Listen	Kreuztabellen, grafisch

Die vorangegangenen Ausführungen haben deutlich gemacht, dass das SAP BW sich zwar in die Genealogie früherer Informationssysteme einordnen lässt, diese allerdings um wesentliche Aspekte erweitert.

2.3 Organisatorische Voraussetzungen für die Einführung und den Einsatz von SAP BW

Wie wird mein Projekt erfolgreich?

Bevor ein Data Warehouse im Unternehmen erfolgreich eingeführt werden kann, müssen die nachfolgend erläuterten Rahmenbedingungen geprüft und ggf. hergestellt werden. Es werden nur die wichtigsten Aspekte für den Einsatz des SAP BW herausgestellt. Allgemeine Voraussetzungen, wie z. B. die Ressourcenbereitstellung und die Unterstützung durch die Geschäftsleitung, werden nicht erläutert.

Anforderungen erfassen und vereinheitlichen

Das Hauptziel eines DW-Projekts ist es, ein Informationssystem für die Anwender aufzubauen, das diese zur Befriedigung ihres Informationsbedarfs nutzen. Diese scheinbar triviale Aussage deutet allerdings auf zwei zentrale Probleme bei der DW-Einführung hin:

- DW dürfen nicht am Anwender vorbeientwickelt werden, d. h. die Endanwender müssen möglichst frühzeitig in das Projekt einbezogen werden.
- Der Informationsbedarf der Anwender muss bekannt sein.

Organisatorische Voraussetzung für ein erfolgreiches DW-Projekt ist damit die Ermittlung und Vereinheitlichung der Informationsbedarfe, die anschließend adäquat umgesetzt werden müssen. Die derzeitig genutzten Berichte müssen kritisch überprüft sowie zukünftig zu erwartende Anforderungen aufgedeckt und erfasst werden. Die Begrifflichkeiten müssen vereinheitlicht werden, um Missverständnisse zu vermeiden.

2.3 Organisatorische Voraussetzungen für die Einführung und den Einsatz von SAP BW

Diese Vorarbeiten sind erforderlich, um ein auf das Unternehmen angepasstes Metadatenmodell aufzubauen.

Damit einher geht auch eine Zentralisation der Informationssysteme. Die Berichtsanforderungen der verschiedenen Bereiche werden zentral erfasst und gemäß der Hub-and-Spoke-Architektur[45] in einem zentralen Metadatenverzeichnis abgebildet. Hierbei wird allerdings noch keine Aussage darüber getroffen, inwieweit sämtliche Informationsbedarfe später durch ein DW oder mehrere DWs oder Data Marts abgedeckt werden. Nichtsdestotrotz sollten diese Überlegungen ebenfalls im Vorfeld der DW-Einführung vertieft und eine Entscheidung herbeigeführt werden. *Zentralisation versus Dezentralisation*

Hat sich ein Unternehmen prinzipiell dafür entschieden, eine Data-Warehouse-Lösung einzusetzen, steht es vor einem Auswahlproblem, welches nicht mit anderen Software-Einführungen vergleichbar ist. Die Anzahl der Anbieter im BI-Bereich, die allesamt Weltmarktführer in einem bestimmten Teilmarkt sind, ist schwer überschaubar. Daneben kann man festhalten, dass es auch eine sehr große Anzahl guter Produkte gibt und man somit nicht allzu viele von der Auswahl ausschließen kann. Dazu kommt, dass die Angebote sich gegenseitig ergänzen können und man auch eine Best-of-Breed-Strategie verfolgen kann. *Unüberschaubare Vielfalt*

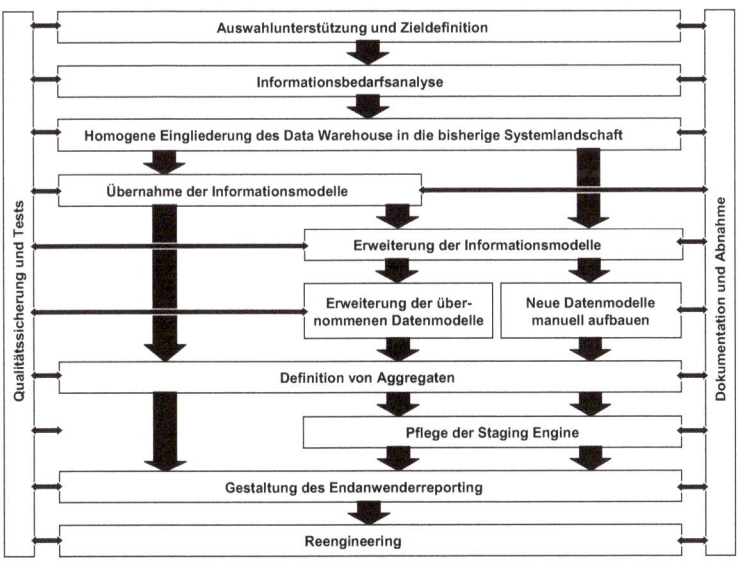

Abbildung 2.3: Vorgehensmodell zur Einführung einer Data-Warehouse-Bibliothek

---

[45] Die Nabe (Hub) bildet ein zentrales Data Warehouse und über die Speichen (Spoke) können einzelne Data Marts mit Daten versorgt werden.

2 SAP BW - Vom Berichtswesen zum Data Warehouse

Sehen statt Hören

Unterstützung erhoffen sich viele Unternehmen durch neutrale Berater oder Studien. Durch diese verschafft man sich zunächst einen Marktüberblick, den man durch Produktpräsentationen detaillieren kann. Die Produktauswahl müssen die Verantwortlichen des Unternehmens allerdings selbst treffen. Empfehlenswert ist der Aufbau eines Prototypen in einem überschaubaren Umfang als Entscheidungsgrundlage.

Neue Software, neues Vorgehen

Der Wahl eines Vorgehensmodells kommt bei einem SAP-BW-Projekt eine besondere Bedeutung zu, da sich dieses Data Warehouse von den bisher bekannten fundamental unterscheidet. Bei einem BW-Projekt wird eine Standardsoftware im Unternehmen eingeführt, für die eine andere Vorgehensweise gewählt werden muss als bei den bisherigen Projekten, die ein Vorgehensmodell für eine Individualentwicklung benötigten.

Abbildung 2.3 präsentiert ein Vorgehensmodell zur adäquaten Einführung des SAP BW, da der mit dem SAP BW ausgelieferte Business Content dabei besonders berücksichtigt wird. Einige Aspekte werden in Kapitel 2.6 diskutiert.[46]

Ohne Ziele keine Zielkontrolle

Nachdem der Anwender sich für ein Vorgehensmodell entschieden und bestimmte Phasen abgegrenzt hat, ist vor allem die Zieldefinition für den weiteren Projektverlauf entscheidend. Ohne konkrete und stabile Ziele ist ein Data-Warehouse-Projekt nicht in der vorgegebenen Zeit erfolgreich abzuwickeln. Selbstverständlich müssen externe und interne Faktoren dynamisch im Projekt berücksichtigt werden, allerdings darf sich die Zielsetzung des Projekts dadurch nicht zu stark verändern. Gemäß dem CSE-Gedanken[47] muss eine schnelle und adäquate Eröffnungslösung gefunden werden, die nach und nach erweitert wird. Die „eierlegende Wollmilchsau" lässt sich nicht im ersten Schritt realisieren.

Jedes Projekt birgt Risiken, aber auch Chancen

Neben den Zielen müssen sich die Projektbeteiligten auch über die Risiken und Chancen des Projekts im Klaren sein. Aufgrund des dynamischen Umfelds kann es immer wieder dazu kommen, dass komplett neue Anforderungen entstehen oder bestehende sich ändern. Dies kann zu Datenmodelländerungen führen, bei der die bereits geladenen Daten gelöscht oder reorganisiert werden müssen. Dieses Problem lässt sich nie vollkommen ausschließen, da jede betriebswirtschaftliche Standardsoftware zu einem gewissen Teil individuell ausgestaltet werden muss.

---

[46] Eine ausführliche Erläuterung des Vorgehensmodells findet sich bei HECH01, S. 129-165.

[47] THOM96b

Werden die Quellsysteme vor der BW-Einführung gründlich analysiert, kann ein Großteil der potenziellen Probleme vermieden werden. Es ist frappierend, dass in DW-Projekten immer noch dieselben Fehler wie zu Beginn der DW-Welle gemacht werden, obgleich in den einschlägigen Büchern hierauf hingewiesen wurde. Neben dem Aufbau eines schlagkräftigen Projektteams und einer effizienten Projektstruktur ist es unbedingt erforderlich, die Qualität der Quelldaten sicherzustellen. Neben der formalen Richtigkeit muss auch die inhaltliche Stimmigkeit geprüft werden. Bevor dies geschehen kann, müssen einheitliche Begriffe definiert werden. Obwohl dies durch ein Metadaten-Repository erreicht werden soll, garantiert die Existenz eines solchen nicht, dass die Mitarbeiter unter den Begriffen das Gleiche verstehen. Daneben kann ein standardisiertes, umfangreiches Metadatenmodell ca. 80 Prozent der Anforderungen abdecken. Die verbleibenden 20 Prozent müssen frühzeitig erkannt und konzeptionell integriert werden.

Fremddatenanbindung als Kostentreiber

2.4 Problemfelder bei der Einführung von SAP BW

Ein besonderes Problem bei der Einführung des SAP BW kann sich bei der Partnerwahl ergeben. Gerade in den ersten beiden Jahren fehlte in den Beratungshäusern häufig das Know-how zur BW-Einführung. War es daher notwendig, auf einen anderen Partner zurückzugreifen als bei der R/3-Einführung, musste sich dieser auch mit den Einstellungen und Daten des ERP-Systems vertraut machen. Ein ordentliche Dokumentation der R/3-Einführung ist in diesem Fall Gold wert.

Drum prüfe, wer sich (ewig) bindet!

Die Dokumentation zum SAP BW beschränkt sich auf die einzelnen Komponenten. Über die Implementierung des Systems sind kaum Aussagen enthalten. Mittlerweile kann davon ausgegangen werden, dass die Funktionen des SAP BW bei allen großen Beratungshäusern bekannt sind. Wie man das Data Warehouse der SAP methodisch und effizient im Unternehmen einführt, stellt sich noch als Problem dar, da selbst die SAP dieses Thema nicht umfassend weder in ihrer Einführungsmethodik Accelerated SAP (ASAP) noch in ihrem Werkzeug Solution Manager behandelt:

Viele Bäume, wo ist der Wald?

- ASAP bietet neben Templates nur ein allgemeines Phasenschema und MS-Project-Projektvorlagen an.
- ASAP bietet keine Verknüpfungsmöglichkeit zwischen den Informationen aus dem R/3- und dem BW-Einführungsprojekt an.
- ASAP unterstützt die Informationsbedarfsermittlung nicht (keine QADB).
- ASAP stellt den Business Content nicht dar.

- ASAP erlaubt keine Dokumentation und Konzeption des Business Content und bietet hierfür keine Schnittstellen zu anderen Werkzeugen.
- ASAP bietet keine Verknüpfungsmöglichkeit zur Online-Dokumentation und zum BW-System.

Was wird benötigt?

Daneben wirft der immer umfangreicher werdende BC auch neue Probleme auf. Das Unternehmen muss die relevanten Objekte aus dem BC evaluieren. Von der SAP AG wird weder eine Dokumentation noch eine Vorgehensweise geliefert, wie der für das einzelne Unternehmen relevante BC ermittelt werden kann oder welche Objekte für eine Entscheidung über dessen Verwendbarkeit relevant sind.

Ordnung durch Werkzeuge

Neben einem Vorgehensmodell zur Einführung des SAP BW werden deshalb leistungsstarke Werkzeuge benötigt, die bei der Auswahl des BC unterstützen. Diese müssen die Informationsmodelle übersichtlich und verständlich darstellen, damit die Endanwender frühzeitig mit dem Funktionsumfang des SAP BW vertraut werden. Damit beugt man zu hohen Erwartungen der Anwender vor und vermeidet Akzeptanzprobleme, da die Zielgruppe bei der Konzeption mit einbezogen wird. Die Informationsbedarfsanalyse muss zügig und strukturiert durchgeführt werden, damit die Ergebnisse nicht zu lange auf sich warten lassen und die Anforderungen ordentlich dokumentiert sind.

Wichtig ist, dass die 80/20-Regel beachtet wird. Zunächst sollte man 80 Prozent der Anforderungen mit 20 Prozent des Aufwands realisieren. Die schwerer umzusetzenden Anforderungen werden anschließend in Angriff genommen.

Diese kontinuierliche Anpassung und Erweiterung des Projektumfangs ist bei fehlender Dokumentation unmöglich. Daneben ist ein Berichts-Wirrwarr ohne Vorgaben und Beschränkungen vorprogrammiert.

Dokumentation tut Not

Neben der Unterstützung der Anforderungsanalyse wird auch eine lückenlose und nachvollziehbare Projektdokumentation benötigt. Die Projektinhalte, deren Realisation sowie der zugrunde liegende Entscheidungsprozess müssen übersichtlich dargestellt werden. Dadurch werden eine Projektrevision, -fortführung und -erweiterung ermöglicht. Ebenso sinkt die Abhängigkeit von den Projektbeteiligten. Die Projektdokumentation sollte möglichst auf der Anforderungsanalyse aufbauen und die Informationen in einer vergleichbaren Struktur zur Verfügung stellen. Dies hat den Vorteil, dass ein Soll-Ist-Abgleich leichter durchgeführt werden kann. Ohne Werkzeugunterstützung scheint diese Aufgabe bei dem Umfang der DW-Projekte nicht realistisch durchführbar. Dazu sind die Rahmenbedingungen zu volatil. Neben sich ändernden Anforderungen ergibt sich durch den Know-how-Zuwachs und Releasewechsel der Software ein ständiger Änderungsbedarf. Auf diesen muss im DW-Projekt flexibel reagiert werden können, damit die Akzeptanz durch den Endanwender nicht verloren geht.

In diesem frühen Projektstadium müssen auch die ersten Schritte zum Know-how-Transfer unternommen werden, die durch weiterführende Schulungen ergänzt werden sollen. Durch die Einführungswerkzeuge werden Projektstandards vorgegeben, die die effiziente Kommunikation und Zusammenarbeit der unterschiedlichen Projektbeteiligten ermöglicht. Kann dabei auf bereits vorhandenes Wissen aus anderen Software-Projekten im Unternehmen zugegriffen werden, ist dies sehr vorteilhaft. *Wissen schaffen*

Die IBIS Prof. Thome AG hat deshalb in Zusammenarbeit mit der Siemens Business Service GmbH & Co. OHG die LIVE Tools auch um das Thema Business Information Warehouse ergänzt. Die LIVE Tools haben sich bei der Einführung von SAP R/3 bewährt und bieten auch bei der Einführung des SAP BW Unterstützung. *Gibt es so etwas?*

Die Anforderungsanalyse wird dabei sowohl Arbeitsplatz- als auch Internet-basiert durch ein Expertensystem (LIVE KIT Structure)[48] strukturiert ermöglicht. Dabei erfolgt bereits ein regelbasierter Anforderungsabgleich mit den Funktionalitäten im SAP BW bei der Befragung des Kunden. Die Ergebnisse können ausgewertet und an das nachgelagerte grafische Werkzeug LIVE KIT Control[49] übergeben werden. Dort erfolgt der Detailabgleich der Anforderungen mit dem BC der SAP AG. Der BC wird regelbasiert durch die bei der Befragung gegebenen Antworten um die nicht benötigten Bestandteile reduziert. Die verbleibenden InfoSources, InfoCubes, Queries und InfoObjects werden im weiteren Verlauf untersucht und auf ihre Verwendbarkeit überprüft. Die kommentierten Ergebnisse werden am Ende der Analyse ausgewertet und dienen als Entwicklungsvorgabe für die Umsetzung im SAP BW. *Funktions- und Infomationsbedarfsanalyse mit LIVE KIT Structure und LIVE KIT Control*

Wurden die Anforderungen im SAP BW umgesetzt, kommt der Reverse Business Engineer – Business Intelligence (RBE-BI) zum Einsatz, der sowohl die von der SAP AG gelieferten als auch die kundenindividuell erstellten Datenmodelle aus den DW extrahiert. Diese können anschließend im LIVE KIT Control oder in dem eigens für das SAP BW entwickelten BW-Navigator visualisiert werden. Der BW-Navigator[50] wurde in Zusammenarbeit mit Siemens ICN entwickelt und ermöglicht eine detailgetreue Darstellung der BW-Datenmodelle und den Vergleich verschiedener Projektstände. Aufgrund des geringeren Detaillie- *Qualitätssicherung und Projektfortschrittskontrolle*

---

[48] http://www.ibis-thome.de/Anforderungsnavigator
[49] http://www.ibis-thome.de/Berichtsnavigator
[50] http://www.ibis-thome.de/BWNavigator

rungsgrads im LIVE KIT Control eignet sich dieser für einen groben und schnellen Soll-Ist-Abgleich in einem frühen Projektstadium. Der BW-Navigator eignet sich für die Detailanalyse in umfangreichen DW-Projekten.

2.5 Verbesserungspotenziale des SAP BW

Es ist noch kein Meister vom Himmel gefallen!

War das SAP BW zu Beginn seiner Entwicklung noch Gegenstand z. T. heftiger Kritik[51], findet es heute mehr und mehr bei DW-Experten Anklang[52]. Tatsache ist und bleibt allerdings, dass am hart umkämpften DW-Markt, das Gros der Anbieter eine zeitlich längere DW-Erfahrung besitzt als die SAP AG. Das SAP BW ist ein sehr junges Produkt und wurde seit seiner Markteinführung etappenweise verbessert. Als Beispiel wird in Abbildung 2.4 die Entwicklung des Business Content herangezogen. Die Angaben sind als Zirka-Werte zu verstehen.

	1.2B 04/99	2.0A 01/00	2.0B 03/00	2.1C 01/01	3.0B 02/02	3.1C 04/02	3.2A. 06/03	3.3A. 12/03		X.XX
DataSources:	„80"	530	840	990	1.195	1.225	1.294	1.598	•••••	x.xxx
InfoSources:	80	170	315	370	565	670	812	931	•••••	x.xxx
InfoCubes:	70	110	260	327	421	580	675	765	•••••	xxx
ODS:	-	-	2	49	115	225	333	435	•••••	xxx
InfoObjects:	1.400	2.500	4.790	5.788	8.636	9.806	11.531	12.640	•••••	xx.xxx
Arbeitsmappen:	320	450	1.170	1.305	1.916	1.972	2.198	2.231	•••••	x.xxx
Queries:	320	450	990	1.304	2.008	2.434	2.829	3.163	•••••	x.xxx
Rollen:	-	60	110	132	310	340	370	395	•••••	xxx

Inkl. Branchen und Anbieter-spezifischem Content
Abbildung 2.4:   Entwicklung des Business Content

Er wächst und wächst und wächst

Aus der Übersicht wird das zu Beginn starke Wachstum des Business Content deutlich. Ebenso erkennt man das langsamere Steigen des betriebswirtschaftlichen Inhalts mit fortschreitender Produktreife. Neben dem Anstieg des Business Content wurden allerdings eine Reihe von funktionalen Erweiterungen vorgenommen, die der zu Release 1.2B noch gerechtfertigten Kritik an dem SAP BW mehr und mehr die Grundlage entzogen haben. Ob die SAP AG auf diese Kritik reagiert oder das SAP BW davon unabhängig weiterentwickelt hat, sei dahingestellt. Es soll aber in diesem Zusammenhang nicht verschwiegen werden, dass die verbesserte Produktqualität auch mit Problemen für das Anwenderunternehmen verbunden war. Tatsache ist, dass die Anwender beim Umstellen auf das jeweilig neue Release einen erheblichen

---

[51] INMO04; MERT00b
[52] GILL04

2.5 Verbesserungspotenziale des SAP BW

Arbeitsaufwand zu bewerkstelligen hatten, da einige Konzepte und Funktionen völlig umgestaltet wurden. Dabei ist z. B. an die Unternehmensinfo-Kataloge, die Favoritenverwaltung und das ODS[53] zu denken. Daneben stellte sich durch den enorm angewachsenen BC das Problem, dass individuelle Datenmodelle mit dem neuen Release obsolet wurden, da die SAP AG diese Inhalte mittlerweile standardmäßig auslieferte.

Trotz der Weiterentwicklung des SAP BW gibt es immer noch einige Verbesserungspotenziale, wovon die wichtigsten im Folgenden erläutert werden.

Was fehlt noch?

Der wohl am häufigsten genannte Schwachpunkt des SAP BW ist der Funktionsumfang des Frontend-Werkzeugs Business Explorer. Die SAP AG bietet zwar Schnittstellen an, um Drittanbieterwerkzeuge an das DW-Managementsystem anzuschließen, neben den Lizenzkosten müssen diese allerdings auch erst einmal implementiert werden. Daneben ist der Funktionsumfang der Drittanbieter-Werkzeuge abhängig von der Leistungsfähigkeit der Schnittstelle und den damit vom SAP BW zur Verfügung gestellten Daten. Beim Umgang mit dem Business Explorer erweisen sich die Einschränkungen mit dem Umgang von Hierarchien als besonders hemmend bei der Anpassung an Kundenwünsche. Insgesamt sind die Analysefunktionen noch zu statisch. Die zellbezogene Definition von Formeln und Selektionen ist ein erster Schritt weg von dem spaltenorientierten Aufbau der Berichte. Bei der Definition der Berichte fehlen Informationen und Dokumentationen zu den Kennzahlen und Formeln. Nur durch eine aufwändige Navigation im Definitionsfenster des Berichts können Informationen zu den Bestandteilen herausgefunden werden. Die Dokumentation des Berichts und seiner Auffälligkeiten ist ebenfalls schwierig zu bewerkstelligen. Das Metadaten-Repository und das Analysewerkzeug BEx Analyzer reichen derzeit nicht aus, um die Querydefinition anschaulich zu erklären. Daneben ist die Aufteilung der Berichtsdefinition zwischen dem BEx Analyzer und der BW-Administration umständlich. Ein Schritt in die richtige Richtung war, dass Berichtsvariablen auch aus dem Query Designer heraus angelegt werden können. Die Definition von Währungsumrechnungen und Berichtsabsprüngen ist allerdings nicht im Analyzer möglich. D. h., hat der Berichtsanwender diesbezüglich neue Anforderungen oder Fragen, benötigt er den Zugriff auf die BW-Administration, die ein typischer Endanwender im Regelfall nie zu Gesicht bekommt. Eine Ad-hoc-Berichtserstellung ist durch die Trennung von Berichtdefinition und -ausführung noch zu komplex für einen Gelegenheitsanwender. Alles in allem fehlt es an Benutzerfreundlichkeit, die trotz des Trade-offs

Analysefunktionalitäten entscheidend

---

[53] Operational Data Store: Wird zu Speicherung von aktuellen Detaildaten verwendet.

zwischen Funktionalität und Komfort verbessert werden muss. Abzuwarten bleibt, ob die mittlerweile angebotene MOLAP (Multidimensionales Online Analytical Processing)-Funktionalität[54] für Aggregate die Analysemöglichkeiten verbessern wird. Diese ist seit Release 3.0A allerdings nur für NT und MS SQL Server verfügbar.

Bedarf an Data Mining nimmt zu

Daneben sind die Möglichkeiten für ein Data Mining im SAP BW noch zu beschränkt. Die SAP AG bietet zwar mit den Analytic Applications, z. B. für das CRM, Data-Mining-Funktionalitäten an, diese sind allerdings nicht umfangreich genug, um von einer Data-Mining-Fähigkeit des SAP BW zu sprechen[55]. Für Anwender mit umfangreichen Anforderungen bezüglich Data Mining lässt sich der Kauf eines zusätzlichen Data-Mining-Werkzeugs nicht vermeiden. Es bleibt abzuwarten, welche Auswirkungen die Kooperation der SAP AG mit IBM z. B. bezüglich des Intelligent Miners auf das SAP BW hat.

Integration von Fremddaten

Ein weiteres Problemfeld, das die SAP AG weitestgehend der Initiative des Anwenders bzw. den Anbietern ergänzender Software-Produkte überlässt, ist die Integration von Fremddaten. Prinzipiell können Fremddaten über Flatfiles, Drittanbieterwerkzeuge oder individuell erstellte Programme in das SAP BW übertragen werden. Die SAP AG bietet zwar die Möglichkeit des Einlesens von flachen Dateien an, diese ist allerdings für umfangreiche und häufig zu aktualisierende Datenbestände nicht praktikabel einsetzbar. Drittanbieterwerkzeuge sind teuer und müssen in der Regel auch individuell auf die Software des Unternehmens angepasst werden. Selbst das Laden der Archivdaten von SAP-Systemen bereitet einigen Aufwand. Für individuelle Programmierung fehlen den Unternehmen häufig die Mitarbeiter. Zudem ist diese Möglichkeit sehr arbeits- und zeitintensiv. Neben dem DB-Link zu Oracle Datenbanken muss die SAP AG hier weitere Funktionalitäten anbieten, um auch verstärkt nicht SAP-lastige Unternehmen als Kunden zu gewinnen. Mit dem Java-basierten Universal Data Connector strebt die SAP eine Verbesserung an. Entscheidend wird sein, inwieweit es gelingt, dieses Werkzeug mit möglichst umfangreichen Templates auszuliefern.

Schnittstellen zu BI-Werkzeugen

Eng mit der Integration von Fremddaten ist die Offenheit des SAP BW für andere Software-Lösungen verbunden. Dies betrifft sowohl ein- als auch ausgehende Daten. Neben der Beachtung von Standards spielt der Funktionsumfang der Schnittstellen eine besondere Rolle. Die Standardisierung im Metadaten-Bereich ist seit der Markteinführung des SAP

---

[54] MOLAP speichert die Daten multidimensional und nicht relational. Dies erhöht die Performance bei Auswertungen.

[55] Vgl. Kapitel 2.2

2.5 Verbesserungspotenziale des SAP BW

BW weit vorangekommen. Dabei hat sich der Metadatenstandard CWM (Common Warehouse Metamodel)[56] herauskristallisiert. Die SAP AG unterstützt das CWM seit BW-Release 3.0A, indem sie die Möglichkeit bietet, via XML Metadaten mit anderen Lösungen auszutauschen. Einschränkend muss hinzugefügt werden, dass nur ein vom CWM abgeleitetes Modell unterstützt wird und derzeit nicht alle Metadaten detailliert ausgetauscht werden können, da die SAP AG für diese noch keine BAPIs (Business Application Programming Interfaces) anbietet. Der Datenimport und -export mit anderen Systemen erfolgt ebenfalls über eine XML-Schnittstelle. Dabei wird von der SAP der SOAP (Simple Object Access Protocol)-Service verwendet. Dieser sowie das abgeleitete CWM muss sich in der Praxis bewähren.

Bei der Administration des BW-Systems stört auch der fehlende Benutzerkomfort, z. B. fehlt eine Übersicht der in den InfoCubes vorhandenen Daten und deren Status. Diese Informationen können je InfoCube mehr oder weniger einfach ermittelt werden, aber bei 50 oder mehr aktiven Datenzielen ist dies sehr zeitaufwändig. Dies ist nur ein Beispiel für das generelle Manko im SAP BW, es fehlt an Automatisierungs- und Massenbearbeitungsvorgängen sowie an Übersichten und Monitoren. Die ab Version 3.0A angebotene Prozesssteuerung sorgt nur teilweise für Abhilfe, die Monitoringfunktionalität bleibt weiterhin gewöhnungsbedürftig. Ein weiterer Aspekt ist die fehlende Transparenz der Datentransformation. Diese findet im Wesentlichen auf ABAP/4-Basis statt. Mit der Transformation Engine wird auch hier in den neuen Releases ein neuer Weg beschritten. Daneben gibt es allerdings eine Reihe weiterer Möglichkeiten, an verschiedenen Punkten auf die Daten Einfluss zu nehmen. Bei der Fehlersuche oder Weiterentwicklung wäre hier eine adäquate Unterstützung durch das Metadaten-Repository oder Analysen dringend erforderlich. Der gewiefte Anwender könnte sich solche Übersichten ggf. durch eine Erweiterung der von der SAP zur Verfügung gestellten Metadaten-Contents selbst erstellen, die Anforderung ist allerdings zu fundamental, als dass individuelle Lösungen zielführend sind. Die Datenhistorisierung und -archivierung im SAP BW sind weitere Aspekte, die mit zunehmender Einsatzdauer des SAP BW für den Anwender immer dringender werden. Hier mangelt es noch an einfach zu bedienenden und zu implementierenden Funktionen[57].

Störend sind ebenfalls die Mängel im Transportwesen zwischen Test- und Produktivsystemen. Das gemeinsame parallele Entwickeln von Berichten und das zeitversetzte Übertragen der fertigen Queries wird

BW-Administration

---

[56] www.omg.org

[57] Der aktuelle Entwicklungsstand und die Releaseneuerungen finden sich unter: http://help.sap.com.

durch das intransparente Transportwesen erschwert. Beide von der SAP angebotenen Übertragungsmöglichkeiten (BW- und Standard-Transportwesen) haben Schwächen, die dem Endanwender nicht transparent gemacht werden.

Berechtigungskonzept — Als zweischneidig ist auch das Berechtigungswesen zu beurteilen. Dem Vorteil eines aus SAP R/3-Anwendersicht vertrauten Werkzeugs stehen Komplexitäts- und Performance-Nachteile gegenüber. Neben unzureichenden Funktionalitäten, z. B. beim gezielten Ausblenden von einzelnen Navigationsattributen und mehrdimensionalen Berechtigungen, wird der Administrator noch zu wenig beim Aufbau des Berechtigungskonzepts unterstützt. Die BC-Bestandteile zur Übertragung von strukturierten Berechtigungen aus dem Organisationsmanagement der SAP ERP-Lösung sind ein erster Schritt. Die Verbesserung von Monitoren und Protokollen zur Fehlerfindung und Administration der Berechtigungen sollte ein Hauptziel der SAP sein.

2.6 ... und was können die Mitbewerber?

Was macht die Konkurrenz? — Da das Produktangebot im DW-Umfeld sehr heterogen ist, wird zuerst eine Kategorisierung vorgenommen. Dafür muss zunächst ein Überblick geschaffen werden. Dies kann beispielsweise über den Produktvergleich einer unabhängigen Institution erfolgen. Ein solcher Vergleich ist ein äußerst aufwändiges Unterfangen und daher nicht Gegenstand dieses Kapitels. Deshalb wird auf die am Markt verfügbare BARC-Studie[58] zurückgegriffen. Die Ergebnisse werden jedoch nicht kritiklos übernommen, sondern durch eigene Erfahrungswerte ergänzt.

Neben den von BARC untersuchten Produkten werden noch weitere betrachtet, um für die identifizierten Produktgruppen Beispiele aufführen zu können. Daneben müssen auch Neuentwicklungen und Änderungen seit der Fertigstellung der Studie berücksichtigt werden. Aufgrund der Vielzahl der Produkte können nicht alle der zurzeit am Markt erhältlichen DW-Lösungen aufgeführt werden. Dies ist jedoch für die Gruppierung der Lösungen nicht zwingend nötig, da die nicht explizit behandelten Lösungen einer der gefundenen Gruppen zugeordnet werden können.

2.6.1 Gruppierung der Lösungen

Vergleichbarkeit herstellen — In den nächsten Abschnitten werden die wichtigsten Produktgruppen aufgeführt und deren Eigenschaften kurz beschrieben. Die Darstellung erhebt keinen Anspruch auf Vollständigkeit, da nur die wesentlichen

---

[58] MERT00b, Weitere Informationen zu BARC: www.barc.de

Merkmale herausgearbeitet werden. Die verschiedenen Kategorien sind nicht völlig überschneidungsfrei und bauen nicht hierarchisch aufeinander auf. Die Produkte der Gruppe Analysewerkzeuge sind demnach nicht notwendigerweise im vollen Umfang in der Kategorie der Datenbanksysteme oder Produkt-Suiten enthalten.

Einige der am Markt verfügbaren DW-Produkte unterstützen hauptsächlich die Datenanalyse. Diese Produktgruppe bietet damit primär OLAP- und Data-Mining-Funktionalitäten. Neben der multidimensionalen Auswertungskomponente werden Fremdprodukte zur Datenextraktion bzw. -speicherung verwendet. Typische Vertreter dieser Gruppe sind Business Objects und Comshare DECISION. Analysewerkzeuge

Der zweite Produkttyp zeichnet sich dadurch aus, dass der Fokus auf der Datenhaltung liegt. Die Daten werden entweder relational oder multidimensional gespeichert und über Drittanbieterprodukte ausgewertet. Teradata von der NCR GmbH ist ein typischer Vertreter dieser Gruppe. Datenbanksysteme

Stehen die Extraktions-, Transformations- und Lade-Funktionalitäten (ETL-Funktionalitäten) im Vordergrund, so wird der Anbieter der dritten Produktgruppe zugeordnet. Diese zeichnet sich vor allem dadurch aus, dass die Modellierungswerkzeuge rudimentär ausgeprägt sind und eigene Analysewerkzeuge fehlen. Evolutionary Technologies International Inc. ist ein Beispiel für einen ETL-Anbieter. ETL-Lösungen

Die Produkt-Suiten sind die bislang umfangreichsten klassischen DW-Lösungen. Sie zeichnen sich dadurch aus, dass sämtliche Schritte von der Datenextraktion bis hin zur -analyse unterstützt werden. Die einzelnen Produkte wie Cognos BI Platform, Hyperion Essbase OLAP Server, Information Builders SmartMart sowie Oracle Warehouse Builder zeichnen sich im Detail zwar durch einen unterschiedlichen Funktionalitätsumfang aus, können jedoch alle der Produktgruppe Produkt-Suiten zugeordnet werden. Produkt-Suiten

Aufgrund des Entwicklungsaufwands, der sich aus dem Fehlen vorgefertigter Informationsmodelle ergibt, sind DW-Projekte bisher sehr teuer und damit nur für Großunternehmen finanzierbar. Unter einem Informationsmodell wird dabei die in sich stimmige und durchgängig konzipierte Unterstützung des Datenflusses von der Datenbeschaffung bis hin zur Datenpräsentation verstanden. Ein Informationsmodell umfasst dabei Aspekte der Datenextraktion, -modellierung, des Datenladens und der Datenspeicherung sowie -aufbereitung. Templates sind dagegen weniger tief ausgeprägte Modelle, so dass z. B. Datenwürfel und Berichte vordefiniert sind, die Anbindung an ein Quellsystem allerdings ohne jegliche Vorlagen durchgeführt werden muss. Die Informations- Vorgefertigte DW-Lösungen

Produkte

modell- und Template-basierten Produkte werden im Folgenden unter dem Begriff der "vorgefertigten DW-Lösungen" subsumiert.

Auf dem DW-Markt ist zurzeit der Trend zur Auslieferung von vorkonfigurierten Lösungen zu beobachten. Aufgrund der Marktdynamik kann keine abschließende Aufzählung erfolgen. Der Produktgruppe werden dennoch sechs Produkte zugeordnet, die schon heute umfangreiche Vorlagen und Templates für den Aufbau eines DW bieten. Diese werden im Anschluss kurz[59] vorgestellt und zur besseren Übersicht in Tabelle 2.3 samt Anbieter und Internet-Seite aufgeführt.

Tabelle 2.3: Vorgefertigte DW-Lösungen

Anbieter	Produkt	Internetseite
Business Objects S.A.	Enterprise 6	http://www.businessobjects.com/products/analyticapps/default.asp
Informatica Corp.	Informatica PowerCenter	http://www.informatica.com/Products/Business+Intelligence/default.htm
Oracle Corp.	Oracle 9i	http://www.oracle.com/solutions/business_intelligence/index.html?content.html
SAS Institute Inc.	SAS Data Warehouse	http://www.sas.com/technologies/dw/index.html
Sybase Inc.	Sybase IQ	http://www.sybase.com/products/bi
SAP AG	SAP BW	http://www.sap.com/solutions/bi/

2.6.2 Porträt der vorgefertigten Data-Warehouse-Lösungen

Rapid Marts

Mit den Rapid Marts für die Bereiche Instandhaltung, Materialwirtschaft, Ergebnisrechnung, Kostenrechnung, Debitoren- und Kreditorenbuchhaltung, Personalwesen sowie Vertrieb[60] bietet Business Objects vorgefertigte Templates an. Diese Bereiche wurden bereits vor der Übernahme durch Business Objects im Jahr 2002 durch die Analytic eCaches von Acta Technology Inc. abgedeckt.

Die Lösung Business Objects Enterprise 6 umfasst mehrere Komponenten, u. a. den Business Objects Data Integrator. Mit diesem sind die Rapid Marts erstellt worden und lassen sich nach eigenen Aussagen ein-

---

[59] Ausführlicher Produktinformationen können z. B. den BARC-Studien entnommen werden: www.barc.de

[60] BUSI04, o. S.

2.6 ... und was können die Mitbewerber?

fach anpassen. Rapid Marts werden für die Systeme von SAP, J.D.Edwards, Oracle PeopleSoft und Siebel ausgeliefert.

Der Data Integrator wurde als Drittanbieterwerkzeug zur Datenextraktion, zur Transformation und zum Laden aus SAP R/3- und BW-Systemen zertifiziert. Bei einem Metadaten-Upload werden alle Tabellen eines SAP-R/3-Systems übernommen. Selbst auf Pool- oder Clustertabellen kann zugegriffen werden. Über die grafische Oberfläche des Data Integrator kann der Anwender Daten aus verschiedenen Tabellen selektieren, Transformationsschritte einfügen und Kontrollmechanismen zum Data Cleansing hinterlegen. Die Extraktion der Daten wird mit automatisch generiertem ABAP/4-, COBOL-, C- oder JCL-Code durchgeführt. Die ETL-Funktionalitäten sind klar zu den herausragenden Stärken von Business Objects zu rechnen, Schwächen sind im Bereich der Standardberichte auszumachen.

Informatica Corp. bietet mit den Business Components oder Analytics Modulen vordefinierte Templates für die Bereiche EAI, CRM, Finanzwesen, Personalwesen und SCM[61]. Mit den Business Components soll der komplexe Prozess der Datenextraktion aus SAP R/3 vereinfacht und beschleunigt werden. Für SAP R/3 stehen die Templates seit Januar 2000 zur Verfügung[62]. In der Power-Produktfamilie werden von der Informatica Corp. weitere DW-Komponenten, z. B. für den E-Commerce-Bereich, angeboten. Business Objects S.A. und Informatica Corp. stellen derzeit keine vollständigen Produkt-Suiten zur Verfügung. Der Schwerpunkt ihrer Produkte liegt auf der Datenbereitstellung.

Business Components

Die DW-Lösung von Oracle hebt sich durch die parallele Verwendbarkeit von relationaler und multidimensionaler Datenhaltung ab. Daneben wird mit dem Oracle Financial Datamodel eine vorkonfigurierte Anwendung mit Auswertungsmöglichkeiten angeboten, die flexibel angepasst werden können. Für die ERP-Anwendungen stehen daneben so genannte Intelligence-Module zur Verfügung, die vollständige Informationsmodelle enthalten. Fremde Datenquellen lassen sich einfach integrieren und ermöglichen damit den einfachen Aufbau eines unternehmensweiten DW. Die Administration von Oracle 9i ist durch Automatismen, Prozesssteuerungen und Monitoren besonders anwenderfreundlich zu bewerkstelligen.[63]

Oracle 9i

Sybase Inc. bietet anpassbare, vordefinierte Datenmodelle und Berichte in seinem Industry Warehouse Studio an. Die Customer Relationship

SYBASE IQ

---

[61] http://www.informatica.com/Solutions/Overview/default.htm
[62] INFO04a, o. S.
[63] Weiterführende Informationen unter http://www.oracle.com/database/index.html?db_collateral.html

Analytics sind der zentrale Baustein der Lösung. Zu diesem gibt es zahlreiche branchenspezifische Erweiterungen: Media, Retail Banking, Telco, Life Insurance, Property & Casualtiy Insurance, Healthcare, Credit Card und Capital Markets. Als Basis für die BI-Lösung steht mit Sybase IQ ein SQL-basiertes, relationales Datenbanksystem zur Verfügung. Die Schwächen im ETL-Bereich werden in Kundenprojekte durch den Einsatz von Drittanbieterwerkzeugen gelöst[64].

SAS Data Warehouse Die SAS Institute Inc. bietet innerhalb ihrer Produkt-Suite SAS Data Warehouse Business Templates für die Bereiche Vertrieb, Kostenrechnung, Einkauf, Bestandsführung und Personalwirtschaft an. SAS Institute Inc. ist nach eigenen Angaben der weltweit führende Anbieter für DW-Lösungen und unterstützt eine Vielzahl von Plattformen[65]. In der Suite werden neben einer zentralen Komponente zur Steuerung der DW-Modellierung und Administration mit Release 8 auch Berichts- und Analysewerkzeuge auf Windows-Basis angeboten. Daneben werden im SAS Data Warehouse auch BI-Lösungen zur Verfügung gestellt. Die SAS Institute Inc. bietet wie die SAP AG eine umfangreiche Produkt-Suite an, wobei das SAP BW umfangreichere Vorlagen beinhaltet. Auch bei der SAS-Lösung müssen ETL-Werkzeuge produktimmanente Schwächen ausgleichen.

2.7 Informationen und Verweise

Grundlagen

Forum SAP BW:
   http://www.sapfans.com/ User Forums → Business Warehouse

Höhn, R.:
   Der Data Warehouse Spezialist. Entwurf, Methoden und Umsetzung eines Data Warehouses. Addison-Wesley, München 2000.

Inmon, W. H.:
   Building the Data Warehouse. 2. Aufl., Wiley, New York 1996.

Inmon, W. H.:
   Homepage: http://www.billinmon.com.

Kurz, A.:
   Data Warehouse Enabling Technology. 1. Aufl., MITP, Bonn 1999.

Pendse, N.:
   http://www.olapreport.com

---

[64] Nähere Produktbeschreibung im White Paper von SYBASE MCCA04
[65] Weitere Informationen bei MERT00b, S. 77 und SAS04, o. S.

SAP AG:
   Homepage: http://www.sap.com/bi

Literaturverzeichnis

BUSI04	ohne Verfasser: Business Objects Americas Inc. (Hrsg.): Rapid Marts. In: http://www.businessobjects.com/products/dataintegration/rapidmarts/default.asp, Informationsabfrage am 02.02.2004.
CHAM99	Chamoni, P.; Gluchowski, P.: Entwicklungslinien und Architekturkonzepte des On-Line Analytical Processing. In: Chamoni, P.; Gluchowski, P. (Hrsg.): Analytische Informationssysteme. Data Warehouse, On-Line Analytical Processing, Data Mining. 2. Aufl., Springer, Berlin 1999, S. 261-280.
GILL04	Gillar, J.: Den Wert von Informationen maximieren. In: http://www.sap.info/index.php4?ACTION=noframe&url=http://www.sap.info/public/en/article.php4/comvArticle-193353c63ae5ebc5db/de, Informationsabfrage am 03.01.2004.
GLUC97	Gluchowski, P. et al.: Management-Support-Systeme: Computergestützte Informationssysteme für Führungskräfte und Entscheidungsträger. Springer, Berlin 1997
HANN96	Hannig, U.: Data Warehouse und Managementinformationssysteme. Schäffer-Poeschel, Stuttgart 1996.
HECH00	Hecht, H. et al.: SAP Business Information Warehouse und vorgefertigte Data Marts. Warehouse-Konfektion von der Stange? In: is report – Zeitschrift für betriebswirtschaftliche Informationssysteme 4 (2000) 8, S. 40-44.
HECH01	Hecht, H.: Einführung und kontinuierliche Adaption von betriebswirtschaftlichen Data-Warehouse-Bibliotheken. Data-Warehouse-Einführung und Lokalisierung des Informationsbedarfs anhand operativer betriebswirtschaftlicher Softwarebibliotheken. Unveröffentlichte Dissertation am Lehrstuhl für Betriebswirtschaftslehre und Wirtschaftsinformatik der Universität Würzburg, Würzburg 2001.
HELM98	Helmke, J.: Aufbau eines Modells zu Gestaltung unternehmensweiter Informationssysteme. Lang, Frankfurt am Main 1998.
INFO04a	ohne Verfasser: Informatica Corp. (Hrsg.): Informatica Launches Business Components For SAP R/3 To Simplify, Accelerate Analysis Of ERP Data. In: http://www.informatica.com/news/press%2breleases/2000/01172000.htm, Informationsabfrage am 31.01.2004.

INFO04b	ohne Verfasser: Informatica Corp. (Hrsg.): The Informatica® Solution for SAP™ R/3® Enterprises. In: http://www.informatica.com/company/information%2bcenter/view%2bby%2btype/sol_sapr3_05_01_wp1059_c.pdf, Informationsabfrage am 31.01.2004.
INMO96	Inmon, W. H.: Building the Data Warehouse. 2. Aufl., Wiley, New York 1996.
INMO04	Inmon, W. H.: SAP and Data Warehousing. In: http://www.billinmon.com/library/whiteprs/saperp.pdf, Informationsabfrage am 31.01.2004.
MCCA04	McCarthy, B.: SYBASE Inc. (Hrsg.): Industry Warehouse Studio. White Paper. In: http://www.sybase.com/detail/1,6904,1026256,00.html, Informationsabfrage am 03.02.2004.
MERT00a	Mertens, P.; Wieczorrek, H. W.: Data X Strategien. Data Warehouse, Data Mining und operationale Systeme für die Praxis. Springer, Berlin 2000.
MERT00b	Mertens, H. et al.: Data Warehouse. 12 Software-Produkte im Vergleich. Oxygon, Feldkirchen 2000.
SAP97	ohne Verfasser: SAP AG (Hrsg.): R/3-System-Online Glossar. Release 3.0E, Walldorf 1997.
SAP99a	ohne Verfasser: R/3 Simplification Group at SAP Labs, Inc. (Hrsg.): Report Development Tools. Building Custom Reports in R/3. 2. Aufl., Palo Alto 1999.
SAP99b	ohne Verfasser: SAP AG (Hrsg.): SAP Hilfe – R/3-Bibliothek. Online-Dokumentation. R/3 Release 4.6A. Stand August 1999. Walldorf 1999.
SAS00	ohne Verfasser: SAS Institute Inc. (Hrsg.): Intelligent Warehousing for ERP Systems: Leveraging SAP AG´s R/3. White Paper, Cary, North Carolina, USA 2000.
SAS04	ohne Verfasser: SAS Institute Inc. (Hrsg.): SAS Architecture. In: http://www.sas.com/technologies/architecture/, Informationsabfrage am 31.01.2004.
SCHI96	Schinzer, H. D.: Entscheidungsorientierte Informationssysteme: Grundlagen, Anforderungen, Konzept, Umsetzung. Vahlen, München 1996.
SCHI99a	Schinzer, H. D. et al.: Data Warehouse und Data Mining. Marktführende Produkte im Vergleich. 2. Aufl., Vahlen, München 1999.
SCHI99b	Schinzer, H. D. et al.: Vorkonfigurierte Data Marts. Ready to run. In: is report – Zeitschrift für betriebswirtschaftliche Informationssysteme 3 (1999) 9, S. 44-49.
THOM96a	Thome, R.: Data Mining. In: Business Computing o. Jg. (1996) 5, S. 61.

THOM96b	Thome, R.; Hufgard, A.: Continuous System Engineering. Entdeckung der Standardsoftware als Organisator. Vogel, Würzburg 1996.
VETS95	Vetschera, R.: Informationssysteme der Unternehmensführung. Springer, Berlin 1995.

3 mySAP SEM – Von der isolierten zur integrierten Unternehmenssteuerung

Wolfgang Walz

Systeme, die eine integrierte Unternehmensplanung bzw. -steuerung erlauben, werden häufig als Business Intelligence (BI)-Werkzeuge bezeichnet. Basis aller BI-Werkzeuge ist ein vorhandenes oder mit dem BI-Werkzeug zu implementierendes Data Warehouse. Business Intelligence besteht somit aus BI-Tools und einem Data Warehouse (Abbildung 3.1).

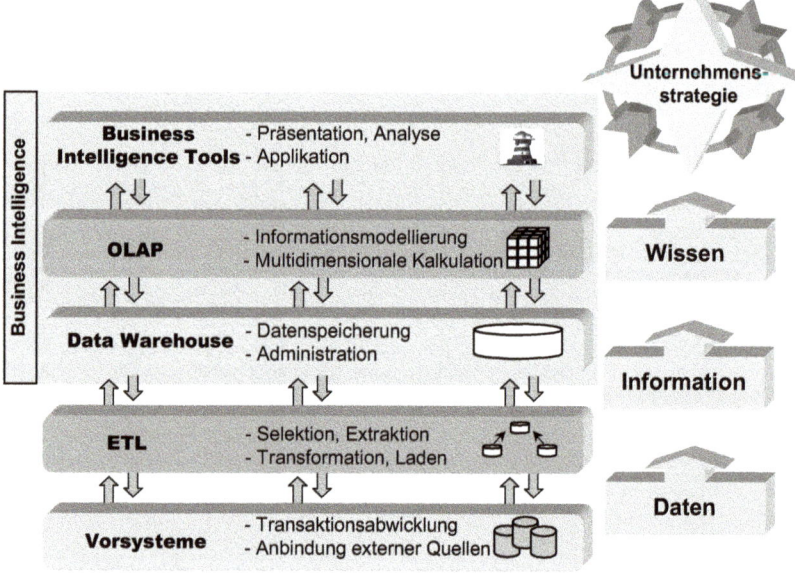

Abbildung 3.1: Architektur entscheidungsorientierter Informationssysteme

Folgende Ziele werden durch Business Intelligence verfolgt [SAP99, S. 22]:

Die Unternehmensstrategie muss in operativen Geschäftsprozessen umgesetzt werden. Dies kann z. B. durch die Identifikation von Schlüsselerfolgsfaktoren geschehen. Im Rahmen eines Corporate Performance Monitoring kann man dann mit diesen Kennzahlen Benchmarks durchführen.	Kennzahlen
Die Mitarbeiter auf allen Ebenen und in jeder Geschäftseinheit müssen einen umfassenden Einblick in die derzeitige übergreifende Unternehmensstrategie erhalten. Sie sollen erkennen, wie sie durch ihre Tätigkeit zum Erfolg des Unternehmens beitragen.	Informationsverteilung
Eine Überprüfung der Geschäftstätigkeit muss kontinuierlich möglich sein. So können Abweichungen und Unregelmäßigkeiten erkannt und im Rahmen eines internen Lernprozesses verbessert werden.	
Auch die längerfristige Unternehmensentwicklung ist in die Unternehmensplanung einzubeziehen. Hierfür sind geeignete Modelle und Verfahren für Prognose und Simulation notwendig. Die Basis ist ein umfassendes und zusammenhängendes Geschäftsmodell, das für Führungs- und Koordinationsaufgaben geeignet ist.	Langfristige Planung
Das derzeitige Planungssystem muss in die neue Konzeption eingebunden werden. Dabei sollte eine Ausrichtung auf die strategisch relevanten Erfolgskennzahlen und Werttreiber erfolgen.	
Die Führungskräfte sollen möglichst einfach und weitgehend automatisch über die wichtigen Entwicklungen unterrichtet werden. Dabei sind nicht nur interne, sondern auch externe Quellen zu nutzen.	Externe Daten
Zusätzlich soll für andere interne und externe Interessengruppen, wie z. B. Stakeholder und Shareholder, die Möglichkeit vorhanden sein, sich über die Entwicklung des Unternehmens zu informieren. Dabei soll der jeweilige spezifische Informationsbedarf effizient befriedigt werden können.	Spezifischer Informationsbedarf
Für die Umsetzung dieser Ziele kann die New Dimension Lösung SEM (Strategic Enterprise Management) der SAP genutzt werden. Das SEM ist die BI-Toolbox der SAP. Das SAP SEM besteht aus fünf Komponenten, die dem Benutzer unterschiedliche Funktionalitäten zur Verfügung stellen. Alle Komponenten operieren aber auf einer einheitlichen Datenbasis, die durch die jeweiligen Komponenten spezifisch bearbeitet werden kann.	SEM die BI-Toolbox der SAP

Für die Visualisierung der Daten steht die Komponente SEM Corporate Performance Monitor (SEM CPM) mit ihren Bestandteilen Balanced Scorecard (BSC) und Management Cockpit zur Verfügung.

Mit der Komponente SEM Business Information Collection (SEM BIC) können unstrukturierte qualitative Daten dazu benutzt werden, strukturierte Daten der SEM-Datenbasis zu kommentieren.

Über die Komponente SEM Business Planning and Simulation (SEM BPS) können die Daten aus den InfoCubes der SAP Datenbasis bearbeitet werden.

Die vierte Komponente des SEM-Konzepts heißt Stakeholder Relationship Management (SEM SRM). Das SRM dient der Kommunikation zwischen dem Unternehmen und seinen Stakeholdern (Aktionäre, Banken, Mitarbeitervertretung etc.); so können beispielsweise elektronische Fragebögen erstellt und zur Datenerhebung gezielt an Stakeholder-Gruppen via Mail versandt werden.

Um Daten aus verschiedenen Buchungskreisen bzw. ERP-Systemen verwenden zu können, wird auf die Komponente SEM Business Consolidation (SEM BCS) zurückgegriffen. Diese Komponente wurde funktional aus dem Modul EC-CS der ERP-Softwarebibliothek der SAP übernommen. Es wird daher in diesem Kapitel nicht näher darauf eingegangen.

3.1 Anknüpfungen im ERP-System

Welche Aufgaben hat das Rechnungswesen und wie wurden diese Aufgaben bisher mit der ERP-Software gelöst und wie können diese Aufgaben mit dem SEM (besser) gelöst werden? Diese Fragen sollen im Folgenden beantwortet werden.

Planung

Nachfolgend werden Planungsgebiete und Verfahren aus dem Bereich des Rechnungswesens kurz vorgestellt.

Bilanzplanung

Im Rahmen der Bilanzplanung wird eine Planbilanz erstellt, welche die Vermögens- und Kapitallage des Unternehmens am Ende einer Planperiode darstellt. Es bieten sich zwei Alternativen für die Ermittlung der Planwerte an. Zum einem die direkte Planung der einzelnen Bilanzpositionen und zum anderen eine indirekte Ermittlung der einzelnen Positionen. Bei der zweiten Methode werden die jeweiligen Werte aus der geplanten Gewinn- und Verlustrechnung sowie aus dem Finanzplan abgeleitet.

Investitionsplanung

Die Investitionsplanung berücksichtigt Überlegungen zu Ersatz-, Erweiterungs-, Rationalisierungs- und Desinvestitionen. Folgende Problembereiche gilt es innerhalb der Investitionsplanung zu klären [MELL72, S. 555]:

- Feststellung der Investitionsmöglichkeiten,
- Errechnung des Kapitalbedarfs,
- Sicherung der Kapitalbeschaffung,
- Investitionsentscheidung und
- Integration in die Finanzplanung.

Grundlage für die Entscheidungen bilden Kostenvoranschläge, Wirtschaftlichkeitsberechnungen, Wertanalysen und Finanzierungsalternativen. Die einzelnen Investitionsprojekte werden hierbei zu einem Investitionsprogramm zusammengefasst, das auf die einzelnen Teilpläne abgestimmt ist [HAMM98, S. 68].

Bei der Ergebnisplanung werden die Ergebnisse einzelner Absatzsegmente geplant, wobei für einzelne Planperioden der erzielbare Umsatz prognostiziert wird. Hierbei erfolgt die Determinierung von mengen- und wertmäßigen Größen des Absatzes differenziert nach Orten, Quellen und Zeiten des Zustandekommens [MEYE70, S. 3]. Von der Qualität der Absatz-/Ergebnisplanung ist letztendlich die Brauchbarkeit aller Folgepläne und der Erfolg des Unternehmens abhängig [FISC96, S. 95]. *Ergebnisplanung*

In einer wertorientierten Unternehmensplanung werden Auswirkungen von Managemententscheidungen auf die Kapitalmärkte analysiert und Handlungsalternativen auf ihre Zielkonformität hin evaluiert. *Wertorientierte Unternehmensplanung*

Wesentliche Grundlage beim Shareholder-Value-Ansatz ist die Definition und Ermittlung von wertorientierten Kennzahlen, in deren Spannungsfeld die Unternehmensplanung stattfindet. Es gibt verschiedene Ansätze für die wertorientierte Unternehmensführung. Beispielsweise die Berechnung des Economic Profit nach McKinsey [COPE98], Economic Value Added nach Stern Stewart [STER93] oder die Berechnung des Shareholder Value nach Alfred Rappaport [RAPP94]. Die beiden erst genannten Ansätze verfolgen eine Bewertung über Residualgewinnkonzepte, im Gegensatz dazu erfolgt die Ermittlung des Shareholder Value über den Einsatz der Kapitalwertmethode. Bei der von Kapitalmarkt-Analysten vorgenommenen Bewertung von Unternehmen und den daraus abgeleiteten Handlungsempfehlungen an die Investoren kommt meist der Shareholder-Value-Ansatz zum Einsatz. Über diese Methode besteht die Möglichkeit, einen direkten Vergleich der aktuellen Börsenbewertung des Eigenkapitals und den durch die Shareholder-Value-Methoden ermittelten Wert durchzuführen [GRÜN01, S.19f.].

Bei der Prozesskostenplanung handelt es sich nicht um ein völlig neues Kostenrechnungssystem, sondern um eine Weiterentwicklung der Kostenstellen- und Kostenartenrechnung vor dem Hintergrund eines Vollkostenansatzes [COEN92, S. 21]. Grundlage bildet die Analyse des Be- *Prozesskostenplanung* triebsablaufs mit dem Ziel Aktivitäten, Teilprozesse und Hauptprozesse zu bestimmen, die als Bezugsgröße für die Zuweisung von Gemeinkosten verwendet werden [HORV90, S. 217]. Die Aufgabe der Prozesskostenplanung besteht in der [COEN92, S. 22]

- Verbesserung der Kostentransparenz und Kostenkontrolle,
- Verbesserung der Produktkalkulation,
- Verbesserung von strategischen Entscheidungen durch geeignete Kosteninformationen,
- Sicherstellung eines effizienten Ressourceneinsatzes und
- Verbesserung von Informationen über die Kapazitätsauslastung.

Kostenstellenplanung
Das Ziel der Kostenstellenplanung ist die Vorschau und Disposition der zur Betriebsleistung notwendigen Kosten [EHRM99, S. 280]. Die Kostenstellenplanung erfasst alle Bereiche eines Unternehmens, in denen Kosten anfallen und ist somit ein wirkungsvolles Instrument zur Steuerung des Unternehmenserfolges. Grundlage für die Kostenstellenplanung sind die Teilpläne der einzelnen betrieblichen Kostenstellen. Die Planung der einzelnen Kostenstellen erfolgt vor dem Hintergrund [HAMM98, S. 65]

- technischer Verbrauchsstandards,
- der Wirkung verschiedener Beschäftigungsgrade auf die Entwicklung der Kosten und
- von Istzahlen der Vergangenheit.

Finanz- und Liquiditätsplanung
Die Finanzplanung beinhaltet die Gegenüberstellung und Abstimmung aller zukünftigen Einnahmen und Ausgaben, wodurch die Liquidität sämtlicher Bereiche des Unternehmens berücksichtigt wird. Die Erfassung und Koordination dieser einzelnen Teilpläne ist die Aufgabe der Bilanzplanung. Die Finanzplanung kann hierbei als konsistentes Subsystem der Planbilanz und Plan-GuV gesehen werden [CORS94, S. 949].

Budgetplanung
Im Rahmen der Budgetplanung werden Zielgrößen für Unternehmensteilbereiche bestimmt, die als Richtschnur für ihr Handeln dienen. Gemäß der organisatorischen Verantwortungsbereiche werden Mengen- oder Wertgrößen vorgegeben, die eingehalten werden müssen. Ziel der Budgetplanung ist es, durch eine Gegenüberstellung von Soll- und Istgrößen [SCHI95, S. 125]

- frühzeitig Abweichungen zu erkennen und zu analysieren,
- Gegenmaßnahmen rechtzeitig einleiten zu können,
- das Verhalten der Mitarbeiter „vorzusteuern" und

- einen organisatorisch einheitlich verankerten und akzeptierten Maßstab für ihren Erfolg zu haben.

Im Rahmen der Profit-Center-Planung besteht die Möglichkeit, für ergebnisverantwortliche Teilbereiche (Profit Center) des Unternehmens Planungen durchzuführen. Hierbei werden interne Betriebsergebnisse für einzelne Profit Center durch die Gegenüberstellung von Aufwand und Ertrag geplant. Auf Grundlage der Profit-Center-Planung kann eine nach unternehmensinternen organisatorischen Gesichtspunkten ermittelte Planbilanz und Plan-GuV erstellt werden.

Profit-Center-Planung

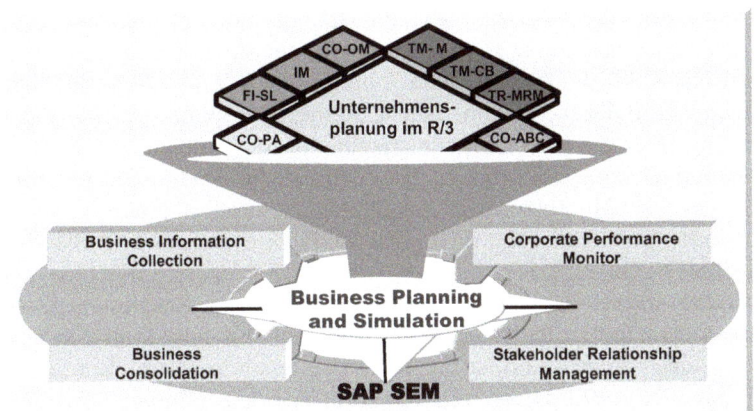

Abbildung 3.2: Datenbasis SEM-BPS

Betrachtet man die aufgeführten Planungen isoliert, so wurden diese bisher im SAP R/3 durch einzelne Komponenten repräsentiert. Eine Kostenstellenplanung oder eine Bilanzplanung waren bisher schon möglich. Viele Planungen im klassischen ERP-Bereich sind jedoch daran gescheitert, dass

Planung im SEM

- keine modulübergreifende Planung durchgeführt werden konnte und
- Planzahlen nicht nur im ERP-System generiert wurden.

Beide Probleme werden mit dem SEM gelöst, durch die Verwendung des SAP BW als Datenbasis können auch Nicht-ERP-gesteuerte Plandaten verwendet und erzeugt werden. Das SEM selbst kennt die strikte Modultrennung einer ERP-Software nicht, somit erlaubt es auch integrierte Planungen über mehrere Bereiche hinweg.

3.2 Was ist wirklich neu an mySAP SEM?

War ein SEM überhaupt notwendig? Hätten diese Funktionen nicht alle auch im ERP-System abgebildet werden können? Ausgehend von einer wissenschaftlichen Idealwelt, dass Unternehmen sämtliche Geschäftsprozesse in R/3 abbilden und es somit neben SAP R/3 keine weitere betriebswirtschaftliche Software im Unternehmen gibt, hätten die SEM-Bestandteile in R/3 integriert werden können. Doch selbst in dieser Idealwelt kommt es ständig zu Konflikten zwischen operativen Geschäftsprozessen und strategischen bzw. planerischen Prozessen. Operative Geschäftsprozesse, wie das Buchen eines Belegs, benötigen bei weitem nicht die Flexibilität, die für strategische und planerische Prozesse erforderlich sind. Neben dieser mangelnden Flexibilität kommt hinzu, dass in der realen Welt Unternehmen mit unterschiedlichen Software-Produkten arbeiten. Eine Unternehmensplanung, eine Konsolidierung oder ein Performancemanagement ist somit nur mit einer einheitlichen Datenbasis möglich. Die einheitliche Datenbasis erlaubt es dann Werkzeuge aufzusetzen, welche eine unternehmensweite Planung oder Konsolidierung erlauben. Aufbauend auf das SAP BW liefert das SEM Werkzeuge für unternehmensweite Prozesse, die eine hohe Flexibilität erfordern. Hieraus sind die bereits oben erwähnten Anwendungen entstanden. Planungen und Konsolidierung sind auf den ersten Blick nichts Neues – neu ist für den SAP-Anwender, dass über das SAP BW auch Non-SAP-Daten eingebunden werden können sowie eine modulübergreifende Planung möglich ist. Die Bereiche des Performance Managements und des Stakeholder Relationship Managements gab es bisher so noch nicht in der ERP-Software. Vielleicht konnten einzelne Kennzahlen als Berichte erzeugt werden oder die Stakeholder als Stammdaten angelegt werden. Die Kennzahlen waren dann über mehrere Komponenten verteilt. Aus den Stammdaten konnten keine gezielten Aktionen eingeleitet werden.

Die Tabelle 3.1 stellt gegenüber, wie die Möglichkeiten im R/3 waren und was das SEM demgegenüber leisten kann.

Tabelle 3.1: Vergleich SAP R/3 und SAP SEM

Datenintegration	*SAP R/3*	*SAP SEM*
Möglichkeiten des Datenimports	◐	●
Erweiterungsmöglichkeiten der Datenbasis	◐	●
Aktualität der zu verarbeitenden Daten	⊖	⊖

3.2 Was ist wirklich neu an mySAP SEM?

	SAP R/3	SAP SEM
Einbindung von historischen Daten	◔	●
Modellierung	**SAP R/3**	**SAP SEM**
Unterstützung durch eine ergonomische Modellierungsumgebung	◔	●
Rückgriff auf Standardmodelle	◐	◐
Flexibilität der Planungsumgebung	◔	●
Generierung von Plandaten	**SAP R/3**	**SAP SEM**
Möglichkeiten der Datenerfassung	◐	●
Unterstützung der Dateneditierung	◐	●
Entwicklung von Alternativplänen	**SAP R/3**	**SAP SEM**
Unterstützung von Prognosen	◐	●
Unterstützung von Simulationsmöglichkeiten	◔	●
Möglichkeiten zur Prozesskostenplanung	●	◔
Auswertung von Plandaten	**SAP R/3**	**SAP SEM**
Unterstützung der Plandatenpräsentation	◐	●
Unterstützung der Plandatenanalyse	◔	●
Unterstützung des Berichtswesens	◐	●
Koordination der Planung	**SAP R/3**	**SAP SEM**
Vertikale Koordination	●	●
Zeitliche Koordination	◐	●
Horizontale Koordination	◔	●

Bei den Anwendungen des SEM müssen vor allem die Komponenten Planung und Corporate Performance Monitor hervorgehoben werden. Mit diesen beiden Anwendungen können die meisten Unternehmen einen echten Zusatznutzen generieren.

Highlights der Anwendung

Corporate Performance Monitoring	Die Zielsetzung von Business Intelligence ist, die Unternehmensstrategie in eine klare Systematik für das operative Geschäft (z. B. über Key Performance Indicators) zu übersetzen. Sie soll dadurch kommunizierbar, kontrollierbar und verbesserbar gemacht werden. Als ein Beispiel für ein Managementsystem zur Lösung der Strategieumsetzungsproblematik wird in der betriebswirtschaftlichen Diskussion die Balanced Scorecard (BSC) genannt. Mit ihr kann man die Unternehmensstrategie konsistent formulieren, mit allen Unternehmensebenen kommunizieren und über strategische Initiativen und Kennzahlen ein klares Zielsystem umsetzen [HORV00, S. 125].
Balanced Scorecard (BSC)	Die BSC bietet eine deduktive Systematik an, mit der aus der Unternehmensvision Strategien, Strategieelemente und Strategieziele abgeleitet werden können. Diese sind dann die Grundlagen für die Ausarbeitung von strategischen Kennzahlen und Initiativen. Sie bietet also die wichtige Verbindung zwischen Strategie und Aktionsplan. Darüber hinaus liefert die Kombination verschiedenartiger Kennzahlen und Indikatoren ein ausgeglichenes Performancebild und effiziente Steuerungsinformationen. Durch die Darstellung der Ursache-Wirkungs-Zusammenhänge zeigt die BSC auch die verschiedenen Unternehmensziele, deren Elemente und ihre wechselseitigen Beziehungen auf [HORV00, S. 125].
	Anhand dieser Beschreibung kann man bereits erkennen, dass der Prozess der BSC sich nicht vom allgemeinen Strategieprozess unterscheidet. Die BSC ist deshalb auch kein vollkommen neues Managementkonzept. Mit ihr lassen sich vielmehr moderne betriebswirtschaftliche Konzepte in einfacher Weise miteinander verbinden [WEBE00, S. 5]. So wird die BSC durch andere Management- und Kennzahlenkonzepte, wie z. B. den Shareholder-Value-Ansatz oder Target Costing, ergänzt und überschneidet sich mit diesen [HORV00, S. 127].
Integrationsansatz BSC	Die verschiedenen Perspektiven der BSC decken die folgenden unterschiedlichen Themenstellungen ab. Ausgehend von finanziellen Ergebnisanforderungen (der Shareholder oder Eigner) wird präzisiert, mit welchen Kunden-/Produkt-Kombinationen diese erreicht werden sollen (vgl. CRM). Daraus werden Leistungsanforderungen an interne Prozesse (z. B. Just-in-Time, SCM usw.) sowie Profile mit erforderlichem Wissen und zu entwickelnden Fähigkeiten abgeleitet (vgl. Knowledge Management) [GROT00, S. 137 und WEBE00, S. 7].

3.2 Was ist wirklich neu an mySAP SEM?

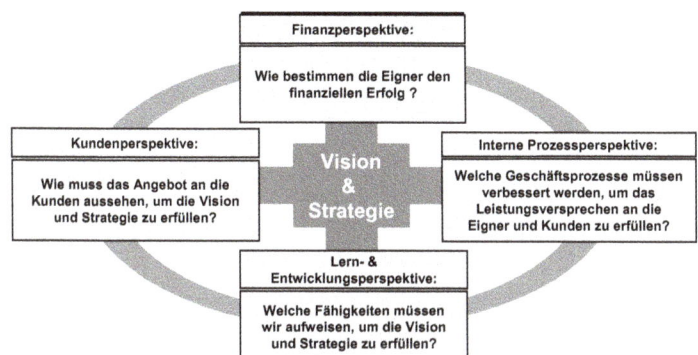

Abbildung 3.3: Die Perspektiven der BSC [KAPL97, S. 10]

Im Mittelpunkt der BSC stehen die Strategien und ihre Zerlegung in Strategieelemente (vgl. Abbildung 3.4) [WEFE00, S. 124]:

Elemente der BSC

- Diese Strategieelemente beschreiben detailliert die verschiedenen Aspekte der Strategie.
- Der Zusammenhang zwischen den einzelnen Strategieelementen wird über Ursache-Wirkungs-Ketten dargestellt.
- Der Motor der Strategieumsetzung sind strategische Initiativen, die den einzelnen Strategieelementen zugeordnet werden. Nach ihnen richtet sich die Zuordnung von finanziellen Ressourcen und Mitarbeitern.
- Der Erfolg der Strategieumsetzung und der Ressourceneinsatz bei den Initiativen wird über strategische Kennzahlen bzw. Wertfelder verfolgt, die den Strategieelementen und den Initiativen zugeordnet werden.

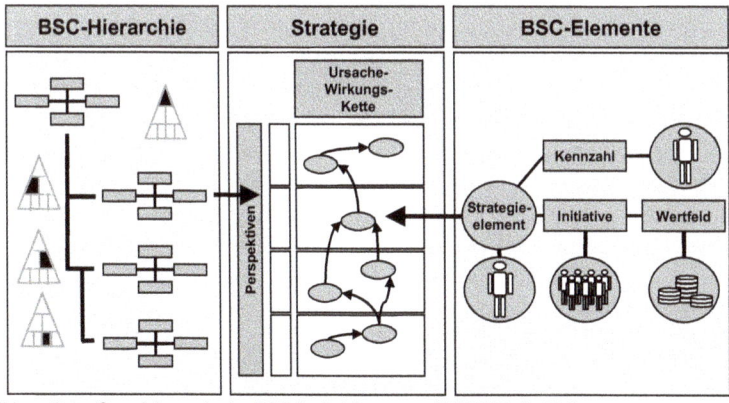

Abbildung 3.4: Grundelemente der BSC [in Anlehnung an WEFE00, S. 124]

Im SEM CPM lassen sich diese verschiedenen Objekte einer BSC anlegen, in Katalogen verwalten und zu einer BSC zusammenfügen. Den Strategieelementen, Initiativen und strategischen Kennzahlen können Verantwortliche zugeordnet werden. Diese können die Entwicklungen des eigenen Verantwortungsbereichs, aber auch die der anderen Verantwortlichen kommentieren. Die finanziellen und personellen Ressourcen werden über die Initiativen verwaltet. Ist-Daten aus operativen Systemen lassen sich über InfoCubes als Vergleichswerte heranziehen.

Die anderen Komponenten des SEM können direkt aus der BSC heraus aufgerufen werden. Durch die Katalogisierung der Elemente wird der Aufbau von mehrstufigen Scorecard-Hierarchien unterstützt.

Kennzahlen

Auch beim inhaltlichen Aufbau erstreckt sich das Zusammenspiel und die Balance zwischen den einzelnen Bereichen auf sehr verschiedene Themengebiete [KAPL97, S. 142-169]. Die einzelnen Elemente der BSC sollen dabei z. B. mit

- strategischen und operativen (bzw. diagnostischen) Kenzahlen,
- monetären und nicht monetären Größen,
- langfristigen und kurzfristigen Positionen,
- Kosten- und Leistungstreibern sowie
- harten und weichen Faktoren

überwacht und koordiniert werden.

Strategische Kennzahlen

Manche strategische Kennzahlen (so genannte Hauptkennzahlen) sind allgemein gehalten und können deswegen sowohl für verschiedene Strategien als auch bei unterschiedlichen Unternehmen eingesetzt werden.

Spezifische Kennzahlen

Andere Kennzahlen (z. B. Kennzahlen für die Leistungstreiber) beziehen sich aber auf sehr unternehmens- bzw. strategiespezifische Sachverhalte und sind daher in ihrem Aufbau und ihrer Ausgestaltung besonders spezifisch [KAPL97, S. 296]. Obwohl es über die Anzahl der strategischen Kennzahlen in einer BSC keine einheitliche Meinung gibt, ist es in der Diskussion [z. B. KAPL97 oder WEBE00] unstrittig, dass eine BSC mit relativ wenigen Kennzahlen auskommen muss. Um mit einer geringen Anzahl trotzdem eine Fokussierung auf die relevanten Betrachtungsfelder und Stellhebel zu erreichen, müssen vor allem sehr strategie- und unternehmensspezifische Kennzahlen verwendet werden.

3.2 Was ist wirklich neu an mySAP SEM?

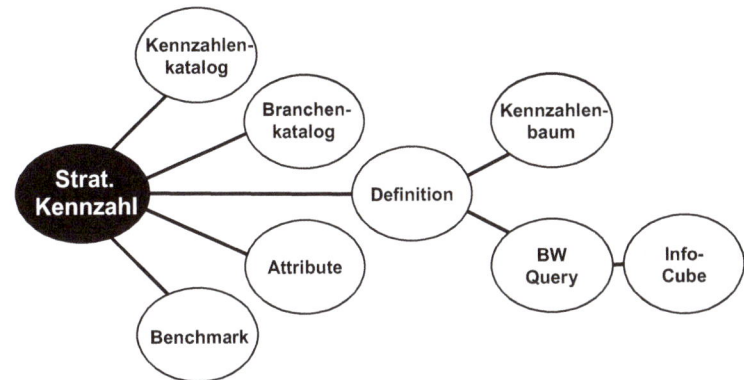

Abbildung 3.5: Funktionen des Measure Builder

Das SEM CPM bietet mit dem Measure Builder die Möglichkeit, sich spezifische und aussagekräftige Kennzahlen zu modellieren. Mit dem SEM CPM können die Kennzahlen somit definiert, analysiert und effizient visualisiert werden. Dabei wird mit dem Measure Builder eine betriebswirtschaftliche Sichtweise auf SAP-BW-Daten aufgebaut. Zuerst werden die strategischen Kennzahlen, ihre spezifischen Attribute, relevante Quellen für Benchmarks und die Beziehung der Kennzahlen untereinander, z. B. in Form eines Kennzahlenbaums, bestimmt. Danach werden diese Kennzahlen über die Auswahl einer SAP-BW-Query mit einem InfoCube verbunden (vgl. Abbildung 3.5 und Abbildung 3.6). Bei diesem Vorgehen werden die Selektionsfunktionen des Business Analyzer aus dem SAP BW verwendet.

Funktionen des Measure Builder

Mit dem SEM Business Content werden bereits Kennzahlenkataloge ausgeliefert. Diese enthalten vordefinierte strategische Kennzahlen und ganze Treiberbäume. Für die Datenselektion über SAP-BW-Berichte kann auf vorgefertigte Berichte oder auf InfoCubes des SAP BW Business Content zurückgegriffen werden.

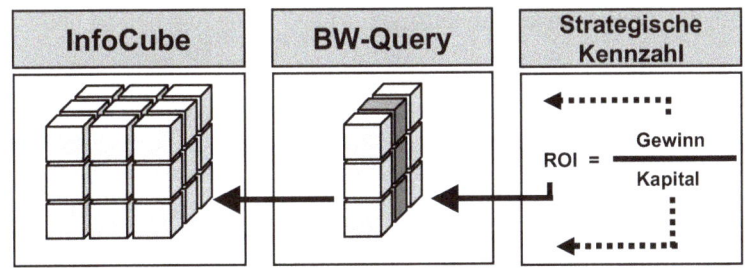

Abbildung 3.6: Datenselektion für eine strategische Kennzahl

3.2.1 Management Cockpit

Ein Ansatz zur Strukturierung und Visualisierung von Leistungskennzahlen ist das Management Cockpit. Das Konzept wurde dazu entwickelt die entscheidungsrelevanten Messgrößen abzubilden.
Ziel dieser Visualisierung ist die Vereinfachung und Beschleunigung von Kommunikationsprozessen innerhalb des Management-Teams [GEOR00, S. 131-132]. Sie eignet sich besonders dazu, zahlreiche stark verdichtete Daten aus verschiedenen Blickwinkeln heraus vorzustellen [SAP03, o. S.].

Das Konzept des Management Cockpit basiert auf der Software, die Bestandteil des SEM ist, mit der die Kennzahlen abgebildet werden können.

Ähnlich wie bei der BSC können die Leistungsindikatoren und -kennzahlen strukturiert dargestellt werden. Die Ansichten des Management Cockpit ähneln den Perspektiven einer BSC. Auf der „Roten Wand" sollen Kennzahlen für Kunden, Märkte und Wettbewerber, auf der „Blauen Wand" die Kennzahlen für interne Prozesse, auf der „Weißen Wand" die Kennzahlen für die strategischen Prozesse und auf der „Schwarzen Wand" die Finanzkennzahlen und kritischen Erfolgsfaktoren abgebildet werden [SAP00b, o. S.].

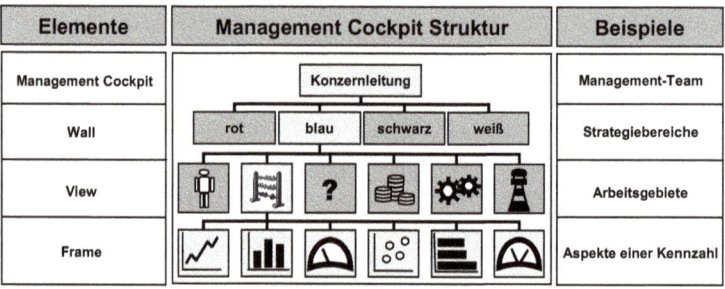

Abbildung 3.7: Elemente des Management Cockpits

Im Gegensatz zur BSC werden die Unternehmensstrategie sowie die Abhängigkeiten und Beziehungen der einzelnen Strategieelemente nicht explizit dargestellt (vgl. Abbildung 3.7). Beispielsweise gibt es keine Darstellungsform, die zu den Ursache-Wirkungs-Ketten korrespondiert. Im Management Cockpit erfolgt die weitere Strukturierung der Kennzahlen in „locigal Views" (maximal sechs Stück pro Wand) und „Frames" (maximal sechs pro View) [SAP03, o. S.]. In den Views können verschiedene Kennzahlen eines Arbeitsgebiets (z. B. Produktqualität oder Mitarbeiterqualifikation) zusammengefasst werden. Die

Frames dienen dazu, einzelne Kennzahlen mit unterschiedlichen grafischen Mitteln (z. B. Portfoliomatrix, Tachometergrafik oder Säulendiagramm) darzustellen [SAP03, o. S.].

3.2.2 Business Planning and Simulation

Durch die strategische Planung mit dem SEM BPS wird beabsichtigt, die längerfristige Unternehmensentwicklung in Plänen zu dokumentieren. Für die strategische Planung liegt, im Unterschied zu den operativen Unterplänen, der Schwerpunkt nicht auf der Detailtreue, sondern auf einer weitblickenden Darstellung der Unternehmensentwicklung [SAP00c, S. 5]. Nur die Kennzahl-Merkmalswert-Kombinationen (z. B. Umsatz pro Vertriebsbereich bzw. pro Kundengruppe), die man später in einem Soll-Ist-Vergleich oder über eine strategische Kennzahl prüfen will, müssen explizit geplant werden [PREI96, S. 80].

Wenig zielführend ist demnach der Versuch, in Analogie zur operativen Planung, die strategischen Pläne möglichst vollständig, umfangreich und formal ausgereift zu gestalten [WEBE00, S. 7]. Vielmehr sollte man sich auf die strategischen Kennzahlen und ihre Einflussgrößen als zentrale strategische Stoßrichtung beschränken und so die Komplexität verringern.

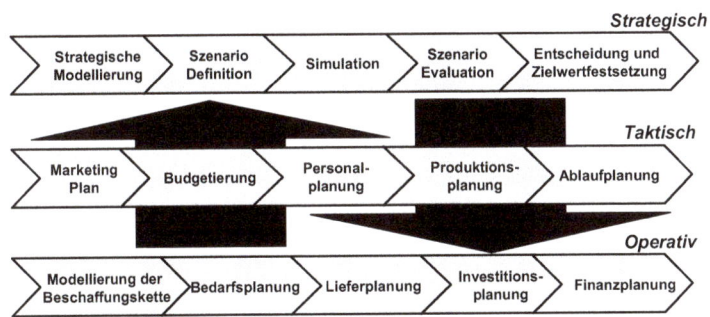

Abbildung 3.8: Beispiel für strategische, taktische und operative Planungsprozesse [SAP00b. o. S.]

Die relevanten Eckpunkte und Zielvorgaben für die Weiterentwicklung sollten jedoch für weitere strategische, taktische oder operative Planungsschritte festgehalten werden (vgl. Abbildung 3.8). Durch diese Abhängigkeiten kommt gerade bei wachsender Unternehmensgröße der Integration eine immer größere Bedeutung zu. In einem idealtypischen Szenario sind die verschiedenen Planungsebenen und -systeme integriert verfügbar und erlauben die örtlich und zeitlich verteilte Eingabe von Planwerten, deren Konsolidierung, eine Berichtserstellung sowie die Analyse von Abweichungen [BANG00, S. 10]. Hier muss die zeitliche, sachliche und organisatorische Koordination der einzelnen Planungsprozesse möglich sein, um eine schnelle Durchführung des Planungsprozesses und richtige Plandaten zu gewährleisten [BANG00, S. 11].

Planungsarchitektur Die OLAP-Technologie des SAP BW bietet diese Datenstruktur und die funktionalen Möglichkeiten, Plandaten aus verschiedenen Planungsgebieten in einer gemeinsamen Sicht zu sammeln und zu pflegen [SAP00c, S. 5]. SEM BPS baut auf Daten des SAP BW auf. So wird die Verbindung von detaillierten Plänen aus den Transaktionssystemen mit einer übergreifenden Planung möglich.

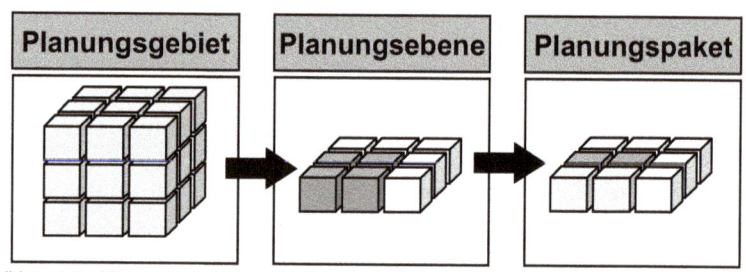

Abbildung 3.9: Hierarchische Datenselektion

Planungskriterien Die Planungsarchitektur besteht zum einem aus der hierarchischen Gliederung, auf deren Stufen eine zunehmend feinere Eingrenzung der Datenbasis erfolgt (vgl. Abbildung 3.9), und zum anderen aus den Planungsfunktionen, die sich auf diese eingegrenzte Datenbasis beziehen. Die Stufen der hierarchischen Gliederung eignen sich dazu, betriebswirtschaftliche Einteilungen und Zuordnungen vorzunehmen [SAP00c, S. 5]. So können die verschiedenen Planungssichten (z. B. nach Konzern oder Geschäftsbereich) oder Teilpläne (z. B. für Investitionen oder Absatz) dargestellt werden. Dies wird erreicht, indem z. B. Regionen, Sparten, Organisationseinheiten usw. auf jeweils getrennte Stufen der Planungsarchitektur selektiert werden. Die Verwendung der Dimension Version als Selektionskriterium ermöglicht dabei, verschiedene Planszenarios für denselben Zeitraum vorzuhalten [SAP00c, S. 6].

Um die hierarchische Datenselektion abzubilden, stehen die folgenden Elemente zur Verfügung [SAP03, o. S.]:

- Durch Auswahl eines oder mehrerer InfoCubes des SAP BW wird die Menge der Kennzahlen und Merkmale bestimmt, mit denen im Rahmen des Planungsgebiets geplant werden kann.

Über eine Remote-Function-Call-Verbindung kann auch auf InfoCubes aus einem externen SAP-BW-System zugegriffen werden.

- Mit der Planungsebene wird die Menge der vom InfoCube gelieferten Daten auf diejenigen eingeschränkt, die für die jeweilige Planungsaufgabe relevant sind. Dies geschieht über eine Selektion der gewünschten Kennzahlen und Merkmale. Die selektierten Merkmalswerte bleiben für alle Planungspakete der Planungsebene konstant. Über den Kontext der Planungsebene wird außerdem bestimmt, welche Planungsfunktionen auf die selektierten Daten angewendet werden sollen.

In einem Planungspaket können die auf dem Niveau der Planungsebene vorgenommenen Einstellungen nochmals verfeinert werden. Ein Planungspaket kann als Teilmenge der übergeordneten Planungsebene verstanden werden und beschreibt die Datenbasis, auf der die Planungsfunktionen operieren. Aus betriebswirtschaftlicher Sicht können Planungspakete als Arbeitsvorrat dienen, indem pro Paket eine Teilaufgabe der Gesamtplanung definiert und in dieser überschaubaren Einteilung abgearbeitet wird.

Planungspaket

Die bereits oben dargestellten Komponenten des SEM werden noch durch die nachfolgenden Komponenten ergänzt.

3.2.3 Business Information Collection

Auf jede Entscheidung bei der Planung und Simulation wirken insbesondere drei Faktoren ein, die nachfolgend aufgeführt sind:

Informationen sammeln

- Zielsetzung des Unternehmens: Liegt eine Strategie oder Zielvorgabe vor (z. B. Umsatzsteigerung um 15 Prozent)?
- Die künftige (innerbetriebliche) Entwicklung: Wie entwickeln sich die Herstellungskosten, der Personalstand oder die Produktionskapazität?
- Andere Umwelteinflüsse und Rahmendaten: Wie entwickelt sich die Konjunktur? Gibt es Änderungen in der relevanten Gesetzgebung? Gibt es neue Modetrends?

Unter Berücksichtigung dieser Faktoren werden die Pläne und Vorgaben für das Unternehmen, für einzelne Geschäftszweige oder für einzelne Produkte aufgestellt [PREI96, S. 78]. Bei der Entscheidungsfindung wird also nicht nur auf unternehmensinterne Daten zurückgegriffen, sondern es werden auch externe Entwicklungs- und Einflussfaktoren beobachtet z. B. im gesellschaftspolitischen Umfeld. Diese externen

3 mySAP SEM – Von der isolierten zur integrierten Unternehmenssteuerung

Einflüsse sind meist nicht quantifizierbar. Vielmehr lassen sie sich nur qualitativ einschätzen [PREI96, S. 22].

Zusammenspiel von internen und externen Daten

Die Unternehmensführung basiert vornehmlich auf Zahlen des Rechnungswesen oder anderen strukturierten Informationen aus internen Quellen, die ihre volle Aussagekraft aber erst durch den Bezug zur Unternehmensumwelt bekommen. Somit tritt die Überwachung externer Sachverhalte mindestens gleichberechtigt neben die Analyse der internen Daten [MERT99, S. 406]. Besonders strategische Fragen lassen sich nur mit Hilfe von externen Marktdaten und deren Vergleich mit den unternehmensinternen Informationen beantworten [HOFF00, S. 36]. Wenn Dokumente mit operativen Daten verbunden werden, können die qualitativen Informationen dazu verwendet werden, die quantitativen Daten im Data Warehouse zu erläutern. Damit wird nicht nur dokumentiert, welchen Wert eine Kennzahl zu einem bestimmten Zeitpunkt hat, sondern auch warum das so ist. Die Entwicklung eines Unternehmens, die sich in den Kennzahlen widerspiegelt, wird mit externen Ereignissen aus der Umwelt, in dem das Unternehmen handelt, verbunden [SAP00c, S. 16].

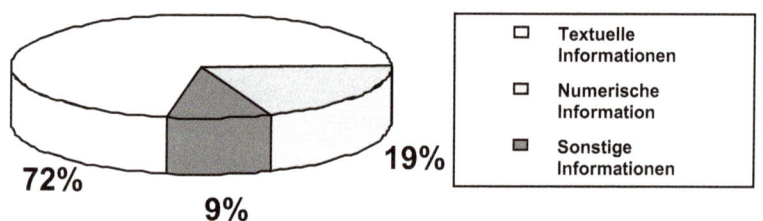

Abbildung 3.10: Informationsangebot im Internet [HERG95, S. 135]

Differenzierte Informationsarten

Die Funktionalität von Systemen zur Unternehmensführung muss demzufolge zukünftig über die reine Verarbeitung interner, oftmals rein rechnungswesenbasierter Größen hinausgehen [HORN99, S. 390]. Denn für die Unternehmensführung ist es von entscheidender Bedeutung, dass alle Informationen gesammelt und ausgewertet werden können, die für eine Entscheidung wichtig sind. Nur so können richtige Entscheidungen getroffen werden [SAP99, S. 23]. Im Gegensatz zu internen Daten sind aber externe Informationen nach Quelle und Art heterogen. Analysen ergaben, dass öffentlich zugängliche Datenbanken zu etwa 72 Prozent textuelle, zu 19 Prozent numerische und zu 9 Prozent sonstige Informationen enthalten [HERG95, S. 135].

Konzeption von Business Information Collection

Die Literatur unterteilt den Prozess der Einarbeitung unstrukturierter Informationen in mehrere Phasen. Diese sind die Informationsbedarfsermittlung, die Recherche- und Redaktionsunterstützung sowie die Informationsverwaltung und -verteilung [MERT00, S. 355].

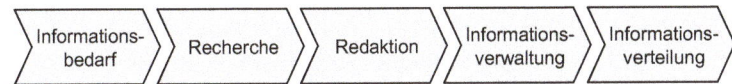

Abbildung 3.11: Einarbeitung unstrukturierter Informationen

Die Komponente Business Information Collection unterstützt die Recherche und Redaktion in Form eines Redaktionsleitstandes [MEIE99, S. 450]. Informationen, die für das Unternehmen relevant sind, können im Internet gefunden, ausgewertet und kommentiert werden. Die unstrukturierten Informationen können z. B. Markteinschätzungen, Ad-hoc-Nachrichten oder Geschäftsberichte von Wettbewerbern, Börsenberichte, Veröffentlichungen zur Besteuerung sowie akademische Publikationen sein.
Redaktionsleitstand

Die Informationsverwaltung und -verteilung erfolgt dann über die Zuordnung der unstrukturierten Informationen zu Datenwerten in der SEM-Datenbasis. So können sie zusammen mit Quellangaben und anderen administrativen Angaben verwaltet bzw. archiviert werden [SAP00c, S. 8].
Zentrale Informationsverwaltung

Auf diese Informationen kann dann aus anderen Komponenten des SAP SEM zugegriffen werden. In Zukunft werden zusätzliche Funktionen eingebunden, welche die Formulierung und Verwaltung des Informationsbedarfs erlauben [SAP00a, o. S.].

Dabei macht es keinen Sinn, die unstrukturierten Daten analog zu strukturierten Daten innerhalb eines InfoCubes multidimensional abzuspeichern. Während eine interne Kennzahl, etwa der Umsatz, für genau eine Vertriebsregion, ein Produkt, eine Kundengruppe usw. gilt, entzieht sich z. B. eine Pressemeldung dieser klaren Einteilung. Die Vorteile einer multidimensionalen Speicherung liegen in der Möglichkeit von Top-Down-Analysen und Slice-and-Dice-Operationen. Diese Möglichkeiten erweisen sich bei qualitativen Informationen als nicht zweckmäßig, da verschiedenartige Textinformationen nicht sinnvoll auf eine Aussage reduziert werden können und somit auch nicht entlang einer Merkmalshierarchie verdichtet oder heruntergebrochen werden können (vgl. Abbildung 3.12).
Informationsspeicherung

Deshalb bietet die multidimensionale Speicherung für unstrukturierte Informationen keine Vorteile im Vergleich zu einer Speicherung mit Hilfe von Kommentar- und Indexierungstabellen [MEIE99, S. 455]. Dies bedeutet, dass die SEM-BIC-Komponente den Schreibzugriff nur benutzt, um Dokumente im Business Document Service (BDS) der jeweiligen SAP-BW-Instanz zu speichern und um die Verbindung zu den InfoObjects des SAP BW zu kennzeichnen (vgl. Abbildung 3.13). Für die anderen Transaktionen, z. B. das Laden von Informationen aus dem BDS oder das Lesen von Werten eines InfoObjects, reicht ein Lesezugriff auf die Datenwürfel vollständig aus [SAP00c, S. 16].

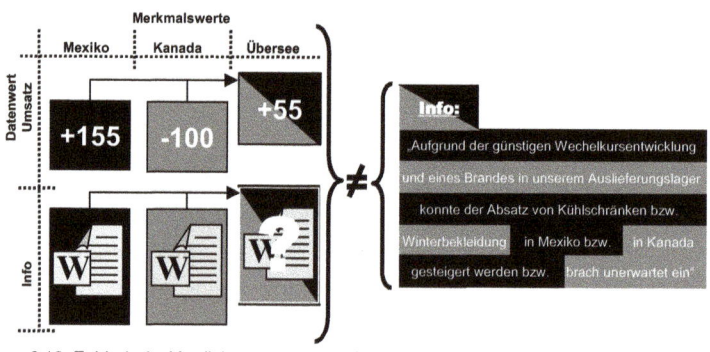

Abbildung 3.12: Fehlerhafte Verdichtung von unstrukturierten Informationen

Informationsaufbereitung

Ziel der redaktionellen Aufbereitung ist es, relevante Fakten aus den gefundenen Dokumenten herauszufiltern und kontextadäquat mit internen Daten zu verknüpfen. Es handelt sich dabei um eine komplexe Aufgabe, die eine inhaltliche Textanalyse erfordert. Mit den derzeitigen technischen Möglichkeiten ist dies nicht völlig automatisierbar [MEIE99, S. 453]. Zukünftig sollen neue Funktionen den Benutzer hier unterstützen [SAP00a, o. S.]. Die Informationssuche und -bearbeitung soll z. B. durch Text-Mining-Funktionalitäten erleichtert werden.

Informationsleitstand

Der Redaktionsleitstand des SEM BIC bietet folgende Funktionen an [SAP03, o. S.]:

- Aufruf und Navigation zwischen Web-Seiten: Über einen integrierten Web-Browser können HTML-Seiten angezeigt werden. Es stehen einfache Navigationsfunktionen zur Verfügung.
- Die Verwaltung von Datenquellen für die Informationssuche: Die Adressdaten können in einer Favoritenliste verwaltet werden. Benutzernamen und Passwörter für geschützte Bereiche können ebenfalls abgespeichert und aufgerufen werden.
- Die Einbindung von ausgewählten Informationen: Die relevanten Inhalte von Seiten können übernommen werden. Sie werden zuerst im Arbeitsvorrat gespeichert, um sie später in einem Texteditor (MS Word) weiter zu bearbeiten. Dort lassen sich die relevanten Informationsbestandteile extrahieren, formatieren und kommentieren. Dabei können auch die Herkunftsda-

ten wie Quelle, Fundort, Titel und Abfragedatum gepflegt werden.
- Die Zuordnung von Kennzahlen aus dem SAP BW: Die bearbeiteten Informationen können Kennzahlen zugeordnet werden. Die Zuordnung kann dabei auf bestimmte Merkmalswerte beschränkt werden (vgl. Abbildung 3.13). So lässt sich z. B. eine Markteinschätzung über die Absatzentwicklung für ein Produkt 002 in einem Land X genau der Kennzahl Umsatz für das Merkmal Produkt mit dem Merkmalswert 002 und dem Merkmal Land mit dem Merkmalswert X zuordnen.

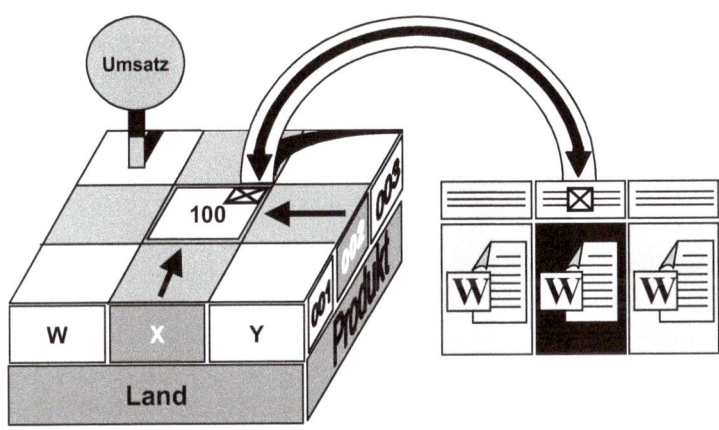

Abbildung 3.13: Selektion von Kennzahlen und Merkmalswert

Wenn diese Kennzahl-Merkmalswert-Kombination von einer anderen SEM-Komponente angesprochen wird, können die Funktionen des BDS dazu verwendet werden, aus dem System heraus direkt auf das Dokument zuzugreifen [SAP00c, S. 8].

Die Kennzahlen und Werte, die im SEM BIC kommentiert werden können, stammen aus dem Datenkatalog des SAP BW. Dieser Katalog entspricht auch der Datenbasis der anderen SEM-Komponenten [SAP00c, S. 16]. Im SEM BIC ist es möglich, die Merkmale zu bestimmen, für die Kommentare erfasst werden können. Dabei beschränkt sich die Merkmalsauswahl auf das SAP-BW-System, das dem Redaktionsleitstand des SEM BIC zu Grunde liegt [SAP00c, S. 16].

3.3 Problemfelder und Mängel des SEM

Für einige Planungen sowie für Kennzahlen und Kennzahlenbäume liefert die SAP Templates aus. Aus Sicht des Autors handelt es sich

Kein „echter" Business Content

3 mySAP SEM – Von der isolierten zur integrierten Unternehmenssteuerung

hierbei nicht um einen Business Content, sondern um Templates. Ein Business Content würde es Unternehmen ermöglichen, die Einstellungen 1:1 zu übernehmen. Dies erlauben die vorhandenen Beispiele jedoch nicht. Ein echter Business Content wäre jedoch wünschenswert.

Keine Benchmarks Die vorhandenen Kennzahlen und Kennzahlenbäume machen in Unternehmen nur Sinn, wenn Vergleichszahlen vorhanden sind. Im SEM können Benchmarks hinterlegt werden. Eine Auslieferung von Referenzkennzahlen durch die SAP erfolgt jedoch nicht. Für die im SAP Standard ausgelieferten Kennzahlen und Kennzahlenbäume wäre dies wünschenswert.

Kein Vorgehensmodell Das SAP ERP liefert mit dem IMG, ASAP und dem Solution Manager Werkzeuge und Vorgehensmodelle aus, die die Einführung der Software unterstützen. Solche Methoden und Werkzeuge fehlen für das SEM komplett (Ausnahme: Konsolidierung). Bei der Einführung werden die SEM Anwender somit alleine gelassen. Zumindest ein durchgängiger IMG ist für das SEM dringend erforderlich.

Tabelle 3.2: Business Content und Planungstemplates

Planungsanwendungen \ Planungstemplates/Business Content	InfoCubes	Planungsgebiete	Planungsebenen	Planungspakete	Manuelle Planungsfunktionen	Frei definierbare Planungsfunktionen	Betriebswirtschaftliche Planungsfunktionen	Planungsmappen	Planungsprofile	Customizing Erfassungsmasken
Bilanzplanung	✓	✓	✓	✓	✓	✓	✓	✓		
Investitionsplanung	✓	✓	✓	✓	✓	✓		✓	✓	
Ergebnisplanung	✓	✓	✓	✓	✓			✓		
Capital Market Interpreter						✓				✓

Fragwürdige Zusammensetzung des SEM Neben den obigen Problemen verwundert auch die Zusammensetzung des SEM. Auch wenn sich das SEM der BW-Technologie bedient, so wäre es doch sinnvoller, wenn die Planungskomponente Bestandteil des BW wäre (für das BW-Release 3.5 wurde mittlerweile eine Planungsfunktion innerhalb des SAP-BW angekündigt). Kein Controller will nur Ist-Daten aus einem Data Warehouse. Dass neben dem Data Warehouse ein eigenes System für die Planung installiert werden muss, wird wohl auch den wenigsten Anwendern einleuchten. Dass sich strategische Komponenten wie Balanced Scorecard oder der Corporate Performance Monitor in einem eigenen System befinden, welches mit einem BW verknüpft ist, erscheint jedoch sinnvoll.

3.4 ... und was können die Mitbewerber?

Das Bedürfnis nach Business-Intelligence-Werkzeugen wurde nicht nur von der SAP erkannt. Mittlerweile gibt es eine Reihe von Anbietern, die ähnliche Werkzeuge zur Verfügung stellen. Insbesondere sei hier auf die Studien von BARC hingewiesen mit Vergleichen und Gewichtungen der unterschiedlichen Produkte. Die meisten Anbieter haben sich jedoch nur auf einen Bereich der Business Intelligence spezialisiert. Die SAP dürfte zurzeit der einzige Anbieter sein, der alle Business-Intelligence-Werkzeuge anbietet und diese auch noch relativ einfach an sein ERP-System anbinden kann.

Vergleichbare Anwendungen

Nachfolgend sind die wichtigsten Konkurrenzprodukte mySAP SEM gelistet:

Hyperion Solutions www.hyperion.de

Gründung 1980

Umsatz: 2003: $ 510 Mio.

weltweit 2.600 Mitarbeiter

Services und Lösungen: Hyperion Business Performance Management

MIS www.misag.com (12/2003 Übernahme durch Systems Union Group)

Gründung 1988

Umsatz: 2002: 47,8 Mio.

weltweit 560 Mitarbeiter

Services und Lösungen: Enterprise Planning

Oracle Deutschland www.oracle.com/de
Gründung 1977
Umsatz: 2002: 9,6 Mrd. $
weltweit 40.650 Mitarbeiter
Services und Lösungen: Financial Analyzer

Winterheller Software www.professionalplanner.com
Gründung 1998
Umsatz: k.A.
weltweit 65 Mitarbeiter
Services und Lösungen: Produkt Professional Planner

3.5 Informationen und Verweise

Weiterführende Internet-Links

Balanced Scorecard Collaborative:
   http://www.bscol.com/

Business Application Research Center:
   http://www.barc.de

mySAP Financials - SAP Strategic Enterprise Management:
   http://www.sap.com/sem/

Literaturverzeichnis:

BANG00	Bange, C.; Volpp N.: Turbo für die Planung. Softwaretools zur Unternehmensplanung. In: is report 4 (2000) 8, S. 10-14.
COEN92	Coenenberg, A.: Kostenrechnung und Kostenanalyse. Oldenbourg, München 1992.
COPE98	Copeland, T., et al.: Unternehmenswert. 2. Auflage, Campus, Frankfurt 1998.
CORS94	Corsten, H., Reiß, M.: Betriebswirtschaftslehre. Oldenbourg, München 1994.

DEHM01	Dehm, M.: Ausgewählte Adaptions-, Erweiterungs- und Integrationspotentiale zur strategischen Unternehmensführung. Unveröffentlichte Diplomarbeit am Lehrstuhl für Betriebswirtschaftslehre und Wirtschaftsinformatik der Universität Würzburg, Würzburg 2001.
EHRM99	Ehrmann, H.: Unternehmensplanung. 3. Auflage, Kiehl, Ludwigshafen 1999.
FISC96	Fischer, H.: Unternehmensplanung. Vahlen, München 1996.
GEOR00	Georges, P.: The Management Cockpit. The human interface for management software reviewing 50 user sites over 10 years of experience. In: Wirtschaftsinformatik 42 (2000) 2, S. 131-136.
GROT00	Grothe, M.; Gentsch, P.: Business Intelligence. Aus Informationen Wettbewerbsvorteile gewinnen. Addison-Wesley, München 2000.
GRÜN01	Grünert, A.; Lochner, A.: Mission Statement: Wertorientierung. In: is report – Zeitschrift für betriebswirtschaftliche Informationssysteme, 5 (2001) 8, S. 18-21.
HAMM98	Hammer, R.: Unternehmensplanung, 7. Auflage, Oldenbourg, München 1998.
HAUK01	Ulrich Hauke, in SAP Insider 2001/4: SAP Strategic Enterprise Management, S. 17ff.
HERG95	Herget, J.; Hensler, S.: Online-Datenbanken in Wirtschaft und Wissenschaft: aktuelle Nachfragestrukturen und Nutzungstendenzen. In: Wirtschaftsinformatik 37 (1995) 2, S. 129-138.
HOFF00	Hoffmann, E.: Einführung von Business Intelligence. In: is report 4 (2000) 8, S. 36-39.
HORN99	Hornung, K.; Mayer, J.: Erfolgsfaktoren-basierte Balanced Scorecard zur Unterstützung einer wertorientierten Unternehmensführung. In: Controlling 8/9 (1999) 1, S. 389-398.
HORV00	Horváth, P.: Umsetzungserfahrungen mit der Balanced Scorecard. In: Kostenrechnungspraxis 44 (2000) Sonderheft 2, S. 125-127.
HORV90	Horváth, P.: Strategieunterstützung durch das Controlling – Revolution im Rechnungswesen? Schäffer-Poeschel, Stuttgart 1990.
KAPL97	Kaplan, R.; Norton, D.: Balanced Scorecard. Strategien erfolgreich umsetzen. Schäffer-Poeschel, Stuttgart 1997.
MEIE99	Meier, M.; Fülleborn, A.: Integration externer Führungsinformationen aus dem Internet in SAP Strategic Enterprise Management. In: Wirtschaftsinformatik 41 (1999) 5, S. 449-457.
MEIE02	Meier, M.; Sinzig, W; Mertens, P.: SAP Strategic Enterprise Management und SAP Business Analytics. Integration von strategischer und operativer Unternehmensführung (SAP Kompetent). Springer, Berlin 2002.
MELL72	Mellerowicz, K.: Planung und Plankostenrechnung. 1. Betriebliche Planung. Haufe, Freiburg im Breisgau 1972.

MERT99	Mertens, P.: Integration interner, externer, qualitativer und quantitativer Daten auf dem Weg zum Aktiven MIS. In: Wirtschaftsinformatik 41 (1999) 5, S. 405-415.
MEYE70	Meyer, C.: Absatzplanung. In: Fuchs, J.; Grünewald, H. (Hrsg.): Handbuch der Unternehmensplanung. Schmidt, Berlin 1970, S. 155-178.
MÜLL00	Müller, R.: Adaption eines Managementsystems zur strategischen Unternehmensführung. Unveröffentlichte Diplomarbeit am Lehrstuhl für Betriebswirtschaftslehre und Wirtschaftsinformatik der Universität Würzburg, Würzburg 2000.
RAPP94	Rappaport, A.: Shareholder Value: Wertsteigerung als Maßstab für die Unternehmensführung. Schäffer-Poeschel, Stuttgart 1994.
SAP99	SAP AG (Hrsg.): Business Networking in the Internet Age. Whitepaper in Zusammenarbeit mit IMG St. Gallen und dem Institute for Information Management der Universität St. Gallen, Walldorf 1999.
SAP00a	ohne Verfasser: SAP AG (Hrsg.): Strategic Enterprise Management, Newsflash No. 6.
SAP00b	ohne Verfasser: SAP AG (Hrsg.): SAP Documentation. SAP Strategic Enterprise Management. Release 2.0B. Stand Juli 2000, Walldorf 2000.
SAP00c	ohne Verfasser: SAP (Hrsg.): SAP BW-SEM. System Landscape an Interfaces Considerations. Global ASAP for BW Accelerators. Document Version 2.0B.02, Walldorf 2000.
SAP03	ohne Verfasser: SAP AG (Hrsg.): SAP Documentation. SAP Strategic Enterprise Management. Release 3.1B. Stand August 2002, Walldorf 2002.
SCHI95	Schierenbeck, H.: Grundzüge der Betriebswirtschaftslehre. 12. Auflage, Oldenbourg, München 1995.
STER93	Stern, J.: EVA Financial Management. Stern Stewart & Co, New York 1993.
WEBE00	Weber, J.: Balanced Scorecard – Management-Innovation oder alter Wein in neuen Schläuchen. In: Kostenrechnungspraxis 44 (2000) Sonderheft 2, S. 5-15.
WEFE00	Wefers, M.: Strategische Unternehmensführung mit der IV-gestützten Balanced Scorecard. In: Wirtschaftsinformatik 42 (2000) 2, S. 123-130.

4 mySAP CRM – Von der Vertriebsunterstützung zum integrierten Kundenmanagement

Frank Hennermann

Kundenorientierung – keine völlig neue Strategie der Unternehmen! Seit jeher sind erfolgreiche Firmen bestrebt, in effizienter Art und Weise die Kundenbedürfnisse zu befriedigen.

Bereits mit der Einführung der betriebswirtschaftlichen Standardanwendungssoftware R/3 im Jahr 1992 ermöglichte die SAP AG die Unterstützung des Kundenmanagements und der Auftragsabwicklung durch das Vertriebsmodul SD (Sales and Distribution).

Der zunehmende Übergang zur Verlagerung von Geschäftsbeziehungen in das Internet erforderte Ende der neunziger Jahre eine Neuausrichtung in diesen Bereichen. Steigende Markttransparenz, einfache und vielfältige Möglichkeiten der Informationsbeschaffung sowie die abnehmenden Unterschiede der Produktpaletten in einem Marktsegment verlangen von den Unternehmen die Entwicklung moderner Strategien zur Erhöhung der Kundenbindung bzw. der Akquisition von Neukunden. Große Softwarepakete, wie beispielsweise SAP R/3, können diese Herausforderungen nicht erfüllen, wie das folgende Kapitel zeigt. Vor allem im Hinblick auf das Interaktions-Management zur Bündelung der unterschiedlichen Kommunikationskanäle offenbaren ERP-Systeme deutliche Schwächen und Defizite, die über spezielle CRM-Lösungen verschiedener Anbieter (z. B. Siebel Systems Inc., Oracle Corporation)[66] umgangen werden konnten. SAP hat diesen Entwicklungen mit mySAP CRM Rechnung getragen und ein Lösungsportfolio für einen ganzheitlichen CRM-Ansatz zur Verfügung gestellt, das Gegenstand der nachfolgenden Betrachtungen ist.

4.1 Kundenmanagement im SAP-R/3-System

Eine moderne und umfassende CRM-Lösung lässt sich in die Bereiche

---

[66] www.siebel.com, www.oracle.com

- Marketing,
- Vertrieb und
- Service

einteilen. Diese funktionalen Bereiche entlang des Kundenlebenszyklus werden in eingeschränktem Umfang auch durch das SAP-R/3-System unterstützt, wie die folgenden Ausführungen zeigen.

Das Vertriebsmodul SD unterstützt den Anwender nicht nur bei der klassischen Erfassung von Kundenaufträgen und der logistischen Abwicklung durch die Auslieferung der gewünschten Ware an den Empfänger. Im Rahmen der Vertriebsunterstützung stehen mehrere Werkzeuge zur Verfügung, die rudimentäre Funktionen eines Kundenmanagements übernehmen können.

Geschäftspartnerverwaltung

Eine Hauptanforderung des CRM ist die zentrale Pflege und Ablage aller Kundeninformationen, um Redundanz bzw. die Verletzung der Datenintegrität zu vermeiden und einen schnellen Zugriff auf relevante Informationen zu gewährleisten. Mit Hilfe der Komponente SAP Geschäftspartner ist es möglich, Informationen zu einem Geschäftspartner zentral anzulegen und zu verwalten. Dieses Konzept ist besonders im Hinblick auf die unterschiedlichen Rollen, die ein Kunde im Kontakt mit dem Unternehmen einnimmt, wichtig. SAP ermöglicht somit das Zusammenführen der eventuell verteilten Partnerdaten.

Kontaktmanagement

Neben dem zentralen Geschäftspartner ist es über ein Kontaktmanagement im R/3-System möglich, Interaktionen mit den Kunden zu dokumentieren und zu verwalten. Besuche, Telefonate, Briefe und andere Kontaktpunkte mit einem Kunden können im System abgelegt werden. Somit wird der Vertriebsmitarbeiter bei der Betreuung des Kunden und der Informationssammlung aktiv unterstützt. Mit Hilfe von Folgekontakten und der Workflow-Komponente können die Presales-Prozesse automatisiert und standardisiert werden. Persönliche Kontaktlisten schaffen Transparenz und verkürzen die notwendigen Zugriffszeiten der Beteiligten. Für die persönliche Terminplanung des einzelnen Mitarbeiters steht darüber hinaus ein integrierter Kalender zur Verfügung, der bei Bedarf mit einem Standardkalender (z. B. Microsoft Outlook) synchronisiert werden kann. Insgesamt bietet das R/3 Kontaktmanagement eine solide Grundlage für eine klassische Dokumentation der Kundenkontakte. Allerdings ist dieses Kontaktmanagement nur bei direktem Zugriff auf das R/3-System nutzbar und somit für einen flexiblen Einsatz, z. B. im Außendienst, nicht geeignet. Dem Vergleich mit einem Kontaktmanagement moderner CRM-Systeme kann diese Vertriebsunterstützung nicht standhalten, dazu sind der Funktionsumfang und die technischen Integrationsmöglichkeiten nicht ausreichend.

Neben der Dokumentation von Kundenkontakten und der rudimentären Planung bestimmter Aktionen, z. B. Besuche, Telefonate, spielen die direkte Ansprache des Kunden und die Bereitstellung von Informationen eine große Rolle. Sonderangebote, Produkt-Bundling und andere Verkaufsaktionen müssen gezielt und schnell der richtigen Zielgruppe bekannt gegeben werden. Im R/3-System wird diese Form des aktiven Marketing durch so genannte Mailings unterstützt. Dabei wird mit Hilfe von Reports der Adressbestand nach bestimmten Merkmalen durchsucht und anschließend zu einer Verteilerliste zusammengefasst. An diese Geschäftspartner (in der Regel an die direkten Ansprechpartner) werden dann vordefinierte Briefe oder E-Mails mit dem entsprechenden Inhalt verschickt. Die Einteilung der Geschäftspartner in die gewünschten Zielgruppen ist dabei nur nach festgelegten und im Stammsatz gepflegten Merkmalen möglich. Eine umfassende Zielgruppenselektion mit Hilfe von Data-Mining-Verfahren ist nicht möglich. Das Mailing-Konzept des R/3-Systems unterstützt die aus CRM-Sicht gewünschte personalisierte Kundenansprache nicht in ausreichendem Maß, sondern dient lediglich der Vereinfachung von Serienbriefen bzw. E-Mails.

Personalisierung

Im Zuge der Neuausrichtung der Unternehmen in Richtung CRM wird der Verkauf über einen eigenen WEB-Shop bzw. einen Marktplatz, das so genannte Internet Sales, als treibende Kraft gesehen. Ursprünglich unterstützte die SAP AG das E-Selling durch den SAP Online Store. Dieser Online Store ist integraler Bestandteil des R/3-Systems und bietet eine Reihe von Möglichkeiten, Produkte über das Internet zu präsentieren und zu verkaufen.

E-Selling

Aus technischer Sicht ist der Online Store als zusätzliches Modul im SAP-R/3-System zu verstehen, der mit Hilfe des ITS (Internet Transaction Server) und des WEB-Servers über einen Browser erreichbar ist. Die gesamte Prozesssteuerung läuft im ERP-System ab. Bei einem hohen Transaktionsvolumen kann es durch diese Konstellation u. U. zu einer großen Belastung des Systemverbunds und somit zu Beeinträchtigungen seitens der Performance kommen.

Die Ausführungen zeigen, dass grundsätzlich alle Funktionalitäten implementiert sind, die der integrierte Einsatz eines E-Selling Systems fordert. Zusätzlich können über verschiedene offene Schnittstellen bzw. User-Exits-Sonderfunktionen z. B. moderne Suchalgorithmen, wie die Search Engine von Alta Vista[67], angesteuert werden.

Eine wichtige Rolle im Zusammenhang mit der Auftragserfassung spielt neben der Einbeziehung des Internets als zusätzliches Verkaufsmedium

Customer Interaction Center

---

[67] ® Alta Vista, www.altavista.de

die Integration des Telefons in den Verkaufszyklus. SAP bietet mit dem anwendungsübergreifenden Customer Interaction Center (CIC) ein umfassendes Funktionspaket zur Unterstützung von Call Centern. Das CIC ist mit allen R/3-Komponenten (z. B. SD, CS) verbunden. Somit können die Mitarbeiter uneingeschränkt auf alle Kundeninformationen und Geschäftstransaktionen zugreifen.

Kundenservice

Moderne CRM-Systeme unterstützen aber nicht nur die Anbahnungs- und Verkaufsphase, sondern decken den gesamten Kundenlebenszyklus einschließlich des Service ab. Grundanforderungen an eine systemgestützte Abwicklung der Servicedienstleistung eines Unternehmens sind u. a.

- die Verwaltung der Objekte, für die Serviceleistungen erbracht werden,
- die Erfassung, Planung und Durchführung der Serviceleistungen,
- die Fakturierung der entstandenen Kosten,
- eine effiziente Mitarbeitereinsatzplanung und
- die Überwachung bzw. Kontrolle des kompletten Servicebereichs.

Viele dieser Funktionen können mit Hilfe eines modernen ERP-Systems abgedeckt werden. Das R/3-System bietet für dieses Einsatzspektrum das Modul Servicemanagement (CS), das die oben genannten Anforderungen erfüllt und die integrierte Abwicklung im Rahmen des Servicemanagements sicherstellt.

Kundeninformationssystem

Unabhängig davon, ob ein Unternehmen ein modernes CRM-System einsetzt oder nicht, sind im Zusammenhang mit den Kunden die Analyse der gesammelten Informationen und die Nutzung der gewonnenen Ergebnisse wichtige Punkte. Derartige Untersuchungen sind als analytisches CRM bekannt und werden in der Regel durch mächtige Data Warehouses unterstützt. In rudimentärer Form war es allerdings auch schon im R/3-System möglich, Analysen bzgl. des Kundenbestands bzw. der Verkaufsaktivitäten durchzuführen. Die dafür genutzte Komponente ist das Vertriebsinformationssystem. Dieses Werkzeug ermöglicht es, Daten aus der Vertriebsabwicklung zu sammeln, zu verdichten und schließlich auszuwerten. Eine Vielzahl an Kennzahlen erlaubt es darüber hinaus, Veränderungen im Marktgeschehen zu erkennen und gezielt darauf zu reagieren. Als Beispiele seien an dieser Stelle die Kundenpotenzialanalyse, die Kundenhistorie über das Kundenstammblatt und das Frühwarnsystem zur Erkennung von Ausnahmesituationen genannt.

Der Analyseumfang ist aber im Vergleich zu einem Data Warehouse beschränkt und auf einige wenige Dimensionen begrenzt. Aus diesem Grund wurde durch die SAP AG mit dem Business Information Warehouse ein Produkt im Rahmen der mySAP-Initiative entwickelt, das einen entsprechenden Business Content für den Vertrieb enthält und somit weitaus mehr Analysefunktionalität in diesem Bereich bietet.

Die bisherigen Ausführungen machen deutlich, dass das R/3-System sehr wohl Funktionalitäten bereitstellt, um im eigentlichen Sinn ein Customer Relationship Management zu implementieren, die Ausprägungen der (Teil-) Komponenten werden aber dennoch den Anforderungen an ein modernes CRM-System nicht gerecht, da wesentliche Elemente, wie die Bündelung aller Kontaktkanäle oder die gezielte und personalisierte Ansprache des Kunden, nur unzureichend unterstützt werden. Zudem ist die informationstechnische Unterstützung von mobilen Mitarbeitern, z. B. dem Außendienst oder dem Servicetechniker vor Ort, nicht in erforderlichem Umfang gegeben. Vor allem bezüglich der Offline-Verfügbarkeit und der Synchronisation von Informationen weist das R/3-System erhebliche Mängel auf, da der Zugriff stets über ein Online-System erfolgen muss.

SAP hat aus diesen Gründen mit mySAP CRM eine Lösungssuite entwickelt, welche die Anforderungen an ein integriertes CRM über die Abteilungsgrenzen hinweg erfüllt. Das folgende Kapitel zeigt die wichtigsten Neuentwicklungen sowohl aus technischer als auch aus betriebswirtschaftlicher bzw. funktionaler Sicht auf.

4.2 Was ist wirklich neu an mySAP CRM

Mit SAP CRM 2.0b gab die SAP AG 1999 ihr offizielles Debüt auf dem Markt für CRM-Systeme. Nach anfänglichen „Kinderkrankheiten" und eher rudimentär ausgeprägten Komponenten ist eine CRM-Suite mit den gleichen funktionalen Möglichkeiten entstanden, die auch die marktführenden Programme (z. B. Siebel Applications) enthalten.

Über das Grundkonzept sowie den Funktionsumfang von mySAP CRM wurden bereits zahlreiche Bücher veröffentlicht, auf Messen bzw. Tagungen Präsentationen dazu vorgestellt und unzählige Informationen über das Internet bereitgestellt, auf die an dieser Stelle lediglich verwiesen wird.[68] Aber was ist wirklich neu an mySAP CRM? Welche zählbaren Neuentwicklungen gibt es aus technischer, welche aus funktionaler Sicht? Die folgenden Kapitel skizzieren die wesentlichen Neue-

---

[68] u. a. www.sap.de/crm, [BUCK2004], [EMAT2001]

rungen, beschreiben Vorteile und zeigen den Nutzen der einzelnen Punkte auf.

4.2.1 Technische Entwicklungen

MySAP CRM ist auf Grundlage der Integrationsplattform SAP NetWeaver entwickelt. Der Anwender erhält mit der Installation des CRM-Systems automatisch die in SAP NetWeaver integrierten Funktionalitäten wie Portal, Collaboration, Business Intelligence und Stammdatenmanagement.

Für mySAP CRM von zentraler Bedeutung sind zum einen der CRM Server und zum anderen die integrierte CRM Middleware. Für eine ausführliche Beschreibung von SAP NetWeaver wird auf ergänzende Literatur verwiesen (z. B. [BUCK2004, S. 365–390]. Abbildung 4.1 zeigt einen Überblick über den CRM Server und das Zusammenspiel der einzelnen technischen Komponenten.[69]

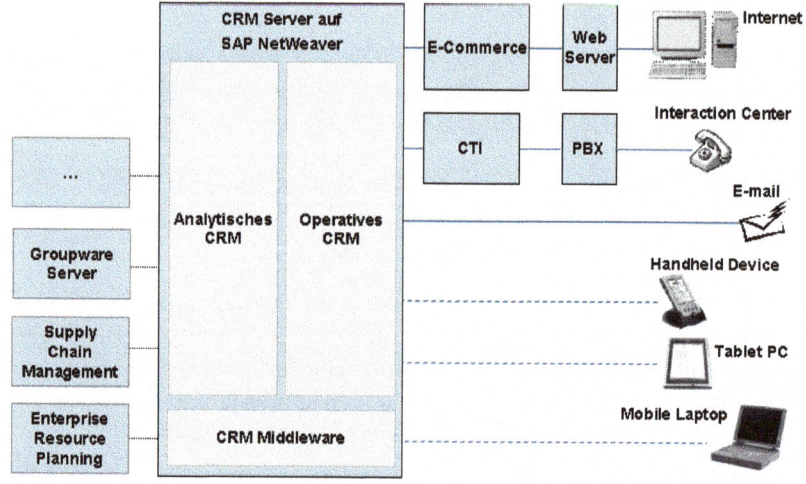

Abbildung 4.1: Integration SAP CRM Server

Im Folgenden werden die Aufgaben der für mySAP CRM spezifischen technischen Komponenten näher erläutert.

---

[69] in Anlehnung an [BUCK2004, S. 392]

Zum CRM Server gehören die zentralen Bereiche wie Marketing, Vertrieb und Service. Der Server wird je nach Anforderungs- und Integrationsprofil mit ERP-Systemen, Supplier-Relationship-Systemen oder Groupware-Servern gekoppelt. Basis des CRM-Servers ist der SAP-Applikation-Server.

CRM Server

Die CRM Middleware ist ein integraler Bestandteil von mySAP CRM und wird zusammen mit den CRM-Komponenten auf dem CRM-Server installiert. Sie ermöglicht den Datenaustausch zwischen dem zentralen CRM Server und anderen Systemen, wobei sowohl SAP- als auch Nicht-SAP-Systeme angebunden werden können.

CRM Middleware

Eine der Hauptaufgaben ist neben der Kommunikationssteuerung mit dem SAP R/3-Backend-System die Synchronisation der mobilen Clients. Diese Synchronisation (zwischen den Clients untereinander und mit der zentralen CRM-Datenbank) wird über die so genannte Consolidated Database (CDB) durchgeführt. In dieser Datenbank werden alle Informationen für die mobilen Clients in konsolidierter Form abgelegt und mit Hilfe von Publish-and-Subscribe-Mechanismen verteilt.

Die Mobile Engine unterstützt als plattformunabhängiges Runtime-System mobile Anwendungsszenarios. Somit können Geschäftsanwendungen auf vielen gängigen mobilen Geräten, z. B. Personal Digital Assistants und Laptops, offline ablaufen und bei Bedarf die Transaktionsdaten mit einem SAP- oder einem beliebigen Fremdsystem synchronisieren. Diese technische Komponente ermöglicht somit u. a. die integrierte Anbindung der Außendienstmitarbeiter und Servicetechniker vor Ort.

Mobile Engine

Die Unterstützung der mobilen Mitarbeiter des Unternehmens verlangt heute die Verfügbarkeit aller Informationen zur umfassenden Kundenbetreuung auch im Offline-Modus, d. h. ohne direkte Verbindung zu einem CRM-Online-System. Vor allem die Durchführung einer Produktkonfiguration mit dem Kunden und die individuelle Preisfindung für den Kunden außerhalb des Unternehmens war mit der R/3-Software ausschließlich durch einen direkten Zugriff auf das System, z. B. via Telefonleitung oder Internet, möglich.

SAP CRM bietet für diese zentralen betriebswirtschaftlichen Aufgabenstellungen den SAP Internet Pricing and Configurator (IPC). Er besteht aus der Sales Configuration Engine (SCE) und der Sales Pricing Engine (SPE), die beide als plattformunabhängige Lösungen konzipiert und deshalb in Java implementiert sind. Der IPC wird sowohl im mobilen Einsatz auf den Laptops der Außendienstmitarbeiter als auch im unternehmensinternen Kundenkontaktcenter zur interaktiven und unabhängigen Produktkonfiguration bzw. automatischen Preisfindung genutzt.

Internet Pricing and Configurator

Auf weitere technische Neuerungen wird an dieser Stelle nicht näher eingegangen, interessierte Leser werden auf die SAP Online Dokumentation bzw. andere Ausarbeitungen zu mySAP CRM verwiesen.[70]

4.2.2 Funktionale Besonderheiten

mySAP CRM unterstützt als erste Software der SAP AG das gesamte Kundenbeziehungsmanagement über alle Phasen des Customer Interaction Cycles hinweg. Dieser Lebenszyklus lässt sich in die folgenden Phasen einteilen[71]:

- Customer Engagement: Erkennen von potenziellen Kunden und deren Entwicklung zu Käufern,
- Business Transaction: Abschluss von Geschäftsvereinbarungen,
- Order Fulfillment: Auftragsabwicklung, d. h. Erfüllung der entstandenen Lieferverpflichtungen und Abrechnung der Leistungen und
- Customer Service: Bereitstellung von nachgelagerten Serviceleistungen.

Diese Phasen werden durch unterschiedliche betriebswirtschaftliche Themengebiete abgedeckt. Nachfolgend werden die Gebiete und deren Umsetzung in mySAP CRM beschrieben.

4.2.2.1 Marketing und Kundenakquisition

Im Mittelpunkt des Marketing steht nicht nur die Gewinnung von Neukunden durch klassische Informationsbereitstellung in Form von Broschüren, Werbespots, Messen usw. Vielmehr gilt es in diesem Bereich neben der Kundenakquisition auch die Weiterentwicklung und Vertiefung bestehender Beziehungen durch gezielte Maßnahmen zu fördern. Darüber hinaus spielt die Identifikation von chancenreichen Kunden bzw. Interessenten eine große Rolle. MySAP CRM unterstützt diese Bestrebungen und Aufgabenstellungen durch die Komponenten

- Kampagnenplanung und -durchführung,
- Lead-Management,
- Kundensegmentierung und
- Personalisierung.

Marketingkampagnen — Zur Unterstützung von Marketingkampagnen steht dem Anwender der Marketing Manager Workplace zur Verfügung. Mit Hilfe dieser Kompo-

---

[70] z. B. http://help.sap.com/, [BUCK2004]
[71] [BUCK2002, S. 59]

nente werden Marketingpläne gepflegt, terminiert und koordiniert. Eine wichtige Integrationsbeziehung besteht zwischen mySAP CRM und dem SAP Business Information Warehouse (BW). Eine Marketingkampagne wird automatisch im BW gespeichert, dies ermöglicht eine Kennzahlenplanung, z. B. durch die Gegenüberstellung der Plankosten und -erlöse. Die Istkostenerfassung zur genauen Kostenkontrolle wird durch die Replikation der Kampagne in das R/3-System in Form von PSP-Elementen des Projektmanagement-Moduls unterstützt. Die Kampagnen werden personalisiert und gezielt über verschiedene Kontaktkanäle durchgeführt. Je nach Kommunikationskanal erhält der Kunde eine E-Mail, ein Fax, eine SMS oder einen Brief in seiner bevorzugten Sprache.

Eine weitere Möglichkeit sind Telefonkampagnen. Dabei werden Anruflisten für die selektierten Ansprechpartner generiert und an die Mitarbeiter des Kundenkontakt-Centers weitergeleitet. Unterstützt wird diese Art der Marketingkampagne durch interaktive Skripts, die den genauen Ablauf bzw. Inhalt der Outbound Calls vorgeben und somit einen sicheren Umgang mit dem Kunden gewährleisten.

Die Außendienstmitarbeiter können im Rahmen des Mobile Sales ebenfalls in die Planung und Durchführung von Kampagnen einbezogen werden. Dabei werden die zentralen Kampagneninformationen auf die Laptops der Mitarbeiter repliziert und gleichzeitig einzelne Aktivitäten, z. B. für Kundenbesuche, erzeugt.

Direkte, gezielte und personalisierte Kundenansprache gewinnt in den Zeiten der Massenverfügbarkeit von Informationen mehr und mehr an Bedeutung. Der Marketingabteilung steht durch die neuen Möglichkeiten von Internet und Mobilfunk ein wesentlich breiteres Instrumentarium für die Ansprache der Kunden zur Verfügung. Webformulare und Clickstream-Analysen liefern präzise Informationen über das Verhalten der Kunden im Bereich des Internet Sales. Die Liste der Beispiele ließe sich an dieser Stelle beliebig fortsetzen; festzuhalten bleibt, dass der Übergang zu einer One-To-One-Marketing-Strategie nicht ohne die Segmentierung der Kunden vollzogen werden kann. Aus dem gesamten Kundenstamm werden Zielgruppen mit gleichen, verwertbaren Kriterien bzw. Merkmalen herausgefiltert und für diese gezielt Marketingaktivitäten geplant oder Produktangebote erstellt. SAP CRM unterstützt diese Segmentierung durch den Segment Builder. Im Rahmen der Marketingplanung werden über diese Komponente Merkmale und deren Ausprägung festgelegt, anhand derer die Zielgruppe aus der Datenbank selektiert wird. Die relevanten Merkmale können dabei aus verschiedenen Quellen, z. B. direkt aus dem Kundenstamm (Alter, Geschlecht), aus dem mySAP Marketing (eigens definierte Merkmale für eine Kam-

Personalisierung

pagne) oder aus dem SAP BW (veränderliche Daten wie Verkaufszahlen) stammen.

Die Personalisierung der Kundenansprache erfolgt in SAP CRM durch die Bereitstellung von Produktempfehlungen und E-Mails mit personalisiertem Inhalt. Letztendlich gehören zur Personalisierung natürlich auch die kundenindividuelle Preisgestaltung, Produktkonfiguration und Benutzeroberflächen, die hier nur am Rande erwähnt werden, da sie nicht originär im Bereich des Marketing angesiedelt sind.

4.2.2.2 Multichannel-Sales

Der Phase des Customer Engagements schließt sich die Abwicklung der Verkaufsaktivitäten an. Die klassischen Vertriebswege über Filialen, Außendienst oder Call Center werden zunehmend durch den Absatz von Produkten über das Internet (E-Selling) ergänzt. Der Verkauf weitet sich somit zu einem Multichannel-Bereich aus, der durch vollständig integrierte und kanalübergreifende Geschäftsprozesse gekennzeichnet ist.

SAP CRM unterstützt die integrierte Verkaufsabwicklung über die unterschiedlichen Kontaktkanäle durch folgende Szenarios:

- E-Selling,
- Mobile Sales,
- Tele Sales und
- Handheld-Verkaufsszenarios.

Entscheidend ist in diesem Zusammenhang, dass alle möglichen Kontaktkanäle synchronisiert sind, d. h. bei einem Wechsel des Interaktionsmediums treten keine Informationsverluste auf.

E-Selling

Mit Hilfe des E-Selling können Unternehmen mit ihren Geschäftspartnern elektronischen Handel über das Internet betreiben. Die beteiligten Akteure können dabei sowohl Endverbraucher im Sinne von Privatkunden als auch andere Unternehmen sein, zu denen eine enge Geschäftsbeziehung besteht. SAP CRM unterscheidet die Szenarios

- Business-to-Business (B2B),
- Business-to-Customer (B2C),
- Business-to-Marketplace (B2M) und
- Mobile Internet Sales.

Diese Szenarios unterscheiden sich hinsichtlich der Prozessabwicklung, des Shop-Designs, der Informationen, die auf einer Web-Seite angezeigt werden, sowie durch die Steuerung der Abfolge der Web-Seiten. SAP CRM Internet Sales bietet alle grundsätzlich notwendigen Funktionen, die zum Aufbau und zur Pflege eines integrierten Web-Shops notwendig sind.

Im Rahmen des Katalogmanagements können elektronische Produktkataloge aufgebaut und deren Inhalte definiert werden. Diese Kataloge werden in unterschiedlichen Bereichen verwendet. Zum einen dienen sie als Grundlage für den Web-Shop des Unternehmens. Darüber hinaus können elektronische Beschaffungslösungen direkt über eine standardisierte Schnittstelle auf den Produktkatalog zugreifen. Die Kataloginhalte können über einen XML-Export anderen Anwendungen zur Verfügung gestellt oder direkt an Geschäftspartner versendet werden.

SAP CRM unterstützt als zusätzlichen Vertriebskanal die Abwicklung von Web-Auktionen im Rahmen des E-Selling. Dabei wird der Preis eines Produkts interaktiv auf der Basis vordefinierter Regeln festgelegt. Auktionsregeln definieren das Bieteverfahren, die Gewinnerermittlung und den endgültigen Preis. *Web Auktionen*

Mobile Internet Sales ermöglicht die Durchführung von Einkaufsaktivitäten über ein WAP-fähiges Handy oder ein PDA-fähiges Frontend. Die Funktionsbreite und der Bedienkomfort sind dabei aufgrund der technischen Restriktionen eingeschränkt. *Mobile Sales*

Zur Unterstützung der Außendienstmitarbeiter bietet SAP CRM mobile Lösungskomponenten an, welche die notwendige Infrastruktur für ein Kundenmanagement liefert. Hauptziel der Mobile Sales-Komponente ist die Steigerung der Produktivität durch die Bereitstellung aller relevanten Informationen und eine benutzerfreundliche Arbeitsumgebung auf dem Laptop des Außendienstmitarbeiters. Der Funktionsumfang umfasst alle wesentlichen Bereiche im Aufgabenspektrum der Vertriebsmitarbeiter. Im einzelnen kann u. a. auf folgende Schlüsselfunktionen zugegriffen werden[72]:

- Geschäftpartnermanagement,
- Kontaktmanagement,
- Aktivitäten-Management (mit Kalenderintegration),
- Opportunity Management,
- Produktinformationen,
- Angebots- und Auftragsabwicklung,
- Preisfindung und Produktkonfiguration mit Hilfe des IPC,
- Marketingkampagnen und
- Kundenkontrakte.

---

[72] vgl. [BUCK2002, S. 198]

4 mySAP CRM – Von der Vertriebsunterstützung zum integrierten Kundenmanagement

Darüber hinaus steht dem Mitarbeiter ein Informationscenter zur Verfügung, über das mit Hilfe von Push-Diensten und Subskriptionen interne und externe Informationen genutzt werden können.

Die Datenkonsistenz wird durch die Integration der mobilen Anwendungen mit dem CRM-Online-System gewährleistet. Eine separate logische Datenbank auf dem CRM-Server verwaltet alle relevanten Informationen des Mobile Sales. Diese Datenbank dient neben der Datensicherung vor allem der intelligenten Verteilung von Informationen. Der Datenaustausch erfolgt über temporäre Online-Verbindungen zwischen dem CRM-System und der mobilen Komponente.

Tele Sales   Tele Sales umfasst grundsätzlich die beiden Szenarios Inbound- und Outbound-Tele Sales. Der Inbound-Tele Sales verarbeitet eingehende Telefonanrufe, der Outbound-Tele Sales bietet durch ausgehende Anrufe aktiv Produkte oder Dienstleistungen an ausgewählte Kunden an. Das Outbound-Szenario ist mit dem Telemarketing über die Generierung von Anruflisten verknüpft.

MySAP CRM unterstützt den Verkauf von Produkten über das Telefon durch die Interaction-Center-Lösung, die ein integraler Bestandteil des CRM-System ist.

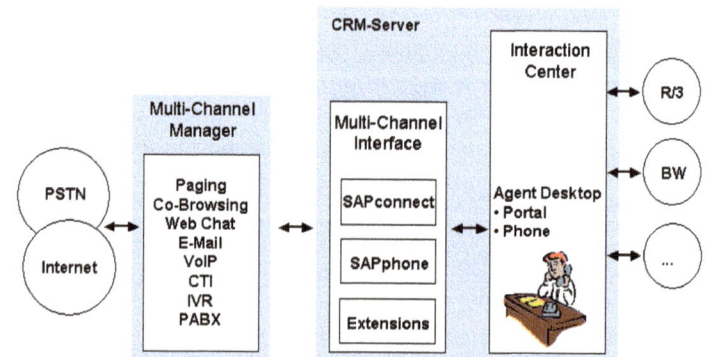

Abbildung 4.2: Multi-Channel-Schnittstellenarchitektur

Das Interaction Center (IC) ist die zentrale Komponente zur umfassenden Betreuung der Kunden über die verschiedenen Kontaktkanäle. Zu den Kanälen zählen neben dem Telefon auch E-Mail, Web Chats, Fax usw. Das IC bietet eine Multichannel-Kommunikationsplattform, die die Wahl des Mediums dem Kunden überlässt, ohne ihn in der Nutzung von Funktionalitäten oder Informationen einzuschränken. Die offene Schnittstellenarchitektur ermöglicht es, unterschiedliche Software-Lösungen direkt an die SAP-Lösung anzukoppeln und so beispielsweise eigene Oberflächenelemente in das SAP IC zu integrieren. Das Integrated Communication Interface (ICI) ermöglicht die Unterstützung externer CTI-Middleware-Produkte sowie Telefonie-Server und Telefonanlagen. Abbildung 4.2 zeigt schematisch den Aufbau der Multi-Channel-Schnittstellenarchitektur.[74]

Aus funktionaler Sicht bietet das IC eine browserbasierte Benutzeroberfläche, die individuell an die Bedürfnisse und Anforderungen des jeweiligen Mitarbeiters angepasst werden kann. Zudem garantiert die vollständige Integration mit den anderen Komponenten der CRM-Lösung den uneingeschränkten Zugriff auf alle Kundeninformationen und -geschäftstransaktionen. Zur Steigerung der Effektivität stehen zudem eine Reihe von typischen Telefoniefunktionen wie z. B. automatische Rufnummernerkennung, Direkt-Dialing, Voice-Response, Anrufverteilung etc. zur Verfügung.

Vertriebsbeauftragte können jeden Schritt innerhalb des gesamten Vertriebszyklus anhand von Handhelds online und offline anzeigen und aktualisieren. Unterstützt werden PDA- und WAP-Geräte (in Form von kleinen Mobiltelefonen und als Querformat-Geräte). Generell werden durch die Verkaufsszenarios die Bereiche

Handheld-Szenarios Vertrieb

- Opportunity Management,
- Aktivitäten-Management,
- Kundenauftragsmanagement und
- Geschäftspartnermanagement

unterstützt. Die Handheld-Szenarios sind lediglich eine Ergänzung der mobilen Komponenten im Bereich des Mobile Sales und ermöglichen vor allem einen schnellen und unabhängigen Zugriff auf die wichtigsten Informationen. Der Vorteil liegt im geringeren Implementierungs- und Wartungsaufwand sowie der schnellen Reaktionsfähigkeit am Ort der Entstehung.

4.2.2.3 Kundenservice

SAP trägt der großen Bedeutung des Kundenservice für den Aufbau langfristiger Kundenbeziehungen durch die Service-Komponente als

---

[74] in Anlehnung an [BUCK2002, S. 183]

integraler Bestandteil von mySAP CRM Rechnung. Diese Komponente deckt den gesamten Servicezyklus ab und unterstützt alle Phasen vom Erstkontakt über die Ausführung von Serviceleistungen und den Versand von Ersatzteilen bis hin zur Fakturierung.

Im Unterschied zur eher abwicklungsorientierten Unterstützung des Kundenservice im ERP- bzw. R/3-System liegt der Schwerpunkt in mySAP CRM auf der Unterstützung des Tele- und Mobile Service. Analog zu den Verkaufsszenarios bietet mySAP CRM auch im Bereich des Service Handheld-Szenarios für den Einsatz von Wireless-Geräten.

Tele Service

Die Aufgabenstellungen im Tele Service ähneln denen des Telefonverkaufs. Die Kontaktaufnahme durch den Kunden erfolgt auch in diesem Bereich auf frei wählbaren Kanälen. So können Serviceanfragen o. ä. über das Telefon, per E-Mail oder über ein Telefax an das Unternehmen herangetragen werden. In jedem dieser Fälle erwartet und verdient der Kunde die gleiche zuverlässige und schnelle Bearbeitung seines Problems. Aus technischer Sicht nutzt der Tele Service in mySAP CRM das Interaction Center, das auch im Bereich des Tele Sales als Multi-Channel-Kommunikationszentrale fungiert.

Mobile Service

Die Komponente Mobile Service basiert auf der gleichen technologischen Plattform, die auch im Bereich des Mobile Sales eingesetzt wird. Die beiden Komponenten greifen auf dieselben Informationen, wie z. B. Kundendaten, Produktinformationen usw., zu und ermöglichen somit die Nutzung von Synergieeffekten in diesen Bereichen. Eine wichtige Rolle spielt im Szenario des Mobile Service die effektive und effiziente Einsatzplanung der Servicetechniker. MySAP CRM bietet hierfür eine integrierte Einsatzplantafel im Rahmen des Workforce Managements an, die es dem Serviceleiter ermöglicht, auf Basis verschiedener Informationen (z. B. bestimmter Servicevereinbarungen mit dem Kunden), geografischer Gegebenheiten, Mitarbeiterverfügbarkeit oder Art der geforderten Serviceleistung anstehende Aufgaben an die zuständigen Servicetechniker zu verteilen. Die Anbindung mobiler Kommunikationsmedien, wie z. B. Pager, SMS, erlauben dabei eine schnelle und aktuelle Informationsweitergabe. Die Einsatzplanung kann manuell oder automatisch (z. B. durch einen Mitarbeiter im Customer Interaction Center) erfolgen.

Handheld-Szenarios Service

Hauptfokus der Handheld-Szenarios im Bereich des Kundenservice ist die Verwaltung der Einsätze, Abwesenheiten, Anwesenheiten, Rückmeldungen und Geschäftspartner. Technologische Grundlage ist die Standardarchitektur des mySAP Mobile Business.

4.2.2.4 Analytisches CRM

Bei dieser Komponente des CRM geht es um die Auswertung und Analyse der operativ gewonnenen Informationen. Diese werden gemeinsam mit Informationen aus anderen Systemen, z. B. dem ERP-System, aufbereitet, um den verschiedenen Abteilungen bzw. der Unternehmensleitung eine Übersicht der Leistungsfähigkeit in Marketing, Vertrieb oder Service zu geben und somit aktiv auf die vergangenen Geschäftsaktivitäten zu reagieren. MySAP CRM nutzt für die Erfüllung der Aufgaben des analytischen CRM in erster Linie das SAP BW, über standardisierte Schnittstellen ist aber auch die Verbindung zu anderen Analysewerkzeugen möglich. Dabei bündelt SAP BW alle relevanten Kundeninformationen aus unterschiedlichen Quellen mit Hilfe von Datenextraktoren und bietet eine Reihe von betriebswirtschaftlichen Methoden, Data-Mining-Techniken und Schnittstellen zu Fremdprodukten für alle Arten von Analysevorgängen an.

Analytisches CRM

4.2.2.5 Provisionen und Leistungsanreize

Variable Vergütungen wie Provisionen oder Leistungsanreize für Mitarbeiter und Partner können über die Komponente Incentive and Commission Management (CRM-ICM) verwaltet werden. Diese Arten der Vergütung sind als akzeptable und effektive Wege anerkannt, verkaufsbezogene Aktivitäten (durch Zahlung von Verkaufsprovisionen) über alle Kanäle hinweg zu beeinflussen. Darüber hinaus werden variable Vergütungen, z. B. in Form von Aktienoptionsprogrammen, immer öfter unternehmensweit angeboten. Die Lösung basiert auf der ICM-Engine, die in SAP R/3 Enterprise mit mySAP Financials integriert ist. Die ICM-Engine bietet mehrere offene Schnittstellen, unter anderem für die Eintreibung von Krediten und die Integration der Personalabrechnung. Das ICM läuft auf einem separaten System und ist über eine Schnittstelle mit dem CRM-System verbunden.

Provisionen und Leistungsanreize

4.2.2.6 Channel Management

SAP ermöglicht einem Anbieter durch das Channel Management seinen Partnern die gleichen Informationen und Systeme zur Verfügung zu stellen wie der eigenen Vertriebsorganisation und so nahtlose Übergänge zwischen den einzelnen Prozessen zu gewährleisten. Das Channel Management von SAP CRM deckt die folgenden Aufgabengebiete ab.[75]

Channel Management

---

[75] vgl. [BUCK2004, S. 289 ff.]

Partner Management und Analytics

Partner Management und Analytics

Das Partner Management ermöglicht die Verwaltung der Beziehung zu allen Vetriebspartnern während des gesamten Partner-Lebenszyklus. Dazu zählen beispielsweise die Planung und Kontrolle von Zielvereinbarungen, der direkte Zugang zu Schulungs- oder Zertifizierungsprogrammen sowie die Planung der verschiedenen Vertriebskanäle. Der Analysebereich umfasst eine Vielzahl an Auswertungen und Reports, die auch an die jeweiligen Partner weitergegeben werden können.

Channel Marketing

Channel Marketing

Im Rahmen des Channel Managements werden den Geschäftspartnern alle Informationen zu Verfügung gestellt, die für eine effiziente Verkaufsförderung benötigt werden. Über entsprechende Leistungsanreize werden die Partner zudem motiviert, vorrangig Produkte des eigenen Unternehmens zu verkaufen. Weitere Potenziale in diesem Bereich sind gemeinsames Lead und Knowledge Management sowie eine kollektive Kundensegmentierung mit den Partnern.

Channel Sales

Channel Sales

Der Bereich des Channel Sales beinhaltet Werkzeuge zur Unterstützung des indirekten Vertriebs. Ziel ist es, die Vertriebspartner mit den selben Informationen bzw. dem selben Expertenwissen auszustatten wie das eigene Vertriebspersonal. Die Geschäftspartner können online Angebote über Produkte und Serviceleistungen einholen bzw. direkt Bestellungen tätigen. Unterstützt wird zudem die Bestellung im Auftrag des Kunden (Order-on-Behalf).

Channel Service

Channel Service

Der Channel Service ermöglicht den Aufbau kontinuierlicher Servicebeziehungen zwischen den Partnern und Kunden durch die Bereitstellung von Werkzeugen und Fachwissen. Die Geschäftspartner werden, beispielsweise durch den Zugriff auf hausinterne Lösungsdatenbanken, aktiv bei der Endkundenbetreuung unterstützt.

Channel Commerce

Channel Commerce

Über den Channel Commerce werden die Vertriebspartner in die E-Commerce Strategie einbezogen. Die Geschäftspartner partizipieren dabei an einem Web-Shop, der vom eigenen Unternehmen betrieben wird. Neben der Weiterleitung von Kundenaufträgen an den durchführenden Partner wird auch eine gehostete Auftragsverwaltung unterstützt.

Deutlich wird die Effektivtätssteigerung des Channel Managements am Beispiel der partnerübergreifenden Leadverwaltung. Ein generierter Lead wird anhand von definierten Kriterien an den Geschäftspartner weitergeleitet, der am besten in der Lage ist, den potenziellen Kunden zu einem erfolgreichen Geschäftsabschluss zu bewegen. Somit wird sichergestellt, dass jeder Lead an den optimalen Partner gelangt.

4.2.3 Operatives CRM

Die vorangegangenen Ausführungen haben gezeigt, dass mySAP CRM alle Bereiche einer umfassenden CRM-Lösung abdeckt. Die eigentlichen Aufgabenstellungen in Form von Business Transaktionen werden durch verschiedene operative Komponenten unterstützt. Dazu zählen beispielsweise das

- Gebiets-,
- Aktivitäten-,
- Opportunity- und
- das Account Management.

Das Gebietsmanagement strukturiert die einzelnen Verantwortungsbereiche und regelt die Zuständigkeiten der Mitarbeiter bzgl. der Kundengruppen oder Produktlinien. In Verbindung mit dem SAP Business Workflow können so bestimmte Geschäftsaktivitäten bzw. Aufgaben automatisch weitergeleitet werden, um beispielsweise den Key Account Manager über einen generierten Lead zu informieren.

Gebietsmanagement

Über das Aktivitäten-Management ermöglicht mySAP CRM die Organisation der täglich anfallenden Aufgaben der Vertriebs- bzw. Servicemitarbeiter. Die Interaktionen mit einem Interessenten oder Geschäftspartner werden mittels Aktivitäten aufgezeichnet und dokumentieren die einzelnen Beziehungsphasen. Daneben können die Mitarbeiter über den integrierten Kalender geschäftliche oder private Termine verwalten und bei Bedarf mit Standardprogrammen, wie z. B. Microsoft Outlook oder Lotus Notes, synchronisieren.

Aktivitäten-Management

Im Rahmen des Opportunity Managements können alle potenziellen Möglichkeiten, Produkte oder Dienstleistungen zu verkaufen, dokumentiert werden. Die einzelnen Opportunities werden dabei entweder automatisch aus einem entsprechend qualifizierten Lead oder manuell durch den zuständigen Mitarbeiter (z. B. nach einem Messegespräch) generiert. Die uneingeschränkte Integration mit dem Aktivitäten-Management und dem SAP-Vertriebsassistenten ermöglicht die Abbil-

Opportunity Management

dung eines durchgängigen und einheitlichen Verkaufszyklus, der den Vertriebsmitarbeitern die notwendige Sicherheit in der Abwicklung von Geschäftsaktivitäten gibt.

Account Management Das Account Management wird in mySAP CRM durch die Geschäftspartnerverwaltung abgebildet. Der übergreifende Geschäftspartner ist das zentrale Element zur Ablage der Kundeninformationen. Bei Interaktionen mit einem Kunden stehen dem jeweiligen Mitarbeiter alle Informationen über den Geschäftspartner zur Verfügung. Die Daten beschränken sich dabei nicht auf abteilungsinterne Auskünfte, sondern umfassen alle Informationen, die den Kunden betreffen. Als Beispiele seien an dieser Stelle die Auftragshistorie, offene Serviceanfragen oder verschicktes Werbematerial genannt. Der Zugriff erfolgt entweder über die Einzelprogramme, wie z. B. das Interaction Center oder das Geschäftspartner-Cockpit.

People-Centric CRM SAP CRM unterstützt den personalisierten und selektiven Zugriff auf die für einen Mitarbeiter relevanten Informationen und Geschäftstransaktionen im Rahmen des People Centric CRM. Vordefinierte Rollen und die Portaltechnologie ermöglichen eine gezielte Informationsbeschaffung. Die Kernpunkte des People Centric CRM sind

- der zentrale Einstieg über das Mitarbeiterportal,
- einfach zu bedienende WEB-Oberflächen,
- Personalisierungsmöglichkeiten und
- die Drag- und Relate-Technologie.

Die Portaltechnologie erlaubt dabei auch den Zugriff auf Nicht-SAP-Systeme und externe Inhalte.

4.3 Organisatorische Voraussetzungen für eine CRM-Lösung

Der Entscheidungsprozess zur Einführung eines CRM-Systems beginnt bereits lange vor der Auswahl einer geeigneten Software. Mehr als bei anderen SAP-Produkten spielen die organisatorischen und unternehmenskulturellen Voraussetzungen eine sehr große Rolle für die erfolgreiche Implementierung. Im Folgenden werden die wichtigsten Punkte aus Sicht des Unternehmens und des Projektteams angesprochen und Hinweise auf die grundsätzlichen Erfolgsfaktoren gegeben. Die Ausführungen beziehen sich nicht zwingend auf die Einführung von SAP CRM, sondern beinhalten vielmehr allgemeine Hilfestellungen für die Ausrichtung eines Unternehmens auf den Kunden.

Change Management Die Einführung von CRM ist ein komplexer Prozess, der weit über das Implementieren einer passenden Software hinausgeht. Die Prozesse der betrieblichen Leistungserstellung werden durch die radikale Kundenorientierung aller Unternehmensbereiche gravierend und maßgeblich verändert. Nur die nahtlose Integration aller Abteilungen führt zu einem effektiven und für den Kunden spürbaren Customer Relationship Management. Eine der Grundvoraussetzungen ist daher ein aktives und umfassendes Changemanagement, das sowohl die Umsetzung neuer Organisationsformen, wie bspw. die Einführung eines Key-Account-Managements, die Produktivsetzung neuer Vertriebskanäle (z. B. den zusätzlichen Verkauf über den firmeneigenen Web-Shop) und die Neugestaltung der unternehmensinternen Prozesse als auch die Mitarbeiterschulungen und Kompetenzverteilung regelt.

Aus organisatorischer Sicht spielt zudem die Regelung der Zuständigkeiten und Zugriffsberechtigungen eine große Rolle. So wäre es beispielsweise falsch, nur der Unternehmensleitung und der IT-Abteilung Zugriffe auf die Daten aus dem Data Warehouse zu gewähren. In vielen Unternehmen dürfen nur Manager Reports anfordern bzw. selbst generieren. Die Informationen aus dem Data Warehouse dienen dem Management ohne Zweifel zur Unternehmenssteuerung, doch in geeigneter Form sind sie auch für Mitarbeiter in den Fachabteilungen wichtig. Zu einem CRM gehört es, dass alle Kundeninformationen für die Mitarbeiter transparent sind. So kann es z. B. für einen Supportmitarbeiter wichtig sein zu sehen, dass der Kunde regelmäßig große Aufträge bringt und somit eine beschleunigte Problemlösung vorzunehmen ist. Derartige Informationen sind nur mit einem übergreifenden Zugriffsmechanismus möglich, der über die Berechtigung zur Anzeige der Support-Historie hinausgeht. Nicht jeder darf Zugriff auf das Data Warehouse haben, aber jeder Mitarbeiter muss auf die Daten anderer Abteilungen zugreifen bzw. sich Reports erstellen lassen können.

Berechtigungskonzept

Es genügt nicht, ein Mission-Statement in Richtung Kundenorientierung zu definieren. Für kundenorientiertes Arbeiten müssen die technischen Voraussetzungen geschaffen und in Trainings vermittelt werden. Viele Möglichkeiten, die das CRM-System bietet, sind den Mitarbeitern entweder nicht bekannt oder nicht verständlich. Beispielsweise ermöglicht es das CRM-System zwar einem Kunden, seinen Auftrag über die Website zu platzieren, doch bei einer Rückfrage im Callcenter können die Mitarbeiter den Auftrag nicht finden, weil noch keine Synchronisation der Daten stattgefunden hat. Solche Vorkommnisse demotivieren die Mitarbeiter und verärgern die Kunden.

Training und Schulung

Die Initiative in Richtung CRM muss aktiv von der Unternehmensleitung ausgehen und von dieser unterstützt werden. Die Einführung eines CRM-Systems ist im Unterschied zu IT-Einführungsprojekten Chefsache, da wesentliche Geschäftsprozesse umgestellt werden müssen. Die Planung und Durchführung des Projekts über eine schwache Stabs-

Unterstützung durch die Unternehmensleitung

stelle (z. B. die IT-Abteilung) sorgt für Widerstände und Probleme in der Durchsetzung organisatorischer Anpassungen mit dem Ergebnis, dass das CRM-Projekt auf eine reine Einführung von IT-Systemen reduziert und wertvolles Potenzial nicht genutzt wird.

Rollout-Plan

Der Rollout-Plan einer CRM-Einführung sollte mit der Vision beginnen und dann auf die einzelnen Geschäftsprozesse und Fachbereiche heruntergebrochen werden (vom Großen zum Kleinen). ERP-Systeme werden in der Regel modulweise eingeführt. Dabei wurde bei ERP-Einführungen zunächst ein Modul in einem Land oder in einer Abteilung ausgerollt. Diese Vorgehensweise ist auf eine CRM-Einführung nicht übertragbar, da dort die Vision, wie und warum Kundenbindung realisiert werden soll, im Vordergrund steht. Die Eröffnung eines Onlineshops beispielsweise bedingt die Anpassung der gesamten Infrastruktur bzw. der übergreifenden Prozessgestaltung, da es sonst vorkommen kann, dass gut informierte Onlinekunden im Unternehmen anrufen und dort auf schlecht informierte Mitarbeiter treffen. Im umgekehrten Fall kann es sein, dass die Mitarbeiter bereits mit einer neuen Preisliste arbeiten, während im Onlineshop noch die Preise aus der vergangenen Periode angezeigt werden.

Kaufmännische Projektleitung

Die Projektleitung sollte sich nicht ausschließlich auf die technischen Aspekte der Implementierung konzentrieren. Ein CRM-Projekt benötigt sowohl eine technische als auch eine kaufmännische Leitung, die beide auch den Aspekt der Reorganisation berücksichtigen. Denkbar wäre die Einbindung eines Change Agent in den verschiedenen Projektteams, der mit einem Vetorecht gegenüber der Projektleitung ausgestattet ist. Dieser Change Agent sollte darüber informiert sein, welche Prozesse in anderen Fachbereichen umgestellt werden, und somit dafür sorgen, dass das Projektteam nicht die CRM-Aktivitäten im Gesamtunternehmen aus dem Blick verliert.

Technische Infrastruktur

Aus technischer Sicht ist es nicht immer sinnvoll, die vorhandene Infrastruktur beizubehalten. Vor der Anbindung von CRM-Komponenten durch aufwändige und teure Schnittstellenprogrammierung sollte analysiert werden, ob die vorhandene Infrastruktur überhaupt geeignet ist, die neuen Geschäftsprozesse abzubilden. CRM-Systeme vergrößern meistens die Zahl der Endanwender im Unternehmen, d. h. Hardware, Serverauslastung und Netzwerke müssen gegebenenfalls aufgestockt werden. Die Einführung des Web als Kommunikationskanal verlangt unter Umständen ein eigenes Hardware-Budget, ebenso setzt die Implementierung bzw. Installation eines Data Warehouse zusätzliche Investitionen in Hardware und Software voraus. Ein weiterer Aspekt ist, dass das vorhandene ERP-System, wenn es als zentraler Datenumschlagplatz für alle Anwendungen dienen soll, daraufhin überprüft werden muss, ob es die Auslastung verkraftet. Von all diesen Entscheidungen hängt es ab, ob die vorhandene IT-Infrastruktur beibehalten und ausgebaut werden kann oder ob ein neues ERP-System eingeführt werden muss. Denkbar wäre es, neben dem Change Agent, der für die Bereiche Reorganisation und Kommunikation verantwortlich ist, ein weiteres Projektmitglied für die Unternehmens-Infrastruktur abzustellen, welches die Entscheidungen im Projekt daraufhin überprüft, ob sie in die Infrastruktur passen.

Eine weitere Voraussetzung für die erfolgreiche Umsetzung des CRM ist, dass pro Kunde ein aktueller und für alle verfügbarer Stammsatz existiert. Dies führt vor allem in größeren Unternehmen zu Problemen, da selten ein und derselbe Kunde unter einer einzigen Kundennummer geführt wird. Datentechnisch gesehen steht der Kunde im Vordergrund. Eines der Grundprinzipien von CRM ist, dass dem Sachbearbeiter aus der Rechnungsabteilung, dem Agenten im Callcenter, dem Servicetechniker und der Urlaubsvertretung des Vertriebsleiters durch das System angezeigt wird, wie es um den Kunden steht, ohne dass der Kunde selbst in allen Unterlagen nach Nummern suchen muss. Ziel muss es sein, einen zentralen Stammsatz pro Kunde zu halten, an den die Bewegungsdaten und die abteilungsspezifischen Informationen angehängt werden (als verschiedene Sichten bzw. Rollen). Die Generierung eines einheitlichen Kundenstammsatzes aus verschiedenen Altsystemen darf nicht unterschätzt werden. In der Regel ist für derartige Migrationsaufgaben ein eigenes Teilprojekt im Rahmen der CRM-Einführung nötig. *Datenmigration*

Ein häufig vernachlässigter Bereich im Rahmen der Einführung von CRM ist das Vergütungssystem des Unternehmens. Kaum jemand kommt auf die Idee, dass die bisherigen Entlohnungssysteme nicht zu CRM passen, aber sie sind kontraproduktiv, blockieren in aller Regel die erfolgreiche Umsetzung von CRM-Konzepten und steuern – meist unbeabsichtigt – das Unternehmen in falsche Richtungen. Gängige Entlohnungssysteme sind für CRM untauglich, weil sie Widersprüche zum Kundenlebenszyklus-Konzept enthalten und andere Zielsetzungen verfolgen als die CRM-Philosophie. Die Belohnung individueller und isolierter Ziele stand bisher im Mittelpunkt vieler Konzepte, Unternehmenserfolge beruhen aber ganz wesentlich auf dem Zusammenspiel der Mitarbeiter. Mit der Einführung von CRM muss die Betrachtung, wie der Kunde den Prozess der Bestellung, Lieferung oder Reklamation im Unternehmen durchläuft, in den Mittelpunkt gerückt werden. Voraussetzung dazu ist Transparenz für alle Beteiligten. Sie müssen wissen, welchen Beitrag sie zu dem Gesamterfolg leisten. Das Ineinandergreifen der einzelnen Aktivitäten funktioniert nur, wenn statt des althergebrachten individuellen Leistungsanreizes der Teamerfolg gefördert wird. Das Gehaltssystem muss somit auf die Bedürfnisse und Anforderungen *Vergütungssystem* des CRM angepasst werden, um Anreize für die Mitarbeiter zur Steigerung der Kundenzufriedenheit zu schaffen.

4.4 Problemfelder bei der Einführung von SAP CRM

Auch wenn die organisatorischen Voraussetzungen, die im vorangegangenen Abschnitt skizziert wurden, erfüllt sind, gibt es verschiedene Problemfelder bei der Einführung. Dieser Abschnitt soll helfen, derartige Problemfelder bereits im Vorfeld zu identifizieren und durch geeignete Maßnahmen zu entschärfen. Die Problemfelder lassen sich grundsätzlich in die Kategorien Organisation und Technik einteilen, von denen die häufigsten im Folgenden näher betrachtet werden.

4.4.1 Organisatorische Problemfelder

Konsolidierung der Kundendaten

Die Konsolidierung der Kundendaten stellt eine der größten Herausforderungen dar. In der Regel liegen die Informationen über Kunden in vielen verschiedenen Systemen vor, denen jeweils eine eigene Datenbank zugrunde liegt. Hauptprobleme in diesem Zusammenhang sind die unterschiedliche Qualität der Daten, die heterogenen Speicherformate bzw. Datenbanksysteme sowie redundante oder widersprüchliche Informationen zu einem Geschäftspartner (z. B. alte Adressen, falsche Bankverbindungen). Neben den möglichen inkonsistenten Stammdaten ist die Zusammenführung der Bewegungsdaten, wie beispielsweise Aufträge, Lieferungen oder Rahmenverträge, für den Aufbau eines aussagekräftigen Kundendatenbestands eine der entscheidenden Aufgaben, die mit Hilfe eines geeigneten Konzepts bereits frühzeitig gelöst werden muss. Zu beachten ist außerdem, dass durch den Aufbau einer einheitlichen Kundendatenbank mehr Datenvolumen entsteht als bisher. Für eine Vielzahl an Datenquellen zur Speisung der Kundendatenbank muss eine Anbindung sowie eine Synchronisationsstrategie entwickelt werden.

Arbeiten mit verteilten Daten

Eine weitere Herausforderung stellt das Arbeiten mit den verteilten Informationen dar. Durch die technische Integration der Außendienstmitarbeiter bzw. Servicetechniker vor Ort in Verbindung mit der Umsetzung der CRM-Philosophie und kanalübergreifenden Informationsbereitstellung kommt der standardisierten und zeitnahen Datenerfassung eine zentrale Bedeutung zu. Die dafür notwendigen Kenntnisse, Vorgaben und Richtlinien müssen durch frühzeitige und umfassende Schulungsmaßnahmen vermittelt werden.

4.4.2 Technische Problemfelder

Zu den technischen Problemfeldern zählen neben den aus zahlreichen ERP-Einführungen bekannten Schwierigkeiten der Systemimplementierung, der Anforderungsspezifikation und des Customizing vor allem die Anbindung der unterschiedlichen Systeme. Beim Einsatz der CRM-Lösung der SAP AG müssen mehrere Einzelsysteme miteinander verknüpft und eine reibungslose Kommunikation bzw. Datenverteilung sichergestellt werden. Erfahrungen haben gezeigt, dass selbst in einer reinen SAP-Systemlandschaft (z. B. SAP CRM, SAP BW und SAP R/3) zum Teil sehr große Anstrengungen nötig sind, um die unterschiedlichen Systeme zu integrieren. SAP NetWeaver trägt in einer reinen SAP-Systemlandschaft wesentlich zur Vereinfachung der Integration bei. In der Praxis ist zudem häufig eine heterogene Systemansammlung vorzufinden. Die Anforderung der zentralen Informationssammlung bzw. -bereitstellung über die Systemgrenzen und Kommunikationskanäle hinweg verlangt die nahtlose Integration der beteiligten Systeme über standardisierte Schnittstellen. Umfassende Kenntnisse der Möglichkeiten und programmtechnischen Voraussetzungen sind in diesem Zusammenhang unabdingbar.

Integration der Systeme

Eine weitere technische Herausforderung ist die Datenübernahme bei der Einführung von SAP CRM. Vor allem die Übernahme der Organisationsstrukturen, Geschäftspartnerdaten, Konditionen und Produktinformationen aus dem R/3-System darf nicht unterschätzt werden, weshalb eine sehr genaue Analyse der notwendigen Einstellungen in beiden Systemen und der Qualität der gepflegten Daten im Backend sowie eine Abstimmung bestimmter Releasestände bzw. Patchlevel im Vorfeld nötig ist.

Datenübernahme aus dem ERP-System

Nicht trivial gestaltet sich darüber hinaus die Installation der mobilen Clients bei der Einführung der Szenarios Field Sales und Field Service. Hier sind versierte Systemadministratoren gefragt, die viel Erfahrung und bisweilen auch viel Geduld mitbringen.

Mobile Clients

4.5 Was fehlt noch?

Die Frage nach den Defiziten der derzeitigen CRM-Lösung der SAP AG ist weniger eine Frage der funktionalen Lücken, als vielmehr eine Analyse des Reifegrades auf der einen und des tatsächlichen Nutzenpotenzials für die Anwender auf der anderen Seite. SAP muss sich sowohl aus technischer und funktionaler als auch aus Benutzersicht an den führenden Produkten in diesem Marktsegment messen lassen. Die CRM-Suite des Marktführers Siebel gilt dabei als Benchmark.

4 mySAP CRM – Von der Vertriebsunterstützung zum integrierten Kundenmanagement

SAP CRM ist erst mit der Version 3.0 ein ernst zu nehmendes Konkurrenzprodukt für die bestehenden Lösungen im Bereich des Kundenbeziehungsmanagements. Die Vorteile liegen dabei vor allem in der nahtlosen Integration der einzelnen SAP-Komponenten sowie der Integration der SAP Backend-Lösung. Der Funktionsumfang deckt sich weitestgehend mit den führenden Produkten anderer Anbieter, so dass die Unterschiede überwiegend in den Bereichen Technologie, Bedienbarkeit und Branchenabdeckung liegen. Natürlich fehlen auch aus funktionaler Sicht in manchen Komponenten bzw. Modulen einzelne Bausteine wie zum Beispiel die Übernahme von Kontrakten aus dem R/3-System oder der Austausch von Attachments zwischen dem CRM-Online-System und dem Mobile Sales, diese werden aber sukzessive in den nächsten Versionen ergänzt, so dass die funktionale Lücke zu den Wettbewerbsprodukten geringer wird.

Die Schwachpunkte der SAP-Lösung und damit zugleich die Antwort auf die Ausgangsfrage dieses Kapitels lassen sich in den Punkten Erfahrungsberichte, Benutzerfreundlichkeit und Branchenabdeckung zusammenfassen.

Erfahrungsberichte SAP CRM ist ein sehr junges Produkt in seinem Marktsegment. Der größte Teil der Einführungsprojekte befindet sich noch in einem Anfangsstadium. Es gibt nur sehr wenige Unternehmen, die flächendeckend SAP CRM eingeführt haben bzw. einsetzen. Die meisten Einführungen waren bislang lediglich Teilbereiche und Einzelszenarios wie beispielsweise das Internet Sales oder der Field Service. Hinzu kommt, dass viele Beratungs- bzw. Systemhäuser erst intern SAP CRM eingeführt haben, um Erfahrungen zu sammeln und diese entsprechend in Kundenprojekten einbringen zu können. Somit sind umfangreiche Praxiseinsätze in Unternehmen selten. Auf Seiten der Wettbewerber dagegen liegt eine Vielzahl an Projekterfahrungen vor. Diese Lücke gilt es zukünftig durch erfolgreiche Implementierungen zu schließen. Dabei wird vor allem die Integration der heterogenen Systemlandschaften in den Unternehmen zeigen, ob die neue mySAP-Technologie tatsächlich eine offene Plattform bietet, die unterschiedliche Systeme anbinden und integrieren kann.

Benutzerfreundlichkeit Siebel setzt mit seiner CRM-Suite vor allem im Hinblick auf die Benutzerfreundlichkeit Maßstäbe im Bereich der CRM-Systeme. Die intuitive Bedienbarkeit in Verbindung mit der transparenten Aufbereitung der Informationen wird durch SAP CRM nicht erreicht. Vor allem der schnelle und leichte Zugriff auf die benötigten Informationen wird nicht gewährleistet. Dieses Manko ist aus dem R/3-Umfeld bereits bekannt und hat aus Sicht der Anwender auch für das CRM-System Bestand. Die Lösung von SAP in diesem Bereich ist das People Centric

User Interface, das zukünftig die Oberflächenkonfiguration und -personalisierung ermöglicht. Inwieweit sich dadurch die bekannten Probleme lösen lassen, müssen konkret umgesetzte Lösungen zeigen.

Ein weiteres Problemfeld aus Sicht der Anwender stellen die Komplexität und die damit verbundenen Schwierigkeiten bei der Implementierung dar. Dieser Umstand ist ebenfalls bereits aus der ERP-Welt bekannt und wurde dort durch eine Vielzahl an nützlichen Unterstützungswerkzeugen, z. B. ValueSAP, LIVE Tools u. a., gemindert. Für SAP CRM müssen diese Werkzeuge erweitert bzw. modifiziert und dann in Praxiseinsätzen sukzessive verbessert werden. Dabei kann auf einen relativ großen Erfahrungsschatz aus der ERP-Welt zurückgegriffen werden, was die Entwicklungen sicherlich erheblich beschleunigt.

Komplexität

Branchenspezifische Anforderungen müssen beim Aufbau individualisierter Kundenbeziehungen berücksichtigt werden. Generische Ansätze ergänzen in der Regel lediglich industrieorientierte Oberflächen, so bietet beispielsweise SAP im Bereich Mobile Sales Branchenschablonen an, die spezifische Ausprägungen einzelner Segmente (z. B. Pharmazie, High-Tech-Sektor) berücksichtigen. Die Industrielösungen der SAP, z. B. IS Utilities, decken die spezifischen Anforderungen aus Sicht der Geschäftsprozesse ab, eine Integration in das bestehende CRM-System befindet sich aber erst im Aufbau bzw. in einem Reifeprozess. Auch in diesem Bereich fehlen Erfahrungsberichte und Referenzprojekte, die nützliche Hinweise auf Problemstellungen und deren Lösungsansätze bieten könnten. Aktuelle Entwicklungen sollen aber genau diese Lücke schließen und funktionale Unterstützung industriespezifischer Geschäftsszenarios bieten (vgl. [EMDEN2004]).

Branchenabdeckung

4.6 ... und was können die Mitbewerber?

Der Markt für Anbieter von CRM-Lösungen ist sehr heterogen, neben kleineren Software-Herstellern, die vorwiegend Spezialprogramme für Teilgebiete des CRM entwickeln und vertreiben, bieten große Software-Häuser ein umfassendes Portfolio für das CRM an. Zum besseren Verständnis werden die Lösungen zunächst gruppiert und beispielhaft einige Anbieter aus dem jeweiligen Marktsegment aufgeführt.

Der Markt für CRM-Software lässt sich im Wesentlichen in drei Teilbereiche differenzieren.

CRM-Markt

- Operatives oder operationales CRM
  Operationales CRM unterstützt vor allem Vertriebs-, Marketing- und Serviceautomation. Es beinhaltet als Funktionen eine zentrale Kundendatenbank für das Berichtswesen mit Informationen und Kontakthistorien von Kunden, Angebotserstellung,

- Opportunity-Management, Auftragserfassung sowie eine Vertriebssteuerung.
- Analytisches CRM
  Analytisches CRM bietet die Auswertung der vorhandenen Daten. CRM-Lösungen in diesem Bereich setzen auf Data-Warehouse-Technologien auf. Kundenspezifische Informationen aus den operativen Systemen werden gesammelt, aufbereitet und verdichtet. Aus einer solchen Datenbasis heraus lassen sich beispielsweise Statistiken oder Reports generieren, die dann wiederum Entscheidungsgrundlagen für die künftige Kundenbetreuung und das Management liefern. Die gespeicherten Vorgänge dienen primär der Definition von Zielgruppen und Marktpotenzialen.
- Unternehmensübergreifendes oder interaktives CRM
  Diese CRM-Lösungen umfassen vor allem die Kommunikationslösungen wie E-Mail, Fax, Internet/E-Commerce und CTI, die eine direkte Interaktion zwischen Kunden und Unternehmen ermöglichen sollen. Diese umfasst das Herstellen der kooperativen Partnernetze (z. B. Teilnehmer, Portale), das Management von Kunden-Abhängigkeiten (z. B. E-Mail, Web) und Channel-Strategien, die eine gleichbleibende Zusammenarbeit zwischen Kunden und Unternehmen garantieren.

Kleinere Software-Schmieden entwickeln meistens Spezialprogramme in einem der Bereiche. Dem ganzheitlichen Ansatz von CRM wird bei diesem Best-of-breed-Ansatz durch offene Schnittstellen Rechnung getragen. Die Produkte zeichnen sich in der Regel durch eine hohe Benutzerfreundlichkeit und große Flexibilität aus.

Das Management der Kundenbeziehungen ist aufgrund des hohen Integrationsgrades ein komplexer Prozess. Die Software-technische Unterstützung verlangt in diesem Umfeld eine intelligente Kombination verschiedener Produkte. Zur Reduktion des Integrationsaufwands bieten große Software-Häuser zunehmend ganzheitliche Lösungen an. Anbieter klassischer operativer CRM-Software ergänzen ihre Produktpalette um Analysewerkzeuge. Auf der anderen Seite entwickeln sich Anbieter aus dem Analyse- oder Web-Bereich in Richtung operatives CRM (z. B. E.piphany[76]). Auf ähnliche Weise weiten klassische Anbieter von Call-Center-Lösungen ihr Produktangebot aus und bieten integrierte Lösungspakete für das CRM an (z. B. Avaya[77]). Diese Entwicklungen gehen einher mit einer Reihe von Firmenübernahmen bzw. -zusammen-

---

[76] www.epiphany.com
[77] www.avaya.com

schlüssen. Die größten Anbieter im Bereich kompletter CRM-Suiten sind neben der SAP AG Siebel Systems Inc.[78] und Oracle Corporation[79], die im Folgenden näher betrachtet werden.

SIEBEL SYSTEMS www.siebel.com

Der 1993 gegründete Software-Hersteller Siebel System Inc. aus San Francisco/Kalifornien gilt weltweit als Marktführer im Bereich der kompletten CRM-Lösungen. Mit über 5.000 Mitarbeitern in mehr als 30 Ländern zählt Siebel zu den größten Anbietern für moderne E-Business-Software.[80]

Siebel Systems Inc.

Das Produktportfolio von Siebel umfasst folgende Komponenten:
- Marketing, Sales und Service als klassische CRM-Bestandteile,
- Interactive Selling (E-Selling),
- Partner und Employee Relationship Management sowie
- Analytics (Analytisches CRM).

Daneben bietet Siebel CRM-Programme für kleine und mittlere Unternehmen mit einem reduzierten Funktionsumfang an (Siebel MidMarket). Zudem werden einzelne Industriezweige, z. B. Öffentliche Verwaltung, Versorgungsindustrie, Versicherungen, durch angepasste Branchenlösungen mit zusätzlichen Funktionalitäten unterstützt (Siebel Industry Applications).

Die Siebel-Applikationen zeichnen sich vor allem durch hohe Flexibilität und Benutzerfreundlichkeit aus. Die Bedienung ist weitgehend intuitiv und wird dem Anwender beispielsweise durch die vom Web-Browser bekannten Vor- und Zurück-Buttons erleichtert.

Ein erheblicher Nachteil der Siebel-Applikationen vor allem für den deutschen Markt ist, dass die Software nur in englischer Sprache ausgeliefert wird, was sich gerade bei eventuell auftretenden Fehlermeldungen als sehr störend auswirkt. Ebenso werden die Adressen im US-typischen Format erfasst bzw. verwaltet, was trotz optionaler Eingabefelder wie „State" verwirrend ist. SAP hat dies beispielsweise durch eine flexible Felderdefinition und die lückenlose Mehrsprachigkeit gelöst, was die Akzeptanz bei den Anwendern sicherlich erhöht.

---

[78] www.siebel.com
[79] www.oracle.com
[80] Stand Januar 2004

ORACLE www.oracle.com

Oracle

In der Oracle E-Business Suite, einem Set aus verschiedenen Internet-fähigen Software-Produkten[81], ist eine umfassende CRM-Lösung enthalten.

Die E-Business Suite von Oracle deckt alle Bereiche des CRM (operatives, kooperatives und analytisches CRM) ab. Schwachpunkte der Oracle-Lösung sind derzeit noch der Leistungsumfang der Marketing- und Verkaufsapplikationen. Oracle wird in Fachkreisen häufig wegen der mangelnden Flexibilität und der hohen Kosten kritisiert.

NAVISION www.navision.com

Navision

Durch die Übernahme von Navision verstärkte Microsoft seine Anstrengungen im Bereich der Unternehmenssoftware und entwickelt sich auch auf dem CRM-Markt zu einem ernst zu nehmenden Wettbewerber.

Das CRM-Modul der Navision-Lösung unterstützt neben dem Kundenkontaktmanagement die Marketingplanung und -durchführung, das Telefonmarketing sowie das Verkaufsmanagement. Im Sinne der Multichannelunterstützung bietet Navision daneben unter dem Modulnamen Commerce-Portal eine Webanwendung für den Vertrieb von Produkten und Dienstleistungen an.

Da alle Module der Navision-Lösung auf einer gemeinsamen Datenbank basieren, können Kunden- und Produktdaten applikationsübergreifend genutzt und verarbeitet werden. Der Funktionsumfang des CRM-Moduls deckt alle gängigen Anforderungen an ein modernes Kundenmanagementsystem ab.

Schwachpunkt des Lösungsangebots ist die Unterstützung mobiler Einsatzszenarios. Die engen Kooperationen mit Entwicklungs- und Implementierungspartnern schließen allerdings diese Lücken über zusätzliche Produkte.

---

[81] Die E-Business Suite umfasst u. a. die Bereiche Business Intelligence, Finance, Human Resources und Project Management.

MICROSOFT www.microsoft.de

Neben den Business-Lösungen „Microsoft Business Solution Navision" und „Microsoft Business Solution Axapta" bietet Microsoft eine eigene Software für den Bereich des Kundenmanagements an.

Microsoft

Microsoft CRM richtet sich vor allem an mittelständische Unternehmen, die eine in die Microsoft-Arbeitsumgebung integrierte CRM-Software benötigen, ohne dafür ein komplettes ERP-System beziehen zu müssen. Das Vertriebsmodul unterstützt alle Stufen des Verkaufszyklus, von Leads und Verkaufschancen über Angebote und Aufträge bis zur Kundenentwicklung. Daneben ermöglicht das Servicemodul die Abwicklung von Serviceanforderungen. Anpassbare Workflowregeln ermöglichen eine Steuerung der unternehmensinternen Vertriebs- und Serviceabläufe. Eine Berichtskomponente erlaubt die Auswertung der Vertriebs- und Serviceaktivitäten sowie die Verwaltung von Planzahlen und Prognosen.

Der große Vorteil liegt in der intuitiven Bedienbarkeit des Systems, da das sogenannte Look-And-Feel streng an den bekannten Officeprodukten (z. B. MS Outlook) ausgerichtet wurde.

Microsoft CRM ist auf .NET-Technologien basierend entwickelt und erlaubt eine einfache Integration mit anderen Programmen von Microsoft sowie Systemen von Drittanbietern und Web-Services.

Microsoft CRM ist noch ein sehr junges Produkt und wird erst mit späteren Versionen als ernstzunehmendes Wettbewerbsprodukt etabliert werden können. Besonders der eingeschränkte Funktionsumfang, z. B. im Hinblick auf das Marketing oder die Telefonintegration, und die rudimentären Anpassungsmöglichkeiten verhindern einen professionellen Einsatz.

4.7 Informationen und Verweise

Weiterführende Links:

Aktuelle Informationen bei SAP unter:
   http://www.sap.com/germany/solutions/crm

Allgemeine Informationen, Grundlagen, Studien, Artikel und Literaturhinweise unter:
   http://www.competence-site.de/crm.nsf
   http://www.competence-site.net/standardsoftware.nsf

Informationsmöglichkeiten über Customer Relationship Management unter:
http://www.acquisa.de
http://www.crmforum.de

Studien, Vorträge und Artikel der IBIS Prof. Thome AG sind zu finden unter:
http://www.ibisness.de/themen

Literaturverzeichnis:

EMAT2001	Ematinger, R. et al: Internet Selling - Integrierte Online-Verkaufslösungen mit SAP. SAP PRESS, Galileo Press GmbH, Bonn 2001.
BUCK2002	Buck-Emden, R. (Hrsg.): mySAP CRM – Geschäftserfolg mit dem neuen Kundenbeziehungsmanagement. SAP PRESS, Galileo Press GmbH, Bonn 2002.
BUCK2004	Buck-Emden, R. (Hrsg.), Peter Zenke: mySAP CRM – Kundenbezogene Geschäftsprozesse mit SAP CRM 4.0. SAP PRESS, Galileo Press GmbH, Bonn 2004.
EMDEN2004	Buck-Emden, R., Böder J. (Hrsg): mySAP CRM in Branchen, SAP PRESS, Galileo, Bonn 2004.

5 mySAP SRM – Der Einkauf wird zur Querschnittsfunktion

Gerald Brosch

Von der elektronischen Beschaffung versprechen sich die Unternehmen großes Verbesserungspotenzial. Während Investitionen im Bereich E-Business nach der Jahrtausendwende heruntergefahren wurden, steht E-Procurement auf der Prioritätenliste deutscher Unternehmen an vorderer Stelle. Der Einsatz von E-Procurement-Systemen soll Unternehmen laut Argumentation der Software-Anbieter zahlreiche Vorteile bieten wie die Senkung der Bestellprozesskosten, die Konsolidierung des eigenen Einkaufsvolumens, die Dezentralisierung der Bestellungen und die Entlastung des zentralen Einkaufs von operativen Tätigkeiten. In diversen Veröffentlichungen wird immer wieder versucht, den Nutzen für ein Unternehmen nachzuweisen. Vielen dieser Darstellungen ist gemeinsam, dass sie „Rosinen picken" und nicht nachvollziehbar sind.

5.1 Mehr als nur die Beschaffung von Bleistiften?

Im Bereich der Beschaffung von Materialien für die Produktion stehen vielfältige Planungs- und Steuerungsinstrumente in ERP-Systemen zur Verfügung. Die Beschaffungsprozesse fertigungsunabhängiger Waren und Dienstleistungen wurden informationstechnisch lange Zeit vernachlässigt. Funktionen wie automatische Preis- und Verfügbarkeitsprüfungen, Produktvergleiche und Lieferantenauswahl waren nur mit Hilfe von Telefon, Fax oder Post möglich. Hoher manueller Aufwand und papierbasierte Vorgänge resultierten in zeitraubenden Prozessen und hohen Transaktionskosten.

Diese so genannten MRO-Güter (Maintenance, Repair and Operations; Bezeichnung für Materialien und Dienstleistungen aus den Bereichen Instandhaltung, Reparatur und operatives Geschäft) gehen, im Gegensatz zu direkten Materialien, nicht unmittelbar in die zu fertigenden Erzeugnisse ein. Verzögerungen bei der Anlieferung dieser Güter führen nicht zwangsweise zu einem Stillstand des Produktionsprozesses. Sie sind daher nur von untergeordneter strategischer Bedeutung.

5.1.1 Beschaffung im R/3-System

Obwohl die meisten Beschaffungsfunktionalitäten für diese Artikel und Dienstleistungen im R/3-System abgebildet sind, offenbaren sie deutliche Schwächen und Defizite, die durch spezielle E-Procurement-Software vermieden werden können.

ERP-Systeme sind in der Mächtigkeit ihrer Beschaffungsfunktionen eher für den versierten Einkäufer und weniger für den gelegentlichen Benutzer ausgelegt. Die aufwändigen Eingaben setzen ein großes Maß an EDV-technischen und buchhalterischen Kenntnissen voraus. Die Existenz verschiedener Eingabemasken – je nachdem ob es sich um die Reservierung von Lagermaterial, eine Direktbestellung oder eine Bestellanforderung an den Einkauf handelt – verkompliziert das Prozedere noch zusätzlich. Weil die Bedarfe für MRO-Materialien jedoch meist dezentral entstehen, führen Medienbrüche, häufige Rückfragen der administrativen Abteilungen, unklare Beschaffungswege und unmotiviertes Beschaffungsverhalten zu hohen Prozesskosten. Manuell erfasste Bedarfsbelege werden häufig aufwändigen Genehmigungsverfahren unterzogen. Oft existieren für dieselben Waren und Dienstleistungen mehrfache Lieferquellen, was standardisierte Kommunikationsprozesse oder Rahmenverträge mit einzelnen Lieferanten verhindert. Im Rahmen der Materialstammdatenpflege werden oft gleiche Artikel von verschiedenen Lieferanten mehrfach angelegt, da jeder Lieferant eigene Artikelnummern führt.

Aufgrund dessen erfolgt die Beschaffung von indirekten Gütern meist in nicht-standardisierter Form mittels papierbasierter Kataloge und konventioneller Kommunikationsmethoden wie Telefon oder Fax. Die Bestellvorgänge gestalten sich aufgrund ihres Einzelfallcharakters aufwändig und langwierig, wobei die Kosten für die Beschaffung selbst oftmals höher sind als der Wert des zu beschaffenden Gutes.

5.1.2 E-Procurement-Lösungen der SAP

Zwei Unternehmen – ein Produkt?

Ähnlich wie bei der Entwicklung der Marktplatzlösung „Market Set" schloss sich die SAP bei der Entwicklung ihrer E-Procurement-Lösung mit Commerce One zusammen. Vorübergehend in das Tochterunternehmen SAP Markets ausgelagert, wurde die Weiterentwicklung und Versionierung des Produktes inzwischen wieder in die SAP integriert.

Vom EBP zum SRM

Im Unterschied zur Marktplatzlösung, bei der die Entwicklung von Commerce One übernommen und die eigene verworfen wurde, werden jedoch die beiden Procurement-Lösungen von SAP und Commerce One weiterhin vermarktet. So gibt es das Beschaffungssystem Enterprise Buyer in einer Professional und einer Desktop Edition. Im Gegensatz zum gemeinsamen Produktnamen sind die beiden Produkte technisch gesehen völlig eigenständige Lösungen. Die Desktop Edition des Enterprise Buyer, eine neue Version des Produktes BuySite von Commerce One, ist auf Basis der COM-Technologie (Component Object

Model) von Microsoft realisiert und in C++ und Visual Basic programmiert. Die Professional Edition ist die Weiterentwicklung der SAP-Komponente Business to Business Procurement (BBP) und nutzt mit ABAP/4 die eigene proprietäre Programmiersprache und SAP R/3-Basistechnologien.

Abbildung 5.1: Funktionsvergleich Enterprise Buyer Professional (EBP) mit der Desktop Version

Vom Funktionsumfang gesehen ist der Enterprise Buyer Professional Edition (EBP) eine Übermenge der Desktop Version (EBD).

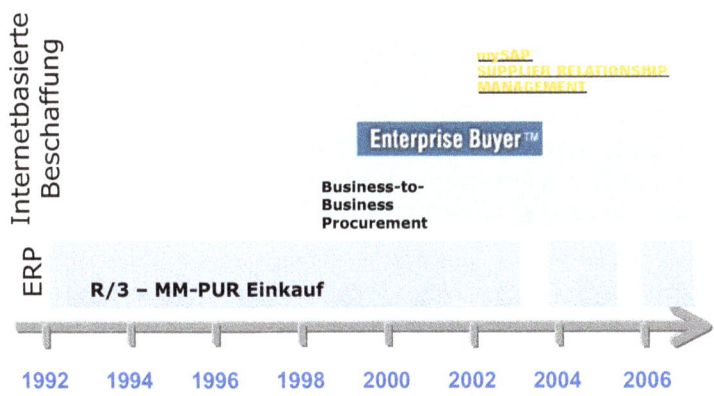

Abbildung 5.2: Entwicklung von der Materialwirtschaft in R/3 bis zum mySAP Supplier Relationship Management

Beim daraus entstandenen mySAP Supplier Relationship Management (mySAP SRM) spricht die SAP nicht mehr von einem konkreten Produkt, sondern von einer Lösung, die mehrere Komponenten beinhaltet. Den Hauptbestandteil bildet immer noch der EBP, dieser kann je nach Bedarf um verschiedene Komponten ausgebaut werden.

Der erste und wichtigste Ansatzpunkt der neuen Technologie liegt in der Verlagerung des Einkaufs vor allem indirekter Materialien und Dienstleistungen auf Web-basierte Beschaffungsprozesse. Welche Funktionalitäten durch die neue Lösung abgelöst werden und was die Integrationsprozesse und -beziehungen sind, wird im Folgenden dargestellt.

Produktkatalog

Elektronische Produktkataloge bilden die Basis eines jeden E-Procurement-Systems. Über diese werden die Waren und Dienstleistungen der Anbieter präsentiert und Käufer können darin nach geeigneten Artikeln suchen. Durch die zentrale Bereitstellung eines Kataloges wird intern eine Kontrolle des Einkaufsverhaltens im Bereich von Standardartikeln und damit die Durchsetzung von produkt- und prozessbezogenen Standards im Beschaffungsbereich realisierbar. Extern entsteht die Möglichkeit, die Beschaffung unternehmensweit auf bestimmte Lieferanten zu konzentrieren und Skaleneffekte zu realisieren.

Im EBP werden die marktüblichen Katalogszenarios unterstützt. Für die Erstellung eigener Kataloge werden sowohl Werkzeuge für das Contentmanagement als auch eine eigene Kataloglösung mitgeliefert. Damit können beispielsweise Materialien oder Leistungsstämme aus einem oder mehreren ERP-Backend-Systemen repliziert werden, um bei Bestellungen eigene Lagerbestände abzurufen.

Eine offene Katalogschnittstelle erlaubt den Zugriff auf beliebige Kataloge, die von den Lieferanten selbst im Internet veröffentlicht werden oder auf Multi-Supplier-Kataloge von Marktplätzen oder Content Brokern. Content Broker sind Dienstleistungsunternehmen, die nichtstandardisierte Daten von mehreren Lieferanten erhalten und in einen gemeinsamen Katalog integrieren.

Web-Oberfläche

Anstatt ein Formular auszufüllen und weiterzuleiten kann der Mitarbeiter über eine anwenderfreundliche Web-Oberfläche seine Bedarfsanforderung bzw. seinen Einkaufskorb selbst erfassen. Er kann dabei auf die Produktkataloge online zugreifen oder unstrukturierte Artikelanfragen erfassen. Über parametrische Suchfunktionen können bestimmte Artikel schnell und effizient gesucht werden. Falls der Kataloganbieter die entsprechenden Informationen liefert, ist es möglich, Preis- und Verfügbarkeitsinformationen in Echtzeit abzurufen. Um Einkäufe, die wiederholt auftreten, zügiger und einfacher abzuwickeln, können vorkonfigurierte Standardvorlagen genutzt werden.

Workflow

Mit Hilfe einer Workflow-Komponente werden Genehmigungsverfahren flexibel abgebildet. So kann beispielsweise für Beschaffungen mit geringem Wert keine Genehmigung vorgesehen werden, für Beschaffungen ab einem bestimmten Wert hingegen festgelegt werden, dass ein Vorgesetzter sie genehmigen muss. Dabei stehen auch Workflow-Funktionen wie Vertreter und Terminüberwachung zur Verfügung.

Der gespeicherte und freigegebene Einkaufskorb wird automatisch in eine Bestellung umgewandelt. Diese wird anschließend je nach Einsatzszenario des EBP gleich an den bevorzugten Lieferanten weitergeleitet oder in eine Bestellanforderung im Backend-ERP-System umgewandelt. Anschließend wird die Bestellung über XML, EDI, E-Mail oder Fax an den Lieferanten weitergeleitet.

Während des gesamten Bestellprozesses kann der Mitarbeiter über eine grafische Darstellung den Workflow verfolgen. Dies gilt nicht nur für den Genehmigungsstatus, sondern auch für schon erfolgte Waren- und Rechnungseingänge oder den Versandstatus bei der Spedition.

Wareneingang

Im Gegensatz zur Bestandsführung im R/3-System, bei der eine zentrale Warenannahmestelle unterstellt wird, werden durch mySAP SRM zwei weitere Szenarios unterstützt. Beim Wareneingang am Arbeitsplatz bestätigt der Anforderer die Lieferung der Materialien oder die Erbringung der Dienstleistungen selbst. Die Bestätigung kann auch vom Lieferanten durchgeführt werden. Falls dieser die Bestätigung vornimmt, muss der Anforderer die Bestätigung über einen Workflow genehmigen.

Rechnungseingang

Eine Führung bewerteter Bestände oder eine Lagerverwaltung ist mit mySAP SRM selbst nicht möglich. Hierfür müssen Bestellungen, Waren- und Rechnungseingänge an ein ERP-System weitergeleitet und die Katalogdaten in den Materialstammsätzen gespiegelt werden.

Für die Erfassung von Rechnungen oder Gutschriften sind ebenfalls verschiedenste Abläufe möglich. Neben der aus dem R/3-System bekannten zentralen manuellen Erfassung und der automatischen Wareneingangsabrechnung (Gutschriftenverfahren) können die Belege von den Anforderern, den Lieferanten und den Dienstleistern angelegt werden. Bei Nutzung einer so genannten Einkäuferkarte als Zahlweg können die Abrechnungsdateien von der Bank oder vom Karteninstitut automatisch eingespielt und überprüft werden. Des Weiteren können Rechnungen im Lieferantensystem angelegt und dann über XML an mySAP SRM übertragen werden. Spezielle Genehmigungs-Workflows sorgen jeweils dafür, dass die erzeugten Belege auf sachliche Richtigkeit geprüft und die Kontierungen zugeordnet werden.

Mehr als nur der Einkauf von Bleistiften?

Über den Eigenbedarf der Mitarbeiter hinaus spielt E-Procurement eine wachsende Rolle im professionellen Einkauf der Unternehmen. Folgende Funktionen und Geschäftsszenarios erweitern die mySAP SRM-Lösung zu einem zentralen Einkaufswerkzeug:

- Strategisches Sourcing:
  Für die Bezugsquellenfindung können elektronische Ausschreibungsverfahren oder Auktionen eingesetzt werden. Je nach Medium oder Adressatenkreis können die Adressaten im Rahmen einer nicht-öffentlichen Ausschreibung nur bekannte, im System hinterlegte Geschäftspartner, oder bei einer öffentlichen Ausschreibung auch die Teilnehmer an elektronischen Marktplätzen sein. Zusätzlich kann der Einkäufer im Rahmen einer Einkaufsauktion die Verkäufer sich gegenseitig unterbieten lassen, damit diese den Zuschlag erlangen.
  Obwohl im R/3-System auch eine Verwaltung von Lieferantenanfragen und -angeboten möglich ist, bewirkt die Möglichkeit der Veröffentlichung der Ausschreibungen im Internet einen wesentlichen Fortschritt.

- Kontraktverwaltung:
  In der Regel werden Einkaufskontrakte mit Lieferanten geschlossen, um bessere Preiskonditionen zu erlangen. Es existieren jedoch keine besonderen Vorteile der Kontrakte im Enterprise Buyer gegenüber dem R/3-System, da die kundenindividuellen Konditionen beim E-Procurement schon in den Katalogpreisen berücksichtigt sind. Die Verwendung von Kontrakten im EBP ist dann sinnvoll, wenn die Beschaffung und das Kontraktmanagement über verschiedene Backend-Systeme zentralisiert werden sollen.

- Beschaffung von Dienstleistungen:
  Ebenso wie im R/3-System wird die komplexe und wenig standardisierte Beschaffung von Dienstleistungen, wie Zeitarbeit, Beratung, Instandhaltung und Facility Management, durch eigene Formulare und Erfassungsmasken unterstützt.
  Über eine eigene Internet-Anwendung kann der Dienstleister jedoch direkt in den Beschaffungsprozess eingebunden werden und Teilaufgaben, wie die Zeiterfassung, selbst übernehmen.

- Unterstützung der Ersatzteilbeschaffung im Rahmen von Instandhaltungs- oder Reparaturprozessen und Projekten:
  Für die Suche und Beschaffung von Komponenten kann über den EBP direkt aus einem Instandhaltungs- oder Projektsystem auf elektronische Kataloge zugegriffen werden. Da viele Instandhaltungsmaßnahmen außerhalb des Büros stattfinden, schafft der Zugriff auf Internet-gestützte Beschaffungsfunktionen sogar über mobile Endgeräte einen echten Vorteil.

- Unterstützung der Beschaffung von direkten und indirekten externen Beschaffungsanforderungen:
Als Sourcing Hub wird der Anwender bei der Bezugsquellenfindung für offene Anforderungen von beliebigen Produktionsplanungssystemen (SAP APO oder SAP PP-MRP) oder ERP-Systemen unterstützt. Der daraus hervorgehende Beleg (Bestellung oder Kontrakt) kann entweder im EBP oder im Backend-System erzeugt werden.

5.1.3 Supplier Relationship Management

Der Begriff Supplier Relationship Management (SRM) ist eine Prägung des Beratungs- und Marktforschungsunternehmens Meta Group[82]. Beim SRM geht es darum, die Daten und Informationsflüsse zwischen einem Unternehmen und seinen „strategischen" Lieferanten zu verfolgen. Doch die Integration der Zulieferer in die eigenen Abläufe von der Planung bis zur Ausführung ist auch ein Ziel des Supply Chain Management (SCM). Im Gegensatz zum SCM, bei dem das Lieferketten-Management produktorientiert und stark im operationellen Teil des Geschäfts verhaftet ist, soll SRM eher strategische Entscheidungen unterstützen.

SRM – alter Wein in neuen Schläuchen?

Trotzdem ist die Abgrenzung von SRM zu SCM schwierig und lässt die Eigenständigkeit unterstützender Produkte offen. Die vage Definition des Buzz-Wortes erlaubt Procurement-Anbietern sowie Herstellern von Business-Intelligence- und SCM-Produkten es für sich zu nutzen. Viele Anbieter sprangen auf den Zug auf und boten bereits bestehende Software-Lösungen einfach unter neuem Namen an.

Ähnlich ging die SAP vor, die zur etablierten E-Procurement-Lösung im Wesentlichen verschiedene Komponenten aus anderen mySAP.com Lösungen packte und diese unter neuem Namen verkauft. Zusätzlich zum SAP Enterprise Buyer können die im Folgenden beschriebenen Komponenten (die einzelnen Lösungen müssen separat lizenziert werden) additiv eingesetzt werden:
Mit den Komponenten SAP Supplier Self Services und SAP Dynamic Bidding wurden zwei Komponenten aus der Marktplatzlösung Market-Set (siehe hierzu Kapitel 8.2.2 Architektur der mySAP Exchange-Lösung) von SAPMarkets in mySAP SRM integriert.

Die Komponente Supplier Self Services erlaubt es großen Unternehmen oder Einkaufsorganisationen, mittels eines Lieferantenportals ihre kleineren Lieferanten und Serviceanbieter in den Beschaffungs-, Service-

Supplier Self Services

---

[82] Supplier Relationship: Zuckerbrot und Peitsche für die Zulieferer [SILI02]

und Lieferungsprozess einzubinden. Durch so genannte "Hosted Services" können Bestellungen bearbeitet, Rechnungen erstellt und Kataloge aktualisiert werden – benötigt wird dafür nur ein Web-Browser.

Die Lieferanten benötigen kein eigenes Verkaufssystem, um Produkte und Dienstleistungen anzubieten. Es können Aufträge, Auftragsrückmeldungen, Rechnungen und Gutschriften bearbeitet und per XML-Nachrichten ausgetauscht werden. Die Lieferanten können einen eigenen Produktkatalog verwalten und mit einer eigenen Homepage ihr Unternehmen den Einkäufern präsentieren. Zusätzlich stehen viele Reporting-Funktionen des SAP Business Information Warehouse (BW) zur Verfügung.

Dynamic Bidding

Mit der Anwendung SAP Dynamic Bidding werden öffentliche und private Ausschreibungen, Auktionen und Live-Auktionen über das Internet für Produkte und Leistungen unterstützt.

Projektspezifische Beschaffung

Im Bereich von mySAP Product Lifecycle Management (siehe hierzu Kapitel 7.2.3 Kooperative Entwicklung und Datenaustausch) können kooperative Abläufe in der Produktentwicklung mit internen und externen Beteiligten wie Kunden, Lieferanten oder Entwicklungspartnern realisiert werden. Im Rahmen von Beschaffungsvorgängen sollen verschiedene Funktionalitäten bei Produktspezifikationen, bei der Durchführung von Ausschreibungen und bei der Vertragsgestaltung unterstützen.

Der Collaborative Room (C-Room) soll eine enge Zusammenarbeit mit Lieferanten durch gemeinsames Dokumentenmanagement und Kommunikationsdienste ermöglichen. Im Mittelpunkt steht dabei der zentrale Informations- und Datenaustausch zwischen Projektverantwortlichen und externen Anbietern bei der Ausarbeitung von Projektspezifikationen, z. B. im Rahmen der arbeitsteiligen Planungs- und Entwurfsprozesse bei komplexen Projekten des Anlagen- und Maschinenbaus. Die Web-basierten Services erlauben einen projektspezifischen Zugriff auf Einkaufswagen und Einkaufskontrakte sowie BW-Berichte.

Im Rahmen von Ausschreibungen können Informationen zu Spezifikationen und Design über die Komponente cFolder ausgetauscht werden. Die Projektmitglieder können auf Einkäufer- und Lieferantenseite zusammenarbeiten und die genauen Anforderungen für das Projekt ausarbeiten.

Decision Support

Die Komponente SAP Decision Support umfasst die vordefinierten Reports für das Monitoring der Beschaffungsprozesse und Lieferanten im SAP BW. Das BW stellt strukturierte Analysen für operative und für strategische Auswertungen zur Verfügung. Für operative Analysen werden die Daten auf Einzelbelegebene mit Belegkopf- und Belegpositionsinformationen angeboten. Für strategische Analysen werden Daten auf aggregierter Ebene angeboten.

Die Global Spend Analysis ermöglicht eine aggregierte Analyse des Einkaufsvolumens über mehrere Beschaffungssysteme hinweg. Damit kann auch bei dezentral organisierter Beschaffung die Transparenz einer zentral aufbereiteten Datenbasis für ein konzernweit koordiniertes Beschaffungsmanagement erreicht werden. Für die Lieferantenbeurteilung können Lieferanten-Performance- und Lieferanten-Portfolio-Analysen erstellt und mit individuell erstellten Fragebögen zur direkten Beurteilung bei der Belegerfassung, z. B. bei der Wareneingangsbuchung, unterstützt werden.

5.2 Was ist wirklich neu an mySAP SRM?

Die Beschaffungslogistik soll mit Hilfe von mySAP SRM revolutioniert werden. Dass sich die Unternehmen von der elektronischen Beschaffung nicht vergeblich Verbesserungspotenzial versprechen, soll hier aufgezeigt werden. Es wird im Wesentlichen auf technische Innovationen eingegangen, da die funktionalen Neuerungen bereits im vorherigen Abschnitt besprochen wurden.

5.2.1 Technische Innovation Internet

Die erste Welle zum Thema E-Procurement war vor allem geprägt von technischen Innovationen zum Thema Datendarstellung und Datenübertragung. Ziel war es, die Vielzahl von unterschiedlichen Verbindungen, die bis dato zwischen Käufer und Verkäufer bestanden, durch die Plattform Internet zu ersetzen. Diese ermöglicht im Idealfall allen Beteiligten, über eine einzige Schnittstelle miteinander zu kommunizieren und die verschiedensten Dokumente elektronisch auszutauschen (Bestellung, Rechnung, Storno etc.).

Im Idealfall – wenn auf beiden Seiten SAP-Systeme eingesetzt werden – können Ein- und Verkauf in einem Schritt über die jeweiligen Einkaufs- und Verkaufssysteme der beteiligten Unternehmen durchgeführt werden. Die SAP nennt das „One-Step-Business".

Ohne Internet ist jeder Teilnehmer darauf angewiesen, eine individuelle Verbindung zu jedem seiner Geschäftspartner aufzubauen. Je nach Technologie und Vereinbarung müssen deshalb spezielle Wege und Medien genutzt werden wie Post, Fax oder EDI. *Teuere EDI-Technologie*

Obwohl mit der EDI-Technologie schon seit mehr als 20 Jahren Geschäftsdaten elektronisch übermittelt werden, war aufgrund der relativ hohen Einstiegskosten eine große Anzahl von Geschäftsvorfällen für einen rentablen Einsatz notwendig. Dies führte dazu, dass nur relativ wenige Unternehmen in bestimmten Branchen überhaupt eine nennenswerte EDI-Aktivität entfalten konnten.

XML als Standard für Datenaustausch

Die Entwicklung und Verbreitung des Internets senkte die Investitions- und Einstiegshürde für den elektronischen Handel. So war es auch kleineren Unternehmen möglich, Internet-Handel zu betreiben. Es entwickelten sich nicht nur neue Formen der Kommunikation, sondern auch der Integration. Die Formatbeschreibungssprache XML entwickelte sich schnell zum neuen Standard für die Darstellung und den Austausch von Geschäftsinformationen.

Es gibt inzwischen viele Standards für den Austausch von Geschäftsdokumenten (z. B. xCBL, cXML oder ebXML), für Katalogdatenaustauschformate (z. B. BMEcat) und für die Klassifikation von Produkten (z. B. eClass, UNSPSC). Es werden jedoch weiterhin viele andere Formate für den Datenaustausch eingesetzt, so z. B. auch Web-EDI. Deshalb ist es eine wichtige Aufgabe in jedem E-Procurement-Projekt, gemeinsame Standards zwischen den Projektpartnern zu finden.

5.2.2 Systemarchitektur, Schnittstellen und Integrationsszenarios

Die zweite technologische Welle offener Systeme war durch die erste, die Entwicklung von E-Business, bedingt. Durch die Interaktion mit vielen internen und externen Systemen und Plattformen wurde für jedes E-Procurement-System eine komponentenorientierte, offene und integrierte Software-Architektur mit definierten und offengelegten Schnittstellen eine unbedingte Voraussetzung.

Die Komponenten des mySAP SRM sind auf einem standardisierten Internet Business Framework aufgebaut. Dieses Framework nutzt die grundlegenden Industrie-Standards und Technologien wie XML, HTTP und das Simple Object Access Protocol (SOAP) und gewährleistet so Offenheit und Interoperabilität.

Die Verbindung zu SAP- und Nicht-SAP-Lösungen wird u. a. über folgende Bestandteile der Architektur geschaffen:

- Integrationstechnologie
  Die ursprünglich verwendeten einzelnen technischen Werkzeuge zur Kommunikation mit anderen Anwendungen und Komponenten wurden inzwischen durch ein umfassendes Integrationskonzept ersetzt. Ein wesentlicher Vorteil ist eine zentrale Verwaltung von Systemen, Versionen und Schnittstellen, die miteinander kommunizieren. Unternehmensübergreifende Geschäftsprozesse werden u. a. durch einen zentralen Integration Server für die XML-Kommunikation mit Geschäftpartnern,

5.2 Was ist wirklich neu an mySAP SRM?

internen/externen Komponenten sowie Marktplätzen, durch ein Integration Directory sowie Integration Repository und durch Überwachungsfunktionen unterstützt.

- Komponenten
  Die mySAP SRM-Lösung besteht aus separat installierbaren und nutzbaren Bestandteilen. Es werden Applikations- und technische Komponenten unterschieden.

- Business-Objekte
  Diese stellen dedizierte, gekapselte Funktionalitäten über stabile "Business Application Programming Interfaces" (BAPI) zur Verfügung. Die BAPIs repräsentieren Einheiten wie zum Beispiel "Kunde" oder "Rechnung". Diese ermöglichen einen offenen und stabilen Zugriff auf Business-Komponenten über standardisierte Zugriffsmethoden. Dadurch werden die zur Implementierung nötigen Funktionalitäten geboten, während die darunter liegenden Prozeduren versteckt bleiben.

Durch die Einsetzbarkeit in heterogenen Systemlandschaften müssen vielfältige Implementierungsszenarios unterstützt werden. E-Procurement-Lösungen arbeiten nicht wie herkömmliche Client-/Server-Systeme nur auf einer Datenbank. Sie greifen vielmehr auch auf die Daten und die Funktionalität bestehender Anwendungssysteme zu. Deshalb ist die Integrationsfähigkeit von elektronischen Beschaffungslösungen in die im Unternehmen vorhandene Systemlandschaft eine fundamentale Voraussetzung für deren effektive Nutzung. Besonders die Integration in die Materialwirtschaft und die Finanzbuchhaltung des ERP-Systems ist essentiell, um zum einen die Aufwands- und Arbeitsredundanzen zu vermeiden und zum anderen, um die Datenqualität durch die Vermeidung von Medienbrüchen zu erhöhen. Erst durch die durchgängige Automatisierung der Informationsflüsse wird das Potenzial voll ausgeschöpft. *Vielfältige Integrationsszenarios*

MySAP SRM kann dank seiner Integrationsfähigkeit in heterogenen Systemlandschaften eingesetzt werden. Aufgrund seiner definierten Schnittstellen und etablierten Treibertechnologie lässt er sich mit einem oder mehreren beliebigen Backend-Systemen kombinieren. Zur Systemlandschaft können R/3-Systeme (release-unabhängig), andere ERP-Systeme oder Rechnungswesensysteme gehören. Die nachfolgend beschriebenen, unterschiedlich tiefen technischen Integrationsszenarios können additiv eingesetzt werden. *Backend-Integration*

Im Standalone-Szenario findet der gesamte Beschaffungsprozess bis hin zur Erstellung der Eingangsrechnung lokal statt. Die gesamte Materialwirtschaftsfunktionalität wird im EBP abgewickelt. Einzig die Abrechnungsprozesse müssen im Backend-System durchgeführt werden. *Standalone-Szenario*

Klassisches Szenario	Im klassischen Integrationsszenario dient der EBP nur als Erfassungssystem der Bedarfsanforderungen. Diese werden an das Backend-ERP-System weitergeleitet. Alle weiteren Belege wie Bestellanforderungen, Bestellungen, Wareneingangsbelege und Rechnungen werden dort bearbeitet. Als Variante dazu können Waren- und Rechnungseingänge über den EBP vorerfasst werden. Bei diesen Szenarios muss ein Materialwirtschaftssystem als Backend-System im Einsatz sein.
Erweitertes klassisches Szenario	Im erweiterten klassischen Szenario werden Einkaufswagen und Bestellungen im EBP angelegt. Kopien der angelegten Bestellungen werden an das Backend weitergeleitet. Die Bestellung im EBP ist die führende Bestellung. Wareneingänge und Rechnungseingänge können im EBP vorerfasst oder direkt mit den Materialwirtschaftsfunktionen des Backend-Systems erfasst werden.
Entkoppeltes Szenario	Das entkoppelte Szenario eignet sich besonders für Unternehmen, die bereits über ein produktives Materialwirtschafts-Backend-System verfügen und die die Beschaffung einiger Bedarfe (z. B. fertigungsunabhängigen Bedarf) komplett über den EBP und die Beschaffung anderer Bedarfe (z. B. fertigungsabhängigen Bedarf) über das Backend-System abwickeln wollen. Für die über EBP beschafften Güter erfolgt die Integration der Rechnungsdaten in das Backend-System.

Mobile Anwendungen

Für einen mobilen Zugriff auf den EBP werden verschiedene Szenarios für Online- und Offline-Zugriff auf die Beschaffungsfunktionen angeboten. Hierzu können verschiedene mobile Endgeräte wie Palmtop-Computer, Personal Digital Assistants (PDAs), Laptops und Mobiltelefone eingesetzt werden.

Zentrale Beschaffungsplattform

Durch die Flexibilität in den technischen Einsatzszenarios, in der Systemarchitektur und den Integrationsschnittstellen eignet sich mySAP SRM vor allem als zentrale Beschaffungsplattform für größere Unternehmen und Konzerne in Systemlandschaften mit unterschiedlichen SAP- und Nicht-SAP-Systemen (Planungssysteme sowie ausführende Systeme).

5.2.3 Elektronische Kataloge

Aufwändige Stammdatenpflege	Zentrales Element der Anwendungslogik von ERP-Systemen ist der Materialstammsatz. Über diesen werden die zu beschaffenden Produkte abgebildet und aus der Sicht einzelner Fachbereiche über zahlreiche Datenfelder beschrieben. Der Vorteil der zentralen Steuerungslogik für Prozesse wird jedoch mit einem hohen Erfassungs- und Pflegeaufwand bezahlt. Das führte dazu, dass meist nur ein Teil des zu beschaffenden

Bedarfs – die direkten und einige wenige indirekte Güter – über eigene Stammsätze geführt werden.

Die Teile-Identifikation der nicht im System geführten Produkte ist für die einkaufenden Mitarbeiter mitunter sehr schwierig. Die Informationen sind auf unterschiedlichsten Medien verteilt bzw. dort zu erhalten, z. B.:

- Katalog-CDs des Herstellers,
- Papier-Kataloge des Herstellers,
- Papierdokumentationen,
- Typenschilder sowie
- Telefon und Fax.

Mit der Entwicklung und nahtlosen Integration von elektronischen Produktkatalogen in die Beschaffungslösungen kann auf Informationen, insbesondere Bilder und aktuelle Preise von Lieferantensortimenten zugegriffen werden. Anfragen und Fehlbeschaffungen werden hierdurch stark reduziert, auf Papierkataloge kann ganz verzichtet werden. Der elektronische Produktkatalog bildet deshalb die funktionelle Basis eines jeden E-Procurement-Systems.

Elektronische Kataloge

Alle Aufgaben, die mit der Erstellung und Pflege der Datenbasis des Kataloges verbunden sind, werden unter dem Begriff Content-Management zusammengefasst. Trotz aller Standardisierungsbemühungen stellen die Lieferanten sehr unterschiedliche Kataloge – sowohl vom Inhalt als auch von der Technik her – zur Verfügung. Um einen Multi-Lieferantenkatalog zu erhalten, müssen diese integriert werden. Zudem müssen Aktualisierungen des Kataloges eingespielt, auf Vollständigkeit, Plausibilität und Nutzbarkeit geprüft und einheitlich kategorisiert werden. Je nach eingesetzter Katalogvariante, d. h. physischer Trägerschaft, kann der Aufwand für das Content-Management auf die Lieferanten oder spezielle Dienstleister verlagert werden.

5.3 Organisatorische Voraussetzungen für erfolgreiche E-Procurement-Projekte

Die meisten E-Business-Projekte haben kürzere Einführungszeiten als es z. B. bei klassischen ERP-Implementierungsprojekten üblich ist. Trotzdem sind in der Regel erhebliche Investitionen notwendig. Deshalb ist es angebracht – trotz der verheißungsvollen Einsparungsmöglichkeiten – strukturiert vorzugehen. Es empfiehlt sich vor dem eigentlichen Projektstart die organisatorischen Voraussetzungen zu schaffen.

Im Mittelpunkt einer Voruntersuchung sollten folgende Aspekte stehen:

- Analyse des Beschaffungsportfolios,

- Katalogauswahl mit Analyse der einzusetzenden Katalogvariante(n) sowie
- Lieferantenanalyse.

5.3.1 Analyse des Beschaffungsportfolios

Eignung für die elektronische Beschaffung

Um das Potenzial im Unternehmen für eine E-Procurement-Lösung aufzudecken, sollten im Rahmen einer unternehmensweiten Analyse des Einkaufsvolumens die beschafften Güter und Dienstleistungen ermittelt werden, welche sich besonders für eine elektronische Beschaffung eignen.

Dafür kann beispielsweise ein Beschaffungsportfolio eingesetzt werden, das sich aus den Kriterien Beschaffungsvolumen und Produktkomplexität bzw. Eignung für E-Procurement aufbaut. Die Güter werden nach diesen beiden Kriterien untersucht und in das Beschaffungsportfolio eingeordnet. Die entsprechende Beschaffungsstrategie einer Warengruppe lässt sich aus deren Position im Portfolio ermitteln.

Unterschiedliche Beschaffungsstrategien pro Warengruppe

So erfordert eine Warengruppe mit niedriger Produktkomplexität und niedrigem Beschaffungsvolumen (z. B. Büromaterial oder Arbeitsbekleidung) eine Beschaffungsstrategie, die stärker auf niedrige Prozesskosten, möglichst geringe Preise und eine kostengünstige Lieferantenbindung ausgerichtet ist.

Eine Warengruppe aus dem Bereich strategischer Güter hingegen mit hoher Produktkomplexität und hohem Beschaffungsvolumen (z. B. Produktionsmaterial) verlangt eine gute Kenntnis des Beschaffungsmarktes sowie ein enges und kooperatives Verhältnis mit einigen wenigen, aber strategisch wichtigen Lieferanten.

Während sich die Warengruppe mit niedriger Produktkomplexität und niedrigem Beschaffungsvolumen hervorragend für eine katalogbasierte Beschaffung eignet, kommen für den zweiten Bereich eher Ausschreibungen und Auktionen in Frage.

Benötigt ein Unternehmen vor allem A- und B-Materialien, die direkt in seine Wertschöpfung einfließen, lohnt sich die Einführung eines E-Procurement-Systems meistens nicht. Dies gilt umso mehr, je weniger Bestellungen getätigt werden und je kleiner das Unternehmen ist.

5.3 Organisatorische Voraussetzungen für erfolgreiche E-Procurement-Projekte

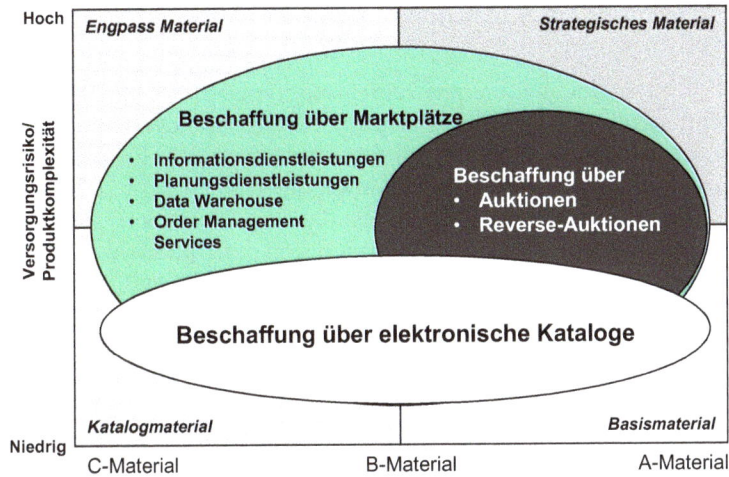

Abbildung 5.3: Analyse des Beschaffungsportfolios [in Anlehnung an RÖS02]

5.3.2 Katalogauswahl

Neben der Analyse des Beschaffungsportfolios ist die Katalogauswahl eine zentrale Aufgabenstellung vor jedem E-Procurement Projekt. Im Zusammenhang mit dem Einsatz von elektronischen Produktkatalogen sollte vorab geklärt werden:

- ob eigene Katalogsysteme aufgebaut werden sollen oder
- ob auf bestehende Kataloginhalte von Online Shops oder Marktplätzen zurückgegriffen werden soll.

Falls die Kataloge selbst erstellt werden, muss entschieden werden, ob diese selber oder von so genannten Content Providern als Dienstleistung gepflegt werden sollen.

Mit der mitgelieferten Katalog-Software kann ein Katalog im Unternehmen selbst aufgebaut und im Intranet bereitgestellt werden. Dem Vorteil der eigenen Inhaltspflege steht die Notwendigkeit eines fachgerechten und effizienten Content Managements gegenüber.

Inhouse-Katalog

Hierfür muss eigenes Know-how aufgebaut werden. Die durchzuführenden Aufgaben bestehen darin, Katalog-Updates einzuspielen, diese auf Vollständigkeit zu prüfen, Fehler und Probleme mit den Lieferanten zu lösen und ggf. Katalogdaten manuell nachzubearbeiten. Wenn über den internen Katalog zusätzlich auf die Lagerbestände im ERP-System zugegriffen werden soll, ist zudem eine Replikation der Materialstammdaten aus dem Backend notwendig. Die bestandsgeführten Materialien müssen regelmäßig zwischen dem Katalog und dem SAP-R/3-System ausgetauscht werden.

Der SAP Content Integrator bietet einen Mapping-Service für Produkt- und Lieferantendaten. In SAP Enterprise Buyer wird der Content Integrator zum Zusammenstellen und Vereinheitlichen von Produktdaten eingesetzt. Über ein Produktschlüssel-Mapping können Sie mit Produkten arbeiten, die aus unterschiedlichen Backend-Systemen stammen, ohne die Stammdatensätze zentral harmonisieren zu müssen. Dadurch erhalten Einkäufer eine bessere Übersicht über die gesamten Ausgaben innerhalb ihrer Organisation trotz komplexer Systemlandschaft. Mit diesem Wissen können sie bessere Kontrakte mit Lieferanten aushandeln und vorhandene Kontrakte rentabler nutzen. Mit Hilfe des Content Integrator können sie Dubletten in der Organisation auffinden und ihre Anforderungen abmischen. Die Dubletteninformationen können vom SAP Business Information Warehouse verwendet werden, um systemübergreifende Reports zu nichtharmonisierten Stammdaten zu erstellen. Einkäufer erhalten somit einen konsolidierten Eindruck über ihre globalen Ausgaben.

Katalog-Dienstleister Trotz aller Standardisierungsbemühungen mit Klassifizierungsschemata, wie z. B. eClass oder UN/SPSC und Datenaustauschformaten wie XML, zeigt die Praxis, dass die Lieferanten meist unterschiedliche Katalogdaten bereitstellen. Dies bezieht sich sowohl auf die technischen Voraussetzungen als auch auf die inhaltliche Aufbereitung.

Da ein einzelnes Unternehmen angesichts der Komplexität des Content Managements und des finanziellen Engagements vor große Probleme gestellt wird, werden für diese Aufgaben zunehmend elektronische Marktplätze und spezialisierte Katalog-Dienstleister herangezogen. Selbst Großkonzerne sind von der Eigenerstellung der Kataloge zur Erstellung durch die Dienstleister übergegangen. Diese nutzen die angebundenen Lieferanten für mehrere einkaufende Unternehmen und können so Skaleneffekte realisieren. Sie können daher das Katalogmanagement wesentlich günstiger anbieten, als das die einzelnen Unternehmen für sich selbst realisieren können. Für die Dienstleistungen entstehen natürlich Kosten, die abhängig von der Anzahl der in den Katalog einzubindenden Lieferanten sind.

Der Aufwand für die Katalogerstellung und -bereitstellung richtet sich nach verschiedenen Kriterien wie z. B. eine bereits bestehende Marktplatzpräsenz des Lieferanten oder die Anzahl der notwendigen Preis-Updates. Bei neuen Lieferanten spielen Faktoren wie die Kosten der Anbindung an den Marktplatz und der Aufwand der Katalogerstellung eine Rolle.

Zusätzlich oder alternativ zu den beiden ersten Katalogvarianten können im Enterprise Buyer über eine zertifizierte Schnittstelle beliebig viele externe Lieferantenkataloge, die im Internet zur Verfügung gestellt werden, eingebunden werden. Dadurch, dass die Kataloge in die Systemwelten der Lieferanten eingebunden sind, können für die Katalogartikel Bestandsinformationen und Lieferzeiten in Echtzeit gegeben werden. Ein wesentlicher Vorteil ist zudem, dass der Aufwand der Katalogbereitstellung und -aktualisierung auf den Lieferanten verlagert wird.

Lieferanten-Kataloge

Die Anwender müssen jedoch, wenn sie Produkte verschiedener Lieferanten vergleichen wollen, aufwändige Preis- und Produktvergleiche zwischen den verschiedenen Anbietern respektive Katalogen durchführen.

5.3.3 Lieferantenanalyse

Generell müssen die vorhandenen Lieferanten auf ihre E-Commerce-Tauglichkeit untersucht, nach ihren Fähigkeiten klassifiziert und ausgewählt werden. Die wichtigsten Fragestellungen sind hierbei:

- Kann der Lieferant die technischen Voraussetzungen erfüllen (z. B. ob elektronische Kataloge bzw. Katalogdaten überhaupt in entsprechender Qualität zur Verfügung gestellt werden können oder ob der Lieferant Nachrichten über das Internet empfangen und senden kann)?
- Hat der Lieferant schon Erfahrungen gesammelt und Referenzprojekte im Bereich E-Business durchgeführt?
- Kann der Lieferant alle Anforderungen bezüglich der allgemeinen Faktoren wie des angebotenen Produktspektrums oder definierter Lieferzeiten erfüllen?
- Welche Zusatz-Services (z. B. Sammelrechnungen) werden angeboten?

Hier sollten die bestehenden Lieferanten mit anderen führenden Anbietern für die betreffenden Produktgruppen verglichen werden. Selbst wenn ein Lieferant keine katalogfähigen Produkte anbietet, macht es unter Umständen Sinn, Dienstleistungen oder konfigurierbare Produkte zu katalogisieren.

Erstaunlich ist die Erkenntnis, dass selbst von großen Lieferanten auf etablierten Marktplätzen nur die Bestellübermittlung angeboten wird. Weitere Nachrichten wie z. B. Auftragsbestätigung oder Rechnung werden von den Lieferanten zurzeit leider noch nicht im XML-Format unterstützt. Bisher werden die Kataloge von den meisten Lieferanten mehr oder weniger von Hand erzeugt und gepflegt. Nur wenige sind in der

Konsolidierung der Lieferantenanzahl

Lage, Kataloge mit kundenspezifischen Sortimenten und Preisen automatisch aus ihren Systemen auszulesen. Hier hinkt die Praxis den technischen Möglichkeiten noch hinterher.

In der Regel sollte ein Pilotprojekt nur mit wenigen ausgesuchten Lieferanten durchgeführt werden. Dies kann auch zu einer Konsolidierung der Lieferantenanzahl und einer Bündelung des Einkaufsvolumens führen. Je strategischer der Lieferant ist, desto höher sollte der Grad der Integration mit diesem Lieferanten sein. Über die Konsolidierung kann zudem eine höhere Transparenz über die Lieferantenbasis, ein besseres Lieferantenmanagement und eine vorteilhaftere Basis für Preisverhandlungen erreicht werden.

Bei der Zusammenarbeit mit einem elektronischen Marktplatz kann auf dessen umfangreiche Erfahrungen in Bezug auf Lieferantenmanagement, die eigene Anbindung an den Marktplatz und die Anbindung der Lieferanten zurückgegriffen werden. Die Vielzahl der Punkt-zu-Punkt-Verbindungen mit einzelnen Lieferanten wird durch eine Plattform ersetzt, was eine Kommunikation über eine einzige Schnittstelle ermöglicht.

Eine Entscheidung für E-Procurement ist auf jeden Fall eine strategische Entscheidung. Nicht zuletzt ist die Management- sowie die Mitarbeiterunterstützung als unbedingte Voraussetzung für die Realisierung anzusehen. Die Umsetzung bringt z. T. sehr einschneidende Aufgabenänderungen für die Mitarbeiter mit sich.

5.4 Einführung einer E-Procurement-Lösung

Der Ablauf eines E-Procurement Projektes ist trotz formaler Ähnlichkeiten in den Vorgehensschritten:

- Ziel- und Strategiedefinition,
- Pilotprojekte,
- Organisations- und Rollenkonzepte,
- vordefinierte Genehmigungsregeln und Prozessabläufe sowie
- Datenaustausch und Kommunikationsschnittstellen

in wesentlichen Punkten von der Einführung einer ERP-Lösung verschieden.

Ziel- und Strategiedefinition

Um nicht erhebliche Nutzen-Potenziale zu verschenken, sollten jedoch zu Beginn – wie in jedem Projekt – die Ziele und Strategien definiert werden. Diese könnten beispielsweise lauten:

- Reduzierung der Beschaffungskosten durch Neugestaltung und Effizienzsteigerung des Beschaffungsprozesses,

5.4 Einführung einer E-Procurement-Lösung

- Reduzierung der Einstandspreise und Verbesserung der Lieferkonditionen und
- Möglichkeit des Desktop-Purchasings für alle Mitarbeiter durch Einsatz einer E-Procurement-Lösung.

Die Ziele können in einem Strategieworkshop erarbeitet werden. Hierzu eignen sich insbesondere toolunterstützte Anforderungs- und Prozessanalysen z. B. mit den LIVE Tools, die von Siemens Business Services vertrieben werden.

Aufgrund der einfachen Realisierbarkeit und der großen Kostensenkungspotenziale bietet sich insbesondere die Beschaffung von Gütern mit geringer strategischer Bedeutung und hohem Automatisierungspotenzial als Einstiegspunkt in das E-Procurement an. Die meisten Unternehmen wählen deshalb in Pilotprojekten die Beschaffung von Büromaterial als Produktgruppen für eine Realisierung aus. Bei Industrieunternehmen werden noch industriespezifische C-Teile wie Werkzeuge, Arbeitsschutzprodukte oder Normteile hinzugenommen.

Einstiegspunkte für E-Procurement

Standardisierte Artikel, die keine Varianten besitzen, in einfachen Preismodellen angeboten werden und in einem Katalog abgebildet werden können, lassen sich am einfachsten über E-Procurement-Systeme abwickeln. Weitere Kriterien für besonders geeignete Produktgruppen sind:

- geringe geschäftskritische Bedeutung,
- großes Missverhältnis zwischen dem Warenwert und durch die Bestellung verursachten Prozesskosten sowie
- Erreichbarkeit einer großen Anzahl von Bestellern über elektronische Bestellmedien, da diese von vielen Mitarbeitern benötigt werden.

Nach einem erfolgreichen Abschluss des ersten Pilotprojektes bietet sich eine Ausweitung auf weitere Produktbereiche an.

In der Beschaffung sind organisatorische Gestaltungsbemühungen traditionell stark von technologischen Entwicklungen bestimmt. Im Zusammenhang mit der Einführung von ERP-Systemen wurde die Beschaffung von Direktmaterialien für die Produktion oder den Vertrieb über die Unternehmensgrenzen hinweg abgestimmt[83].

Die organisatorischen Anpassungen beziehen sich auf die Aufbau- und die Ablauforganisation, der gesamte Beschaffungsprozess wird restrukturiert.

Organisatorische Auswirkungen

---

[83] E-Procurement - Sparpotenzial im Einkauf, S. 9 [DOLM00]

5 mySAP SRM – Der Einkauf wird zur Querschnittsfunktion

Die organisatorischen Re-Modellierungsnotwendigkeiten ergeben sich vor allem aus den folgenden drei Aspekten:

- Durch die E-Procurement-Systeme werden die Einkaufsfunktionen innerhalb des Unternehmens dezentralisiert. Die Beschaffungsabwicklung zumindest von Standardkomponenten erfolgt elektronisch, dezentral und automatisiert von der Bedarfsidentifikation bis maximal zum Rechnungseingang und Zahlungsausgang.
- Die elektronische Abwicklung bedingt die Öffnung des Unternehmens und eine höhere Integration der Lieferanten.
- Der Einsatz des E-Procurement-Systems führt zu verbesserten, transparenten Einkaufsinformationen.

Dezentralisierung erfordert Organisations- und Rollenkonzept

Daraus ergeben sich umfangreiche organisatorische Auswirkungen. Durch die Verlagerung des Einkaufs auf alle Mitarbeiter – das so genannte Desktop-Purchasing – werden Entscheidungsprozesse, die bisher auf dem Papierweg oder mündlich durchgeführt wurden, auf das Beschaffungssystem übertragen. Das bedingt klare Regeln, Autorisierungsebenen und ein Rollenkonzept. Diese müssen nicht nur festgelegt, sondern auch kommuniziert werden.

Im Rahmen der Aufbauorganisation muss die Organisationsstruktur des Unternehmens im Enterprise Buyer abgebildet werden. Über Benutzerattribute, die den Usern über die Organisationseinheiten oder direkt zugeordnet werden, ermittelt das System wichtige Prozessablaufdaten, z. B. Kostenstelle oder erlaubte Einkaufskataloge. Über die Aufbauorganisation werden vom Business Workflow zudem die Bearbeiter eines Vorgangs ermittelt. Über Rollen werden die Aufgaben, die ein Endbenutzer wahrnimmt, festgelegt. Je nachdem, welche Rolle ein Endbenutzer bei der Beschaffung spielt, greift er automatisch auf die benötigten Daten und Funktionen zu. So ist es die Aufgabe eines Managers Einkaufskörbe zu genehmigen, während die Einkäufer die Bestellungen überwachen.

Vordefinierte Genehmigungsregeln und Prozessabläufe

Die Automatisierung beschleunigt den Beschaffungsprozess, bedingt jedoch vordefinierte Genehmigungsregeln und Prozessabläufe, über die der Abstimmungs- und Koordinationsaufwand im Bestellvorgang geregelt wird. Inhaltlich müssen Limits für den Bestellwert pro Artikel, den Gesamtbestellwert pro Bestellung für die Mitarbeiter etc. mit den jeweils zugehörigen Genehmigungsschritten festgelegt werden. Die Ablauf- und Workflowsteuerung hört jedoch nicht bei der Beschaffungsgenehmigung auf. Der Bedarfsträger kann beispielsweise die Buchung des Waren- und Rechnungseingangs selbst vornehmen. Das erfordert jedoch dann auch die Genehmigung der Waren- oder Rechnungseingangsbuchung. Die Mitarbeiter bekommen ein höheres Maß an Eigen-

und Budgetverantwortung. Vertrauen in die Bedarfsträger ist Voraussetzung. Im gleichen Zug sollte das Controlling mit einem zeitkritischen Reporting anhand von Schlüsselindikatoren genutzt werden.

Der Prozess der organisatorischen Veränderung erfordert eine ständige Anpassung. Deswegen fließt ein nicht unerheblicher Aufwand nicht nur in das Organisations- und Workflowmanagement des Einführungsprojektes, sondern muss auch noch nach Produktivsetzung darauf verwendet werden. Es kommt hinzu, dass die innerbetriebliche Organisation vielfach auf längere Zeit sowohl mit dem E-Procurement-Prozess als auch mit der konventionellen Einkaufsorganisation arbeiten muss.

Die Rolle des Einkaufs wandelt sich mit der Einführung von E-Procurement. Vor allem die oben genannten drei Aspekte, die zu organisatorischen Re-Modellierungsnotwendigkeiten führen, bedingen eine Wandlung des Tätigkeitsumfelds von überwiegend operativen Aufgaben hin zu einer strategischen Querschnittfunktion. Die frei gewordenen Ressourcen können für höherwertige strategische Aufgaben verwendet werden. Dazu gehören Lieferantenauswahl, Lieferantenbewertung, Einkaufspotenzialerschließung sowie die trotz E-Procurement notwendigen Aufgaben wie Sonderbeschaffungen, Genehmigung bei Limitüberschreitungen und das Beschwerdemanagement.

Wandel in den Einkaufsfunktionen

Eine sehr hohe Bedeutung kommt dabei vor allem der strategischen Aufgabe der Entwicklung einer Lieferantenstrategie zu. Das bedeutet potenzielle Bezugsquellen zu bewerten, auszuwählen und entsprechende Verträge mit den Lieferanten zu verhandeln.

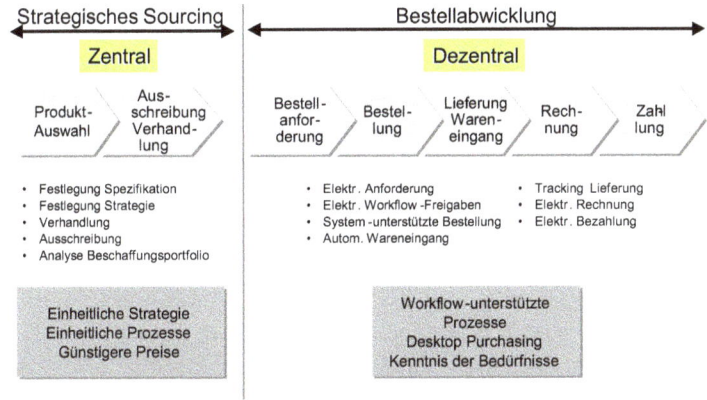

Abbildung 5.4: Zentrale und dezentrale Beschaffungsaufgaben

5 mySAP SRM – Der Einkauf wird zur Querschnittsfunktion

Datenaustausch und Kommunikationsschnittstellen

Ein wichtiges Thema im Einführungsprozess vor allem bei der Nutzung von internen Katalogen und Lieferantenkatalogen bildet die Kommunikation mit den Lieferanten. Hierunter fallen folgende Aufgaben[84]:

- Koordination und Umsetzung der technischen Anbindung:
  Zunächst sind die technischen Voraussetzungen, wie eingesetzte Software-Systeme (v. a. verwendete Release-Stände) und Datenaustauschformate, abzuklären.

- Definition gemeinsamer Standards:
  Darunter fallen die Standards für den Austausch von Geschäftsdokumenten, Katalogdaten und für die Klassifikation von Produkten. Da sich für den Austausch der Geschäftsdaten wie Bestellungen, Auftragsbestätigungen, Rechnungen usw. noch keine einheitlichen Standards durchgesetzt haben, ist es eine schwierige Aufgabe, jeden Lieferanten mit unterschiedlichen Systemen, Abläufen und technischen Voraussetzungen zu integrieren. Oft sind Anpassungen auf beiden Seiten erforderlich und es muss eine Übersetzung des einen Formats in das andere implementiert werden. Zwar fällt der meiste Aufwand bei der Neu-Anbindung eines Lieferanten an, doch ist für Wartung und Support der Anbindungen ebenfalls ein eigenes Team nötig.

- Gegenseitiger Informationsaustausch:
  Hierzu gehört die Abstimmung des eigentlichen Beschaffungsprozesses sowie der Prozess zur Bereitstellung und Aktualisierung der Katalogdaten. Weitere wichtige Aspekte betreffen die Abwicklung von Bestelländerungen, Stornierungen, Rücksendungen und Reklamationen.

Schnittstellen zur Systemlandschaft

Eine weitere Herausforderung ist die Integration von mySAP SRM in die vorhandene Systemumgebung. Dies resultiert aus einer hohen Anzahl von Berührungspunkten der E-Procurement-Applikation mit der im Unternehmen vorhandenen Systemlandschaft.

Je nach Einsatzszenario und Integrationstiefe (siehe Abschnitt 5.2.2) müssen nicht nur ein oder mehrere ERP- oder FI/CO-Backend-Systeme angebunden werden, sondern auch das Planungssystem APO oder das Data Warehouse BW. Wie nicht anders zu erwarten, sind für alle möglichen SAP-Komponenten Standardschnittstellen und Beschreibungen für die Realisierung der Verbindungen per ALE (Application Link Enabling) und RFC (Remote Function Call) vorhanden. Beim Einsatz fremder Applikationen ist jedoch noch entsprechender Programmieraufwand notwendig.

---

[84] E-Procurement – ein Trend wird erwachsen, S. 7f. [ALLW02]

Schnittstellen benötigen in der Regel nicht nur im Rahmen der Einführung einen großen Teil des Projektbudgets, sondern sind auch während des Betriebes sehr wartungsintensiv.

5.5 Supplier Relationship Management – was fehlt noch?

Mit der Lösung mySAP E-Procurement und den weiteren Komponenten von mySAP SRM hat SAP die wohl umfassendste durchgängige Lösung sowohl für die Ad-hoc-Beschaffung als auch für die strategische Beschaffung von Materialien und Dienstleistungen geschaffen. Durch die Unterstützung der elektronischen Bestellung und des Desktop-Einkaufs sowie durch die Automatisierung von Geschäftsvorgängen über das Internet wird ein höchst transparenter, gestraffter und integrierter Einkaufsprozess ermöglicht.

Umfassende E-Procurement-Lösung

Laut SAP ist mySAP SRM das zentrale Einkaufswerkzeug für die Beschaffung in der mySAP-Produktpalette. Es ersetzt jedoch kein komplettes Materialwirtschaftssystem, da hierfür wichtige Funktionalitäten nicht integriert sind. Es können zwar neben den C-Materialien auch Bedarfe für A- und B-Teile zum Beispiel mittels E-Auktionen oder E-Ausschreibungen beschafft werden, doch für die Disposition und Bedarfsermittlung sowie für die Lagerbestandsführung, Bewertung und Inventur muss immer noch ein Fremdsystem (ERP- oder SCM-System) eingesetzt werden. Diese Systeme können jedoch über standardisierte Schnittstellen angebunden werden und erlauben so die komplette Integration der E-Procurement-Lösung in die Logistikkette.

E-Procurement ersetzt kein ERP-System

Für eine funktionale Weiterentwicklung ist trotzdem noch genügend Spielraum vorhanden. So ist der Einsatz des Berichts- und Informationssystems SAP BW eine Grundvoraussetzung für ausreichende Auswertungsmöglichkeiten. Die in der E-Procurement-Lösung standardmäßig vorhandenen zwei Standardreports sind völlig unzureichend. Das bedeutet jedoch, dass, falls das BW nicht aus anderem Grunde im Unternehmen eingesetzt wird, früher oder später ein weiteres umfangreiches Einführungsprojekt ansteht, was zusätzliche Kosten verursacht.

Unzureichende Standardauswertungen

Ein weiterer Schwachpunkt ist im Bereich des elektronischen Katalogs zu finden. Diese Kernkomponente einer E-Procurement-Lösung wurde bislang nicht selbst entwickelt. Stattdessen wird die Katalog-Software des amerikanischen Entwicklungspartners Requisite standardmäßig mitgeliefert. Vor allem viele deutsche Kunden sind aber mit der dargebotenen amerikanischen Katalog-Software ziemlich unzufrieden. Da es keine deutschen Serviceniederlassungen gibt, ist nach ihrer Ansicht kein adäquater Support gewährleistet. Deshalb haben sich schon einige weitere Software-Anbieter eigene Lösungen von SAP zertifizieren lassen. Dies macht die Software-Auswahl nicht unbedingt leichter.

Keine eigene Katalog-Software

Schwachpunkt öffentliche Ausschreibungen	Auch im stetig wachsenden E-Government-Markt ist noch funktioneller Nachholbedarf der SAP-Software vorhanden. Beispielsweise wurden noch keine Funktionalitäten zur Abwicklung von öffentlichen Ausschreibungen, welche einen engen vordefinierten rechtlichen Rahmen aufweisen, entwickelt. Deswegen greifen die öffentlichen Verwaltungen in diesem Bereich auf spezielle Anbieter zurück.
Keine stringente Produktpolitik	Wie bei anderen SAP-Lösungen wird auch beim mySAP E-Procurement aufgrund der vielfältigen Einsatzmöglichkeiten der Lösung, der Anzahl der Komponenten und deren Änderungshäufigkeit die Orientierung über die Funktionalitäten für den potenziellen Anwender erschwert. Hinzu kommt eine verwirrende Namensgebung (siehe Abbildung 5.2) und eine nicht stringente Produktpolitik z. B. bezüglich der Lösung von Commerce One.
E-Procurement für KMU?	Der Zielmarkt der E-Procurement-Lösung bleibt wohl, ebenso wie es bei SAP R/3 der Fall ist, auf größere Unternehmen beschränkt. Und das, obwohl sich gerade bei kleineren Unternehmen die Beschaffungstätigkeiten nicht immer stringent und systematisch gestalten und deshalb Möglichkeiten der Kosteneinsparung in der Standardisierung, Automatisierung und Vereinfachung der Einkaufsprozesse liegen. Durch die meist dynamisch gewachsenen Unternehmensstrukturen ist teilweise unklar, welche Artikel von wem und wo bestellt werden dürfen bzw. für welche Einkäufe Genehmigungen eingeholt werden müssen. Vielfach liegt die Beschaffung auf wenigen Schultern, die zusätzlich noch durch andere operative Tätigkeiten ausgelastet sind.

Trotz diverser Veröffentlichungen, in denen versucht wird, den Nutzen von E-Procurement nachzuweisen, bleibt die Frage offen, ob sich die elektronische Beschaffung auch für kleinere und mittlere Unternehmen (KMU) lohnt. Obwohl Interesse besteht, scheuen mittelständische Betriebe oft noch die hohen Einführungskosten. Bei geringem Einkaufsvolumen ist selbst ein niedriger Einführungsaufwand noch zu hoch.

5.6 ... und was können die Mitbewerber?

In diesem Kapitel werden die wichtigsten Mitbewerber dargestellt.

ARIBA www.ariba.com
    Umsatz (Fiskaljahr 2003): ca. 237 Mio. $.
    Weltweit ca. 900 Mitarbeiter.
    Services und Lösungen:
      - Entwicklung von Trade & Procurement-Lösungen, B2B Marktplatz-Lösungen, ARIBA Network Services.
      - Nach eigenen Angaben Weltmarktführer bei Procurement- & Marktplatz-Software.

- E-Procurement-Lösung „Ariba Buyer" als finanziell aufwändige Lösung nur für Großunternehmen interessant. In der Lösung ist kein eigener Katalog integrierbar, sondern es wird die Nutzung des Ariba Commerce Services Network™ vorausgesetzt. Dies ist ein globaler Internet-Dienst, der Käufer und Lieferanten weltweit miteinander verbindet. Der Aufwand für die Anbindung von ERP-Software wie SAP R/3 ist hoch.
- Software-Suite für das strategische Investitions-Management mit Analyse-, Sourcing- und Beschaffungsfunktionen für die Verwaltung der Ausgaben von der Planung bis zur Zahlung (sog. „Spend Management"). In der Applikation sind u. a. Funktionalitäten für Rechnungen, Verträge und die Ausgabenanalyse enthalten.

ORACLE www.oracle.com
Umsatz (Fiskaljahr 2003): ca. 9,5 Mrd. $.
Über 40.000 Mitarbeiter weltweit.
Services und Lösungen:
- weltgrößter Anbieter von Informations-Management-Lösungen
- ERP, SCM- und CRM-Lösungen sowie Sell-Side- und Marktplatz-Lösungen.
- Mit der Lösung „Internet Procurement" als Bestandteil bietet die „Oracle E-Business Suite" ein Set von einzelnen Bausteinen an, die die gleichen Anwendungsbereiche wie die SAP SRM-Lösung abdecken. Diese können individuell kombiniert werden, bilden jedoch keine Lösungsbibliothek mit Customizing-Charakter, sondern eine komfortable Entwicklungsumgebung mit Grundfunktionalitäten.

Software AG www.softwareag.com
Umsatz (Fiskaljahr 2002): über 475 Millionen Euro.
Über 3.000 Mitarbeiter.
Services und Lösungen:
- Datenbanksysteme, 4GL-Anwendungsentwicklungsumgebung, XML Server, Software-Entwicklungsumgebung und EAI-Plattform für die Anwendungsentwicklung in den Bereichen Electronic Business, Enterprise Application Integration und OLTP.
- Die E-Procurement-Lösung „X-Procurement" bietet eine moderne und zukunftsweisende Architektur und Technologie (Java/XML). Die Software ging aus der Eigenentwicklung für die Beschaffung der Software AG hervor und bietet deshalb in der Funktionalität noch nicht die gleiche Bandbreite wie die Konkurrenz. Es ist beispielsweise nur die Beschaffung indirekter Materialien möglich. Ausschreibungsverfahren werden noch nicht unterstützt.

5.7 Informationen und Verweise

Weiterführende Links:

SAP AG

   http://www.sap.de/e-procurement

   http://www.sap.com/solutions/srm

Allgemeine Informationen

   http://einkauf.oesterreich.com

   http://www.competence-site.de/beschaffung.nsf

   http://www.bme.de

E-Procurement-Dienstleister

   http://www.emaro.de

   http://www.trimondo.com

   http://www.wallmedien.de

   http://www.heiler.de

E-Procurement-Dienstleister im öffentlichen Bereich

   http://www.ai-ag.de

   http://www.intersource.de

   http://www.wilken.de

Literaturverzeichnis:

ALLW02	Allweyer, T.: E-Procurement – ein Trend wird erwachsen, S. 7f. In: http://public.emaro.com/index.cfm?id=5287, Informationsabfrage vom 14.8.2002.
DOLM00	Dolmetsch, R.: E-Procurement - Sparpotenzial im Einkauf, S. 9. Addison-Wesley, München 2000.

RÖSN02	Rösner, A.: E-Procurement Assessment zur Beurteilung der idealen B2B E-Commerce Lösung für ein Unternehmen. In: Onventis E-Procurement Reviews Nr. 4 September 2002, S. 6, IT Verlag für Informationstechnik GmbH, Wolfratshausen 2002.
SAPM02	o.V.: SAPMarkets - White Paper: Backend Integration - Enterprise Buyer professional edition. In: SAP Service Marktplatz https://websmp106.sap-ag.de/srm, Informationsabfrage vom 23.08.2002.
SILI02	o.V.: Supplier Relationship: Zuckerbrot und Peitsche für die Zulieferer. In: http://www.silicon.de/bin/bladerunner?REQUNIQ=9 53652522&30REQEVENT=&REQAUTH=21046, Informationsabfrage vom 6.3.2002.

6 mySAP SCM – Vom MRP II-Konzept zum Supply Chain Management

Sabine Mehlich

Im Zuge der globalen wirtschaftlichen Veränderung hat sich der Begriff Supply Chain Management seit Anfang der 90er Jahre zu einem vielzitierten Schlagwort entwickelt. Ziel ist es, die Eliminierung von überflüssigen Prozessschritten, wie sie der Ansatz des „Lean Management" innerhalb des Unternehmens beschreibt, auf die gesamte Wertschöpfungskette (Supply Chain) zu übertragen, d. h. das Rationalisierungspotenzial ist nicht nur unternehmensintern, sondern im gesamten Netz durch eine, zumindest informationelle, unternehmensübergreifende Integration vor- und nachgelagerter Prozesse mit ihren Wertschöpfungspartnern zu erschließen.

Grundidee des Supply Chain Management

Die Grundidee des Supply Chain Management (SCM) beruht auf der Weiterentwicklung des klassischen Logistik-Ansatzes. Primäres Ziel dieses Konzeptes ist die Optimierung der Material- und Informationsflüsse innerhalb einer Organisation. Zur Lösung dieser Aufgabe werden seit den 80er Jahren betriebswirtschaftliche Standardanwendungs- (ERP-)Systeme) und insbesondere Produktionsplanungs- und -steuerungs-(PPS-)Systeme im Unternehmen eingesetzt. Diese Systeme spielen auch im Rahmen des SCM-Ansatzes eine elementare Rolle, da sie weiterhin komplementär zu innovativeren Lösungen eingesetzt werden, z. B. in Kombination mit den Advanced Planning and Scheduling-Systemen (APS-Systeme). Das besondere Augenmerk derzeitiger Forschung und Software-Entwicklung gilt jedoch der Schließung der Lücke, die Lieferanten und Abnehmer trennt. Mit dem Paradigmenwechsel Prozess- statt Funktionsorientierung rückt jetzt eine vollständige Integration aller Partner mit ihren spezifischen Kernkompetenzen entlang der logistischen Kette in den Vordergrund. Dabei soll die Planung und Steuerung einzelner Glieder des Supply-Netzes derart möglich sein, dass Produkt- und Warenläger minimiert werden und die Versorgung der Kunden bei minimalen Kosten maßgeblich verbessert wird ([CELI01], S. 21).

Obwohl das Konzept des Supply Chain Management bereits 1958 von FORRESTER ([FORR58], S. 37-66) formuliert wurde, ermöglichte erst die Entwicklung neuer Techniken in den letzten Jahren die Umsetzung desSCM-Ansatzes. Der geforderte Informationsaustausch innerhalb eines Unternehmens und die Kommunikation mit Kunden und Lieferanten kann schnell und kostengünstig über Internet abgewickelt werden. Leistungsfähige Hardware und multidimensionale Datenbanken ermöglichen die Echtzeitverarbeitung komplexer Planungs- und Optimierungsaufgaben.

Mit der APS-Lösung SAP Advanced Planner and Optimizer (SAP APO) stellte die SAP AG 1998 ihren SCM-Ansatz der Öffentlichkeit vor, 10 Jahre nachdem der SCM-Marktführer i2 Technologies bereits die APS-Software „Factory Planner" auf den Markt gebracht hat. Die Integration von ERP-Welt (SAP R/3) und APS-Funktionen (SAP APO) bietet dem Anwender eine durchgängige Abwicklung der Logistikkette unter Einsatz modernster Optimierungsansätze.

SAP APO

6.1 Entwicklung von PPS zu SCM

Der entscheidende Unterschied zwischen ERP/PPS- und SCM-Systemen besteht in der differenzierten Vorgehensweise in den Bereichen Produktionsplanung und Entscheidungsfindung. Klassische PPS- bzw. ERP- (Enterprise Resource Planning-) Systeme planen nach dem MRP II- (Manufacturing Resource Planning-) Konzept und sehen eine klare Trennung zwischen Planung und Steuerung vor ([HOLT00a], S. 1). Die Produktionsprogrammplanung erfolgt auf einer hoch aggregierten Ebene, die Monats- oder Quartalsperioden als Planungsintervalle nutzt. Sie induziert einen Produktionsplan, der in die Fertigungsablaufplanung übernommen wird. Nach Festlegung des Primärbedarfs wird mittels terminlicher und mengenmäßiger Stücklistenauflösung über alle Fertigungsstufen hinweg Sekundärbedarf ermittelt, der zu Losen zusammengefasst oder terminlich verschoben werden kann. Das Ergebnis ist ein Fertigungsplan, der in die Fertigungssteuerung nach bestimmten Prioritätsregeln der Ausführung übergeben wird.

Unterschiede zwischen ERP- und SCM-Systemen

6.1.1 Material Requirements Planning (MRP)

Bei dem Verfahren der „reinen Bedarfsauflösung aus den Stücklisten", bezeichnet als Material Requirements Planning (MRP), wird auf Basis eines vorgegebenen Produktionsprogramms bei gleichzeitiger Betrachtung der vorhandenen Bestände aus dem konkreten Primärbedarf periodengenau der Nettobedarf durch Stücklistenauflösung ermittelt. Charakteristisch für MRP ist der Fokus auf die Prozesse der Materialwirtschaft und der Beschaffung. Hier werden einfache Primärbedarfspla-

Material Requirements Planning (MRP)

nungsmodelle, Sekundärbedarfsrechnungen und Stücklistenauflösungsalgorithmen realisiert. Nicht vorhandene Feedback-Mechanismen und die fehlende Berücksichtigung von Ressourcenengpässen zwischen den Abteilungen führten dazu, dass aus dem einfachen Closed-Loop-MRP Ende der 60er Jahre durch Einbeziehung von Fertigungskapazitäten in der Planung das erweiterte Manufacturing Resource Planning (MRP II) hervorging.

6.1.2 Manufacturing Resource Planning (MRP II)

Manufacturing Resource Planning (MRP II)

Das Verfahren MRP II umfasst die Planung aller Ressourcen innerhalb eines Produktionsunternehmens, wobei allerdings von unendlichen Produktionskapazitäten ausgegangen wird. Die Planung erfolgt sequenziell mit einer Reihe von Feedback-Schleifen. Um die jeweiligen Planungsergebnisse möglichst aktuell präsentieren zu können, wurden die klassischen Batch-Programmsysteme auf Dialogbearbeitung umgestellt. MRP II sieht die PPS-Prozesse als Fortsetzung der Logistikkette, die von der Unternehmensplanung über die Absatz- zur Produktionsprogrammplanung führt. Die MRP II-Planung ist dabei ausschließlich auf die unternehmensinterne Sicht beschränkt und beinhaltet keine Anbindung von Lieferanten und Abnehmern.

6.1.3 Konzeptionelle Schwachstellen klassischer PPS-Systeme

In der Praxis ist der MRP II-Ansatz weit verbreitet. Sowohl die „klassischen" PPS-Systeme als auch die funktional weiter gefassten operativen ERP-Systeme basieren zu großen Teilen auf dem MRP II-Konzept. Ihr primärer Nutzen liegt in der Bereitstellung einer einheitlichen Datenbasis mit aktuellen Zahlen über Auftragslage und Bestandssituation innerhalb eines Unternehmens. Trotz weitläufiger Akzeptanz stoßen diese Systeme bei der ganzheitlichen Planung der Logistiknetzwerke aufgrund z. T. gravierender Mängel an ihre Grenzen.

Konzeptionelle Schwächen des MRP II-Ansatzes

Zu den ausschlaggebenden Faktoren bei der Auftragserteilung zählen gegenwärtig Lieferbereitschaft und Liefertreue eines Herstellers, die nur mit der notwendigen Kenntnis des aktuellen Zustands der Supply Chain und der Kontrolle entlang des integrierten Geschäftsprozesses möglich sind. Die signifikanten Kritikpunkte des MRP-II-Ansatzes lassen sich wie folgt zusammenfassen:

Strukturelle Schwächen:

- Sukzessive Vorgehensweise der PPS-Systeme

Konzeptionelle Schwächen von MRP II:

- Verwendung eingeschränkter Partialmodelle

- Begrenzte Berechnungskomplexität

Planungsdefizite:
- Fehlende Berücksichtigung von Restriktionen
- Bildung von Sicherheitsbeständen und Losgrößen
- Keine Planungsoptimierung
- Unzureichende Abbildung der „Unternehmensrealität"

Die ERP-Systeme setzen i. d. R. auf relationalen Datenbankverwaltungssystemen auf, da sich diese Form der Datenspeicherung bei transaktionsorientierten Informationssystemen etabliert hat. Dadurch werden redundanzfreie Datenhaltung und flexible Abfragen mittels SQL (Structured Query Language) unterstützt. Die Folge ist jedoch eine viel zu geringe Reaktionsfähigkeit dieser Systeme auf ein verändertes Nachfrage- oder Lieferverhalten. Um die Berechnungszeiten zu beschleunigen, wird die Grobplanung in einem zentralen Planungssystem durchgeführt. Anschließend erfolgt die Detailplanung für die Subsysteme z. T. in dezentralen Lösungen. Die Folgen sind massive Probleme bei der Einplanung der jeweiligen Ressourcen sowie die Nichtberücksichtigung dynamischer Alternativen. Es ist unmöglich, realistische Lieferzusagen unter Berücksichtigung aller Partner einer Supply Chain in Echtzeit zu treffen. Mit zentralistischen und transaktionsorientierten PPS-Systemen kann die „Unternehmensrealität" vor allem für Unternehmen abgebildet werden, die weder in einem dynamischen noch komplexen Umfeld agieren. Für diese Unternehmen besteht keine Notwendigkeit, schnelle Entscheidungen anhand der aktuellen Engpasssituation treffen oder kurze Lieferzeiten abbilden zu müssen.

Informationstechnologische Defizite des MRP II-Ansatzes

6.1.4 Grundlagen moderner SCM-Ansätze

Nennenswerte Effizienz- und Innovationsvorsprünge gegenüber dem Wettbewerb sind heute faktisch in einzelnen Fertigungsunternehmen nicht mehr zu erzielen. Als logische Konsequenz gewinnt der Gedanke der Kooperation (Vereinigung von Kernkompetenzen) immer mehr an Bedeutung. Insbesondere in einem komplex ausgeprägten Netzwerk reicht ein ausschließlich auf das eigene Unternehmen bezogenes Management nicht mehr aus. Für die Befriedigung der Kundenbedürfnisse und damit für das Überleben aller Mitglieder einer Supply Chain ist eine Einbindung in vor- und nachgelagerte Prozesse unerlässlich. An ein Unternehmen, das als Glied einer oder mehrerer Wertschöpfungsketten fungiert, stellen sich sehr hohe Anforderungen hinsichtlich Koordination und Informationsbereitstellung. Im Wesentlichen können die Funktionalitäten der SCM-Systeme als SCM im engeren Sinne grob in die E-

Supply Chain Planning und Supply Chain Execution

6 mySAP SCM – Vom MRP II-Konzept zum Supply Chain Management

benen Supply Chain Planning (SCP) und Supply Chain Execution (SCE) unterteilt werden (vgl. Abbildung 6.1).

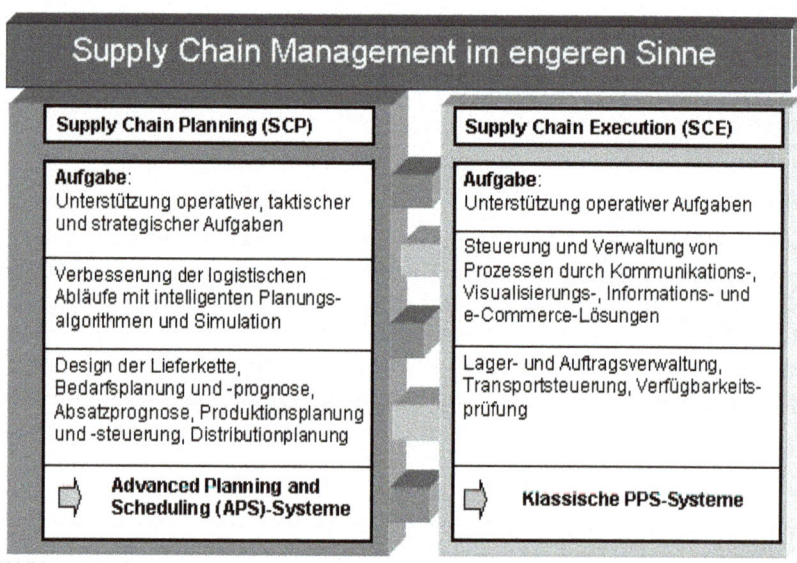

Abbildung 6.1: Darstellung der Abhängigkeiten zwischen SCM, SCP und SCE (in Anlehnung an [JIRI99], o. S. und [ROCK00], S. 13)

APS-Planungs-algorithmen

Das innovative Potenzial des SCM beruht nicht zuletzt auf den Planungsalgorithmen aus den APS-Systemen. Diese treffen optimierte und konfliktfreie Entscheidungen auf mehreren Planungsebenen innerhalb eines Unternehmens und entlang der Supply Chain. Es ist zu beachten, dass über Erfolg und Misserfolg das schwächste Glied dieser Kette entscheidet. Die Teilnehmer der Supply Chain werden sich daher die Frage stellen müssen, ob sie hinsichtlich ihrer Prozess- und IT-Infrastruktur dieser neuen Thematik gewachsen sind.

Nutzenpotenzial

Durch eine erfolgreiche SCM-Umsetzung sind eine Reihe von positiven Effekten realisierbar. Zur Systematisierung der in der Literatur genannten Ziele und Verbesserungspotenziale ist eine Unterteilung in vier Klassen sinnvoll (vgl. Tabelle 6.1). Hier stellt sich die Frage, ob die genannten Ziele und Potenziale reine Utopie und Wunschdenken sind. Weiterhin ist zu klären, welche betriebswirtschaftlichen und IT-technischen Voraussetzungen notwendig sind, um nennenswerte Vorteile zu erzielen.

Tabelle 6.1: Ziele und Verbesserungspotenziale des SCM (in Anlehnung an [SCHI00], S. 28f. und [PILL99], S. 19f.)

Erhöhung des Nutzens	Kostenreduktion
Abgeleitete Ziele: Verringerungen der Kapitalbindung und des Ressourcenverbrauchs, höhere Prognosegenauigkeit, Verbesserung der partnerschaftlichen Beziehungen, Forcierung der interdisziplinären Zusammenarbeit und die daraus resultierende wesentliche Verbesserung der Wettbewerbsfähigkeit **Potenziale**: Gewinnsteigerungen von 30 Prozent und Gesamtkosteneinsparungen von mehr als 25 Prozent	**Abgeleitete Ziele:** Beschleunigung und Vereinfachung der Entscheidungsfindung, Datenintegration über den gesamten Wertschöpfungsprozess, Schaffung von Transparenz, verbesserte Abstimmung der Produktions- und Distributionspläne, Lagerhaltungs- und Betriebskostenreduktion **Potenziale:** Lagerbestandssenkungen von bis zu 60 Prozent und Einsparungen von bis zu 30 Prozent der Transportkosten
Verbesserung der Kundenbeziehung	Erhöhung der Geschwindigkeit
Abgeleitete Ziele: Verbesserung des Lieferservices, der Kundenzufriedenheit und der Reaktionsfähigkeit auf Umweltsituationen **Potenziale**: In den bisherigen SCM-Projekten sind Verbesserungen hinsichtlich der Termintreue um 30 Prozent zu beobachten. Theoretisch wären Verbesserungen um 100 Prozent denkbar.	**Abgeleitete Ziele:** Beschleunigung der Planungs- und Prozesszyklen, der Durchlaufzeiten, der "time to market" und der Bearbeitungszeiten, höhere Kapazitätsauslastung und Planungsflexibilität **Potenziale:** In den bisherigen SCM-Projekten ist eine Verringerung der Durchlaufzeit um 50 Prozent zu beobachten.

Der entscheidende Vorteil gegenüber klassischen Planungssystemen ist die eingesetzte Kommunikations- und Informationsart ([PILL99], S. 19). Da eine bidirektionale Verknüpfung entlang der Supply Chain vorliegt (vgl. Abbildung 6.2), werden Informations- und Kommunikationsprozesse mit den Güterflüssen abgestimmt. Alle Veränderungen in der Prozessabwicklung können sofort berücksichtigt werden. Aufgrund der ständigen Rückkopplung ist eine schnelle Reaktion in alle Richtungen der Supply Chain und eine bessere Abstimmung der gegebenen Produktionskapazitäten auf den anfallenden Kapazitätsbedarf möglich. Dadurch können unproduktive und damit kostentreibende Übergangs- und Wiederbeschaffungszeiten u. U. vermieden werden. *Reaktionsgeschwindigkeit*

Die Erreichbarkeit dieser Ziele ist jedoch nur möglich, wenn Prozessstandards geschaffen werden, die einen reibungslosen Datenaustausch innerhalb der Wertschöpfungskette realisierbar machen. Und obwohl die Implementierung von SCM nicht nur eine Frage der Software ist, trägt letztere entscheidend zu dessen erfolgreicher Umsetzung bei. *Supply Chain-Integration*

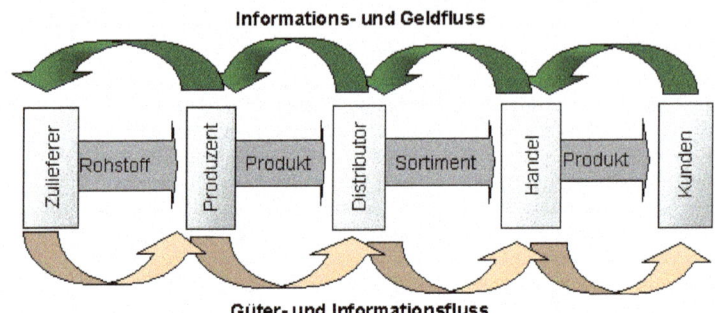

Abbildung 6.2: Integrative Verknüpfung von Informations- und Güterflüssen [SCHI00, S. 29]

6.1.5 SCM-orientierte Planung

Es ist wichtig, die Erkenntnisse der Betriebswirtschaftslehre bezüglich des SCM mit den Software-Lösungen, die zu seiner Unterstützung entwickelt wurden, zu verknüpfen. SCM löst die MRP II-Philosophie durch die engpassbasierte Planung (Constraint-Based-Planning) ab. Dabei lösen Informationsprozesse die korrespondierenden Güterflüsse aus, in jedem Netzknoten herrschen Selbstregulierungsprinzipien und die Vermeidung von Lagerbeständen wird durch die Echtzeitverarbeitung unterstützt. Dies sind nur einige Charakteristika, die einer SCM-orientierten Planung zugeschrieben werden.

Alternative Aufteilungsmöglichkeiten der Planungsebenen

Ebenen des Supply-Chain-Modells

Grundlage der SCM-orientierten Planung ist ein konsistentes Planungsmodell, welches zum einen als Rahmen für die organisatorische Realisierung von unternehmensübergreifenden Planungsinstrumenten und zum anderen zur Analyse von SCM-Systemen dienen kann. Das Modell besteht aus drei zeitlich und logisch aufeinander aufbauenden Ebenen: Supply Chain Configuration, Supply Chain Planning und Supply Chain Execution (vgl. Tabelle 6.2). Die Planungsebenen können nach Planungshorizont und Planungsobjekten unterschieden werden.

SCM-Planungssichten

Das SCM-Planungsmodell kann weiterhin in einzelne Sichten differenziert werden. Die erste Sicht sieht eine Unterteilung der Planung in Unternehmens-, Beschaffungs-, Absatz- und Produktionsplanung vor. Die zweite Sicht bezieht sich auf Planungsverfahren. Diese können in optimierende, engpassorientierte oder heuristische Planungmethoden eingeteilt werden. Aber auch aus anderen Blickwinkeln kann der Planungsprozess betrachtet und gegliedert werden.

6.1 Entwicklung von PPS zu SCM

Tabelle 6.2: SCM-Planungsebenen (in Anlehnung an [SELI99], S. 29)

SCM-Planungsebenen	Beschreibung	Funktionen
Strukturkonfigurationsfunktionen (SC-Configuration)	Auslegung von Produktions- und Logistikstrukturen	Supply-Chain-Modellierung und Auslegung von Lieferkettenelementen (Lager-, Produktions- und Transportkapazitäten).
Planungsfunktionen (SC-Planning)	Planung von Beständen, Mengenflüssen und Kapazitäten	Absatz-, Distributions-, Master-, Produktions-, Maschinenbelegungs- und Transportplanung, Kundenauftragssimulation, Störungsmanagement und Controllingfunktionen.
Abwicklungsfunktionen (SC-Execution)	Veranlassung und Rückmeldung von Aufträgen	Kunden-, Fertigungs-, Bestell- und Transportauftragsabwicklung.

Die wohl wichtigste Differenzierung ist die hinsichtlich des Planungshorizonts. Dabei wird Planung auf strategischer, taktischer und operativer Ebene unterschieden. Auf strategischer Ebene stellen sich Fragen des Supply-Chain-Designs, d. h. die Gestaltung interner und externer Prozesse, Strukturen und Funktionen. Die Suche nach Randbedingungen, die den Rahmen für das operative Tagesgeschäft bilden, ist Aufgabe der taktischen Ebene. Die Planung erfolgt durch Simulation verschiedener Alternativen hinsichtlich Machbarkeit oder Kosten. Anhand der Planungen der taktischen Ebene erfolgt auf der operativen Ebene die notwendige Feinplanung. Das Haupteinsatzgebiet für klassische PPS-Systeme ist die operative Ebene. Die Anwendung von SCM-Systemen ist auf allen Ebenen möglich und vorteilhaft. Schwerpunkt ihres Einsatzes bildet die taktische Ebene, wobei der Einsatz auf strategischer Ebene an Bedeutung gewinnt.

Planungshorizonte

Grundzüge einer SCM-orientierten Planung

Die Planung im Rahmen des SCM-Ansatzes wird durch APS-Systeme realisiert. Der Aufbau einer SCM-Lösung wird in Abbildung 6.3 dargestellt. Diese in den vergangenen Jahren auf dem Markt platzierten, neuartigen Planungssysteme verwenden bei der Planung Optimierungsverfahren, die auf der engpassorientierten Planungsphilosophie beruhen. Auf diese Weise können beliebige Restriktionen beachtet werden. Entscheidungen in einer engpassorientierten Supply Chain sollen mit Hilfe der Kennzahlen Durchsatz, Bestand und operative Kosten ([KILG98], S. 49-55) bewertet werden.

Engpassorientierte Planung

6 mySAP SCM – Vom MRP II-Konzept zum Supply Chain Management

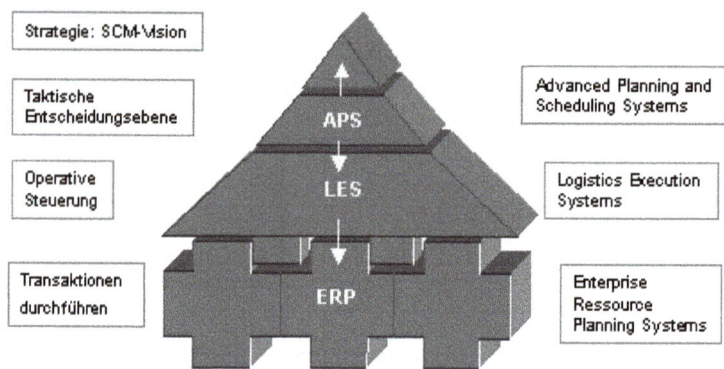

Abbildung 6.3: Aufbau einer SCM-Lösung ([WALD99], o. S.)

Typische Merkmale der APS-Systeme sind die engpassorientierte Planung, die Modellgenerierung unter Verwendung so genannter "what-if"-Szenarios, die übergreifende Planung und Optimierung in Echtzeit sowie die integrierte Entscheidungsunterstützung.

Supply-Reality-Control-Modell

Bei der Planung gehen SCM-Systeme grundsätzlich anders vor als klassische PPS-Systeme, die für jeden Funktionsbereich getrennte Planungsgrundlagen haben. Im Rahmen der Transaktionen lesen PPS-Systeme jeden Vorgang von der Festplatte und schreiben die Teilergebnisse wieder in die Datenbank. Dies führt zu Performanceeinbußen, da jede Transaktion mindestens zweimal auf die Festplatte zugreift. Die SCM-Systeme basieren dagegen auf hauptspeicherresidenten Supply-Reality-Control (SRC)-Modellen. Sie setzen fast ausschließlich auf existierenden PPS-/ERP-Systemen auf und transferieren sowohl periodisch als auch ereignisgesteuert planungsrelevante Daten aus den operativen Transaktionssystemen in das SRC-Modell.

Planungsobjekte

Das SRC-Modell kann auf folgenden Aggregationsstufen angelegt werden:

- Supply-Chain-bezogen (für strategische Planung, Absatz-, Produktions- und Distributionsplanung sowie Auftragsdisposition),
- standortbezogen (für die Einplanung von Produktionsaufträgen) und
- planungsobjektbezogen (z. B. für die detaillierte Terminierung von Fertigungsaufträgen in einem Standort).

Alle Bestandteile der Wertschöpfungskette, d. h. planungsrelevante Supply-Chain-Strukturen, Materialien, Stücklisten und Ressourcen u.s.w. werden im SCR-Modell in Form eines Netzes im Hauptspeicher gehalten. Die APS-Systeme verwenden dieses Modell zu Planungsläufen und zur Simulation von Planungsszenarios. Aufgrund unterschiedlicher Detaillierungsgrade können bestimmte Elemente bei der Planung nur unzureichend berücksichtigt werden. Andererseits sichert gerade die Aggregation der Produktionsstruktur die Durchführbarkeit der gewonnenen Ergebnisse. Daten im SRC-Modell sind allen berechtigten Partnern verfügbar. Des Weiteren werden die Planungsdaten modernen, mathematischen Optimierungsalgorithmen zur Lösungsfindung unterzogen, da Planungsprobleme i. d. R. sehr umfangreich und sehr komplex sind.

APS-Systeme berücksichtigen bei der Planung nur die relevanten Elemente des Planungsnetzes. Das aktuelle SCR-Modell kann analysiert und verbessert, verschiedene Planungsszenarios können simuliert werden. Implementierte Planungsalgorithmen bringen den entscheidenden Vorteil, dass sie alle Alternativen und Constraints (z. B. Material- und Kapazitätsrestriktionen) des Modells berücksichtigen. Ein APS-System zeigt alle Verletzungen der definierten Constraints auf. Somit können Algorithmen konfliktfreie, durchführbare Pläne liefern, die dann als Vorgaben an die PPS/ERP-Systeme weitergegeben werden. Da diese Systeme mit verbesserten Daten aus den SCM-Systemen versorgt werden, können sie besser planen. *Contraints*

6.1.6 Vorteile von APS-Systemen

Die APS-Systeme gewährleisten kurze Zugriffszeiten, schnelle und quasi simultane Planungen von Kapazitäten und Materialbedarf unter Berücksichtigung von Restriktionen. Sie führen keine Neuplanung durch, sondern schreiben alle Änderungen fort. Vorteil der inkrementellen Planung ist, dass bereits erstellte Pläne nicht jedesmal von Grund auf neu erzeugt werden. Geänderte Bedarfs-, Bestands- und Kapazitätsdaten werden neu geladen und die Auswirkungen auf den Plan können aufgezeigt werden. Die dabei neu auftretenden Probleme können eliminiert und der Plan kann wieder verbessert werden. Dadurch entstehen machbare Pläne, die bestehende aktuelle Restriktionen bestmöglichst erfüllen. Die Vorteile sind zum einen die wesentlich kürzere Planungsdauer und zum anderen die Bewahrung der in den vorangegangenen Planungsläufen getroffenen Optimierungsentscheidungen. *Zeitnahe Planung*

Bei einer SCM-Planung verschwinden Grenzen zwischen internen und externen Systemen bzw. deren Komponenten. Dies ist insbesondere im Rahmen der „Kooperierenden Planung" zu beobachten und wird bei einem virtuell vertikal integrierten Unternehmen eine bedeutende Rolle spielen. *Kooperierende Planung*

6 mySAP SCM – Vom MRP II-Konzept zum Supply Chain Management

Anhand bestimmter Kriterien können in tabellarischer Form wesentliche Unterschiede zwischen einer Planung in PPS- und in APS-Systemen zusammengefasst werden (vgl. Tabelle 6.3).

Tabelle 6.3: Planungsunterschiede: PPS-/APS-Systeme (in Anlehnung an [HOLT00b], o. S.)

PPS-Systeme	Differenzierungskriterium	APS-Systeme
Zeitvorgaben sind starr vorgegeben.	Zeitvorgaben	Dynamisch, abhängig von Materialfluss und Maschinenauslastung.
Berücksichtigen nur Liefertermin.	Auftragsreihenfolge	Berücksichtigen Liefertermin und Verfügbarkeit von Ressourcen.
Einplanung neuer Aufträge auf einer veralteten Planungsbasis ist möglich.	Aktualität der Planungsgrundlage	Jederzeit aktuelle Planungsbasis (speicherresidente SRC-Modelle).
Es werden i.d.R. keine Kapazitätsengpässe beachtet.	Restriktionsbeachtung	Beachten je nach Modellart beliebige Restriktionen.
Höchstens auf der Leitstandsebene (viele wichtige und suboptimale Ergebnisse sind schon festgelegt).	Optimierung	Auf unterschiedlichen Ebenen (strategisch, taktisch, operativ) nach unterschiedlichen Zielen.

6.1.7 Supply-Chain-Planning-Matrix

Die Supply-Chain-Planning-Matrix (SCP-Matrix) nach ROHDE (vgl. Abbildung 6.4) liefert eine sinnvolle Möglichkeit zu einer strukturierten, von Herstellern unabhängigen Einordnung der Module einer APS-Software ([ROHD00], S. 10).

Supply-Chain-Planning-Matrix

Dadurch wird eine geordnete Darstellung der allgemeinen Aufgaben des SCP möglich. Der Ansatz für die SCP-Matrix von ROHDE wird hier modifiziert (vgl. Abbildung 6.5). Die originäre Matrix unterteilt Module danach, ob sie mehr der kurzfristigen oder der langfristigen Planung dienen.

An dieser Stelle erscheint es jedoch sinnvoller, als zweiten Differenzierungsaspekt den Planungshorizont festzulegen. Zum einen hat das Kriterium Zeit in APS-Systemen einen sehr hohen Stellenwert, zum anderen wird durch Unterteilung in strategische, taktische und operative

Planungsebenen eine detailliertere Sicht auf die Aufgaben der APS-Systeme möglich.

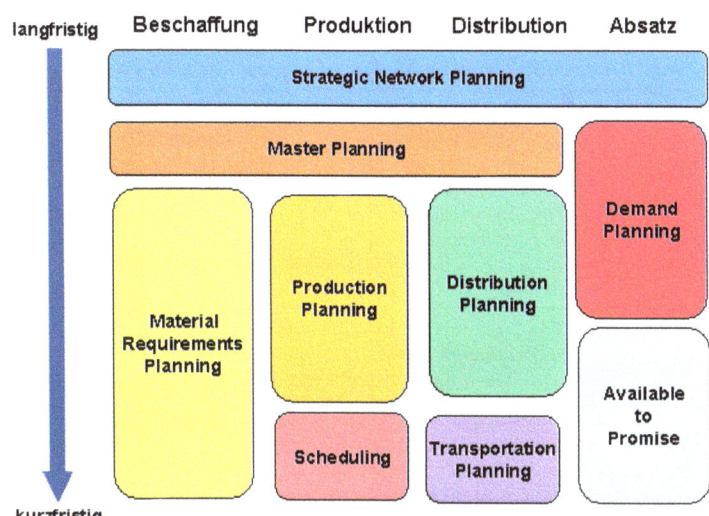

Abbildung 6.4: Supply-Chain-Planning-Matrix ([ROHD00], S.10)

Unabhängig vom tatsächlichen Aufgabenerfüllungsgrad einzelner APS-Module ist eine Aufteilung der verschiedenen Planungsaufgaben auf einzelne Module (vgl. Tabelle 6.4) möglich.

Planungsaufgaben

Tabelle 6.4: Aufteilung der Planungsaufgaben auf die APS-Module (in Anlehnung an [ROHD00], S.10 und [SAP03], o. S.)

Modul	Planungsaufgaben
Strategic Network Planning (SNP):	Über monetäre und logistische Analysen werden beim SNP strategische Aussagen über die Konfiguration von Lieferketten unter Berücksichtigung unterschiedlicher Szenarios getroffen. Typische Aufgaben sind die Planung und Auswahl neuer Standorte.
Demand Planning (DP):	DP dient der Erstellung präziser und zuverlässiger Absatzprognosen einer SC. Verschiedene statistische Verfahren unterstützen die Prognoseerstellung, während Lebenszykluskonzepte unterschiedliche Phasen eines Produktes abbilden.
Available-To-Promise (ATP):	Von den weltweit agierenden Unternehmen werden verlässliche Lieferterminzusagen verlangt, die auch in heterogenen Systemlandschaften in kürzester Zeit vom Verkäufer erfragt werden können. Durch Unterstützung von Capable to Promise (CTP) können Substitutionsprodukte angeboten und Planaufträge generiert werden.

6 mySAP SCM – Vom MRP II-Konzept zum Supply Chain Management

Modul	Planungsaufgaben
Master Planning (MP):	Zentrale Aufgabe des MP ist die Synchronisierung aller Material-, Geld- und Informationsflüsse innerhalb einer SC. Basierend auf den im DP ermittelten Absatzzahlen und konkreten Kundenaufträgen erfolgt ein kostenoptimaler Abgleich von Produktionsmengen und zur Verfügung stehender Kapazitäten über die gesamte SC.
Production Planning and Scheduling (PP&S):	Über die Zusammenfassung bzw. Aufteilung der vom MP vorgegebenen Mengen und auf Basis der OLTP-Daten bestimmt die Produktionsplanung werk- bzw. standortbezogene Produktionsaufträge mit einem kurzfristigen Planungshorizont. Anschließend legt das Scheduling die Reihenfolge der Produktionsaufträge auf den einzelnen Ressourcen minutengenau fest. Die Trennung zwischen Production Planning und Scheduling ist fließend. Bei dem PP&S werden lokale Besonderheiten berücksichtigt.
Distribution and Transportation Planning (DP/TP):	Das DP übernimmt die Transport- und Bestandsplanung für das gesamte Distributionsnetzwerk. Dabei werden notwendige periodengenaue Pläne für Transporte und Bestände zur kostenminimalen Belieferung der Kunden ermittelt.
Material Requirements Planning:	Zu den Aufgaben zählen die Generierung von Bestellaufträgen und die Materialverfügbarkeitsprüfung im Rahmen der Auftragsfreigabe oder bei ATP-Anfragen. Material Requirements Planning wird von den Standardfunktionalitäten abgedeckt.

Aus der Modul-Aufgaben-Zuordnung lässt sich eine Darstellung des Kontextes zwischen den einzelnen Modulen ableiten (vgl. Abbildung 6.5).

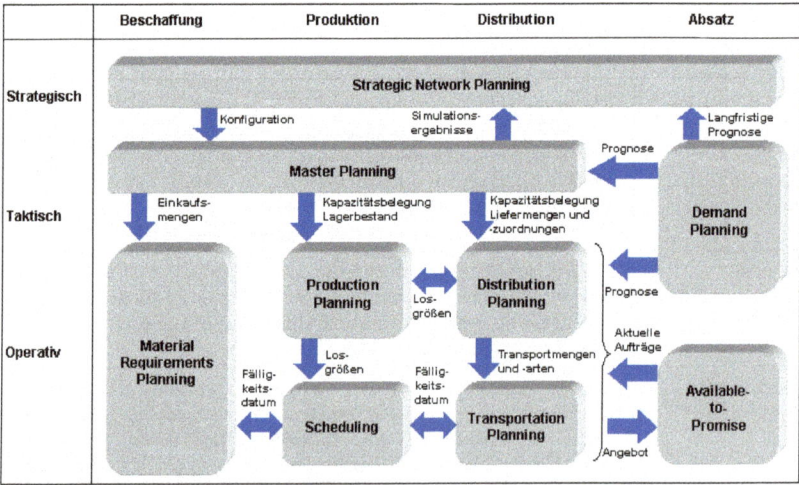

Abbildung 6.5: Modifizierte Supply-Chain-Planning-Matrix

6.1.8 Architektur einer SCM-Software-Lösung

Durch SCM-Software soll die Genauigkeit der Ergebnisse erhöht und eine deutliche Verbesserung in den Bereichen Planung, Prognose, Angebotserstellung, Beantwortung von Kundenanfragen und What-If-Analysen erreicht werden. Angestrebt ist keine optimale Lösung, sondern eine schnelle Systemantwort, die ein zulässiges Ergebnis auf einem Niveau von 90 bis 95 Prozent liefert. Diese Ziele werden durch einen integrierten Lösungsansatz und eine spezielle performante Architektur erreicht. Um diesen Ansprüchen gerecht zu werden, ist ein Geschwindigkeitszuwachs um das Tausendfache notwendig. Bisher war dies nur unter Einsatz von Spezial-Software und Schnittstellen zu externen Datenquellen möglich, was einen verhältnismäßig hohen Kostenaufwand verursachte. Die SCM-Systeme arbeiten mit SRC-Datenmodellen, die große Mengen komplexer Daten zeitnah verarbeiten können. Je nach Modellgröße liegt der Speicherbedarf bei mehreren Gigabyte. Die benötigte Systemperformance wird durch ein im Hauptspeicher gehaltenes objektorientiertes Managementsystem sichergestellt, welches Response-Zeiten gewährleistet, die hundertfach schneller als eine SQL-Abfrage auf eine relationale Datenbank sind [SCHI00, S. 33].

Hauptspeicher-residente Planungsmodelle

Durch eine Statusmeldung zwischen kommunizierenden Modulen wird sichergestellt, dass angeforderte Daten den Empfänger auch erreichen. Dies ist insbesondere deswegen sinnvoll, weil APS-Systeme primär für den Einsatz in heterogenen Umgebungen konzipiert sind. Um die hohe Verfügbarkeit zu gewährleisten, wird seitens der Anbieter empfohlen, ein zweites gespiegeltes System aufzubauen.

Konsistente Pläne für unterschiedliche Planungsebenen und unterschiedliche Wertschöpfungspartner sind unter der Voraussetzung einer starken Koordination zwischen den Planungsmodulen möglich.

6.2 Was ist wirklich neu an mySAP SCM?

Die Lösung mySAP Supply Chain Management[85] (mySAP SCM) ist Bestandteil der mySAP Business Suite. MySAP SCM besteht aus den SAP-Produkten SAP R/3 Enterprise und SAP SCM. SAP SCM umfasst die Anwendungskomponenten SAP Advanced Planner (SAP APO), SAP Event Management (SAP EM) und SAP Inventory Collaboration Hub (SAP ICH). Basistechnologie für mySAP SCM ist die Integrations- und Applikationsplattform SAP NetWeaver.

Die SAP AG orientiert sich bei der Realisierung ihrer SCM-Lösung stark an dem Konzept des Supply Chain Council, das mit dem SCOR-Modell

---

[85] http://www.sap-ag.de/germany/solutions/scm

6 mySAP SCM – Vom MRP II-Konzept zum Supply Chain Management

Anforderungen an SCM-Software in den Bereichen SCM-Execution, -Planning und -Controlling formuliert hat.

MySAP SCM beinhaltet Realisierungskomponenten und Funktionen für die Bereiche Planung, Ausführung, Koordination und Vernetzung (vgl. Tabelle 6.5).

Tabelle 6.5: Elemente von mySAP SCM

mySAP SCM-Supply Chain Planning	mySAP SCM-Supply Chain Execution
- Supply Chain Design - Absatzplanung - Bedarfsplanung - Distributionsplanung - Produktionsplanung - Transportplanung - Globale Verfügbarkeitsprüfung	- Materials Management - Produktion - Auftragsabwicklung und Versand - Warehouse Management - Transportabwicklung - Außenhandel
= SAP Advanced Planner	= SAP R/3 Enterprise
mySAP SCM-Supply Chain Coordination	mySAP SCM-Supply Chain Networking
- Supply Chain Event Management - Supply Chain Performance Management	- Supply Chain Portal - Collaboration Processes - Supply Chain Integration SAP Advanced Planner
= SAP Event Management	SAP Inventory Collaboration Hub

mySAP SCM = SAP R/3 Enterprise + SAP SCM

Aus dieser Auflistung wird auch erkennbar, aus welchen Komponenten die Software-Lösung mySAP SCM aufgebaut ist. Die Abwicklung der logistischen Prozesse, die sogenannte Execution-Ebene, wird durch die Standardfunktionen in SAP R/3 Enterprise realisiert. Die Planungsebene wird durch das APS-System SAP APO abgedeckt. Die Integration von SAP APO und SAP Supply Chain Event Management ermöglicht unter Nutzung von SAP Business Warehouse die Supply-Chain-Koordinierung. Die Vernetzung der Supply Chain erfolgt mit Hilfe der SAP-Portal- und -Internet-Services von SAP Advanced Planner und SAP Inventory Collaboration Hub.

6.2.1 Entwicklung von mySAP SCM

SCOPE-Initiative

Bereits im Jahre 1992 hat die SAP AG mit der SAP R/3-Version 1.2 und den Modulen MM und SD erste Funktionen im Bereich SC-Execution bereitgestellt. Im Zuge der weiteren SAP R/3-Entwicklung kamen die Module Production Planning (PP), Warehouse Management (WM) und Logistics Execution System (LES) hinzu.

Betrachtet man die Funktionsvielfalt und die Integrationstiefe der aktuellen SAP R/3-Version, ist die Entwicklung der SC-Ausführungsebene wohl als abgeschlossen zu sehen. Das Kernstück der mySAP SCM-Lösung, SAP APO, ist ein noch relativ neues Produkt.

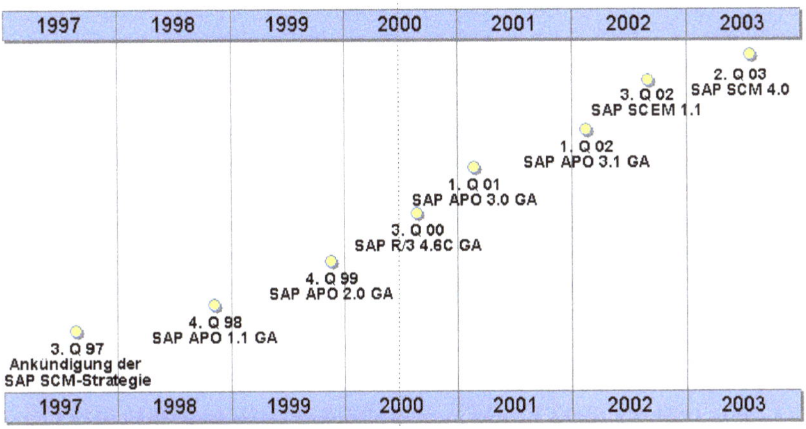

Abbildung 6.6: Entwicklung von mySAP SCM AG (in Anlehnung an [PFAD00], S. 26 und [DURA01], S. 3-5)

Im Jahre 1997 (Abbildung 6.6) startete die SAP AG die SCOPE (Supply Chain Optimization, Planning and Execution)-Initiative zur Optimierung des Informationsflusses entlang der gesamten Wertschöpfungskette vom Zulieferer bis zum Kunden. Basierend auf den Erkenntnissen aus der Zusammenarbeit mit ihrem heutigen Hauptkonkurrenten i2 Technologies Mitte der 90er Jahre entwickelte die SAP AG SAP APO.
Die erste Version 1.1 enthielt erste Lösungen und wurde nur an einige ausgewählte SAP-Kunden ausgeliefert. Die SAP APO-Version 2.0 beinhaltete die wichtigsten APS-Funktionen in einer akzeptablen Form, wies aber insbesondere im Bereich Integration noch Mängel auf.
Erst mit der Version 3.0 konnte die SAP auch die Analysten und Kunden von ihrer SCM-Philosophie überzeugen. Die SAP AG war im Jahre 2001 SCM-Marktführer in Deutschland und weltweit auf Platz zwei hinter i2 Technologies. Mit der Version 3.1 baute die SAP AG die SAP APO-Funktionen insbesondere in den Bereichen kundenauftragsbezogene Planung und Kampagnenplanung aus. Die Integration mit der Software-Lösung SAP Supply Chain Event Management (SAP SCEM) ermöglichte das Monitoring der logistischen Prozesse sowohl in der Planung als auch in der Ausführung. Die SAP AG bietet mit SAP SCM 4.0 ein Produkt für die SCM-Bereiche Planung, Koordination und Vernetzung an. Neben SAP APO besteht SAP SCM aus dem ehemals eigen-

ständigen Modul SAP Event Management, das die Koordinierung der logistischen Kette ermöglicht, und der neuen Anwendungskomponenten SAP Inventory Collaboration Hub, die die Internet-basierten kooperativen Nachschubbeschaffungsszenarios unterstützt. Neu zu SAP APO 4.0 sind u. a. folgende Funktionen: Hierarchische (aggregierte) Planung, Produktion in einer anderen Lokation, Produktaustauschbarkeit (Substitution), Einbeziehung des Sicherheitsbestandes in der Globalen Verfügbarkeitsprüfung, Berücksichtigung von Retouren in der Globalen Verfügbarkeitsprüfung, Verarbeitung von Retouren aus SAP R/3 in TP/VS und Vereinfachung des Lieferplanabwicklungsprozesses (Bestätigungen).

6.2.2 Komponenten von SAP APO

Essenziell an SAP APO, wie auch an anderen APS-Systemen, ist die Verwendung starker, speicherresidenter Planungsalgorithmen und die Verfolgung einer constraint-basierten Planungs- und Optimierungsphilosophie. Das SAP APO baut auf konfigurierbaren Datenobjekten auf, die neue und wichtige Komponenten[86] ([BART01] und [SAP03]) bieten. Alle wichtigen Optimierungs- und SC-Planungsfunktionen, die man üblicherweise in erweiterten Stand-Alone-, Planungs- und Terminierungslösungen findet, werden in SAP APO unterstützt. Prognose-, Planungs- und Optimierungsfunktionen werden in Echtzeit durch die hauptspeicherresidente Computing-Technologie des liveCache ermöglicht. Somit wird eine hohe Performance und Leistungsfähigkeit geboten. Basierend auf den zeitnahen Transaktionsdaten werden Planer und Entscheidungsträger auf aktuelle Probleme in der Logistikkette aufmerksam. Planungsfunktionen und Prozesse werden außerhalb des OLTP-Systems ausgeführt. Damit wird eine größere Flexibilität und höhere Verfügbarkeit auf dem SAP APO-Server sichergestellt. Aufgrund dieser Unabhängigkeit wird eine Lösung geboten, die in heterogenen Umgebungen mit dem System SAP R/3, mit OLTP-Systemen von Drittanbietern und weiteren Individuallösungen kombiniert werden kann. Somit können globale und lokale Planungsaktivitäten zur Synchronisierung SC-übergreifender Geschäftsprozesse unterstützt werden.

SAP APO Core Interface Die Aufgabe des *APO Core Interface (APO-CIF)* ist die nahtlose Integration des SAP APO in ein oder mehrere R/3-Systeme in Form einer so genannten „engen Kopplung" (tight coupling). Eine Integrationsschicht zwischen SAP APO und dem zugrunde liegenden Ausführungssystem ermöglicht einen direkten Zugriff auf die OLTP-Geschäftsdaten. Diese Lösung nutzt hochspezialisierte Datenobjekte, die in den meisten Fällen

---

[86] www.sap.com/scm

strukturell optimierte Instanzen von OLTP-Daten sind. Die Integrationsdienste des Business Framework stimmen durch eine Reihe von Echtzeit-Auslösern und Nachrichtenaustausch diese Datenobjekte aufeinander ab. Die SAP bezeichnet diese Technik als „semantische Abstimmung". Mittels gleicher Technik ist der SAP APO-Server mit SAP BW (Business Information Warehouse) verbunden. Diese Integration ermöglicht Kunden direkten Zugriff auf die Entscheidungsdaten. Darauf basierend wird die Verwendung von SAP APO mit modernen Optimierungs- und Prognosealgorithmen zur Lösung von Netzwerkplanungsproblematiken erleichtert und eine hochintegrierte Lösung für Abläufe in der Logistikkette geschaffen.

Die *SAP APO Absatzplanung (DP)* dient der Erstellung von Prognosen für die Nachfrage nach den Produkten eines Unternehmens auf dem Markt. Neben den statistischen Prognoseverfahren (Zeitreihenanalysen) ist auch eine Prognose unter Einbeziehung definierter Kausalfaktoren (Kausalanalyse) möglich. Das Ergebnis der SAP APO Absatzplanung ist der Absatzplan. Die Basis der SAP APO Absatzplanung ist ein multidimensionaler Datenbestand, in dem der Benutzer sämtliche Informationen speichert und pflegt, die zur Abwicklung des Absatzplanungsprozesses im Unternehmen benötigt werden. Durch die enge Integration der SAP APO-Komponenten *Absatzplanung* und *Supply Network Planning* (SNP) werden Entscheidungen zum Sourcing, Deployment und Transport auf der Grundlage des Absatzplans getroffen. — SAP APO Absatzplanung

Die SAP APO-Komponente *Supply Network Planning (SNP)* integriert die Bereiche Beschaffung, Produktion, Distribution und Transport. Die Simulation und Umsetzung umfassender taktischer Planungsentscheidungen sowie die Bezugsquellenfindung auf der Grundlage eines globalen und konsistenten Modells sind die Kernfunktionen dieser Komponente. Anhand von hochentwickelten Optimierungsverfahren und auf der Basis von Constraints oder Strafkosten plant *Supply Network Planning* den Produktfluss entlang der logistischen Kette. Dies führt zu optimierten Beschaffungs-, Produktions- und Distributionsentscheidungen, reduzierten Auftragsabwicklungszeiten und Lagerbeständen sowie einem verbesserten Kundenservice. — SAP APO Supply Network Planning

Mit der Komponente *Produktions- und Feinplanung (PP/DS)* ist eine Produktionsplanung unter Berücksichtigung von Produkt- und Kapazitätsconstraints werksübergreifend möglich. Insbesondere die Planung kritischer Produkte (z. B. Produkte mit langen Wiederbeschaffungszeiten oder Produkte, die auf Engpassressourcen gefertigt werden) gehört zu den Aufgaben dieser Komponente. — SAP APO Produktions- und Feinplanung

Die SAP APO-Komponente *Globale Verfügbarkeitsprüfung (ATP – Available-to-Promise)* dient der Entscheidungsunterstützung im Bereich — SAP APO Global ATP

6 mySAP SCM – Vom MRP II-Konzept zum Supply Chain Management

Verfügbarkeitsprüfung und ist insbesondere an die Belange einer heterogenen Systemlandschaft angepasst, um die geforderten Verfügbarkeitsauskünfte in entsprechender Zeit zu liefern. Die Globale ATP ist eine der zentralen Methoden des SAP APO-Servers und wird mit Informationen aus dem hauptspeicherresidenten Supply Reality Control des SAP APO-Systems (*live*Cache) versorgt. Die Globale Verfügbarkeitsprüfung errechnet auf Basis von Zeitreihen (Istdaten) unter Berücksichtigung von Regeln, die unternehmensindividuell gestaltet werden können, die Termine und Mengen für die Produktbereitstellung. Die Analyse der Planungsergebnisse sowie die Simulation möglicher Planungsszenarios sind weitere Funktionen der Globalen Verfügbarkeitsprüfung.

SAP APO Transportplanung/Vehicle Scheduling — Die Aufgabe der SAP APO-Komponente *Transportplanung/Vehicle Scheduling (TP/VS)* dient der Planung von Transporten unter Berücksichtigung von Kapazitätsrestriktionen mit dem Ziel die Transportträger optimal auszulasten, Ladekapazitäten effizienter zu nutzen und Kosten zu senken.

SAP APO Supply Chain Cockpit — Die SAP APO-Komponente *Supply Chain Cockpit (SCC)* beinhaltet einen grafischen Leitstand zum Modellieren, Navigieren und Kontrollieren der gesamten Wertschöpfungskette. Der Benutzer kann mit Hilfe des Supply Chain Cockpits alle Planungsebenen des Unternehmens (Beschaffung, Produktion, Distribution und Transport) überwachen.

SAP APO Collaborative Planning — Eine weitere wichtige Komponente des SAP APO ist *Collaborative Planning (CLP)*. Im Vordergrund steht die Projektierung dynamischer Netzwerke für eine unternehmensübergreifende Zusammenarbeit. Angestrebt werden dabei ein verbesserter Kundenservice und niedrigere Kosten der Supply Chain durch Implementierung eines flexiblen Liefernetzwerks.

6.2.3 Architektur

Für ein effektives Supply Chain Management ist zum einen die funktionierende Integration der APS-Systeme mit den Online Transaction Processing Systems (OLTP-Systemen), z. B. ERP-Systemen oder Legacy Systemen, und zum anderen die Integration mit Data Warehouse (DW) zwingend notwendig (vgl. Abbildung 6.7).

OLAP-Werkzeug — Die Hauptaufgabe eines DW ist es, unterschiedliche interne und externe Informationen aus mehreren Quellen aller beteiligten Unternehmen entlang der Supply Chain zur Unterstützung von Entscheidungen bereitzuhalten. Die Interaktionen zwischen SAP APO-System und DW haben eine Read-Only-Eigenschaft. Das Haupteinsatzgebiet des DW ist im DP, welches Vergangenheitsdaten zur Ermittlung bestimmter Nachfra-

6.2 Was ist wirklich neu an mySAP SCM?

gemuster heranzieht. Dazu werden insbesondere Mining-Tools eingesetzt, während Online Analytical Processing- (OLAP-) Werkzeuge den APS-Systemen einen schnellen Zugriff auf Daten aus DW bieten. Datenextraktion mittels Queries (z. B. SQL) ist weiterhin möglich.

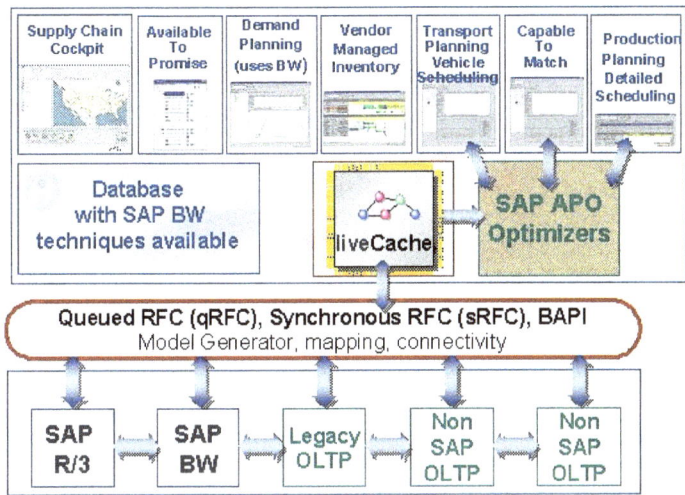

Abbildung 6.7: SAP APO-Architektur ([DURA01a], S. 4)

Die Kopplung mit ERP-Systemen erfolgt über die Integrationsschicht. Dabei sind zwei unterschiedliche Integrationskonzepte ([BART01] und [SAP03]) zu unterscheiden: Die Kopplung mit Nicht-SAP R/3- und Legacy-OLTP-Systemen wird als BAPIs (Business Application Programming Interfaces) realisiert. Die Verbindung mit SAP-R/3-Systemen wird über das APO Core Interface hergestellt (siehe Abschnitt Integration). Die Integrationsschicht stellt den betriebswirtschaftlich kontrollierten Nachrichtenaustausch bei konsistenter Datenhaltung sicher. Die Integration der APS-Anwendungen erfolgt über synchrone und asynchrone Kommunikation. — Integrationskonzept

Die Optimierungsalgorithmen werden in einer eigenen SAP APO-Komponente, dem SAP APO Solver, zusammengefasst. Zur Durchführung der Optimierung werden die Algorithmen der Firma ILOG genutzt. — SAP APO Solver

Die InfoCubes bilden die Datenbank des SAP APO-Systems, die auf der BW-Technik basiert. In ihnen werden Daten für Reporting und Auswertungen zentral gesammelt und mehrdimensional abgelegt. Eine SAP APO-Installation beinhaltet standardmäßig auch eine SAP BW-Komponente. So wird z. B. SAP APO 4.0 mit einem integrierten SAP — InfoCube

BW 3.0B[87] ausgeliefert. Diese embedded SAP BW-Architektur dient den planungstechnischen Aufgaben. Zur Erstellung von Auswertungen und Berichten sollte eine Integration zu einem SAP BW implementiert werden. Ein InfoCube besteht aus einer Menge relationaler Datenbanktabellen, die nach dem Stern-Schema zusammengestellt sind. Sie enthalten zwei Arten von Daten, Kennzahlen und Merkmalen. InfoCubes werden vor allem für die Durchführung von Absatzplanung und Supply Network Planning genutzt.

liveCache

Ein weiterer Bestandteil der SAP APO-Architektur ([BART01] und [SAP03]) ist der liveCache. Hier werden die Daten und Prozesse im Hauptspeicher administriert. Der liveCache verhält sich dabei wie eine objektorientierte und relationale Datenbank und speichert die Daten in optimierten Strukturen. Spezielle C++-Programmroutinen in den einzelnen SAP APO-Anwendungen lesen die notwendigen Informationen aus dem liveCache. Um den Datenzugriff performant zu gestalten, wird eine Mehrprozessor- und Mehrrechnertechnologie genutzt, die einen gleichzeitigen Datenzugriff ermöglicht.

6.2.4 Integration

Die Anbindung des SAP APO-Systems an ein oder mehrere SAP-R/3-Systeme wird durch das R/3 Plug-In, eine SAP R/3-Erweiterung, welche die Integration mit mySAP.com-Komponenten ermöglicht, realisiert. Das R/3 Plug-In für SAP APO wird SAP APO Core Interface (APO-CIF) ([BART01] und [SAP03]) genannt. Diese auf SAP R/3-Seite einzuspielende Kommunikationsschicht stellt den Datenaustausch zwischen dem SAP APO und SAP R/3 sicher. Auf SAP APO-Seite existiert die dazu passende Kommunikationsschicht, die mit der SAP APO-Installation ausgeliefert wird.

Zu den zentralen Aufgaben des APO Core Interface gehören die

- Bestimmung von Quell- und Zielsystem in komplexen Systemumgebungen,
- Initialversorgung von SAP APO mit relevanten Stamm- und Bewegungsdaten,
- Übertragung von Stammdatenänderungen,
- inkrementelle (zusätzliche) Versorgung von Bewegungsdaten und
- Rückgabe von Planungsergebnissen an das SAP-R/3-System.

---

[87] http://service.sap.com/scm

Das APO-CIF ist eine Echtzeit-Schnittstelle. Aus der komplexen Datenmenge im SAP-R/3-System müssen nur diejenigen Datenobjekte an SAP APO übertragen werden, die in den schlanken Datenstrukturen des SAP APO-Systems für die jeweilgen Planungs- und Optimierungsaufgaben gebraucht werden.

Echtzeitschnittstelle

Bevor die Datenübertragung gestartet werden kann, müssen die einzelnen Systeme innerhalb eines Netzwerks eindeutig identifiziert werden. Dazu dient das logische System.

Unter einem logischen System wird die Zusammenfassung unterschiedlicher Anwendungen, die auf einer gemeinsamen Datenbasis laufen, verstanden. Dies gilt sowohl für Quell- (z.B. SAP-R/3-System) als auch für Zielsysteme (z. B. SAP APO-System). Die jeweiligen logischen Systeme werden in einen betriebswirtschaftlichen Systemverbund zusammengefasst.

Ein betriebswirtschaftlicher Systemverbund bildet somit eine Einheit innerhalb des Unternehmens, die nach rechtlichen, betriebswirtschaftlichen, administrativen oder räumlichen Gesichtspunkten abgegrenzt ist. Zusätzlich sind auf SAP R/3- und auf SAP APO-Seite verschiedene Einstellungen vorzunehmen.

Der Aufbau und Betrieb von verteilten Anwendungen basiert auf der ALE-Technologie. Das Grundkonzept von Application Link Enabling (ALE) ist die Gewährleistung einer verteilten, aber integrierten SAP-Installation. Dies umfasst den betriebswirtschaftlich kontrollierten Nachrichtenaustausch bei konsistenter Datenhaltung auf gekoppelten SAP-Anwendungssystemen.

Folgende anwendungsübergreifende Funktionen bietet das APO Core Interface:

- Integrationsmodell als Datenintegrationsfilter,
- Veröffentlichung von Planungsergebnissen,
- Monitoring und Analyse und
- Kundenerweiterungen.

Im Integrationsmodell werden zunächst die Daten und Objekte definiert, die vom APO-CIF selektiert und anschließend vom SAP-R/3-System an das SAP APO-System übertragen werden sollen. Filterobjekte (wie z. B. Werke und Materialien) bestimmen, welche Datenobjekte an das SAP APO-System übertragen werden.

Integrationsmodell

Zur Gewährleistung der maximalen Flexibilität und Performance für die Datenübertragung können beliebig viele Integrationsmodelle generiert und anschließend aktiviert werden. Der Umfang der zu übertragenden

Datenobjekte lässt sich entsprechend den Planungs- und Optimierungsanforderungen einschränken.

Konsistenzprüfung Wichtig für eine korrekte Datenübertragung ist die Datenqualität. Die Konsistenzprüfung im APO-CIF kontrolliert, ob, in Abhängigkeit vom jeweiligen Filterobjekt, die für das Filterobjekt notwendigen Daten im Integrationsmodell aufgenommen wurden. So erkennt die Konsistenzprüfung beispielsweise, wenn Bedarfe übertragen werden sollen, aber der entsprechende Materialstamm bei der Selektion von Filterobjekten nicht berücksichtigt wurde. Insbesondere bei der Initialübertragung, dem Aufbau der Supply Chain, ist die Konsistenzprüfung ein wertvolles Hilfsmittel. Unstimmigkeiten in der Datenselektion (z. B. bei der Definition von Produktionsprozessmodellen) und sogar fehlende Einstellungen auf SAP R/3-Seite, wie z. B. Pflege der Zeitzonen in den Werk-, Kunden- und Lieferantenstammdaten, werden automatisch erkannt. Auf diese Weise können Fehler im Aufbau des logistischen Netzes frühzeitig entdeckt werden, die zu einem späteren Zeitpunkt nur sehr aufwändig zu beheben sind.

6.3 Organisatorische Voraussetzungen für die Einführung von SAP APO

Die Vorstellung, dass mit der Einführung einer SCM-Software die aufgetretenen Probleme in der bisherigen ERP-Welt des Unternehmens behoben werden, ist leider nicht richtig. Obwohl man bei der Sichtung der Hochglanzbroschüren mancher SCM-Anbieter durchaus auf diesen Gedanken kommen kann. Vielmehr bedeutet die Einführung eines Supply-Chain-Managementsystems neben der Definition neuer, verbesserter Geschäftsprozesse, der Auswahl geeigneter mathematischer Verfahren und der Beschreibung von unternehmerischen Sachzwängen (Constraints) auch die Ausführung der (ungeliebten) „Aufräumaktionen" im ERP-System. Nicht nur den Unternehmensprozessen steht ein Changemanagement bevor, auch das ERP-System muss für Supply Chain Management „fit" gemacht werden.

Ausgangssituation Die erste Frage, die sich im Zusammenhang mit einer SCM-Einführung stellt, ist: Die Ziele sind bekannt, aber wo ist zu beginnen? APS-Systeme stellen eine Vielzahl von Funktionen zur Verfügung, die unterschiedlichste Prozessabwicklungen ermöglichen.

In der Regel sehen sich Unternehmen mit Ausgangssituationen wie hohe Lagerbestände, lange Lieferzeiten, niedriger Servicelevel, hohe Planungsunsicherheit und mangelnde Transparenz konfrontiert.

Diesen steht Lösungspotenzial in Form von

6.3 Organisatorische Voraussetzungen für die Einführung von SAP APO

- Nutzung von APS-Planungsmöglichkeiten,
- Besinnung auf Kernkompetenzen und Unternehmensstärken,
- Verbesserung der Zusammenarbeit im Unternehmen,
- Kundenorientierung als Unternehmensziel und
- verstärkte Kooperation mit Kunden und Lieferanten

gegenüber.

Bei der Festlegung des Abbildungsobjektes für ein SAP APO-Projekt stehen meistens folgende Punkte zur Auswahl:

- Planerische Defizite des Unternehmens, d. h. die Planungsprozesse, die in der bisherigen ERP-Welt nur unzureichend abgedeckt sind, sollen mit SAP APO beseitigt werden (z. B. regelbasierte ATP-Prüfung),
- Engpassbeseitigung in der Fertigung mittels geeigneter Constraint-Techniken,
- Bestimmung von „typischen" Problemen, die in mehreren Organisationselementen vorkommen (z. B. Absatzplanung),
- Definition eines „gekapselten" Problems als Lernumgebung oder
- dort anfangen, wo bereits SCM-Logik vorhanden ist!

Wie in den Eingangskapiteln beschrieben, ist die Einführung einer SCM-Lösung ein evolutionärer Vorgang, d. h. eine Big-Bang-Einführung ist nur in den seltensten Fällen zu empfehlen. Aus diesem Grund hat der Grundgedanke „Vom Einfachen zum Komplexen und vom Speziellen zum Allgemeinen!" durchaus seine Berechtigung. Der Projektplan für die Einführung von SAP APO enthält demnach die einzelnen Teilprojekte, die in Summe zu einer integrierten SCM-Lösung führen. Ein Teilprojekt enthält alle Vorgänge, die zur Erreichung der Teilziele, wie z. B. „Verbesserung der Planungsgenauigkeit im Bereich Sitzverstellermotoren im Werk Augsburg durch Einführung von SAP APO DP", notwendig sind.

„Vom Einfachen zum Komplexen und vom Speziellen zum Allgemeinen!"

Hat man sich auf die Vorgehensweise geeinigt, ist die Definition der Strukturelemente der Supply Chain der nächste Schritt. Die Lokationen, d. h. Werke, Distributionszentren, Kunden, Lieferanten und Transportdienstleister, sind auszuwählen. Die Selektion der Supply-Chain-Partner ist insbesondere bei Collaborationsszenarios eine sehr wichtige Phase, da nicht nur Planung und Durchführung im Rahmen der Zusammenarbeit neu definiert werden, sondern auch rechtliche und technische Rahmenbedingungen geschaffen werden müssen. Weiterhin sind die logistischen Stammdaten wie Materialien, Stücklisten, Arbeitsplätze,

Definition der Supply-Chain-Elemente

Ressourcen und Arbeitspläne auszuwählen. Dabei stellt sich die Frage, welche Elemente im SAP APO geplant werden sollen und für welche Elemente die Planung im SAP R/3 ausreichend ist.

Auf Basis der Stammdaten wird das Supply-Chain-Modell definiert. Die Zuordnung der einzelnen Lokationen, Produkte, Ressourcen, Produktionsprozessmodelle und Transportbeziehungen beschreibt die SAP APO-Planungsfunktionen, die innerhalb dieses Modells verwendet werden können. Bevor das Supply-Chain-Modell in SAP APO angelegt werden kann, müssen die Daten aus dem SAP-R/3-System selektiert und für die Datenübertragung aufbereitet werden.

Qualität der SAP R/3-Stammdaten

Die Überprüfung der SAP R/3-Stammdaten ist ein aufwändiger, aber unumgänglicher Schritt, da das SAP APO-System nur dann korrekt arbeiten kann, wenn die Inputdaten qualitativ hochwertig sind. Die Qualitätsprüfung der SAP APO-relevanten SAP R/3-Daten bezieht sich auf die Überprüfung z. B. folgender Sachverhalte:

- Sind die Zeitzonendaten in den Werks-, Lieferanten- und Kundenstammdaten gepflegt?
- Sind die Fertigungsversionen zur Erzeugung der Produktionsprozessmodelle im Materialstamm gepflegt?
- Sind die Kapazitäten korrekt aufgebaut?
- Existieren zur Vereinfachung sog. statistische Arbeitsplätze?
- Werden Dummybaugruppen verwendet?

Analyse der SAP R/3-Bewegungsdaten

Nachdem die Stammdaten auf SAP APO-Niveau gebracht wurden, sollten nun die logistischen Prozesse einer Überprüfung unterzogen werden. Dabei werden sowohl das SAP R/3-Customizing kritisch beleuchtet, um z. B. Lücken in der Verfügbarkeitsprüfung aufzudecken, als auch die Beschaffungs-, Vertriebs- und Produktionsprozesse untersucht. Dabei sollte z. B. festgestellt werden, wie viele Montageaufträge in den letzten Monaten angelegt wurden, wie viele Bestellungen mit Kundenbezug ausgestellt und wie viele Fertigungsaufträge mit Auftragsnetzen durchgeführt wurden. Diese Informationen dienen unterschiedlichen Zwecken:

- Mengenerhebung zur Abschätzung des Datenübertragungsvolumens,
- Überprüfung der definierten Supply Chain auf Praxisrelevanz,
- Aufdeckung von logistischen Brüchen wie z. B. häufige Umbuchungen innerhalb eines Lagers,
- Aufnahme noch fehlender Supply-Chain-Teilnehmer,

- Identifikation von Prozessen, die nicht von SAP APO unterstützt werden sowie
- Verwendung von kundenindividuellen SAP R/3-Transaktionen, die nur durch Schnittstellenprogrammierung an SAP APO angekoppelt werden können.

Weiterhin sind die Bestandsveränderungen im Zeitablauf zu analysieren, z. B. durch Einsatz des SAP R/3-Logistikinformationssystems (LIS). Die Analysen des SAP-R/3-Systems dienen zur Ermittlung der Initialkennzahlen. Diese Kennzahlen sollten im Laufe des SAP APO-Einsatzes kontinuierlich fortgeschrieben werden, um den Nutzen der SAP APO-Einführung zu quantifizieren.

Häufig werden die hier aufgeführten Untersuchungen bereits vor Beginn eines SAP-APO-Projektes vorgenommen. Allerdings dienen dann diese Analysen der Aufdeckung noch ungenutzten Potenzials im Unternehmen und einer Nutzenschätzung der SAP APO-Einführung. *Nutzenpotenziale*

Die SAP AG bietet mit dem mySAP SCM Value Calculator™ [88] ein Werkzeug zur Ermittlung der E-Business-Fähigkeiten des Unternehmens an. Ein weiteres Werkzeug im Rahmen der Vorbereitung eines SAP APO-Projektes ist der Reverse Business Engineer™ (RBE)[89]. Aufgabe dieses Werkzeugs ist die Ermittlung von genutzten und ungenutzten Potenzialen produktiver SAP-R/3-Systeme. Die Analyse von Mengengerüsten des SAP-R/3-Systems ist eine zentrale Aufgabe des RBE-Tools.

Neben der „Durchleuchtung" der Bewegungsdaten des Unternehmens müssen die so genannten Constraints ermittelt werden. Ein Constraint (Sachzwang) bezeichnet dabei Bedingungen bzw. Beschränkungen, denen ein Prozess unterliegen kann. In der Regel definieren diese Constraints einen Engpass. Möchte das Unternehmen die SAP APO-Funktion „constraint-basierte Planung" einsetzen, so müssen die Abhängigkeiten im Vorfeld bekannt sein, um die mathematischen Variablen darauf auszurichten. Mögliche Engpässe, die z. B. die Produktion entscheidend bestimmen, sind: *Ermittlung von Constraints*

- Ressourcen mit beschränktem Kapazitätsangebot und
- Rohstoffe, die nur in begrenzter Menge zur Verfügung stehen.

Ziel der constraint-basierten Planung ist die Erhöhung des Durchflusses an einem Engpass, um den Durchsatz im gesamten Netz zu erhöhen.

---

[88] http://www.sap.com/valuecalculator/scm/login/mlogin.asp
[89] Eine RBE-Analyse für SAP-APO wird von IBIS Prof. Thome auf Basis des gemeinsam mit SAP entwickelten Reverse Business Engineer angeboten http://www.rbe-online.de

Wissensaufbau der Mitarbeiter

Ein weiterer wichtiger Baustein eines SAP APO-Projektes ist der Wissensaufbau der Mitarbeiter. Supply Chain Management basiert auf der Grundlage des durchgängigen Informationsflusses. In der ERP-Welt herrscht im Gegensatz zum SCM sehr häufig noch das Abteilungsdenken. Will ein Unternehmen das SCM-Konzept verwirklichen, bedeutet dies für die Mitarbeiter, die Idee von Integration und Partnerschaft in der logistischen Kette zu verinnerlichen.

Natürlich bedarf es einiger Anstrengungen von Seiten des Managements und der Mitarbeiter, da SCM mehr ist als nur ein philosophisches Konzept, das umzusetzen ist, sondern auch IT-Technik, die verstanden werden will. Denn erst wenn die Mitarbeiter erkannt haben, dass der Einsatz einer SCM-Software auch für ihren Verantwortungsbereich Entlastung von unnötigen Routinetätigkeiten und eine Qualitätssteigerung ihrer Arbeit bedeutet, kann der Gedanke des Supply Chain Managements im Unternehmen umgesetzt werden.

Zusammenfassung

Die organisatorischen Herausforderungen in einem SAP APO-Projekt können zu folgenden Punkten zusammengefasst werden:

- Die Grundlage einer erfolgreichen SAP APO ist die sinnvolle Modellierung der Supply Chain.
- Nur wenn die Daten auf SAP R/3-Seite korrekt sind, kann SAP APO realistische Planungsergebnisse liefern.
- Um den Anforderungen, die SAP APO an den Anwender stellt, gerecht zu werden, müssen geeignete Weiterbildungsmaßnahmen getroffen werden.
- Die Einführung von SAP APO bedeutet eine logische und technische Integration, d. h. traditionelle Unternehmensprozesse sind zu überdenken und die IT-Ausstattung muss den Erfordernissen der Software angepasst werden.
- Eine strukturierte Erweiterung der Supply Chain und kontinuierlicher Ausbau der SAP APO-Lösung sind einer großen, umfassenden SCM-Initiative vorzuziehen.

6.4 Problemfelder der Einführung

In der Praxis zeigt sich, dass bestimmte Problemfelder immer wieder in SAP APO-Einführungsprojekten entstehen. Dieses Kapitel soll dazu dienen, diese „Fallstricke" bereits vor Beginn der Einführung zu erkennen und geeignete Strategien zu ihrer Vermeidung zu entwickeln. Die Problemfelder lassen sich in die Kategorien Organisation und Technik einteilen, von denen die häufigsten im Folgenden näher betrachtet werden.

6.4 Problemfelder der Einführung

Aufgrund der Komplexität sollten sich Einführungsprojekte in einem fest vorgegebenen organisatorischen Rahmen bewegen, d. h. die Supply-Chain-Modelle, die abzubilden sind, sollten exakt definiert sein. Sind die Modelle zu groß angelegt worden, so verliert man schnell den Überblick und kann die Planungsergebnisse des SAP-APO-Systems nur sehr eingeschränkt nachvollziehen. Eine schrittweise Erweiterung der Modelle ist immer möglich. Allerdings sollte der Ausbau der Modelle immer auf Basis eines korrekt planenden Modells erfolgen.

Supply-Chain-Modelldefinition

Der „Goldschatz" eines Unternehmens sind zweifelsohne die Stammdaten. Aber im Laufe der Jahre schleichen sich immer wieder Unschönheiten in Form von Doppelanlagen, fehlerhaften Daten u. ä. ein. Die Einführung einer neuen Software ist ein guter Anlass, die Datenbestände kritisch zu durchleuchten. Gerade die enge Kopplung zwischen SAP R/3 und SAP APO macht eine Überprüfung der zu übertragenden Daten absolut notwendig. Der mit diesem Datencheck verbundene Zeitaufwand ist nicht zu unterschätzen. Ein konsistenter Bestand erleichtert den Aufbau des Supply-Chain-Modells jedoch immens, da die meisten Probleme im Zusammenhang mit der Kopplung zwischen ERP- und APS-System seltener ein übertragungstechnisches Problem sind, sondern meist aufgrund fehlender oder falscher SAP R/3-Daten entstehen.

Fehlerhafte oder fehlende SAP R/3-Daten

Wie bereits erwähnt, empfiehlt sich eine sukzessive SAP APO-Einführung. Natürlich kann es Sinn machen, mehrere SAP APO-Module gleichzeitig zu implementieren, jedoch sollten die Supply-Chain-Modelle überschaubar sein. In der Praxis sind die Absatzplanung und die Produktionsfeinplanung die am häufigsten genutzten SCM-Module. Dies trifft nicht nur für SAP APO zu, sondern auch für die entsprechenden Module der übrigen SCM-Anbieter. Ein Unternehmen, das SAP APO einführen möchte, sollte sich also einen Stufenplan für den Ausbau seiner SCM-Lösung überlegen.

Sukzessive Einführung

Häufig läuft auch die Integration zwischen SAP R/3- und SAP APO-Systemen nicht problemlos. Die Datenübertragung ist keine Einbahnstraße, d. h. es muss sichergestellt werden, dass die ERP-Daten in der richtigen Ausprägung und zum richtigen Zeitpunkt dem SAP APO-System zur Planung zur Verfügung stehen und dass das SAP APO-System die Planungsdaten dem SAP R/3 in einer Form liefert, die auch zu verarbeiten ist. Die SAP AG bietet unterschiedliche Werkzeuge an, um den Datentransfer zu überwachen. Die Definition der betriebswirtschaftlichen Systemverbunde und die technische Kopplung müssen allerdings zuvor korrekt durchgeführt worden sein. Daneben sollten auch hier technische Restriktionen eingehalten werden wie z. B. Kompatibilität der SAP R/3-Releases mit SAP APO. Die Übertragungsgeschwindigkeit ist mitunter eines der größten Probleme. Um das Hardware-Budget

Integration SAP R/3 und SAP APO

177

6 mySAP SCM – Vom MRP II-Konzept zum Supply Chain Management

nicht zu sehr zu belasten, sollte man sich gut überlegen, welche Aufgaben tatsächlich online vom SAP APO-System durchzuführen sind und welche durchaus auch im Batchlauf möglich sind.

Integration in angrenzende Bereiche

Für die Integration des SAP APO-Systems in angrenzende Bereiche wie z. B. SAP BW und SAP CRM gelten die gleichen Empfehlung wie für die SAP R/3-Integration. Es muss exakt festgelegt werden, welche Daten übertragen werden sollen und welche Geschwindigkeiten akzeptabel sind. Insbesondere die Kopplung zwischen SAP R/3, SAP APO und SAP CRM im Rahmen einer kooperierenden Auftragsabwicklung kann bei der Verfügbarkeitsprüfung durchaus zu Beeinträchtigungen durch mangelnde Performance führen, wenn weder die Prüfungsroutinen noch die Hardware auf Höchstverfügbarkeit ausgelegt sind.

SAP APO-System-Upgrades

Ein anderes Themenumfeld sind die SAP APO-System-Upgrades und -Patches. Wie auch in der SAP R/3-Welt gibt es unterschiedliche SAP APO-Systemstände, die sich jedoch nicht nur auf das SAP APO selbst, sondern auch auf die Systemerweiterungen beziehen. Der Wechsel auf ein neues SAP-APO-Upgrade bedeutet in der Regel einen Wechsel auf der SAP-APO-Systembasis, des SAP APO-Kerns, des liveCaches und des Optimierers. Diesen komplexen Vorgang unterstützt die SAP AG mit detaillierten Informationen. Die SAP APO-Administration hat dann die Aufgabe, exakt nach SAP-Vorgabe die Wechsel durchzuführen. Ein Schiefstand zwischen den einzelnen SAP APO-Systemelementen ist absolut zu vermeiden.

6.5 Was fehlt noch?

Industriespezifische SCM-Gesamtlösungen

Im Gegensatz zu anderen APS-Anbietern hat sich die SAP AG bislang noch nicht auf bestimmte Branchen fokussiert. Doch gerade in der komplexen Materie des Supply Chain Managements ist dringend branchenspezifisches Wissen notwendig, um die inner- und zwischenbetrieblichen Prozesse zu verbessern. So bieten z. B. i2 Technologies und J. D. Edwards bereits seit mehreren Jahren speziell ausgeprägte Versionen ihrer SCM-Lösungen u. a. für die Bereiche Aerospace & Defence, Consumer Packaged Goods, Automotive, Chemicals, High Tech und Utilities auf dem Markt erfolgreich an. Anhand von industriespezifischen Best Practice-Ansätzen wird die jeweilige Branchenlösung implementiert und unternehmensspezifisch angepasst.

SAP R/3-Branchenwissen

Aufgrund der noch jungen SAP APO-Lösung und den noch auszubauenden APS-Erfahrungen hat die SAP AG noch einige Lektionen im Umfeld der Branchenausrichtung im Bereich Supply Chain Management zu lernen. Dabei kann sie auf dem gesammelten SAP R/3-Branchenwissen aufbauen und dieses für SCM erweitern.

Für die Industrien Aerospace & Defense, Automotive, Mill Products und Oil & Gas bietet die SAP AG erste Branchenerweiterungen der SAP APO-Lösung an. So wurden für die IS-Lösung SAP Automotive spezielle Funktionen für die Serienfertigung wie die Rapid-Planning-Matrix sowie die Kooperation über Lieferpläne entwickelt. Allerdings weisen diese Lösungen noch nicht den Grad der Branchenspezifizierung der Mitbewerber auf. *Branchenspezifische SAP APO-Lösungen*

Mit der Entwicklung der mySAP SCM-Best Practices hat die SAP AG eine Vorgehensweise entwickelt, um schnell und effektiv ein lauffähiges SAP APO-Testsystem beim Kunden zu implementieren, welches auch als Prototyp für ein späteres Produktivsystem einsetzbar ist. Erste Branchenausrichtungen sind bereits zu erkennen. Für den Prozess "Capable-to-Promise with Block Scheduling" existieren spezielle Beschreibungen für die Bereiche Papier, Textil und Metall. *Best Practices für mySAP SCM*

Natürlich kann eine Standardlösung wie SAP APO nicht alle unternehmensindividuellen Anforderungen abdecken, allerdings sollten die wichtigsten APS-Prozesse, wie sie z. B. im SCOR-Modell beschrieben sind, ablauffähig sein. Mit dem Release 3.1 wurde beispielsweise die kundenauftragsorientierte Planung und die mehrstufige ATP-Prüfung möglich. Schwerpunkt des Releases SAP APO 4.0 ist die Integration der SAP SCM-Anwendungskomponenten SAP Inventory Collaboration Hub und SAP Event Management. Damit weitet die SAP AG das Funktionsspektrum ihrer SCM-Lösung sukzessive aus. *Ausweitung des Lösungsumfanges*

Für manche Kundenanforderungen ist die beschränkte Rechenleistung der SAP APO-Lösung ein Hindernis. Insbesondere wenn komplexe Constraintoperationen (wie z. B. Verfügbarkeitsprüfungen oder merkmalsbasierte Stücklistenauflösungen) online erfolgen sollen, stößt das SAP APO-System schnell an die Grenzen der Hauptspeicherbelastung. *Rechenleistung*

SAP APO ist ein noch relativ neues Produkt im SCM-Markt, auf dem i2 Technologies seit Jahren als Marktführer die Maßstäbe für SCM-Software setzt. Zwar behauptet sich SAP APO nach Aussagen der SAP AG und diversen Analysten sehr gut auf dem umkämpften Markt, allerdings kann die Anzahl an Implementierungen und Referenzkunden noch nicht an die der Mitbewerber heranreichen. *SAP APO-Implementierungen*

6.6 ... und was können die Mitbewerber?

Unter dem Begriff "Dynamic Value Chain Management" bietet **i2 Technologies** ein Lösungspaket, das den gesamten Wertschöpfungsprozess abdeckt. Die historische Kernkompetenz von i2 Technologies, Supply Chain Management (SCM), bildet die Verbindung zwischen dem Supplier Relationship Management (SRM) und Customer Relationship

Management (CRM). i2 Technologies hat seine Kernbereiche in den "klassischen" Planungsbereichen Produktions- und Feinplanung (Factory Planner, Detailed Scheduler) und Supply Chain Planung (Supply Chain Planner). Das Angebot von Supply-Chain-Management-Lösungen von i2 Technologies ist durch die Übernahme anderer Firmen erweitert worden, die mit ihren Produkten durch Integration die i2 Supply-Chain-Management-Lösungen ergänzen und vervollständigen.
Gründungsjahr: 1988
Hauptsitz: Dallas, Texas
Kunden: 1.000 Kunden weltweit

J.D. Edwards als weltweiter Anbieter von IT-Produkten hat sich auf kooperative Supply-Chain-Management-Lösungen spezialisiert. Dabei ermöglichen Software und Services dem Unternehmen mit seinen Lieferanten, Kunden und Geschäftspartnern integrierte Prozesse im Sinne des Collaborative Commerce. Die SCM-Lösung umfasst dabei folgende Bereiche: Supply Chain Planning, Supply Chain Execution, Order Management, Manufacturing Management, Inventory Management und Procurement. Die Supply-Chain-Planning-Komponente enthält umfangreiche Lösungen für kooperative, strategische, taktische und operationale Planungsprozesse über alle SCOR-Prozesse hinweg.
Gründungsjahr: 1977
Hauptsitz: Denver, Colorado
Kunden: 6.000 Kunden in 60 Ländern

PeopleSoft's integrierte best-of-breed-Lösungen umfassen Customer Relationship Management, Enterprise Service Automation, Supply Chain Management, Human Resources Management, Financial Management and Enterprise Performance Management. Im Bereich Supply Chain Management werden Lösungen für Supply Chain Planning und Supply Chain Execution angeboten.
Gründungsjahr: 1987
Hauptsitz: Pleasanton, California
Kunden: 4.700 Kunden in 107 Ländern

Aspen Technology, Inc. ist der führende IT-Anbieter im Bereich Prozessindustrie. Die Aspen ProfitAdvantage™-Lösung umfasst die Bereiche Engineering, Manufacturing, Supply Chain and E-Business Collaboration.
Gründungsjahr: 1981
Hauptsitz: Cambridge, Massachusetts
Kunden: 1.200 Kunden weltweit

Die Supply-Chain-Management-Lösung von **Manugistics** umfasst die Bereiche Network Design & Optimization, Manufacturing Planning & Scheduling, Sales & Operations Planning, Fulfillment Management,

Collaborative VMI, Collaborative Planning, Intelligent Hub, Service & Parts Management Forecasting and Replenishment und Logistics Management.
Hauptsitz: Rockville, MD
Kunden: 1.100 Kunden weltweit

6.7 Informationen und Verweise

Weiterführende Internet-Links:

SAP AG

    http://www.sap-ag.de/scm

SCM-Anbieter

    http://www.adexa.com

    http://www.aspentech.com

    http://www.i2.com

    http://www.jdedwards.com

    http://www.manugistics.com

    http://www.peoplesoft.com

Allgemeine Informationen

    http://www.competence-site.net

    http://www.computerwoche.de

Supply-Chain-Management-Informationen

    http://www.scene.iao.fhg.de

    http://www.supply-chain-management.de/competence/ccscm.nsf

    http://www.manufacturing.net/magazine/scl

    http://www.supply-chain.org

    http://www.ipm-scm.com

Analysten

    http://www.amrresearch.com

http://www.forrester.com/Home/0,3257,1,FF.html
http://www4.gartner.com/Init

Literaturverzeichnis:

BART01	Bartsch, H.; Birkenbach, P.: Supply Chain Management mit SAP APO. Suppy-Chain-Modelle mit dem Advanced Planner & Optimizer 3.1. Galileo Press, Bonn 2001.
CELI01	Celicek, S.: Anwendersegmentspezifische Anforderungs- und Geschäftsprozessnavigation einer Supply-Chain-Management-Softwarebibliothek. Unveröffentlichte Diplomarbeit am Lehrstuhl für Betriebswirtschaftslehre und Wirtschaftsinformatik der Universität Würzburg, Würzburg 2001.
DURA01	Durany, G.; Primsch, J.: mySAP SCM-Technologie Overview. Auf: SAP AG (Hrsg.): SAP TechEd 2001, 6.-9.11.2001 Wien. Präsentation auf CD-ROM. SAP AG, Walldorf 2001.
DURA01a	Durany, P.: SAP Exchange Infrastructure. Streamlining Integration Efforts.. Auf: SAP AG (Hrsg.): SAPPHIRE'01, 3.-6.9.2001 Lissabon. Präsentation auf CD-ROM. SAP AG, Walldorf 2001.
FORR58	Forrester, J. W.: Industrial dynamics: A major breakthrough for decision makers. In: Harvard Business Review, Vol. 36, No. 4, S. 37-66.
HOLT00a	Holthöfer, N.; Lessing, H.: Grundlagen klassischer PPS-Ansätze (MRP II). In: http://www.competence-site.de/pps.nsf/D9DF2BED32226 FEBC12569490076E832/$File/3-grundlagen-pps-mrp-ii.pdf, Informationsabfrage vom 30.01.2003.
HOLT00b	Holthöfer, N.; Lessing, H.: Grundlagen neuerer SCM/APS-Ansätze. In: http://www.competence-site.de/pps.nsf/95EFD7D2306B023 DC1256949007717C8/$File/4-grundlagen-scm-aps.pdf, Informationsabfrage vom 30.01.2003.
JIRI99	Jirik, C. T.: Supply Chain Management – Gestaltung und Koordination der Lieferkette. In: Berthold, N. et al. (Hrsg.): WiSt - Wirtschaftswissenschaftliches Studium 10 (99). Vahlen, München 1999.
KILG98	Kilger, C.: Optimierung der Supply Chain durch Advanced Planning Systems. In: Information Management & Consulting, Vol. 13, Nr. 3, S. 49-55.
KNOL02	Knolmayer, G.; Mertens, P.; Zeier, A.: Supply Chain Management Based on SAP Systems. Order Management in Manufacturing Companies. Springer, Berlin 2002.
PFAD00	Pfadenhauer, A.: Supply Chain Collaboration. Auf: SAP AG (Hrsg.): SAPPIRE 2000, Berlin. Präsentation auf CD-ROM. SAP AG, Walldorf 2000.

PILL99	Pillep, R.; von Wrede, P.: Anspruch und Wirklichkeit – Nutzenpotentiale und Marktübersicht von SCM-Systemen. In: Industrie Management (1999) 15, S. 18-22.
ROCK00	Rock, B.; Lührs, T.: Wer die Wahl hat, hat die Qual. In: Diebold Management Report (2000) 4, S. 13-18.
ROHD00	Rohde, J. et al.: Die Supply-Chain-Planning-Matrix. In: PPS Management 5 (2000) 1, S. 10-15.
SAP03	o. V.: SAP AG (Hrsg.): SAP Supply Chain Management (SAP SCM) Release 4.0. SAP AG, Juli 2003.
SCHE02	Scheckenbach, R.; Zeier, A: Collaborative SCM in Branchen - B2B-Strategien: Standards und Technologien - Branchenanforderungen an SCM - Realisierung mit mySAP SCM. Galileo Press, Bonn 2002.
SCHI00	Schinzer, H.; Thome. R.: Electronic Commerce. Vahlen, München 2000.
SELI99	Seligmann, V.: Inter- und Intra-Optimierungen durch Supply Chain Management. In: Industrie Management 15 (1999), S. 28-31.
WALD99	Waldmann, J.: Die strategische Bedeutung des Supply Chain Managements zur Erzielung von Wettbewerbsvorteilen. Präsentationsunterlagen zum Infotag SAP LES am 08.12.1999.

7 mySAP PLM – Von Produktdaten und Projekten zur Abbildung des Produktlebenszyklus

Christian Bätz

Was unterscheidet mySAP PLM von anderen SAP-Lösungen?

Im Gegensatz zu den anderen SAP-Lösungen, wie mySAP CRM oder mySAP SCM, existierte für mySAP PLM (Product Lifecycle Management) anfänglich kein Produkt und keine eigenständige technische Komponente wie SAP APO oder SAP CRM. Die Auslieferung spezifischer mySAP PLM-Inhalte erfolgte über das mySAP Enterprise Portal. Durch die darin für mySAP PLM enthaltenen vordefinierten Pakete (Business Packages) - wie Assets, Products oder Projects - konnte auf interne und externe Informationen zugegriffen werden. Mittlerweile werden Applikationen und Funktionen unterschiedlichster Komponenten genutzt. Mit dem Collaboration Folder (cFolder) hat SAP im Jahr 2001 begonnen, zusätzliche Funktionalität für mySAP PLM auf Basis des Web Application Servers (SAP WEB AS) zur Verfügung zu stellen.

Neben diesen speziellen Inhalten sind die grundlegenden Prozesse und Funktionen zur Abbildung des Produktlebens- bzw. Anlagenzyklus mit den Hauptfunktionsbereichen

- Lifecycle Data Management,
- Program & Project Management,
- Lifecycle Collaboration & Analytics
- Enterprise Asset Management,
- Quality Management sowie
- Environment, Health and Safety / Emissions Management (EH&S)

im ERP-System SAP R/3 und den seit Release 4.7 angebotenen PLM-Extensions enthalten.

Welche Folgen hat dies für die Einführung?

Die von der SAP angebotene Lösung mySAP PLM besteht aus einem Konglomerat von Prozessen und Applikationen verschiedener Komponenten. Erst durch eine integrative Nutzung der einzelnen Bestandteile entsteht der Lösungscharakter für das Product Lifecycle Management. Dies muss bei der Konzeption und Einführung beachtet werden.

7.1 Vom Projektmanagement zum Product Lifecycle Management im Multisystemumfeld

Der von SAP als Product Lifecycle Management bezeichnete Bereich ist derzeit in der Literatur und seitens der Mitbewerber durch eine große Begriffsvielfalt gekennzeichnet. Trotz unterschiedlicher Bezeichnungen, die zur Beschreibung einer systemgestützten Abbildung des Lebenszyklus genutzt werden, erheben die meisten Ansätze den Anspruch, alle Phasen des Produkt- bzw. Anlagenzyklus zu unterstützen. Die Themen Produktentwicklung und Projektdurchführung sind somit wichtige Bestandteile eines solchen Ansatzes, decken aber nur einen Teil des Lebenszyklus ab.

Begriffsvielfalt

7.1.1 Projektmanagement mit SAP R/3

Das Modul Projektsystem (PS), welches für das Projektmanagement genutzt wird, stand im ERP-System SAP R/3 erst ab 1993 zur Verfügung. Obwohl mit der ersten Freigabe nur rudimentäre Prozesse und Funktionen für die Planung und Durchführung von Projekten genutzt werden konnten, zeichnete sich das Projektsystem bereits in dieser Phase durch eine enge Integration von Projektmanagement und Rechnungswesen aus. Problematisch aus logistischer Sicht war aber v. a. die mangelnde Integration zwischen den Bereichen Vertrieb, Projektmanagement, Beschaffung und Versand. Einerseits wurden spezielle Beschaffungsprozesse wie Vorabbestellung von Langläufern oder Streckenbestellung nicht unterstützt. Andererseits konnten kundenspezifische Produktvarianten oder projektspezifische Lieferprozesse nur eingeschränkt abgebildet werden.

Integration zum Rechnungswesen

Ziel der SAP war es nun, solche Lücken zu schließen und gleichzeitig die bei der Projektdurchführung unterstützten Aspekte zu erweitern. Ergänzt wurden die Entwicklungsschwerpunkte zur Verbesserung und Erweiterung der kaufmännischen und logistischen Projektdurchführung um das Bestreben, die operative Handhabung des Systems zu vereinfachen. Denn obwohl das Modul PS Einzelplatzlösungen zur Abbildung von Projekten aus integrativer und funktionaler Sicht durchgehend überlegen war, ergaben sich aber in der operativen Nutzung Akzeptanzprobleme, da die Anwender eine Bedienung und Mechanismen (z. B. Drag & Drop) vergleichbar denen eines Desktop-Systems erwarteten. Neben einer allgemeinen Kampagne zur intuitiveren Benutzung des Systems SAP R/3 (Enjoy SAP) wurden im PS die Planungswerkzeuge

Sukzessive Erweiterung und Verbesserung

schrittweise verbessert und durch zusätzliche Werkzeuge wie den Project Builder ergänzt.

Unternehmensweite Integration

Das Ergebnis dieser Entwicklung ist eine beachtliche unternehmensweite Integration, die von der Angebotserstellung über die Durchführung bis zur Auslieferung und Abrechnung reicht. Ergänzt wird dies durch die projektübergreifende Planung und das zugehörige Controlling. Auf Grundlage auftragsneutraler und operativer Projektstrukturen können

- Kosten, Erlöse und Budget,
- Liquidität,
- Termine sowie
- Ressourcen, Dokumente und Materialien

mittels verschiedener, teilweise auch skalierbarer Funktionen, geplant und ermittelt werden. Des Weiteren stehen Mechanismen zur

- Statusverwaltung,
- Versionierung,
- Dokumentenverwaltung,
- Simulation,
- Variantenkonfiguration,
- Workflowsteuerung,
- Meldungsverwaltung,
- Fortschrittsermittlung,
- Ergebnisrechnung und
- Abrechnung

zur Verfügung. Zusätzliche Mächtigkeit gewinnt das PS aufgrund der Tatsache, dass diese Aspekte nicht isoliert betrachtet werden, sondern miteinander verknüpft sind.

Parallele Produktentwicklung

Auch die Integration von Produktdatenmanagement und Projektmanagement wurde kontinuierlich verbessert. Mit der Stücklistenübernahme wurde die Aktualisierung der verschiedenen Sichten auf ein Produkt erleichtert. Damit können bereits in einer frühen Phase der Projektplanung Stücklisten und -positionen in der ablauflogischen Beschreibung eines Projekts zugeordnet werden. Kommt es zu Stücklistenänderungen, fließen diese in den Netzplan ein, wobei existierende Bestellanforderungen oder Reservierungen aktualisiert werden. Dies hat Konsequenzen für die Projektdurchführung, da Produktentwicklung und Projektmanagement parallelisiert werden können.

7.1 Vom Projektmanagement zum Product Lifecycle Management im Multisystemumfeld

Als Ergebnis lässt sich festhalten, dass das R/3-Projektsystem einen Leistungsumfang bezüglich seiner Funktionsbreite und -tiefe erreicht hat, der eine umfassende Planung, Durchführung und Kontrolle von der Angebotserstellung über Entwurf, Erstellung und Montage bis zur Wartung und Service eines Projekts ermöglicht.

Parallel zu dieser Entwicklung wurden sukzessive Möglichkeiten zur Dezentralisierung des Projektmanagements geschaffen. Dies reicht vom Austausch der Projektstrukturen über Standardformate und der technischen Öffnung durch eine BDE-Schnittstelle zur dezentralen Erfassung von Rückmeldungen über eine mögliche Gliederung aus Sicht der Unternehmensorganisation mittels Profit Center bis hin zum Leistungsaustausch mit Transferpreisen. Im Jahr 1997 wurde das PS mit der Projektdatenrückmeldung mit einer ersten Internet-Anwendungskomponente (Internet Application Component - IAC) ausgestattet und später durch die Dokumentenanzeige im Intranet ergänzt. Damit erfolgte eine Öffnung des Projektsystems in Richtung Internet. Diese Erweiterungen führten aber nicht zur Schaffung unternehmensübergreifender Abläufe, sondern ermöglichten v. a. eine komfortablere Aktualisierung von Ist-Daten und einen leichteren Zugang zu projektrelevanten Informationen durch Nutzung allgemein zugänglicher Internet-Technologie. Da diese Internet-Szenarios für die unternehmensinternen Projektmitarbeiter gedacht waren, herrschte weiterhin eine unternehmensbezogene Sicht auf das Projektmanagement vor. Die Prozessbetrachtung bei der Projektdurchführung endete trotz vorhandener Internet-Szenarios an der Unternehmensgrenze.

Dezentralisierung und Öffnung

Die Erweiterung des Projektmanagements zum so genannten „Collaborative Engineering & Project Management" (CEP) erfolgte mit SAP R/3 4.6C im Jahr 2001. Seit diesem Zeitpunkt steht die Komponente Konfigurationsmanagement zur Verfügung. Diese schafft mit ihren Bestandteilen und Mechanismen die Voraussetzungen zur Realisierung unternehmensübergreifender Prozesse und kooperativer Szenarios im Projektmanagement.

Unternehmensübergreifende Kooperation

7.1.2 Product Lifecycle Management

Gegenstand von mySAP PLM ist das Produkt- und Prozessmanagement über den gesamten Lebenszyklus hinweg. Zu diesem Zweck wird in den PLM-Kernbereichen auf eine Vielzahl bestehender Funktionen aus SAP R/3, SAP-Komponenten und SAP-Lösungen zurückgegriffen.

Der Bereich Lifecycle Data Management bildet mit

- Dokumenten und Grunddaten,
- Änderungsmanagement,

Lifecycle Data Management

- Konfigurationsmanagement,
- Produktstrukturen,
- Rezeptmanagement sowie
- Office-, CAD-Integration und anderen Schnittstellen

die Grundlage von mySAP PLM.

Die Basis zur Beschreibung von Produkten und Prozessen sind die Grunddaten des ERP-Systems wie Materialstämme, Stücklisten, Rezepte, Dokumente, Arbeitspläne, Arbeitsplätze, Equipments[90] oder Fertigungshilfsmittel. Da an die Grunddatenverwaltung eines PLM-Systems im Laufe des Produktlebenszyklus aber weitergehende Anforderungen gestellt werden, wurde mit SAP R/3 4.70 begonnen zusätzliche Funktionalität mit Hilfe so genannter PLM-Extensions auszuliefern. Auf diese Weise kann eine erweiterte Rezeptverwaltung genutzt werden, welche die Position von mySAP PLM im Bereich der prozessorientierten Fertigung stärkt. Mit Hilfe des Product Designers soll die Steuerung der Engineering-Prozesse ermöglicht werden. Aufgabe der Produktdatenverteilung ist schließlich die kontrollierte Distribution produktspezifischer Informationen.

Die Kernelemente zur Abbildung des Produktlebenszyklus sind aber das Konfigurations- und das Änderungsmanagement. Die übergeordnete Aufgabe des Konfigurationsmanagements ist es, die Ausprägungen der Produktstrukturen über den kompletten Lebenszyklus hinweg durch Zusammenfassen der in den jeweiligen Phasen relevanten Grunddaten darzustellen (siehe Abschnitt 7.2.2). Gegenstand des Änderungsmanagements ist die Planung, Steuerung und Umsetzung von Änderungsmaßnahmen. Dabei muss einerseits gewährleistet werden, dass historische Änderungen lückenlos nachvollzogen werden können. Andererseits muss die Möglichkeit bestehen, in den operativen Prozessen zur gleichen Zeit mit unterschiedlichen Änderungsständen zu arbeiten.

Mit folgenden Elementen bzw. Verfahren wird der Tatsache Rechnung getragen, dass sich die Anforderungen an die Darstellung der Produktstrukturen im Laufe eines Produktlebens ändern:

- Integrated Product and Process Engineering (iPPE):
  Planung von Produktstrukturen, zugehörigen Fertigungsprozessen sowie des Fabriklayouts in der frühen Phase der Produktentwicklung.

---

[90] Equipments sind Gegenstände (z. B. Geräte, Maschinen, Anlagenbauteile), die eigenständig im System verwaltet und instandgehalten werden.

7.1 Vom Projektmanagement zum Product Lifecycle Management im Multisystemumfeld

- Stücklisten:
  Kundenauftragsneutrale Beschreibung eines Produkts als Ergebnis der Entwicklung oder Grundlage der Planung.
- Kundenauftragsstückliste:
  Kundenspezifische Ausprägung eines Produkts.
- Installed Base:
  Dokumentation der gefertigten, montierten und zu wartenden Produkte und Anlagen.

Als Werkzeuge können Arbeitsumgebungen und spezielle Hilfsmittel wie die Engineering Workbench, der Produktstruktur-Browser oder vorhandene CAD-Schnittstellen genutzt werden. Entwicklungs- und Änderungsprozesse werden durch Dokumentenverwaltung, Klassifizierungssystem, Änderungsdienst und Meldungswesen unterstützt.

Zusätzlich können mit dem Core Interface (CIF) Produktstrukturen an SAP APO und über den IPC-Data Loader Informationen zu Preisen und Konfigurationen für den Internet Pricing and Configurator (SAP IPC) an mySAP CRM E-Selling aus dem ERP-System übergeben werden.

Gegenstand des Program & Project Managements ist

- die strategische Programmplanung,
- das Lifecycle Profitability Management und
- das Projektmanagement.

Program & Project Management

Die Simulation zukünftiger Szenarios und die Planung des Produktportfolios erfolgt in der strategischen Programmplanung mit der Komponente Business Planning and Simulation des SAP Strategic Enterprise Management (SAP SEM-BPS). (Siehe hierzu auch 7.2.1.)

Planung, Durchführung und Kontrolle der operativen Umsetzung dieser Vorgaben kann mit dem SAP R/3 Projektsystem erfolgen.

Aufgabe des Lifecycle Profitability Managements ist die Ermittlung der aktuellen sowie der voraussichtlich über den Produktlebenszyklus hinweg anfallenden Kosten und Erlöse. Zur Durchführung wird das SAP Business Information Warehouse mit seinen Inhalten genutzt.

Für kooperative Abläufe stehen mit

- Collaboration Engineering & Project Management,
- Collaboration Folder,
- Collaboration Projects,
- Collaborative Room,
- MarketSet Lifecycle Collaboration,

Lifecycle Collaboration

- MRO Supplier Collaboration und
- Enterprise Portal Content

mehrere Alternativen zur Verfügung, um eine Zusammenarbeit mit internen und externen Beteiligten wie Kunden, Lieferanten oder Entwicklungspartnern zu realisieren. Eine Beschreibung und Abgrenzung der verschiedenen Möglichkeiten erfolgt in Abschnitt 7.2.3.

Für das Enterprise Portal werden spezielle PLM-Inhalte und -Rollen angeboten, um in einem Multisystemumfeld aus einer Umgebung auf die verschiedenen Anwendungen mit ihren Informationen und Funktionen zuzugreifen.

Enterprise Asset Management

Im Mittelpunkt des Enterprise Asset Management stehen die Sachanlagen eines Unternehmens, wobei die Themen

- Verwaltung der technischen Anlagen,
- Instandhaltungsabwicklung,
- vorbeugende Instandhaltung und
- Freischaltabwicklung

zu unterscheiden sind.

Grundlage des Anlagenmanagements ist das System SAP R/3 mit den Modulen Instandhaltung (PM) und Kundenservice (CS). Zur Darstellung der Anlagenstruktur können der Produktstruktur-Browser, Stücklisten, Installationen, Equipments und technische Plätze genutzt werden. Über die Equipments wird auch die Verbindung zur Anlagenbuchhaltung hergestellt.

In der Instandhaltungsabwicklung werden IH-Meldungen und -Aufträge aus dem ERP-System genutzt. Die Elemente des Kundenservices dienen zur Realisierung der Serviceabwicklung. Als Zusatzfunktion zur Tourenplanung der Servicetechniker ist eine so genannte Map&Guide-Applikation vorhanden.

Maßnahmen zur vorbeugenden Instandhaltung werden mit IH-Arbeitsplänen und Wartungsplänen aus dem Modul PM abgebildet.

Aufgabe der Freischaltabwicklung ist die Isolierung technischer Objekte während der Instandhaltung und Testphase. Auch dies erfolgt mit Abläufen und Funktionen der im SAP R/3 enthaltenen Instandhaltung.

Neben den Internet-Szenarios der Instandhaltung und des Kundenservices, beispielsweise zur Beschaffung von Komponenten über den Enterprise Buyer oder zur Erfassung von Messbelegen und Zählerständen, kann zur Realisierung kooperativer Szenarien auch in diesem Bereich der Collaboration Folder eingesetzt werden. So könnte damit eine Plattform zum Informationsaustausch zwischen allen Beteiligten bei der Anlagenverwaltung wie Mitarbeiter, Hersteller, Behörden, Lieferanten, Kunden oder Service Provider eingerichtet werden.

Das Qualitätsmanagement kann in die Bereiche

Quality Management

- Audit Management,
- Qualitätskontrolle und
- Qualitätsverbesserung

gegliedert werden.

Planung und Durchführung der Qualitätsprüfung sowie die Steuerung der Qualitätskontrolle erfolgt mit den Funktionen der Module PM und QM des SAP R/3.

Zur Ermittlung und Auswertung qualitätsbezogener Kennzahlen, die durch die Berichtsmöglichkeiten des ERP-Systems nicht abgedeckt werden, kann das SAP BW mit seinen Inhalten genutzt werden. Des Weiteren besteht die Möglichkeit, mit Hilfe des SAP Knowledge Warehouse (SAP KW) die Vorgaben eines Qualitätshandbuchs zu dokumentieren.

Bei der Durchführung der Maßnahmen und Prozesse können die qualitätsbezogenen Intranet- und Internet-Szenarios genutzt werden. Außerdem ist das Qualitätsmanagement in die kooperativen Abläufe eingebunden.

Der Bereich Environment, Health and Safety dient mit

Environment, Health & Safety

- Produktsicherheit,
- Gefahrgutabwicklung,
- Abfallmanagement,
- Arbeitsschutz und
- Arbeitshygiene

u. a. zur Sicherstellung von Auflagen und Vorschriften im Rahmen des Umweltschutzes.

7.2 Was ist wirklich neu an mySAP PLM?

Im Folgenden werden herausragende Anwendungsmöglichkeiten und Szenarios beschrieben und eingeordnet, die mit mySAP PLM zur Verfügung stehen. Neben den sich dabei ergebenden Vorteilen und Nutzen wird auch auf technologische Zusammenhänge eingegangen.

7.2.1 Strategische Programmplanung auf übergeordneter Ebene

Programmplanung und Wirtschaftlichkeitsanalyse

Aufgabe der strategischen Programmplanung ist die Festlegung des künftigen Produktportfolios und die Vorgabe von Entwicklungsaufgaben für die Produktentwicklung. Damit ist das Program Management auf einer übergeordneten Ebene angesiedelt und füllt eine im ERP-System existierende Lücke. Bisher bestand im SAP R/3 keine Möglichkeit die gesamten, im Lebenszyklus eines Produkts anfallenden Kosten zu ermitteln oder im Rahmen einer Wirtschaftlichkeitsanalyse den Erlösen gegenüberzustellen. Diese Möglichkeit wird durch die Lifecycle Profitability Analysis geschaffen. Im Lifecycle Costing (LCC) können auf Basis von Plan- und Ist-Daten aus dem Business Information Warehouse Kennzahlen für tatsächliche und zu erwartende Kosten- und Erlössituationen abgeleitet werden. Das SAP BW dient dabei als Sammelstelle von Daten aus verschiedenen Modulen oder operativen Systemen. Diese Informationen stellen die Grundlage für Investitionsentscheidungen und für die strategische Programmplanung dar. Dieser im SAP SEM-BPS angesiedelte Bereich eignet sich zur Simulation zukünftiger Szenarios, unterstützt die Ableitung strategischer Entscheidungen und ermöglicht die Festlegung des Produktportfolio. Eine detaillierte Beschreibung von Aufbau und Methoden des SAP SEM-BPS bietet Abschnitt 3.2.2.

7.2.2 Erstmalige Abbildung des Lebenszyklus

Die Lösung mySAP PLM zeichnet sich durch eine skalierbare Produktorientierung bei gleichzeitig anpassbarer Betrachtung des Lebenszyklus aus. Erreicht wird dies durch das Konfigurationsmanagement (LO-CM). Bei dieser Komponente handelt es sich zwar um eine zentrale Funktion der Logistik in SAP R/3, diese bildet aber hinsichtlich des Lebenszyklus in mySAP PLM den Schlüsselbereich.

Konfigurationsmanagement als Schlüsselbereich

Die Konfigurationsdefinition ist über den gesamten Lebenszyklus gültig und bildet den Rahmen für alle phasenbezogenen Konfigurationsmappen und deren Momentaufnahmen (Baselines), durch die ein Produkt beschrieben wird. Mit dem der Definition zugeordneten Lebenszyklusprofil wird vorgegeben, welche Phasen ein Produkt in welcher Reihenfolge durchläuft. Die Lebenszyklusprofile sind im Rahmen des Customizings anpassbar, so dass auf diese Weise unternehmensspezifische Phasen und Abfolgen abgebildet werden können. Konfigurationsmappen beziehen sich auf so genannte „Kontrollierte Objekte". Bei diesen kann es sich um eine Materialnummer, ein Equipment oder eine Projektdefinition handeln. Die Ausprägung eines kontrollierten Objekts wiederum erfolgt durch Instanzen der zuordenbaren Objekte Material, Dokument, PSP-Element, Projektdefinition, Netzplanvorgang, Stückliste und Installation. Da Konfigurationsmappen lediglich Referenzen verwalten, kann mit einer Baseline ein bestimmter Bearbeitungsstatus festgehalten werden.

Hinsichtlich der Architektur des Konfigurationsmanagements können generischen Schichten für

- die verfügbaren Prozesse (Process Layer),
- die zuordenbaren Objekte (Content Layer) und
- die gespeicherten Daten (Storage Layer)

unterschieden werden. Diese sind erweiterbar, so dass mit zukünftigen Erweiterungen zu rechnen ist[91].

Mit dem Konfigurationsmanagement werden Produkt- und Projektdaten zusammengeführt und phasenorientiert beschrieben. Durch die Kombination dieser Eigenschaften mit den vorhandenen Mechanismen für das Änderungsmanagement, werden die Leistungsfähigkeit hinsichtlich Variantenvielfalt, Änderungshäufigkeit und Kundenindividualität gesteigert und für das ERP-System die Voraussetzungen für das Collaborative Engineering geschaffen.

Erweiterbare, generische Architektur

7.2.3 Kooperative Entwicklung und Datenaustausch

Zur Umsetzung kooperativer Abläufe in der Produktentwicklung stehen verschiedene Alternativen zur Verfügung:

- SAP R/3 Collaboration Engineering & Project Management:
  Entwicklung und Datenaustausch auf Basis des ERP-Systems.
- mySAP PLM Collaboration Folder:
  Dokumentenaustausch in einem Internet-basierten Arbeitsraum.
- mySAP PLM Collaboration Projects:
  Projektmanagement in einem Intranet-basierten Arbeitsraum.
- mySAP SRM Collaborative Room:
  Entwicklung und Beschaffung im Rahmen der SAP-Einkaufslösung.
- mySAP Exchanges MarketSet Lifecycle Collaboration:
  Entwicklung und Beschaffung über einen Marktplatz.

Alternativen zur Realisierung kooperativer Abläufe

Im Szenario Collaboration Engineering & Project Management ist das System SAP R/3 die Basis für die Zusammenarbeit. Dieses wird durch den Projektinitiator genutzt, um die auszutauschenden Informationen mittels Konfigurationsmappen festzulegen und den beteiligten Partnern kooperativ (Collaboration Scenario) oder konkurrierend (Competitive Scenario) zur Verfügung zu stellen. Bei der Veröffentlichung wird die

Entwicklung und Datenaustausch auf Basis des ERP-Systems

---

[91] mySAP Product Lifecycle Management, S. 341 [EISE00]

Mappe für Änderungen gesperrt und XML-basierte Informationen erzeugt. Nach Benachrichtigung der zugeordneten Teilnehmer mittels E-Mail, können diese die Dateien durch ein in der Nachricht enthaltenes URL nach Anmeldung am Internet Transaction Server (ITS) einsehen bzw. editieren oder auch lokal speichern, um diese offline zu bearbeiten. Neben einem Internet Browser sind weitere Systemvoraussetzungen seitens der Teilnehmer davon abhängig, welche Art von Dateien ausgetauscht und editiert werden sollen:

- Microsoft Project für Projektstrukturen sowie
- Office Applikationen für Dokumente oder Tabellenkalkulationen.

Nach der lokalen Bearbeitung werden die Dateien zurückgeladen und, abhängig vom Szenario, die betroffenen Partner per E-Mail darauf hingewiesen. Durch die Redlining-Funktionalität ist sichergestellt, dass Originaldateien nicht verändert, sondern die vorgenommenen Änderungen separat in Layer gespeichert werden. Eine grafische Darstellung der Zusammenhänge findet sich im Anhang.

Dokumentenaustausch in einem Internet-basierten Arbeitsraum

Mit dem Collaboration Folder wurde mySAP PLM um eine Internet-basierte Kooperationsplattform ergänzt, die unabhängig von bestehenden SAP-Installationen als Infrastruktur zum Informationsaustausch und für Entwicklungsvorhaben genutzt werden kann. Auf Basis des Web Application Servers können damit Arbeitsräume (Collaboration) mit Unterstrukturen eingerichtet und von verteilten Arbeitsgruppen für die Projektarbeit genutzt werden. Im Unterschied zum CEP sind alle Teilnehmer in der Lage ein Projekt zu initiieren, vorausgesetzt, sie besitzen die entsprechenden Rechte. Zugriffsrechte sind für Arbeitsbereiche, Mappen und Dokumente individuell festlegbar.

Die Gliederung der Räume sowie die Art des Informationsaustausches richtet sich nach dem der Zusammenarbeit zugrundeliegenden Szenarios. Analog zum CEP unterstützt auch der cFolder sowohl das „Collaboration Scenario" als auch das „Competitive Scenario". Bei Letzterem, auch als „Partner Collaboration" bezeichnet, müssen im Rahmen von Ausschreibungsprozessen getrennte Bereiche ohne Zugriffsrechte für konkurrierende Teilnehmer eingerichtet werden. Unabhängig vom Szenario wird zur Teilnahme und Betreten solch eines Internet-basierten Arbeitsraums lediglich ein Internet Browser benötigt. Ist ein SAP R/3-System vorhanden, kann eine Schnittstelle zum Austausch von Dokumenten genutzt werden.

Ein Projekt wird im cFolder hierarchisch gegliedert, wobei den Knoten der Hierarchie wiederum Mappen zugeordnet werden. Die Anzahl benötigter Mappen richtet sich nach der Zahl der Teilnehmer und dem

Kooperationsszenario. Mappen können Dokumente, Datenblätter, Bookmarks, Notes und Diskussionsforen umfassen. Es besteht auch die Möglichkeit Dokumente mit lokalen Systemen auszutauschen und diese unter eine Versionskontrolle zu stellen. Für Engineering- und Designaufgaben ist eine Standardschnittstelle (EAI Viewer) vorhanden, über die Anmerkungen und Änderungsmarkierungen in CAD-Zeichnungen unter Nutzung der Redlining-Technik erfasst werden können. Für die asynchrone Kommunikation können Meldungen auf Projekt- oder Dokumentenebene angelegt werden. Damit ist es möglich andere Teilnehmer auf Änderungen aufmerksam zu machen. Im Gegensatz zum CEP können die Teilnehmer auch synchron kommunizieren und Objekte gemeinsam bearbeiten. Diese Funktion kann über das Online-Meeting Tool WebEX eingebunden werden und ist v. a. bei zeitkritischen Prozessen und geografisch weit verteilten Partnern hilfreich. Um einen sicheren Datenaustausch zu gewährleisten, wird die SSL-Verschlüsselung auf 128-Bit-Basis zuzüglich der SAP-Standardsicherheitsmechanismen genutzt. Im Anhang sind die Elemente und Abläufe in grafischer Form dargestellt.

Neben diesen Eigenschaften muss aber auch auf die Integration zu dem ERP-System, den cProjects und dem Collaborative Room hingewiesen werden. Die Möglichkeit der integrativen Nutzung und des Austauschs von Daten, wie Dokumente und Stücklisten, wurde von Anfang an berücksichtigt und wird durch SAP sukzessive erweitert (siehe auch 7.2.4)[92].

Trotz der Unterschiede hinsichtlich technischer Basis, funktionalem Umfang und Kommunikationsmodell von CEP und cFolder ist beiden Ansätzen gemeinsam, dass die Abläufe durch einen oder mehrere Teilnehmer organisiert und durch diese die Infrastruktur bereitgestellt wird. Beide Alternativen eignen sich, um ein individuelles Netzwerk zum Zweck der Kooperation aufzubauen, da zusätzliche bzw. neue Teilnehmer nur geringe technische Voraussetzungen erfüllen müssen. Im Gegensatz zu Marktplätzen, die, um eine möglichst große Zahl potenzieller Teilnehmer erreichen zu können, eine Standardisierung ihrer Abläufe vornehmen, können auf diese Weise spezifische Abläufe für ausgewählte Partner etabliert werden.

Was haben CEP und cFolder gemeinsam?

Mit den Collaboration Projects sollen Entwicklungsprojekte unterstützt werden. Ziel ist dabei die Vereinfachung interner, abteilungsübergreifender Entwicklungsprozesse. Um dies zu gewährleisten, wurden bei der Entwicklung Standards wie das aus der Automobilindustrie stammende Verfahren des Advanced Product Quality Planning (APQP) be-

Projektmanagement in einem Intranet-basierten Arbeitsraum

---

[92] Positioning cFolders versus CEP [SAP02a]

rücksichtigt. Dabei können mit Phasen, Checklisten und Tasks neben den Projektstrukturen auch Ressourcen in Form von Rollen und Mitarbeitern abgebildet werden. Weiterhin stehen Funktionen zur Projektdurchführung und -kontrolle sowie eine Dokumentenverwaltung und ein Berechtigungskonzept zur Verfügung. Für die Auswertung ist eine Integration zum SAP Business Information Warehouse vorhanden, des Weiteren kann eine enge Verbindung zu den Collaboration Foldern genutzt werden. Somit sind cFolder und cProjects nicht als konkurrierende, sondern als komplementäre Werkzeuge zu sehen[93].

Entwicklung und Beschaffung im Rahmen der SAP-Einkaufslösung

Auch in mySAP SRM, der SAP-Lösung für die Internet-gestützte Beschaffung, ist mit dem Collaborative Room eine Komponente für kooperative Beschaffungsprozesse enthalten. Zusammen mit den Supplier Collaboration Services soll der C-Room die Produktspezifikation und Vertragsgestaltung während des Beschaffungsprozesses unterstützen. Zu diesem Zweck können einem Raum Kontrakte und Einkaufswagen des Enterprise Buyers zugeordnet werden.

Entwicklung und Beschaffung über einen Marktplatz

Marktplätze stellen die der Zusammenarbeit zugrundeliegende Infrastruktur für alle Teilnehmer bereit, unabhängig, ob diese als Projektinitiator oder -teilnehmer agieren. Für Produktdesign und -entwicklung sowie für die zugehörigen kaufmännischen Aspekte zwischen Handelspartnern über Marktplätze wird als Bestandteil der Lösung mySAP Exchanges das MarketSet Lifecycle Collaboration (MarketSet LC) angeboten. Diese Komponente zeichnet sich durch folgende Eigenschaften aus:

- Viewer zur Anzeige und Ergänzung von konstruktionsbezogenen Dateien,
- Versions- und Änderungsmanagement für gemeinsam genutzte Objekte,
- Initiieren eines RFQ-Prozesses (Request for Quotation) mit Integration zu den benötigten MarketSet-Komponenten,
- Austausch von strukturierten Dokumenten, beispielsweise Stücklisten, sowie
- Funktionen für ein zentrales, Web-basiertes Projektmanagement.

Im Rahmen der Beschaffungs- und Ausschreibungsprozesse werden aber auch weitere Komponenten wie das MarketSet Procurement, das MarketSet Bulletin Board oder das MarketSet Dynamic Pricing genutzt. Im Anhang ist der Ablauf einer Projekt- und Produktentwicklung über

---

[93] Collaboration Projects (cProjects) in mySAP PLM [SAP02b]

7.2 Was ist wirklich neu an mySAP PLM?

Marktplätze grafisch dargestellt. Gegenstand von Kapitel 8 sind weiterhin Konzeption, Technik und Anwendungsszenarien von Marktplätzen.

Für die Zwecke der kooperativen Entwicklung und das Beschaffungsmanagement können aber auch bereits existierende Marktplätze genutzt werden. So steht das Collaborative Engineering, das E-Procurement und der Informationsaustausch im Maschinen- und Anlagenbau im Mittelpunkt des Marktplatzes „ec4ec"[94]. Dieser von der ec4ec GmbH betriebene Marktplatz ist zwar ein Joint Venture von Babcock Borsig AG, mg technologies ag, VA Technologie AG, SAP Markets Europe GmbH und der Deutschen Bank AG, steht aber als neutrale Umgebung allen Unternehmen offen[95].

Bei Portalen handelt es sich um benutzerspezifisch gestaltete Arbeitsumgebungen und zentrale Eingänge. Diese haben die Aufgabe, Informationen, Anwendungen und Dienste personen- und aufgabenbezogen aufzubereiten und zu filtern. So kann über das Enterprise Portal der SAP auf alle PLM-relevanten Informationen und Applikationen zugegriffen werden. Durch diese Eigenschaft gewinnt das SAP Enterprise Portal für das mySAP PLM-Multisystemumfeld eine große Bedeutung. <!-- marginalia: SAP Enterprise Portal -->

Zur schnellen Anpassung des Enterprise Portals an die Anforderungen des Product Lifecycle Managements stehen vordefinierte Inhalte zur Verfügung:

- Business Packages for Assets, Products, Projects, Collaboration by cFolders und mySAP Connectivity (QM, EH&S),
- PLM Analytics.

Business Packages beinhalten themenbezogene Inhalte in Form von iViews, die inhaltliche und funktionale Aspekte abdecken. Diese iViews können Rollen zugeordnet und individuell angepasst werden.

Unter dem Begriff PLM Analytics wird Inhalt für das Enterprise Portal angeboten, der sich auf die PLM-Hauptfunktionsbereiche <!-- marginalia: PLM Analytics -->

- Quality Management,
- Program & Project Management und
- Asset Lifecycle Management

bezieht und mit dem gezielt auf die analytische Komponente, das SAP Business Information Warehouse, zugegriffen werden kann. Für die genannten Funktionsbereiche stehen mit den Paketen themenbezogene Extraktoren, InfoCubes, Queries und Arbeitsmappen zur Verfügung.

---

[94] www.ec4ec.com
[95] http://www.ec4ec.com/home/partner_venture.htm

Damit und mit anderen vorhandenen, projektbezogenen Elementen und Strukturen soll eine komfortable Anbindung und Nutzung des SAP BW als Data Warehouse für die Zwecke des Product Lifecycle Managements gewährleistet werden. Konzeption, Technik, Inhalte und Einsatz von SAP BW als Data Warehouse werden in Kapitel 2 beschrieben.

7.2.4 Beschaffung im Collaborative Engineering

Nach Einordnung der verfügbaren Kooperationsszenarios steht hier die Beschaffung im Mittelpunkt. Dabei kann das Collaborative Engineering vorgelagert oder Bestandteil des Beschaffungsvorgangs sein.

mySAP SRM als die Einkaufslösung der SAP

Die zur Durchführung der Beschaffung benötigten Bestandteile sind im mySAP SRM zusammengefasst. Neben dem bereits in Kapitel 7.2.3 beschriebenen Collaborative Room sind die Komponenten

- Enterprise Buyer Professional,
- Dynamic Bidding und
- Supplier Collaboration Services

von Interesse.

Enterprise Buyer Professional als zentrales Element

Das zentrale Element im E-Procurement der SAP ist der Enterprise Buyer Professional. Dieser stellt die Infrastruktur zur Durchführung der elektronischen Beschaffung zur Verfügung. Folgende integrative Verbindungen können dabei genutzt werden:

- CEP:
  Basis des Beschaffungsvorgangs ist eine Konfigurationsmappe im ERP-System. Im EBP wird hierzu eine korrespondierende Ausschreibung angelegt und die Mappe angehängt. Ausschreibungen können durch Publikation am Bulletin Board für einen Kreis potenzieller Lieferanten veröffentlicht oder gezielt bestimmten Teilnehmern unterbreitet werden.
- cFolder:
  Eine integrative Verbindung des Internet-basierten Projektraums zu den E-Sourcing-Prozessen in mySAP SRM kann genutzt werden. So lässt sich beispielsweise eine Verknüpfung zwischen der SAP Bidding Engine und einem zugehörigen cFolder herstellen.
- Marktplatz mySAP Exchanges:
  Für die Beschaffungsszenarios im Marktplatz mySAP Exchanges wird der EBP eingebunden und ist somit hierfür ein elementarer Bestandteil.

- C-Room:
  Der C-Room als Kooperationsumgebung im E-Procurement kann durch Integration des Einkaufswagens und der Kontrakte des EBP erweitert werden.

Eine detaillierte Beschreibung von Konzeption, Technik, Inhalten und Anwendungsszenarios des Enterprise Buyers bietet Kapitel 5.

7.3 Organisation der unternehmensübergreifenden Zusammenarbeit

Die bisherige zentrale organisatorische Aufgabe bestand in der Überwindung des abteilungsbezogenen Denkens. Ziel war es, eine unternehmensweite Integration bei Produktentwicklung und Projektmanagement herzustellen. Die aktuelle Aufgabenstellung ist nun, einen unternehmensübergreifenden Informationsaustausch und entsprechende Abläufe einzurichten.

7.3.1 Gründe und Auslöser

Ansätze zur Realisierung unternehmensübergreifender Integrationsbeziehungen sind nicht erst in jüngster Vergangenheit entstanden. Die schnelle und weite Verbreitung Internet-basierter Technologien und der damit verbundenen neuen Möglichkeiten zur Umsetzung kooperativer Abläufe hat aber in diesem Umfeld eine große Dynamik erzeugt.

Dynamik durch Internet-Technologie

Die aktuellen Bestrebungen zur Schaffung unternehmensübergreifender Abläufe können auf verschiedene Gründe zurückgeführt werden. Nachfolgende Aufzählung erhebt keinen Anspruch auf Vollständigkeit:

Gründe zur Bildung kooperativer Abläufe

- Stärkere Einbindung der Kunden in den Entwicklungsprozess und seine Rückkopplungen, um eine höhere Kundenindividualität und damit -bindung zu erreichen.
- Engere Kooperation mit Kunden bzw. Lieferanten, um die Produkte frühzeitig auf die spätere Logistikkette auszurichten.
- Übertragung der Entwicklungsverantwortung ganzer Module oder Subsysteme auf externe Entwicklungspartner, um sich auf die Kernkompetenzen und die Wertschöpfung zu konzentrieren.
- Nutzen neuer Beschaffungswege und Vertriebsformen, beispielsweise über Marktplätze.

Gerade beim letzten Punkt wird die enge Wechselwirkung zwischen technologischem Fortschritt und dem daraus folgenden betriebswirtschaftlichen Anpassungsdruck deutlich. Verbesserte Technologien eröffnen neue Beschaffungswege oder Kooperationsformen. Dieses Potenzial kann zum Vorteil des Unternehmens erschlossen oder muss zur Erhaltung der Wettbewerbsfähigkeit genutzt werden.

7.3.2 Organisatorische Voraussetzungen

Unstrukturierte Abläufe sind keine Basis

Unstrukturierte Abläufe sind keine Basis für eine funktionierende unternehmensübergreifende Zusammenarbeit. Sind solche ungeeigneten Abläufe vorhanden und werden nicht geändert, führt der Einsatz neuer, Internet-basierter Technologie höchstens zu marginalen Verbesserungen. Das überwiegende Verbesserungspotenzial hinsichtlich höherer Effizienz, verkürzter Entwicklungszyklen und verbesserter Kundenbindung wird aber ungenutzt bleiben.

Was muss untersucht werden?

Um dies zu vermeiden, müssen zuerst die vorhandenen Geschäftsabläufe und Informationsbeziehungen untersucht werden. Es ist beispielsweise zu klären, wo innerhalb und außerhalb des Unternehmens welche Informationen verfügbar sind. Weiterhin muss ermittelt werden, welche Kommunikationsbeziehungen zu Kunden, Lieferanten und Partnern bestehen. Anschließend muss festgestellt werden, ob diese auf einer gemeinsamen Plattform vereint werden können und inwieweit alle (potenziellen) Teilnehmer des Netzwerks Zugriff herzustellen in der Lage sind. Am Ende dieser Analyse kann beurteilt werden, inwieweit das Medium Internet zur Realisierung der Zusammenarbeit geeignet ist. Anschließend sollte untersucht werden, wie die vorhandenen Abläufe durch die Internet-Technologie und verfügbaren Szenarios effizienter, schneller und flexibler gestaltet werden können.

Was sind die Voraussetzungen?

Voraussetzung zur Schaffung unternehmensübergreifender Prozesse ist die Beherrschung der unternehmensinternen Abläufe. Erst wenn dies erfüllt ist, sollte damit begonnen werden, externe Teilnehmer wie Kunden, Entwicklungspartner oder Lieferanten einzubinden. Somit liefern die unternehmensweite Integration und die Umsetzung zugehöriger organisatorischer Änderungen die Grundlagen der unternehmensübergreifenden Kooperation. Weiterhin kann festgehalten werden, dass ein erfolgreicher Einsatz des Internets eine Veränderung der Abläufe im Unternehmen sowie bei Partnern, Zulieferern und Kunden erfordert.

7.4 Problemfelder bei der Einführung

Phasen der Einführung

Unternehmensübergreifende kooperative Prozesse zeichnen sich dadurch aus, dass verschiedene Unternehmen Einzelaufgaben verbinden, um gemeinsame Ziele zu erreichen. Dies unterscheidet die Implementierung von einer unternehmensbezogenen Software-Einführung, beispielsweise einem ERP-System, die ohne externe Abstimmung vorgenommen werden kann. Als Folge müssen bei der Implementierung zwei Phasen unterschieden werden:

Abstimmung:
Die Teilnehmer müssen sich über die Abläufe verständigen und Service Levels vereinbaren. Des Weiteren müssen Informationen geteilt und Verantwortlichkeiten zugewiesen werden. Dabei wird Form und Umfang der benötigten Abstimmung von der Intensität und der Art der angestrebten Beziehungen bestimmt.

Umsetzung:
Jeder Beteiligte muss seine Systeme auf die abgestimmten Abläufe hin ausrichten und die benötigten Informationen in der vereinbarten Form zur Verfügung stellen.

Da bei unternehmensübergreifenden Abläufen zwangsläufig unterschiedliche IT-Systeme betroffen sind, kommt den Schnittstellen bei der Einführung eine besondere Bedeutung zu. Dies reicht vom einfachen Internet Browser zur Einsichtnahme menschlicher Nutzer (Mensch-Mensch-Kommunikation) über verschiedene Zwischenstufen bis hin zum Dokumentenaustausch mit automatischer Verarbeitung (Maschine-Maschine-Kommunikation). Nicht vergessen werden sollte an dieser Stelle die Problematik anfallender Lizenzkosten und ihrer Verteilung, falls Kommunikationspartner als Benutzer im eigenen System oder man selbst in einem fremden System angelegt werden muss. *Hohe Bedeutung von Schnittstellen*

Neben diesen generellen Faktoren wird die Einführung und v. a. die Zahl zu realisierender Schnittstellen durch das gewählte Kommunikationsmodell beeinflusst. Grundsätzlich können folgende Typen kooperativer Abläufe unterschieden werden: *Kommunikationsmodelle*

- Punkt-zu-Punkt-Verbindung:
  Hier handelt es sich um eine bilaterale Kommunikation einiger weniger Beteiligter, die sich kennen und miteinander ein hohes Transaktionsvolumen besitzen. Dabei kann es zu individuellen Absprachen, Abläufen und Verfahren kommen. Zu beachten ist, dass der Aufwand für die Kommunikation mit Zunahme der Partner überproportional wächst. Die benötigte Infrastruktur kann durch einen oder mehrere Beteiligte aufgebaut und betrieben werden.

- Marktplatz-Szenario:
  Es erfolgt kein direkter Verbindungsaufbau zwischen den Beteiligten, sondern eine zentrale Kooperationsumgebung dient als Grundlage zum Informationsaustausch. Die Zahl der Teilnehmer, insbesondere der unbekannten und potenziellen Partner ist groß. Im allgemeinen besteht zu den einzelnen Teil-

nehmern ein niedrigeres Transaktionsvolumen bzw. geringere Transaktionshäufigkeit verglichen mit der Punkt-zu-Punkt-Verbindung. Voraussetzung ist, dass standardisierte Prozesse und Verfahren genutzt werden können. Meist besteht aber auch die Möglichkeit, zusätzliche Dienste einzubinden. Da die Infrastruktur und Services zur Verfügung gestellt werden, muss lediglich die Verbindung zum Marktplatz hergestellt werden.

Backend-System als Einflussgröße

Eine weitere bedeutende Einflussgröße für die Implementierung stellen die vorhandenen Backend-Systeme dar. Ist beispielsweise kein SAP-R/3-System mit einer ausreichenden Releaseversion verfügbar, könnte ein CEP-Szenario erst nach Schaffung entsprechender Voraussetzungen seitens des ERP-Systems realisiert werden.

Hilfsmittel und Werkzeuge

Zur Durchführung des Customizing werden von SAP Werkzeuge angeboten, die einen direkten Bezug zur jeweilig eingesetzten Komponente besitzen. Wird beispielsweise auf Funktionen des SAP R/3 zurückgegriffen, muss der dortige Implementation Management Guide (IMG) genutzt werden. Als komponentenübergreifende Hilfsmittel stehen der Solution Manager und so genannte Best Practices zur Verfügung. Gerade wegen der auf die Komponenten ausgerichteten Sichtweisen im Customizing muss sichergestellt werden, dass der Gesamtzusammenhang nicht verloren geht.

7.5 Was fehlt noch?

Fehlende Transparenz über mySAP PLM

Die für den Bereich PLM angebotene Software ist eine der jüngeren Lösungen der SAP. Dies bedeutet aber nicht, dass alle darin enthaltenen Funktionen, Prozesse und Komponenten ebenfalls neu sein müssen. Wie in Abschnitt 7.1.2 gezeigt, setzt sich mySAP PLM vielmehr aus einer Fülle bekannter Funktionen anderer SAP-Lösungen und -Komponenten zusammen, die mit neuen PLM-spezifischen Elementen kombiniert werden. Aufgrund der großen Bedeutung, die viele Bestandteile des ERP-Systems SAP R/3 dabei besitzen, und der umfassenden Betrachtung der für den Lebenszyklus relevanten betriebswirtschaftlichen und technischen Themen wird die Lösung für den potenziellen Anwender unübersichtlich. Es entstehen Probleme, die verfügbaren Inhalte zu erfassen, mit Bekanntem abzugleichen und die benötigten Bestandteile entsprechend der eigenen Anforderungen an das Product Lifecycle Management zu identifizieren. Neben dem breiten Funktionsumfang wird die Orientierung durch die vorhandene Änderungshäufigkeit und -geschwindigkeit erschwert. Ursachen sind sowohl die Hauptfunktionsbereiche und deren inhaltliche Zusammensetzung als auch laufend ergänzte Web-basierte Applikationen und zusätzliche bzw. angekündigte integrative Verbindungen zu anderen SAP-Lösungen. Dabei besteht v. a. keine ausreichende Transparenz über die Eigenschaften und spezifischen Unterschiede der vorhandenen Alternativen im Bereich Lifecycle Collaboration.

Trotz seiner noch recht jungen Historie wird mySAP PLM im Vergleich zu Lösungen der Mitbewerber ein Spitzenplatz bescheinigt. Die besondere Stärke der Lösung stellt der umfassende Ansatz, die enge Integration zum SAP-Umfeld und die vorhandene Offenheit dar[96]. Dabei wird aber auch von anderen Untersuchungen darauf hingewiesen, dass die PLM-Lösung der SAP in den Bereichen

Stärke von mySAP PLM ist die ERP-Integration

- Produktdatenmanagement,
- Collaborative Design,
- Portfolio Management und
- strategische Beschaffung

zwar solide Fähigkeiten besitzt, spezialisierten Anbietern aber derzeit unterlegen ist[97].

Bei der zukünftigen Bewertung der Leistungsfähigkeit von mySAP PLM verdienen die Ankündigungen zur Enterprise Services Architecture (ESA) mit dem SAP NetWeaver und den SAP xApps besondere Beachtung:

SAP xApp Resource & Program Management (SAP xRPM)[98]:
ergänzt mit Funktionen und Abläufen zum Ressourcen-Management und dem Projektportfolio-Management den Bereich des Program & Project Management.

SAP xApp Product Definition (SAP xPD)[99]:
erweitert das Lifecycle Collaboration & Analytics um den Teilbereich des Idea Management & Concept Development.

SAP xApp Emissions Management (SAP xEM)[100]:
fügt dem Bereich EH&S Funktionen zur Abbildung eines Emissions Managements hinzu.

Bei diesen auch als Packaged Composite Applications bezeichneten Produkten handelt es sich um Web Services auf Basis des SAP NetWea-

---

[96] Program Review of SAP's mySAP Product Lifecycle Management cPDm Program, S. 8 [CIM01]

[97] The SAP Advisor: SAP's PLM Should Be on Your Short List, S. 3 [BOUL01] und: The Different Evolutionary Stages of ERP and PLM [JAKO03].

[98] SAP Funktionen im Detail. SAP xApp Resource and Program Management [SAP03a].

[99] SAP xApps Solution Brief. SAP xApp Product Definition [SAP03b].

[100] SAP xApp Emissions Management. Walldorf [SAP03c].

vers. Mit den xApps sollen Unternehmen in die Lage versetzt werden, in heterogenen Systemlandschaften durchgängige Geschäftsprozesse über technische, organisatorische und funktionale Grenzen hinweg einzurichten, wobei vorhandene Informationen und Systeme eingebunden werden können.

Einerseits ermöglicht es die Erweiterung von mySAP PLM um solch applikationsübergreifende Prozesslogiken es potenziellen Anwendern, die Lösung der SAP nachträglich bestehenden IT-Landschaften hinzuzufügen, ohne getätigte Investitionen in Frage zu stellen. Andererseits eröffnet sich für SAP auf diese Weise die Chance, die Leistungsfähigkeit von mySAP PLM in kurzer Zeit deutlich zu steigern und zu den speziellen PLM-Anbietern aufzuschließen.

7.6 ... und was können die Mitbewerber?

PLM-Lösungen können grundsätzlich danach beurteilt werden, ob diese die prozessorientierte oder die diskrete Fertigung unterstützen. Zusätzlich besitzen viele der Produkte und Hersteller auch eine branchenorientierte Ausrichtung. Hinsichtlich anderer Anbieter von ERP-Lösungen ist zu beobachten, dass diese ihre Systeme ebenfalls bezüglich der Phasen Produktentwicklung und -entstehung verbessern bzw. erweitern und damit analog zur SAP in Konkurrenz zu den traditionellen PLM-Spezialisten treten. Nachfolgende Tabelle stellt einige Mitbewerber im Bereich PLM und deren Ausrichtung bezogen auf unterstützte Fertigungstypen dar.

Tabelle 7.1: Mitbewerber und fertigungsbezogene Ausrichtung im Bereich PLM[101]

Anbieter & Produkt	Ausrichtung
Agile: PLM Solutions www.agilesoft.com	Diskrete Fertigung
Dassault Systèmes: Enovia www.3ds.com	Diskrete Fertigung Engineer-to-Order
EDS: PLM Solutions www.eds.com	Diskrete Fertigung Engineer-to-Order
Formation Systems: Optiva www.formationsystems.com	Prozessfertigung
Intergraph: Data Management (AIM) www.intergraph.com	Prozessfertigung
MatrixOne: Matrix 10	Diskrete Fertigung

---

[101] in Anlehnung an: The SAP Advisor: SAP's PLM Should Be on Your Short List, S. 5 [BOUL01] und: CIMdata Reports PLM Market Continues Growth [CIM02] sowie: Product Life Cycle Management (PLM) in Process [THOM02].

Anbieter & Produkt	Ausrichtung
www.matrixone.com	
Mountain Systems: Proficy for Manufacturing www.mountainsystems.com	Prozessfertigung
Oracle: Product Lifecycle Management www.oracle.com	Diskrete Fertigung
OSIsoft: Process Point http://www.processpoint.com/default.asp	Prozessfertigung
PTC: Windchill www.ptc.com	Diskrete Fertigung Engineer-to-Order
SSA GT/ Baan: SSA PLM http://www.baan.com/solutions/plm/index.aspx	Diskrete Fertigung

7.7 Informationen und Verweise

Weiterführende Internet-Links:

SAP

   http://www.sap-ag.de/plm

Allgemeine Informationen

   http://www.competence-site.net

   http://www.computerwoche.de

   http://searchsap.techtarget.com

Marktplätze

   http://www.ec4ec.com

Literaturverzeichnis:

BOUL01	Boulanger, D.; O'Marah, K.: The SAP Advisor: SAP's PLM Should Be on Your Short List. In: AMR Research 2001.
CIM01	o.V.: Program Review of SAP's mySAP Product Lifecycle Management cPDm Program. CIMdata 2001.
CIM02	o.V.: CIMdata Reports PLM Market Continues Growth. CIMdata Press release 03.04.2002.

EISE00	Eisert, U.; et al.: mySAP Product Lifecycle Management – Strategie, Technologie und Implementierung, Galileo Press 2000.
JAKO03	Jakovljevic, P.; Brown. J.: The Different Evolutionary Stages of ERP and PLM. In: http://www.technologyevaluation.com/Research/Research Highlights/Erp/2003/10/research_notes/TU_ER_PJ_10_09 _03_1.asp Informationsabfrage am 15.10.2003.
SAP02a	o.V.: Positioning cFolders versus CEP. In: https://www008.sap-ag.de/ ~sapidb/ 011000358700003853402001E/ CFOLDERS.HTM, Informationsabfrage am 6.3.2002.
SAP02b	o.V.: Development News Collaboration Projects (cProjects) in mySAP PLM. In: https://websmp105.sap-ag.de/~form/sapnet? _FRAME=OBJECT&_HIER_KEY=5011 00035870000009157 &_HIER_KEY=60110003587000004572 4&_HIER_KEY= 701100035871000248078&#HOME Informationsabfrage am 2.8.2002.
SAP03a	o.V.: SAP Funktionen im Detail. SAP xApp Resource and Program Management. Walldorf 2003.
SAP03b	o.V.: SAP xApps Solution Brief. SAP xApp Product Definition. Effektive Produkte. Effiziente Prozesse. Schnelleres Timing. Walldorf 2003.
SAP03c	o.V.: SAP xApp Emissions Management. Walldorf 2003.
THOM02	Thompson, O.: Product Life Cycle Management (PLM) in Process. In http://www.technologyevaluation.com/ Research/Research Highlights/Erp/2002/12 /research_notes/ MI_ER_XOT_ 12_01_02_1.asp. Informationsabfrage am 6.4.2003.

8 Marktplatz – Von EDI zu Handels- und Serviceplattformen im Internet

Andreas Hufgard

In den Anfängen der Marktplatzentwicklung hat die SAP ihre Kunden ziemlich verwirrt, weil ihr neues Produktkürzel „mySAP.com" sowohl für ihre neue Produktstrategie als auch für ein Internet-Portal namens „www.mySAP.com" genutzt wurde.

Das Internet-Portal mySAP.com war ein Beispiel-Marktplatz, über den Unternehmensverzeichnisse, Informationsdienste bis hin zu einem so genannten One-Step-Business demonstriert werden sollten. Noch problematischer war, dass die SAP in diesen frühen Anfängen nicht hinreichend deutlich machen konnte, welche Funktionalitäten und Prozesse durch einen Internet-Marktplatz unterstützt werden konnten.

Erst im Rahmen der Weiterentwicklung in den Jahren 2000 und 2001 sowie der zunehmenden Zusammenarbeit mit COMMERCE ONE[102] schälte sich ein klares Bild heraus, was Architektur und Funktionsumfang einer Internet-Marktplatz-Lösung betraf. Mit der Produktbezeichnung „Market Set", die von COMMERCE ONE übernommen wurde, definierte die zwischendurch eigenständig gewordene Tochterfirma SAP Markets auch Releases und eine klassische Funktionsplanung, wie es sich für eine ordentliche Software-Lösung gehört.

Inzwischen wurde von SAP der Begriff „marketplace" durch „exchange" ersetzt, was in den USA der üblicherweise verwendete Begriff für Handelsplattformen im Internet ist. Aufgrund des Nachfragerückgangs wurden 2002 alle Internet-Spinn-Offs wieder in die SAP AG integriert. Gleichzeitig konzentrierte die SAP die Entwicklung auf den technologischen Kern der „Exchange Infrastructure XI", die mit anderen Web-Produkten im Rahmen des SAP NetWeavers zusammengefasst wurde.

---

[102] http://www.commerceone.com

8.1 Von der ERP-Welt auf den Marktplatz

EDI Clearing-Center als Vorläufer

Elektronischer Handelsdatenaustausch wird zwischen Unternehmen oder innerhalb von Konzernen schon seit vielen Jahren sehr intensiv betrieben. Standardisierungsbemühungen in der Vergangenheit haben insbesondere in bestimmten Branchen zu einer hohen Durchdringung von EDI (Electronic Data Interchange) geführt. Beispiele sind hier die Automobil- und Zulieferindustrie mit den VDA-Standards[103]. Problematisch erwies es sich im EDI-Umfeld, dass jeder mit jedem direkten Kontakt aufbauen musste, um Handelsdaten auszutauschen. Diese Synchronisation als Voraussetzung ist organisatorisch sehr schwierig zu handhaben und führt bei Abbrüchen zu allerlei wartungsintensiven Prüfaktivitäten, um einen Datenverlust zu vermeiden. Clearing-Stellen hatten deshalb die Aufgabe, die Zwischenspeicherung zu übernehmen, um jederzeit einen nachvollziehbaren Datenaustausch reproduzieren zu können. Rein technologisch knüpfen Internet-Marktplätze hier an bestehende EDI-Clearing-Center an und versuchen, deren Aufgabenstellung auf einem neuen technologischen Niveau in Kombination mit einer erweiterten Aufgabenstellung wahrzunehmen.

Von realen zu elektronischen Märkten

Betrachtet man die betriebswirtschaftlichen Vorläufer von elektronischen Marktplätzen, so muss hier ein weites Spektrum einbezogen werden. Neben Messen, wo sich Kunden und Lieferanten Auge in Auge gegenüberstehen, existieren in Branchenzeitschriften, Ausschreibungsdatenbanken und bei speziellen Dienstleistern wie Preisagenturen eine Vielzahl von Plattformen, um Marktteilnehmer zueinander zu bringen. Auch klassische, indirekte Vertriebsbindungssysteme mit Maklern oder regionalen Händlern verfolgen denselben Zweck, nämlich Anbieter und Nachfrager zusammenzubringen. Die Funktionalität eines Marktplatzes, einen Marktpreis dynamisch zu ermitteln, wurde auch über viele Wege und Medien bisher durchgeführt, meist durch die verhandelnden Geschäftspartner am Telefon, über Schriftverkehr oder in bestimmten Formen von Marktauktionen, insbesondere im Lebensmittelbereich.

Kein Marktgeschehen im ERP-System

Im Marktgeschehen dienten bisher die ERP-Systeme lediglich als Informationssysteme, um den entsprechenden am Markt „handelnden Personen" Konditionen und Abwicklungssysteme zur Verfügung zu stellen. So waren Beschaffungssysteme dazu in der Lage, Anfragen an potenzielle Lieferanten zu verschicken, die eingehenden Angebote in einem Preisspiegel zusammenzufassen und letztendlich die Kaufentscheidung zu unterstützen. Bei moderner Lieferantenintegration konnte dies auch

---

[103] http://www.vda.de

weitgehend elektronisch unterstützt werden. Lieferantensuche und -auswahl wurden durch Branchen- und Unternehmensverzeichnisse von Verlagen auf konventionelle Art unterstützt. Für bestimmte Themen in bestimmten Branchen gab es auch bereits papierbasierte Multi-Lieferantenkataloge, die u. U. auch auf CD-Rom verfügbar waren (Beispiel: Bürobedarf). Auf der Verkaufsseite war der Bruch zwischen Marktgeschehen und ERP-System deutlicher. Letztendlich dienten ERP-Systeme nicht dazu, Marktinformationen zu sammeln oder als Handelsplattform zu dienen. Doch ebenso wie auf der Einkaufsseite waren hier Bemühungen zur elektronischen Unterstützung von der Auftragsabwicklung bis hin zur Bestätigung und Lieferung abgebildet. Vergleichbare Anwendungen zu den Internet-Marktplätzen existierten bisher nur für spezielle Finanzmarktanwendungen wie den Wertpapierhandel, wobei es sich hierbei um sehr individuelle Lösungen für Broker etc. handelt.

Ohne Internet-Marktplatz ist jeder Teilnehmer darauf angewiesen, eine individuelle Verbindung zu jedem seiner Geschäftspartner aufzubauen. Je nach Technologie und Vereinbarungen müssen deshalb spezielle Wege und Medien genutzt werden, wie EDI, Fax oder E-Mail. Interessant ist es hierbei, darauf zu verweisen, dass im SAP ERP-System für die Nachrichtenfindung (siehe Abbildung 8.1) eine ähnlich komplexe Funktionalität wie für die Preisfindung vorgesehen ist, d. h., dass für jeden einzelnen Geschäftspartner in Abhängigkeit vielerlei Kriterien der Übermittlungszeitpunkt und das -medium festgelegt werden können.

Aufwändige Nachrichtenfindung im R/3

Die Komplexität dieser vielfältigen Verbindungswege dokumentierte sich auch in einem stetigen Wartungsaufwand der unterschiedlichen Medien. Im klassischen EDI-Umfeld war es nötig, dass jeder Teilnehmer selbst die Technik erwarb und mit ihr umzugehen lernte. Dies führte dazu, dass nur relativ wenige Unternehmen in bestimmten Branchen überhaupt eine nennenswerte EDI-Aktivität entfalten konnten. In der EDI-Welt wurde versucht, das Problem der Standardisierung mit diversen Standards zu lösen. Mangelnde Akzeptanz und Komplexität dieser Bemühungen führten zu einem relativ hohen Kostenaufwand. Nichtsdestotrotz gibt es in Konzernen wie Siemens oder in bestimmten Branchen wie der Automobilindustrie ein weit verzweigtes, funktionierendes Netz des Dokumentenaustausches per EDI.

EDI nur in bestimmten Branchen

8 Marktplatz – Von EDI zu Handels- und Serviceplattformen im Internet

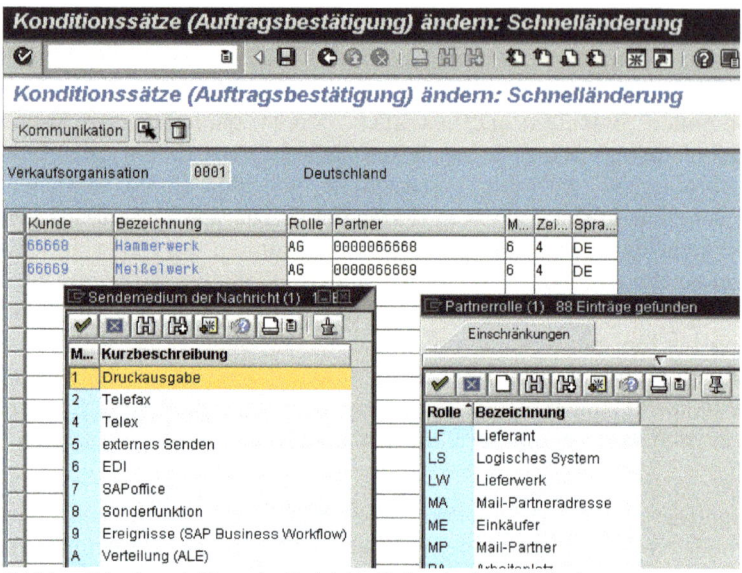

Abbildung 8.1: Ausschnitt aus der Nachrichtenfindung im SAP-R/3-System

Echtes E-Commerce erst mit Marktplätzen
: Die Marktplätze müssen auch von E-Commerce der ersten Generation abgegrenzt werden. So sind die kurzsichtigen Versuche zu nennen, bei denen die Erfassungstätigkeit vom Kunden auf den Lieferanten dadurch übertragen werden sollte, dass ein Browserzugang geöffnet oder versucht worden ist, per E-Mail Handelsdatenaustausch zu betreiben. Auch die direkte 1:1-Verbindung von Einkaufs- und Verkaufseite ist letztendlich eine schlechtere Lösung als die Einschaltung einer Relais-Station wie den Marktplatz, wenn es um den Aufbau von „Ad-hoc-" oder „seltenen" Geschäftsbeziehungen „Many:Many" geht.

Verringerung von hohen Einstiegskosten
: Die Marktplatzlösung umgeht das Dilemma und erlaubt einen formatierten Datenaustausch von Handelsdokumenten auch für den Fall einer Ad-hoc-Geschäftsbeziehung, was bei einer bilateralen direkten B2B-Verbindung durch die hohen Einstiegskosten abgeblockt wird.

Neben dem Dokumentenaustausch gibt es aber auch andere Möglichkeiten der Integration. Es ist z. B. ein erster Schritt, bestehende Online Shops in einen Marktplatz einzubinden. Oder es können direkt auf dem Marktplatz Services zur Verfügung gestellt werden, die dann nicht mehr im ERP-System abgewickelt werden müssen. So ist es möglich, einen Online Shop ausschließlich auf einem Marktplatz zu betreiben. Die gesamte Auftragsabwicklung wird auf dem Marktplatz betreut und durchgeführt.

Ähnliches gilt für die Einkaufsseite: Auch hier kann ein Marktplatz die komplette Funktionalität eines E-Procurement-Systems übernehmen oder mindestens die Verwaltung des Kataloges, so dass es auch hier möglich ist, Bestellungen bis hin zum Wareneingang auf dem Marktplatz abzuwickeln und lediglich die Bestandsveränderungen und Lieferantenrechnungen in die lokale ERP-Finanzbuchhaltung zu integrieren.

Anhand dieser Beispiele wird deutlich, dass ein elektronischer Marktplatz grundsätzlich eine alternative Business Integration auch gegenüber dem bilateralen E-Commerce zur Verfügung stellt. Integrationsbeziehungen zu ERP-Systemen sind vielfältig und gestaltbar, aber es kann auch ausschließlich auf dem Marktplatz ablaufende Aktivitäten und Transaktionen geben, die der Informationsbeschaffung, dem Handel oder sonstigen Zwecken dienen.

8.2 Was ist wirklich neu an Internet-Marktplätzen?

Marktplätze können nach ihrer Ausrichtung in

- private[104], die nur für einen Konzern und seine Tochterunternehmen Aufgaben übernehmen,
- vertikale[105], branchenorientierte, die sich an bestimmten Branchen oder Zielmärkten orientieren, oder
- horizontale[106], funktionale Marktplätze, die sich an übergreifenden Themen wie Personalbeschaffung oder allgemeine Beschaffung ausrichten,

eingeordnet werden.

Nach Funktionalität können unterschieden werden:

- Reine Informationsplattformen[107],
- Multi-Lieferantenkataloge[108], die insbesondere für die Beschaffungsabwicklung eingesetzt werden können,
- Börsen[109], die den Austausch und den Handel von gleichartigen Gütern unterstützen,
- Auktionsplattformen[110], die verschiedenste Formen des so genannten „Dynamic Pricings" unterstützen und

---

[104] Privater Marktplatz: http://www.click2procure.de
[105] Vertikaler Marktplatz: http://www.cc-chemplorer.de
[106] Horizontaler Marktplatz: http://www.monster.de
[107] Informationsplattform: http://www.baynet.de
[108] Multi-Lieferantenkatalog: http://www.evita.de
[109] Börse: http://www.surplex.com

8 Marktplatz – Von EDI zu Handels- und Serviceplattformen im Internet

- Supply-Chain-Plattformen[111], die eine weitergehende logistische Integration unterstützen sollen.

Die grundsätzlichen Neuerungen von Internet-Marktplätzen basieren auf zwei Prinzipien:

Prinzip 1 ist die Vermittlungsfunktion als Handelsplattform;

Prinzip 2 ist die Übernahme von Dienstleistungen als Service Provider.

Vorteil der zentralen Vermittlungsfunktion ist, dass über nur eine Verbindung zum Marktplatz alle Geschäftspartner erreicht werden können. Dies unterstützt die Ad-hoc-Geschäftsabwicklung für alle Teilnehmer am Marktplatz.

Als Service Provider liefert der Marktplatz eine Infrastruktur und übernimmt die Aufgaben wie Aufbau und Betrieb einer technischen Plattform, Sicherheit oder sonstige Services, weg von jedem einzelnen Unternehmen.

Die Vision eines Geschäftsnetzes als eine sehr weitgehende Form der Business Integration mit Marktplätzen lässt sich an der Grafik 8.2 deutlich machen.

Abbildung 8.2: Geschäftsnetze und Marktplätze. Quelle SAP

Die Mitarbeiter des Unternehmens können durch einheitliche Zugänge sowohl mit dem Marktplatz als auch direkt mit ihren Geschäftspartnern Kontakt aufnehmen. Marktplätze wiederum sind untereinander verbunden und tauschen Dienstleistungen und Produktanfragen aus. Hinter

---

[110] Auktionsplattform: http://www.portum.de

[111] Supply-Chain-Plattform: http://www.ec4ec.com

Marktplätzen können auch spezielle Geschäftspartner stehen, die Logistikabwicklungen oder andere Dienstleistungen über den Marktplatz für die Kunden und Lieferanten betreiben.

Bei den Aufgaben und Leistungen, die Marktplätze übernehmen, können grundsätzlich kommerzielle und kooperative Anwendungen unterschieden werden.

Bei kommerziellen Anwendungen geht es um den Abschluss und die Abwicklung eines klassischen Handelsgeschäftes. Es kann durch Ausschreibungen, Produktanfragen oder direkte Angebotseinholung eingeleitet werden. Die Form der Preisvereinbarung kann variieren, sei es durch Auktionen oder Verhandlungen mannigfaltiger Art. Funktionen wie vergleichendes Einkaufen oder Nachfragebündelung erweitern die Möglichkeiten. Wesentlich ist dabei, dass z. B. durch ein Unternehmensverzeichnis eine erhöhte Transparenz über potenzielle und bestehende Geschäftspartner existiert.

Kommerzielle Marktplatzanwendungen

Durch den elektronischen Dokumentenaustausch von Anfragen, Angeboten und Aufträgen etc. können schnell, gezielt und sicher die Geschäftstransaktionen abgewickelt werden. Je nach Geschäftsart stehen finanzielle und logistische Dienstleistungen unterstützend zur Verfügung.

Bei Kooperationen geht es um Arten von Geschäftsbeziehungen, die nicht direkt ein Handelsgeschäft zum Gegenstand haben. Dabei kann es sich um allgemeine Vertragsverhandlungen bzw. um die Absprache von Rahmenvertragskonditionen handeln oder um spezielle Formen der Logistikintegration wie das Vendor Managed Inventory, bei dem über den Marktplatz Bestandsdaten der Kunden an den Lieferanten gehen und der Lieferant beim Kunden für Nachschublieferungen sorgt. Dieses Konzept lässt sich erweitern in die Supply Chain Collaboration, d. h. den Austausch nicht nur von Bestandsdaten, sondern auch von Bedarfs- und Planungsdaten. In der Vision kann dies bis zur gemeinsamen Produktentwicklung oder dem gemeinsamen Projektmanagement mit dem Transfer aller hierfür notwendigen Informationen und Dokumente hinführen.

Kooperative Marktplatzanwendungen

8.2.1 Schlüsselfunktion Dokumentenaustausch

Zentrale Aufgabe des Marktplatzes ist die Schaffung von Verbindungen. Dies setzt eine technisch sehr aufwändige Infrastruktur sowie spezielle Dienstleistungen im Transformieren und Mappen von Dokumenten sowohl inhaltlich als auch formatbezogen voraus. Der elektronische Dokumentenaustausch und das „Mapping" bzw. Transformieren der Inhalte lässt sich als Schlüsselfunktion eines Internet-Marktplatzes bewerten.

Die einfachste Form des Dokumentenaustauschs ist das Zwischenspeichern und Weiterleiten der Dokumente, die von Lieferanten an Kunden und umgekehrt übermittelt werden. Dabei ist Voraussetzung, dass sich die Dokumente im richtigen, vereinbarten Format befinden. Dies ist ein ähnliches Szenario wie bei EDI-Clearing-Stellen.

Mapping

Im zweiten Szenario wird davon ausgegangen, dass je nach Geschäftsprozess und konkreten Geschäftspartnern zwischen ankommendem bzw. ausgehendem Dokument durch den Marktplatz ein „Mapping" – ohne die Inhalte zu verändern – von einem Format in das andere durchgeführt wird. Dies ist eine sehr aufwändige Dienstleistung, die je nach unterstützten Dokumentenformaten sehr umfangreich sein kann.

In einem weiteren Szenario kann sich der Marktplatz hierbei eines externen Mapping-Services bedienen, der die Umsetzungen von speziellen Formaten in andere spezielle Formate durchführt. Dies kann beispielsweise für die Umsetzung von klassischen EDI-Formaten in neuartige XML-Formate geschehen.

Transformation

Das letzte Szenario erlaubt nicht nur die Transformation der Formate, sondern auch der Inhalte; beispielsweise können die Produktnummer des Lieferanten in eine Produktnummer des Kunden umgesetzt oder bestimmte Produktschlüssel ineinander überführt werden.

8.2.2 Architektur von Marktplatz-Lösungen

Das Besondere an einer Marktplatz-Software-Architektur ist, dass eine Software nur im Internet (beim Marktplatzbetreiber) existiert und nicht in den Rechnersystemen eines Anwenderunternehmens.

Hoher Ressourcen-Bedarf

Eine Hardware-Infrastruktur, die notwendig ist, um einen Marktplatz für eine Million „Visits per day" und eine durchschnittliche Auslastung von 2.000 Besuchern zu betreiben, beginnt bei 40 Servern, die ganz unterschiedliche Aufgaben übernehmen müssen. Ferner muss eine spezifische Netzinfrastruktur vorliegen, um eine Lastverteilung und eine Steuerung dieser verschiedenen Server zu ermöglichen.

Hosting von E-Commerce-Lösungen

Einkäufer und Verkäufer besitzen nun unterschiedlichste Möglichkeiten, sich mit der zentral betriebenen Marktplatzinstanz technisch zu verbinden. Neben dem Browser können eigene SAP-Anwendungen oder Lösungen von Drittanbietern mit dem Marktplatz kommunizieren,

8.2 Was ist wirklich neu an Internet-Marktplätzen?

um Dokumentenaustausch zu betreiben. Die Integrationsfähigkeit beschreibt, definiert und steuert die SAP Exchange Infrastructure[112].

Der Marktplatz selbst ist in der Lage, E-Procurement und Order-Management anzubieten, wobei dies keine marktplatzspezifischen Anwendungen sind, sondern nur Alternativlösungen im Sinne des Hostings.

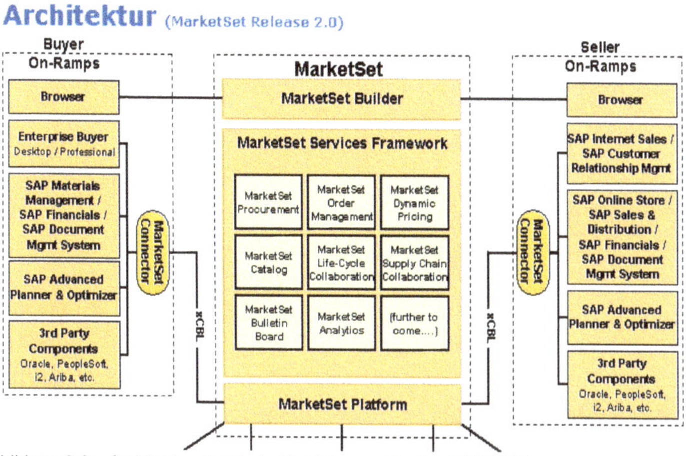

Abbildung 8.3: Architektur der MarketSet-Lösung. Quelle: SAP 2001

Kataloge sind das Herzstück eines Marktplatzes. Sie beinhalten das Angebot ausgewählter Lieferanten speziell für bestimmte Kunden mit ihren eigenen Preisen.

MarketSet-Komponenten

Die erste Marktplatzanwendung im engeren Sinne ist das „Dynamic Pricing". Darunter fällt alles, was mit Auktionen und Preisverhandlungen zu tun hat. Es ist eine sehr spezialisierte Komponente, die eine Vielzahl von Marktpreisfindungstechniken zur Verfügung stellen kann.

Weitere Grundlage eines Marktplatzes ist das „Bulletin Board". Dort können Nachrichten und Informationen, ähnlich wie in einer News Group, eingestellt und abgeholt werden. So können Anfragen gestartet, Informationsaustausch betrieben und automatisch getriggert werden.

Anwendungen mit einer stärkeren Zukunftsorientierung, d. h. in dieser Form noch nicht so verbreitet, sind die Product-Lifecycle-Cooperation und die Market Set Supply Chain Collaboration. Diese Anwendungen beinhalten Produktentwicklungen, Projektkooperation bzw. Zusam-

---

[112] Aktuelle Informationen unter: http://www.sap.com/solutions/netweaver

8 Marktplatz – Von EDI zu Handels- und Serviceplattformen im Internet

menarbeit beim Austausch von Bedarfsplanungs- und Bestandsdaten entlang der Logistikkette.

M2M und Services

Neben der eigenen Plattform liefert ein Marktplatz auch die Technologie andere Marktplätze (M2M) einzubinden, z. B. Spezialmarktplätze für Reiseabwicklungen, andere Dienstleister oder Dienstleistungsmarktplätze wie Transportservice-Anbieter oder spezielle Dienstleistungen im Import oder Export. Durchaus üblich und auch hilfreich sind Dienstleistungen im Bereich von Finanztransaktionen.

8.2.3 Ein- und Verkaufen über Internet-Marktplätze – Stufe 1

Schon mit der ersten und einfachsten Nutzung, die über einen Internet-Link und mit Browserzugriff realisierbar ist, können Marktplatzteilnehmer bereits ein- und verkaufen.

E-Selling auf Marktplätzen

Für Anwenderunternehmen gilt es, bei der Business Integration einem Internet-Marktplatz zunächst einmal Art und Intensität der Integration zu definieren. Üblicherweise besteht der erste Schritt des Einbindens seitens des Verkaufs darin, die eigene bestehende Online Shop-Lösung zu präsentieren und bekannt zu machen. Dies kann in unterschiedlichsten Formen geschehen. Zum einen kann der Shop über einen Link im Marktplatz positioniert und der Kunde des Marktplatzes so auf die Verkaufsseite weitergeleitet werden. Der Marktplatz kann aber auch komplett die Shop-Funktionalität übernehmen. Dies bedeutet, dass der Produktkatalog mit Verkaufsprodukten auf dem Marktplatz verwaltet und die Kundenauftragsabwicklung durch die Marktplatz-Lösung ausgeführt wird.

Reine Marktplatz-Geschäfte

Eine einfachere Form der Integration von Verkauf und Einkauf ist zunächst einmal, sich nur an marktplatzspezifischen Geschäftsformen zu beteiligen, das heißt an Auktionen und Börsen per Browser teilzunehmen. Demgegenüber ist die Ausrichtung einer Auktion im Einzelfall nur für größere Volumina sinnvoll. Erfahrungswerte für Auktionen sprechen hier von einem Mindestvolumen von z. B. 500.000 Euro[113] bei Bürobedarf, da hier die Lieferanteneinladung und -vorbereitung sehr aufwändig sein kann. Bei Börsen ist dies einfacher; hier kommt es auf die Spezialisierung des Marktplatzes und die Anzahl der Teilnehmer an.

Verkaufskataloge auf Marktplätzen

Bei Produktkatalogen Marktplatzintegration zu betreiben, bereitet dem Anwenderunternehmen erste Probleme. Katalogdaten sind meist sehr unzureichend vorhanden und beschränken sich auf Rohdaten wie Arti-

---

[113] Aussage für den Marktplatz click2procure des Siemenskonzerns, getroffen am 26.10.2001 auf dem E-Business-Contest:2001 (veranstaltet von der IBIS Prof. Thome AG am 25./26.10.2001 in Würzburg)

kelnummern, Beschreibungen, Listenpreise und Mengeneinheiten. Dies ist im Rahmen einer attraktiven Präsentation nicht ausreichend. Kunden erwarten, dass Kataloge zusätzliche Inhalte liefern. Dies können Bilder, Datensicherheitsblätter, Spezifikationen oder Links auf weitergehende Informationen sein. Weiterhin müssen Kataloge in der Lage sein, spezielle Vertragspreise mit Kunden und Lieferanten abzubilden. Katalogelemente können auch andere Anwendungen wie Konfiguratoren oder grafische Systeme beinhalten, z. B. einen 3D-Viewer für ein Automobil. Weiterhin ist die Qualität eines Kataloges auch in der Tiefe auszubauen, d. h. Prüfungen, Beurteilungen, Vorschriften und Landesspezifikationen sollten aus dem Produktkontext heraus erreichbar sein. Strukturierungen von Produktkatalogen sind ebenfalls sehr wichtig. Wenn es Klassifizierungssysteme in bestimmten Industrien gibt, so sollte diesen gefolgt werden. Schließlich ist ein Katalog auch Transfermedium für Service- und Garantieleistungen und logistische Informationen, eben allen Informationen, die im Rahmen eines Verkaufsprozesses notwendig sind. Die aufgezählten Eigenschaften zeigen, wie komplex und weit der Weg von einem einfachen Materialstamm hin zu einem hochqualitativen Content-Management-basierten Marktplatzkatalog ist. Aus diesem Grund gibt es eine Reihe von Dienstleistern, die Unternehmen helfen einen Katalog aufzubauen, Daten zu sammeln und zu integrieren, Standardkataloge einzukaufen, Informationen in bestehende Kataloge einzubauen oder selbst erstellte Inhalte weiter zu vermarkten.

Insgesamt lässt sich die Qualität einer ersten Marktplatz-Integration dieser Stufe als eine kooperative „Sell-Side" von unterschiedlichen Lieferanten bezeichnen. Vorteile dieser ersten Stufe liegen auf der Hand: Unternehmen können sich zusammenschließen und entlang einer Lieferkette ergänzen. Es werden Kosten dadurch gespart, dass nur eine technologische Lösung genutzt wird und nicht jedes Unternehmen selbst eine Kataloglösung betreiben muss. Selbstverständlich ist die Marktliquidität durch einen Marktplatz, der sich an viele Kunden wendet, stark erhöht. Allerdings treten ernste Probleme auf, da eine Preisvereinbarung geheim gehalten werden muss. Es dürfen keine allgemeinen Preise gegenüber Dritten offengelegt werden, die dazu nicht berechtigt sind. Die Vergleichbarkeit wächst, wenn ähnliche Lieferanten auf einem Marktplatz agieren. Aus der Sicht des Einkäufers wiederum sind die genannten Vorteile ebenfalls existent, zusätzlich ist der Nachteil ein Vorteil, d. h. je mehr Anbieter zu einer bestimmten Warengruppe vorhanden sind, um so größer ist die Auswahl.

Kooperative Sell-Side

8.2.4 Geschäftsabwicklung über Marktplätze – Stufe 2

Einen höheren Innovationsgrad liefert der Marktplatz, wenn er in die Geschäftsabwicklung integriert wird und Dienstleistungen übernimmt.

Geprüfte Informationen

Zusätzlich zu einer Zentralisierung von E-Commerce-Anwendungen und Daten ist ein Marktplatz als Dienstleister auch in der Lage, selbst Aufgaben zu übernehmen und diese Dienstleistungen den beteiligten Einkäufern und Verkäufern zur Verfügung zu stellen. Erstes Handelsgut sind Informationen. Beispielsweise muss die Adresse und die Bonität eines beteiligten Unternehmens überprüft und für den Geschäftspartner verifiziert werden oder es können Unternehmens- und Marktdaten zur Verfügung gestellt werden. Diese Informationsqualität kann bis hin zu einer Versicherung in Form eines Trust-Centers reichen, wobei hier der Marktplatz selbst die Aufgabe und die Verantwortung für die Transaktion und das Zutreffen der Information übernimmt.

Steuerung des Dokumentenaustauschs

Zweiter Aufgabenblock ist das bereits dargestellte Austauschen von Dokumenten zwischen unterschiedlichen Formaten und die Transformation, d. h. die Umwandlung von Inhalten in den Dokumenten für die beteiligten Geschäftspartner je nach Geschäftsprozess. Geschäftsprozesse sind wiederum durch einen Marktplatz zu standardisieren. Er definiert die dafür notwendigen und erlaubten Daten, um allen Beteiligten einen Standard mit gewissen Anpassungsmöglichkeiten zu bieten, über den sie Geschäfte abwickeln können.

Gemeinsames Marketing

Weiterhin können Marktplätze ein gemeinsames Marketing und individuelle Marketingkampagnen unterstützen. Das bedeutet, dass eine gezielte Ansprache der verfügbaren Zielgruppe durch Marktplatzinstrumente sowie Preis- und Informationskampagnen individuell durchgeführt werden kann.

Weitere Kooperationskonzepte können sich auf die Nachfragebündelung im Bereich der Logistikdienstleistungen oder auf Dienstleistungen im Bereich der Finanzabwicklung durch die Einbindung von Banken bis hin zur sicheren Abwicklung von Außenhandelsgeschäften beziehen.

Die zweite Stufe der Marktplatzintegration hat Vorteile, die auf der Hand liegen. Es können Dienstleistungen ebenfalls zentralisiert werden, indem der Marktplatzanbieter diese Aufgaben übernimmt. Das Unternehmen kann entscheiden, was preisgünstiger ist und welcher Service wahrgenommen wird und welcher nicht.

8.2.5 Business Integration durch Marktplatz-Anwendungen – Stufe 3

Vieles, was bisher dargestellt wurde, gibt es bereits in anderer Form oder das Innovative ist eine Aufgabenverlagerung mit Zentralisierung von Aktivitäten. Stellt man sich nun die Frage, ob es weitere nützliche Merkmale für die Marktplatzanwendung gibt, die eine Business Integration vorantreiben, so können folgende zentrale Marktplatzanwendungen angeführt werden, die nur mit der Technologie eines Internet-basierten Marktplatzes funktionieren.

Die Produktsuche ist ein Konzept, mit dem es einem Einkäufer ermöglicht wird, anhand einer unspezifischen Bedarfsdefinition Marktplatzangebote zu sichten. Ist eine Artikelnummer unbekannt, ist er durch Beschreibung von Produkteigenschaften in der Lage bei entsprechenden Lieferanten, die er über Klassifizierungen herausfinden kann, ein Angebot und eine Spezifikation für seinen Produktbedarf einzuholen. Selbstverständlich gibt es auch Suchmaschinen und -funktionen, doch liefern sie im Wesentlichen die gleiche Qualität wie sonst aus dem Internet bekannte Techniken. Der wesentliche Unterschied ist, dass Unternehmen mit Know-how rascher gefunden werden und ein schneller Dialog mit den Lieferanten begonnen werden kann. *Unspezifische Produktsuche*

Wenn eine Produktspezifikation klar ist, kann rasch ein Angebot eingeholt und eine Verfügbarkeitsinformation oder Wunschterminaussage beschafft werden.

Die zweite zentrale, neue Funktionalität eines Marktplatzes ist die Möglichkeit der dynamischen Preisfindung. So kann ein Preis für ein Geschäft durch Auktionen und Börsen unterschiedlichster Machart gefunden werden. Schließlich ist die Möglichkeit des Co-Shoppings oder der Nachfragebündelung gegeben, d. h., dass sich mehrere Interessenten zusammentun und einen gemeinsamen Beschaffungsprozess in die Wege leiten können. Bei der letzten Aktivität gibt es kartellrechtliche Einschränkungen, sofern es sich um große marktbeherrschende Nachfrager handelt. *Neue Form der Preis- und Konditionenabsprache*

Ein zusätzliches Angebot sollen so genannte Mehrwertdienste bieten. Konkret bedeutet dies, dass im Rahmen einer Geschäftsabwicklung nicht nur die Preisvereinbarung das eigentliche Verhandlungsthema ist, sondern ebenfalls Konditionen über Versand und Transport oder Aktivitäten und zusätzliche Dienstleistungen für eine sichere Geschäftsabwicklung logistisch wie finanztechnisch angeboten werden. Dies beinhaltet in der Außenhandelsabwicklung, z. B. Akkreditive, Services wie Begutachtungen (bei Gebrauchtmaschinen) oder die komplette Zahlungsabwicklung bis hin zur Bankintegration. *Mehrwertdienste*

8 Marktplatz – Von EDI zu Handels- und Serviceplattformen im Internet

Bulletin Boards

Eine weitere Marktplatzanwendung besonderer Art ist die aus dem Internet entwickelte News-Group-Funktionalität eines Bulletin Boards. Ähnlich der Bedingungen einer News Group können relevante Informationen automatisch weitergegeben bzw. abgerufen werden. Es bedeutet, dass jeder eine Information oder Anfrage publizieren und entsprechend klassifizieren kann und diese an Interessenten, die dies vorher definiert haben, weitergeleitet wird. Dadurch ist eine hocheffiziente Informationsweitergabe bis hin zu Workflows mit Stellvertretern etc. möglich. In der höchsten Form spricht man von digitalen Agenten, die eine automatische Aktion aufgrund von vorher definierten Regeln ausführen.

Durch das Erreichen der dritten Stufe hat der Unternehmer weiteren Nutzen aus seinem Marktplatz-Auftritt.

Hohe Markttransparenz im Einkauf

Der Marktplatz ist in der Lage, fragmentierte und für die Teilnehmer bisher intransparente Märkte zusammenzuführen. Dies funktioniert für die Beschaffungs- wie für die Verkaufsseite. Auf der Beschaffungsseite gelingt es, dass neue Lieferanten möglichst einfach gefunden werden können und sich damit Auswahlmöglichkeiten im Lieferantenumfeld auch bei Produkten eröffnen, bei denen bisher eine intensive Suche nicht lohnenswert war. So können beispielsweise Veränderungen im dynamischen Umfeld der Computerzubehörteile leichter verfolgt werden, indem ein Einkäufer bei bestimmten Preisschwellen automatisch eine Information erhält.

Geringere Vertriebskosten

Auf der Verkaufsseite gilt es Vertriebs- und Transaktionskosten, etwa des Ersatzteilgeschäftes, zu senken. Zusätzlich kann ein Markt adressiert werden, der bisher nicht definierbar war, da er aus einer teilweise unbekannten Zielgruppe besteht, die über einen Händlervertriebskanal bisher bedient wurde. So wird die Möglichkeit erleichtert, Informationen über diese Zielgruppe zu erlangen. Diese Zielgruppe kann ohne zusätzlichen Aufwand mitbedient werden. Theoretisch ist bei Erreichen einer kritischen Masse auf einem Marktplatz, der beispielsweise 80 Prozent der Unternehmen einer Branche in sich vereint, eine bisher nicht erreichbare Marktreichweite gegeben. Dieser Vorteil ist aber derzeit nur in den seltensten Fällen erreichbar, da sich Marktplätze noch nicht entsprechend etabliert haben.

Vorteile der dritten Stufe

Schwerpunkt der Bemühungen bis zu dieser dritten Stufe war die Verringerung von Produkt- und Transaktionskosten, die dadurch zu erreichen ist, dass vom Marktplatz zentrale Aufgaben und Dienste übernommen werden. Ebenfalls ist der schnelle und standardisierte Informationsaustausch ein wesentlicher Faktor, der Zeit- und Kostenvorteile bietet. Gelingt es noch, die Internet-spezifischen Vorteile auch in die Logistikprozesse mit einzubeziehen, d. h. Verfügbarkeit der Information zu jedem Zeitpunkt und die zentrale elektronische Abwicklung, dann ist das Nutzenpaket dieser ersten drei Stufen sehr umfangreich.

8.2.6 Marktplatzbasierte Kooperation – Stufe 4

Die vierte Stufe der Marktplatzintegration geht über die klassischen Handelstransaktionsthemen hinaus. In der vierten Stufe sollte es möglich sein, auch komplexe Informationsprozesse über den Marktplatz abzuwickeln, vorzubereiten oder zu unterstützen. Dies bezieht sich auf schwierige Vertragsverhandlungen, das Management von Rahmenverträgen, den Austausch von Entwicklungsdaten und die gemeinsame Entwicklung von Produkten.

Die Funktionen sind auch hilfreich für die Abwicklung von Geschäften, bei denen eine Produktspezifikation bzw. ein Aufmaß oder Leistungsverzeichnis, das zunächst einmal abgestimmt und erstellt werden muss, als Grundlage für die Transaktion dient. Dies kann so weit gehen, dass bei komplexen Projekten die Projektarbeit, der Austausch von Projektinformationen und Projektdokumentationen unterstützt wird. *Project Collaboration*

Eine zweite Kategorie der Kooperation bezieht sich auf Supply-Chain-Prozesse, d. h. die Unterstützung von Lieferungen, Transporten, Frachtabwicklungen, aber auch von Planungen, bei denen eine Reihe von Akteuren beteiligt sind. Grundlage für eine solche marktplatzbasierte Zusammenarbeit entlang der Supply Chain sind der Austausch von Planungs- und Bedarfsdaten sowie Verfügbarkeitsinformationen und die Einbeziehung von Logistikdienstleistern in diesen Prozess. Die marktplatzbasierte Kooperation steckt erst in ihren Anfängen. Hier können deswegen noch keine spezifischen Erfahrungen über das Ge- oder Misslingen dieser Ansätze wiedergegeben werden. *Supply Chain Collaboration*

Im Rahmen der vierten Stufe der Marktplatzintegration wird deutlich, dass weitere Aufgaben an einen Marktplatz übertragen werden können. Klar muss sein, dass der Findungsprozess und der Erfolg einer solchen Strategie davon abhängt, inwieweit sich neutrale Marktplatzanbieter mit einer hohen Marktabdeckung etablieren werden. In den Branchen, in denen das gelingt, z. B. chemische Industrie[114] oder Automobilindustrie[115], können größere Vorteile erzielt werden als in Branchen, die zersplittert bleiben.

Voraussetzung für eine verstärkte Kooperation ist auch, dass sich Prozesse, die durch die Einbindung eines Marktplatzes komplexer werden, standardisieren lassen. Änderungen können nur in Abstimmung mit al- *Standardisierung der kooperativen Marktprozesse*

---

[114] http://www.cc-chemplorer.com
[115] http://www.covisint.com

len Beteiligten vorgenommen werden. Dadurch werden sie schwieriger anpassbar, wenn ein zu enger Standard gesetzt wurde. Andererseits liefert die Standardisierung hier Sicherheit und unterstützt eine einheitliche, verlässliche Geschäftsabwicklung.

Den Marktplatzbetreibern fällt im Rahmen dieser Gemeinschaft die Verpflichtung zu, die Komplexität für die Marktteilnehmer zu reduzieren und eine gewisse Flexibilität offen zu halten. Flexibilität bezieht sich dabei nicht auf die Änderung der Prozesse, sondern auf die Ad-Hoc-Kontaktaufnahme zwischen den Geschäftspartnern und die dafür notwendigen Aktivitäten. D. h. der Marktplatz liefert eine Blackbox, über die Geschäftsprozesse zwischen Unternehmen sehr schnell verknüpft, aber auch wieder aufgelöst werden können. Vorraussetzung ist, dass sich gewisse gute Standards etablieren, so dass dies auch inhaltlich funktioniert. Spätestens hier wird klar, dass die Funktion des Marktplatzbetreibers sehr bedeutend in der Supply Chain werden kann. Neutrale Moderatoren sind deswegen gesucht. Der stärkste einer Branche, der vielleicht für den Marktplatzerfolg entscheidend ist, kann es sich nicht leisten, der einzige Marktplatzbetreiber zu sein und zu bleiben. Die Frage ist: Werden durch diese Kooperationsmöglichkeiten neue Geschäftsmodelle entstehen? Wie hoch ist der Nutzenvorteil, der durch die Reduktion der Transaktionskosten entsteht? Der Ideenwettbewerb beginnt. Es wird sich in den nächsten Jahren zeigen, welche neuen Formen erfolgreich sind.

8.3 Organisatorische Voraussetzungen für eine Marktplatzbeteiligung

Die Auswahlentscheidung

Im Unterschied zu einer Auswahlentscheidung bei anderen SAP-Lösungen stellt sich weniger die Frage, welche technische Lösung zu bevorzugen ist. Es geht vielmehr darum, an welchem Internet-Marktplatz man sich aus geschäftspolitischen Gründen wann und wie beteiligen sollte. Ähnlich wie im Mittelalter muss man sich den Marktplatz nach Bedeutung und Marktliquidität suchen, auf dem man seine Waren anpreist oder den man für eine Einkaufstour auswählt.

Die Analogie mit dem mittelalterlichen Marktplatz aus Abbildung 8.4 zeigt die Zielsetzung und die Anforderungen dieser neuen technischen Handelsplattform auf. Auch im Mittelalter war ein Marktplatz nicht alleine ein Handelsplatz. Es wurden ebenfalls begleitende Dienstleistungen, unterschiedlichste Formen des Informationsaustausches bis hin zu einer sicheren Zahlungsabwicklung durch die Marktplatzbetreiber angeboten. Sicherheit war damals wie heute ein Thema von sehr hoher Bedeutung.

Abbildung 8.4: Marktplatz in Rothenburg (o. d. T.). Quelle: http://www.rotabene.de/webcam

Bei der Marktplatzauswahl müssen sich Unternehmen innerhalb ihrer relevanten Branchen auf Einkaufs- und Verkaufsseite umsehen. Wo sind die wichtigsten Geschäftspartner? Wo sind die wichtigsten Produkt- und Warengruppen zu finden, die einen entsprechenden Vorteil und die nötige kritische Masse für den Handel über einen Marktplatz zusammenbringen?

So ist es nicht verwunderlich, dass der Schwerpunkt des Interesses auf vertikalen Marktplätzen liegt, in denen sich die Branche ein Forum schafft. Einen eigenen Marktplatz aufzubauen ist insbesondere für Konzerne eine wichtige Voraussetzung, um Größenvorteile und Bündelung der Aktivitäten zu erreichen. Eine Beteiligung an mehreren Marktplätzen erscheint immer dann sinnvoll, wenn unterschiedliche Geschäftsfelder und Spezialisierungen vorliegen. Es gibt Marktplätze, welche die Beschaffungsabwicklung unterstützen, d. h. die Integration der ERP-Systeme bzw. E-Procurement-Systeme mit dem Multi-Lieferanten-Katalog und den dahinterstehenden Lieferanten steht im Vordergrund. Wohingegen andere Marktplätze sich mehr um ihre Marktliquidität kümmern. Diese konzentrieren sich auf Auktionen oder Börsen in speziellen Bereichen, wie z. B. Gebrauchsmaschinen, und weniger auf eine technisch aufwändige Integration.

Vertikale Marktplätze bevorzugt

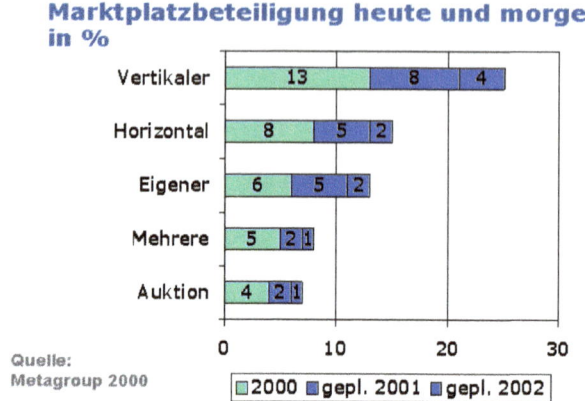

Abbildung 8.5: Marktplatzbeteiligung heute und morgen. Quelle: Metagroup 2000.

Mehrere Marktplätze Die Auswahlfrage ist somit nicht durch einen einzigen Marktplatz zu beantworten. Es kann eine ganze Reihe von Marktplatz-Typen auf der Verkaufs- und ebenso auf der Einkaufsseite geben, die für ein Unternehmen relevant werden können. Zusätzlich wird das Auswahlspektrum durch die internationale Ausrichtung eines Unternehmens erweitert, da Marktplätze für den europäischen, amerikanischen oder asiatischen Raum im Normalfall getrennt zu betrachten sind. Nur in einigen wenigen Branchen gibt es derzeit eine globale Fokussierung auf wenige große Marktplätze. Für die meisten anderen Industrien, die sich in einem heterogenen Umfeld bewegen, ist eine Vereinfachung durch Marktplatzkonzentration mittelfristig nicht zu erwarten, da die dortigen Branchen auf der Einkaufs- und Verkaufsseite sich sehr differenziert verhalten.

Insgesamt heißt das, dass bei der Marktplatzbeteiligungs-Analyse die Marktseiten-Verhältnisse, die Brancheneinordnung und die jeweiligen Standards beachtet werden müssen. Hierbei gilt es, das Verhalten von Lieferanten, Kunden, Konkurrenten und Geschäftspartnern in den Entscheidungsprozess mit einzubeziehen. Der einfachste Ansatzpunkt für eine Marktplatzbeteiligung dürfte im Bereich der Beschaffung von Verbrauchsgütern (MRO) liegen. In diesem Umfeld können frühzeitig Erfahrungen gesammelt werden, was technologische Möglichkeiten, Vorteile und Grenzen der Marktplatznutzung betrifft.

8.4 Problemfelder einer Marktplatzbeteiligung und -integration

Im Gegensatz zu anderen SAP-Lösungen beschränkt sich der Einführungsaufwand einer Marktplatzintegration auf die Schaffung der organisatorischen Voraussetzungen und Integration der Dokumente und Daten zwischen den internen Software-Systemen mit dem Marktplatz. Kritische Faktoren, was die Anbindung betrifft, sind Integrations-Erfahrung und Bandbreite der unterstützten Standards des Marktplatzbetreibers.

Technische Fragen ranken sich in erste Linie um die standardisierten Austauschdokumentenformate, die beachtet werden müssen. Der technische Einführungsprozess fokussiert sich dann auf die Anbindung per Dokumentenaustausch entweder des R/3 ERP-Systems, des Enterprise Buyers, einer Kataloglösung, des APO-Systems oder der CRM-Lösung, insbesondere der Komponente Internet Sales. — Technische Fragen

Die breite Nutzung einer Marktplatzbeteiligung ist die natürliche Aufgabe des Vertriebes und des Einkaufs. Organisatorische Abläufe und Verantwortlichkeiten müssen daraufhin ausgerichtet werden. Wer darf was über den Marktplatz einkaufen oder verkaufen? Wer administriert den Dokumentenfluss bei Änderungen und Problemen? Wann werden Kataloge aktualisiert? Einkauf, Verkauf und IT-Abteilung müssen ein Abstimmteam bilden, das die Marktplatzaktivitäten koordiniert. — Organisatorische Fragen

Kosten, z. B. für eine Einkaufsanbindung (Katalog, Bestellung, Wareneingang, Rechnung), sollten sich um 10.000 Euro bewegen, wenn Standards genutzt werden. Bei individuellen Dokumentintegrationen können es aber auch bis zu 30.000 Euro pro Dokumententyp werden. Üblicherweise werden Mitgliedsgebühren oder/und Transaktionskostenanteile zwischen 1 Prozent und 3 Prozent des Volumens fällig. — Kosten

8.5 Was fehlt noch?

Im privaten Bereich haben sich Marktplätze wie eBay[116] erfolgreich etabliert. Ebenso geht es im Konzernumfeld bei so genannten „Private Exchanges" voran. Allerdings scheint für die globalen Marktplätze die Euphorie sehr gebremst zu sein.

Seit der Gründungswelle 2000 bis 2001 ist praktisch kein neuer Internet-Marktplatz „installiert" worden. Die SAP hat ihr Angebot deswegen radikal gestrichen und bietet nur noch die SAP Exchange Infrastructure an.

---

[116] http://www.ebay.de

Abgesehen von diversen Erfolgsmeldungen über gut gelaufene Auktionen, fehlen die breiten Anwendungserfahrungen und -berichte für viele der oben aufgeführten Potenziale. Auch einfache Fragestellungen, wie die Pflege von Lieferantenkatalogen auf dem Marktplatz anstatt im eigenen E-Procurement-System, sind noch umstritten.

Die Schaffung von Marktliquidität, d. h. viele Teilnehmer und Transaktionen, bleibt ein Dauerproblem. Viele potenzielle Einkäufer sind durch langfristige Lieferverträge an einen Lieferanten gebunden, so dass auch bei großen Unternehmen interessante Volumen nicht erreichbar sind.

Die technische Schlüsselfrage bleibt, ob ein kostengünstiger Ad-Hoc-Dokumentenaustausch machbar wird. Viele Skeptiker sprechen von den gleichen Standardisierungsproblemen wie in der EDI-Welt.

Aufgrund der gebremsten Ausrichtung der Marktplätze als Handelsplattformen vermuten Analysten bereits den Wandel zum Service Provider[117]. Es ist sicherlich sinnvoll das Angebotsspektrum eines Marktplatzanbieters auszubauen, aber trotzdem sollte/muss den Marktkräften und der technischen Entwicklung noch etwas Zeit gegeben werden, um die Potenziale als Handelsplattform zu erschließen.

Der Wunsch, nicht nur Handelsplattformen, sondern auch SCM-Plattformen mit Finanz- und Logistikintegration zu haben, ist ebenfalls noch eine Perspektive. Viele Kooperationsszenarios sind noch reine Theorie oder im Pilotstatus, so dass hier ebenfalls wenige Erfahrungen vorliegen.

Trotzdem bleibt der Weg und die Perspektive faszinierend. Wenn es gelingt, die Marktkräfte zu überzeugen, kann sich die Dynamik der Marktplatzentwicklung steigern und insgesamt zu einer Win-Win-Situation für alle Beteiligten entwickeln.

8.6 ... und was können die Mitbewerber?

Folgende Unternehmen waren wichtige Innovatoren bei der Entwicklung der Marktplatztechnologien. Es werden Daten aus dem Boomjahr 2000 aufgeführt. Aktuelle Informationen können bei der amerikanischen Technologiebörse NASDAQ[118] gefunden werden.

---

[117] Marktplatzstudie „Vom Vermittler zum Dienstleister – B2B-Marktplätze in Deutschland 2001" von Berlecon Research GmbH.

[118] http://www.nasdaq.com

ARIBA www.ariba.com Symbol: ARBA
  Gründung 1996
  Umsatz: Jahresergebnis zum 31.03.2000: 92,5 Mio. $
  Weltweit 1.700 Mitarbeiter
    Services und Lösungen: Entwicklung von Trade & Procurement-Lösungen, B2B Marktplatz-Lösungen, Implementierung von B2B E-Procurement und ARIBA Network Services,
    nach eigenen Angaben Weltmarktführer für Procurement & Marketplaces.

i2 www.i2.com Symbol: ITWO
  Gründung 1988
  Umsatz 2000: 1,1 Mrd. $
  Weltweit über 5.000 Mitarbeiter
  Services und Lösungen: Supply Chain Management und Tradematrix.

ORACLE www.oracle.com Symbol: ORCL
  Umsatz 2000: über 10,1 Mrd. $
  Über 41.000 Mitarbeiter
  Services und Lösungen: weltgrößter Anbieter von Datenbank-Lösungen, ERP-Lösung, CRM-Lösung, Buy-Side-, Sell-Side-, Marktplatz-Lösungen.

COMMERCE ONE www.commerceone.com Symbol: CMRC
  Gründung 1994
  Über 3.200 Mitarbeiter
  Services und Lösungen: Marktplatzlösungen.

8.7 Informationen und Verweise

Weiterführende Links:

Aktuelle Informationen bei SAP unter:

  http:// www.sap-ag.de/germany/solutions/exchanges

Allgemeine Informationen, Grundlagen, Studien, Artikel und Literaturhinweise unter:

  http://www.competence-site.net/emarktplaetze.nsf

  http://www.competence-site.net/standardsoftware.nsf

Informationsmöglichkeiten über Marktplätze unter:

http://www.bizscout.de

http://www.cybiz.de/business/eguide/pages

http://finanzen.focus.de/D/DA/DAE/DAE39/dae39.htm

Kostenpflichtige Informationsdienste unter:

http://www.berlecon.de/services/b2bdb

Studien, Vorträge und Artikel der IBIS Prof. Thome AG sind zu finden unter:

http://www.ibis-thome.de/publikationen

Als weitere Marktplatzliteratur wird empfohlen:

Kollmann, T.	Virtuelle Marktplätze. Vahlen, München 2001.
Schneider, D. u. Schnetkamp, G.	E-MARKETS – B2B-Strategien im Electronic Commerce. Gabler, Wiesbaden 2000.

Anhang – Prozesse der Business Integration mit SAP-Lösungen

A1 Einführung in die Prozessdarstellung

A1.1 Entwicklung des Geschäftsprozessgedankens

Die Gestaltung der Ablauforganisation von Unternehmen rückte in den 80er Jahren von der Betrachtung und Verkettung einzelner Funktionen und isolierter Verfahren ab und hin zur Betrachtung komplexer, logisch zusammenhängender Vorgänge und aller ihrer Aspekte. Dies war die Entstehung des Geschäftsprozessgedankens.

Unter dem Stichwort des CIM[119] (Computer Integrated Manufacturing) begann die gemeinsame prozessorientierte Betrachtung von betriebswirtschaftlichen und technischen Funktionen im Rahmen des Produktionsablaufes, um eine integrierte Unterstützung der betrieblichen Aufgabenabläufe (Prozesse) zu erreichen. Die wichtigsten Ergebnisse der CIM-Forschung waren, dass CIM

- der Einsatz von Informationstechnologien, zumindest für Fertigungsunternehmen, unabdingbar wird,
- alle Unternehmensdaten zentral gespeichert und verwaltet werden müssen, um integrierte Prozesse zu ermöglichen,
- eine vorgangsorientierte Gestaltung des Informationsflusses ablauforganisatorische Schnittstellen (Durchlaufzeit und Qualität werden besser) minimiert und
- die integrierte Informationsverarbeitung die informationstechnischen Schnittstellen auf ein Minimum reduziert.

Aufgrund dieser Erkenntnisse begann sich die verstärkte Verwendung hochintegrativer ERP-Software-Lösungen in Form von Standardsoftware (ERP – Enterprise Resource Planning) wie SAP R/3 durchzusetzen.

Eine Erweiterung des sehr produktionslastigen CIM-Gedankens erfolgte durch die betriebswirtschaftliche Logistik[120]. Logistik

---

[119] Scheer, A.W.: CIM – Der computergesteuerte Industriebetrieb. 4. Auflage. 1990.
[120] Pfohl, H.-C.: Logistiksysteme – Betriebswirtschaftliche Grundlagen. 5. Auflage. 1996.

Sie befasst sich mit der Beschreibung, Erklärung und Gestaltung von Prozessen in sozialen Systemen und hat damit ein wesentlich breiteres Blickfeld. Heute umfasst der Logistikbegriff die folgenden Bereiche:

- Vertriebs- und Lieferprozess zum Kunden,
- Beschaffungsbeziehungen zum Lieferanten,
- Einlagerungs- und Auslagerungsabwicklung und
- Produktionsablauf, Transport- und Verteilungsplanung.

Lean Management

Neue Gestaltungsziele mit sehr weitreichenden Auswirkungen in der Unternehmenspraxis erhielt der Geschäftsprozessgedanke durch die Lean-Management[121]-Welle. Mit diesem Konzept rückten die Leistungsergebnisse eines Geschäftsprozesses in den Vordergrund. Produkte und Dienstleistungen sollten mit niedrigem Aufwand in kundengerechter Qualität erstellt werden. Der Gestaltung von Geschäftsprozessen liegen dabei fünf Leitgedanken zu Grunde:

- Gestaltungsoptimismus – prompte Reaktion auf sich aktuell verändernde Aufgabenstellungen und optimistische Einstellung zum technischen Fortschritt,
- Veränderungsbereitschaft – Störungen früher erkennen und Vorhandenes ständig verbessern,
- Integration – bereichsübergreifende und märkteumfassende Informationsverarbeitung,
- Ressourcenerschließung – alle Leistungspotenziale entlang der Prozesskette nutzen und
- Ökonomieprinzip – Vermeidung jeder Verschwendung.

BPR und CSE

Als gegenläufige Prinzipien zur Neugestaltung von Prozessen beim Einsatz von ERP-Systemen sind schließlich noch das Business Process (Re-)Engineering (BPR)[122] und das Continuous System Engineering (CSE)[123] zu erwähnen. Diese Vorgehensmodelle stehen sich diametral gegenüber: das grundsätzliche Hinterfragen aller Abläufe und Strukturen mit dem Ziel der radikalen Neukonzeption im BPR einerseits und andererseits die Strategie des CSE mit der raschen Einführung einer funktionsfähigen, auf der bisherigen Organisation beruhenden Eröff-

---

[121] Bösenberg, D.; Metzen, H.: Lean Management – Vorsprung durch schlanke Konzepte. 3. Auflage. 1993.
[122] Hammer, M.; Champy, J.: Business Reengineering – Die Radikalkur für das Unternehmen. 1995.
[123] Thome, R.; Hufgard, A.: Continuous System Engineering – Entdeckung der Standardsoftware als Organisator. 1996.

nungslösung mit nachfolgenden Verbesserungszyklen – unter maximaler Ausnutzung der Potenziale einer ERP-Standardsoftware.

Aktuell hat die Geschäftsprozessdiskussion jetzt auch die Ebene der Lieferkette (Supply Chain) und damit die Business Integration zwischen Unternehmen erreicht.

A1.2 Darstellung der Business Integration mit LIVE KIT Power

LIVE KIT Power[124] ist ein problemorientiertes Werkzeug zur Darstellung prozessrelevanter Informationen für betriebswirtschaftliche Prozesse. Grundlage ist ein Referenzmodell der SAP-Lösungen, das auf mehreren Ebenen Informationen für eine prozessorientierte Adaption bereitstellt. LIVE KIT Power verfolgt sein Ziel der effektiven Anforderungsnavigation durch die Bereitstellung der folgenden Potenziale:

LIVE KIT Power

- Prozessrelevante Informationen werden auf mehreren Ebenen problemorientiert und grafisch dargestellt.
- Eine Regelbasis wird als Grundlage für die Erstellung unternehmensspezifischer Individualmodelle genutzt.
- Die Verdichtung der Informationen auf einzelne Monitore in Bildschirmgröße ermöglicht die Nutzung in Workshops.
- Eine enge und kontinuierliche Zusammenarbeit mit Beratern stellt den Praxisbezug und die Anwendbarkeit sicher.

LIVE KIT Power unterstützt den Anwender auch bei der Modellierung kundenindividueller Prozesse. Weiterhin bietet LIVE KIT Power die Möglichkeit Business Cases zu erstellen. Business Cases stellen konkrete Geschäftsvorfälle dar, die aus Elementen des LIVE KIT Power Modells zusammengestellt werden.

Ein Monitor ist ein grafisches und problemorientiertes Darstellungs- und Gestaltungswerkzeug. Dieses Hilfsmittel wird im LIVE KIT Power genutzt, um die Zusammenhänge eines bestimmten betriebswirtschaftlichen und prozessorientierten Sachverhaltes aufzuzeigen. Der LIVE KIT Power besteht aus drei derartigen Monitoren,

Monitore

- dem Integrations-Monitor,
- dem Prozessbelege-Monitor und
- dem Rollen-Monitor.

---

[124] LIVE KIT Power ist ein grafisches Prozessgestaltungswerkzeug für SAP-Lösungen, das von IBIS Prof. Thome für Siemens entwickelt wurde. Es wird seit 1998 als integraler Bestandteil der LIVE Tools-Familie eingesetzt.

Prozessbelege Im Prozessbelege-Monitor wird der Fokus auf einen Kernprozess des betrachteten Geschäftsprozesses gelegt. Für diesen werden die Prozessbelege identifiziert und in ihrer logischen Reihenfolge gruppiert und verbunden. Die Prozessbeleg-Ebene soll die Grundlagen für die Prozessketten darstellen und logisch strukturieren. Die Steuerung und Abbildung der funktionalen Abläufe von betriebswirtschaftlichen Prozessen erfolgt durch Belege. Diese Belege in Verbindung mit ihren Positionstypen oder Stammdatenkennzeichen steuern den gesamten Prozessablauf.

Ausgehend von einem Kernprozess wird so die Business Integration über die verknüpften Belege aus fremden Kernprozessen erkennbar. In Projekteinsätzen können durch Gestaltung von individuellen Geschäftsvorfällen eigene Wege der Business Integration gesucht und definiert werden.

A1.3 Glossar der Prozessbelege

In den Abbildungen der folgenden Unterkapitel wird der Fokus auf die Geschäftsprozesse der jeweiligen SAP-Lösung gelegt. Für diese werden Kernprozesse und Prozessbelege dargestellt und in ihrer logischen Reihenfolge gruppiert und verbunden. Die Prozessbeleg-Ebene soll die Grundlagen für die Prozessketten untersuchen und logisch strukturieren.

Die Steuerung und Abbildung der funktionalen Abläufe von betriebswirtschaftlichen Prozessen erfolgt durch Belege. Diese Belege in Verbindung mit ihren Positionstypen und Stammdatenkennzeichen steuern den gesamten Prozessablauf.

Tabelle A1.1: Glossar der Prozessbelege

Symbol	Bezeichnung	Beschreibung
	Prozessbeleg des Kernprozesses	Dokumente der operativen Ablauforganisation mit eigenen Funktionen für einen bestimmten Zweck und spezifischen Status.
	Verbundener Prozessbeleg aus anderem Kernprozess	Dokumente der operativen Ablauforganisation mit eigenen Funktionen für einen bestimmten Zweck und spezifischen Status.

Symbol	Bezeichnung	Beschreibung
	Infotyp	Unter inhaltlichen Aspekten zusammengefasste Menge von Daten (u. a. erscheinen Infotypen als Erfassungsmasken im HR).
	Stammdaten-Objekt	Mit diesem Objekt werden Stammdaten der einzelnen Unternehmensbereiche abgebildet. Stammdatenobjekte haben auf der Prozessbelegebene keine Verknüpfung zu den Prozessbelegen, sondern nur Verknüpfungen untereinander. Mit diesen Verknüpfungen zwischen den Stammdatenobjekten werden Beziehungen zwischen primären und sekundären Stammdaten abgebildet.
	Nicht-SAP-Beleg	Hierbei handelt es sich um einen Beleg der außerhalb eines SAP-Systems bearbeitet wird (Legacy System oder manuell).
	Business-Intelligence-Element	Hierbei handelt es sich um Elemente (Prozessbelege), die zu Business Intelligence gehören. Dazu zählen Business Information Warehouse, Strategic Enterprise Management und Knowledge Warehouse.
	SCM-Beleg	Elemente (Prozessbelege, Stammdaten-Objekte usw.), welche aus dem SCM (Supply Chain Management)-Umfeld stammen.
	CRM-Beleg	Diese Elemente (Prozessbelege, Stammdaten-Objekte usw.) stammen aus dem CRM (Customer Relationship Management)-Umfeld.

Symbol	Bezeichnung	Beschreibung
	Automatischer Belegfluss	Prozessbeleg, der durch seinen Vorgänger automatisch erzeugt wird.
	Externe Dokumente	Hierbei handelt es sich um externe Dokumente (z. B. Einkaufskatalog eines Lieferanten).
	WEB-Beleg	Hierbei handelt es sich um Elemente (Prozessbelege, Stammdaten-Objekte usw.), die aus dem WWW (World Wide Web) stammen.
	Mobile Einsatzkomponenten	Belege, die aufgrund von Tätigkeiten eines externen Servicemitarbeiters im Bereich Mobile Sales oder Mobile Service entstehen. Es erfolgt eine regelmäßige Synchronisation mit einem CRM-System.
→	Verbindung	Die Verknüpfung der Prozessbelege untereinander zeigt Ablaufvarianten der Belegdatenflüsse in eine Richtung auf.
↔	Doppelseitige Verbindung	Die Verknüpfung der Prozessbelege untereinander zeigt Ablaufvarianten der Belegdatenflüsse in beide Richtungen auf.
→	Verbindung zwischen blauen und gelben Prozessbelegen	Die Verknüpfung der Prozessbelege untereinander zeigt Ablaufvarianten der Belegdatenflüsse in eine Richtung auf.

A2 Geschäftsprozesse im mySAP BW

Im Folgenden werden die wesentlichen Bestandteile des SAP BW und deren Nutzung im Produktivbetrieb dargestellt und kurz erläutert. Zunächst wird auf die Elemente des DW-Managementsystems und der Berichtsverwaltung eingegangen. Anschließend wird die Administration des SAP BW und die Benutzer- und Berichtsadministration erläutert. Die Erläuterungen beziehen sich dabei auf das SAP-BW-System Release 2.1C.

Aufbau des SAP BW

A2.1 Data-Warehouse-Architektur

Das SAP BW ist durch eine Reihe von Strukturen und Strukturelementen gekennzeichnet, die zur Definition der Datenmodelle benötigt werden. Die Modellierung findet in der Administrator Workbench statt.

A2.1.1 Administrator Workbench

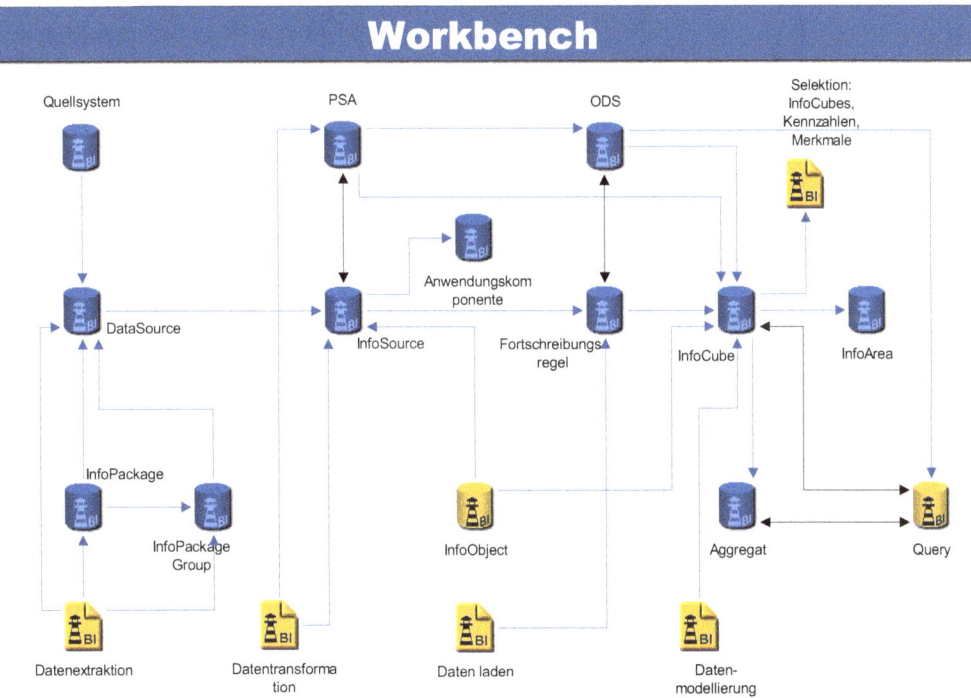

Abbildung A2.1: Prozessbelege Administrator Workbench des SAP BW

Tabelle A2.1: Beschreibung Prozessbelege Administrator Workbench

Prozessbeleg	Beschreibung
KERNPROZESSBELEGE	
Quellsystem	Als Quellsysteme werden alle Systeme bezeichnet, die für das SAP BW Daten bereitstellen.
DataSource	Die DataSource existiert im Quellsystem und enthält ein Programm zur Extraktion von Daten. Die extrahierten Daten haben einen logischen Zusammenhang und werden in einem Datensatz abgebildet (z. B. Vertriebsbelege). In einem Quellsystem kann es mehrere DataSources geben.
InfoPackage	Ein InfoPackage fordert die Daten einer InfoSource für ein bestimmtes Quellsystem an.
InfoPackage Group	Eine InfoPackage Group kann mehrere InfoPackages beinhalten. Die Objekte einer InfoPackage Group können gemeinsam eingeplant werden.
PSA	Das Persistent Staging Area (PSA) ist ein Zwischenspeicher für Bewegungsdaten aus mehreren Quellsystemen, der optional genutzt werden kann. Die einzelnen Datensätze werden direkt aus der Transferstruktur, ohne Transformation oder Verdichtung, in eine separate Datenbanktabelle gespeichert. Gegenüber der Verbuchung in InfoCubes verfügt die Speicherung im PSA über eine bessere Lade-Performance.
InfoSource	Logisch zusammengehörende Felder (z. B. Vertriebsbelege), die in mehreren Quellsystemen existieren, können in einer InfoSource zusammengeführt werden. In der Kommunikationsstruktur wird der Aufbau der InfoSource bestimmt. Alle InfoObjects der Kommunikationsstruktur können an die InfoCubes weitergegeben werden. Für Stamm- und Bewegungsdaten existieren jeweils eigene InfoSources.
	Jedes Datenextraktionsprogramm enthält eine Transferstruktur. Diese enthält die Struktur der zu übertragenden Sätze und die Metadaten zu den einzelnen Feldern. Die Transferstruktur existiert im Quell- und analog im Zielsystem. Im Quellsystem ist die Transferstruktur Bestandteil der DataSource, im Zielsystem Bestandteil der InfoSource.
	Die Übertragungsregel legt fest, welches InfoObject der Transferstruktur welchem InfoObject der InfoSource (=Kommunikationsstruktur) zugeordnet werden soll. Hierbei handelt es sich um eine 1:1-Zuordnung. Zur Datentransformation können einem Feld Festwerte zugewiesen oder Konvertierungsroutinen hinterlegt werden.
Anwendungskomponente	Zur übersichtlicheren Verwaltung werden die InfoSources in einer Komponentenhierarchie geführt. Deren Knoten werden Anwendungskomponenten genannt.
ODS	Das Operational Data Store (ODS) ist eine Ebene für die Speicherung von Bewegungsdaten aus mehreren Quellsystemen, die optional genutzt werden kann. Die Daten im

	ODS können ausgewertet und überschrieben werden. Deshalb eignet sich das ODS besonders für zeitnahe Daten, die Veränderungen unterliegen. Gegenüber der Datenhaltung in InfoCubes zeichnet sich das ODS über nicht aggregierte, granulare und volatile Daten aus.
Fortschreibungsregel	Eine Fortschreibungsregel spezifiziert, wie die Daten der InfoSource in den InfoCube fortgeschrieben werden. Darunter versteht man das Verhalten bei mehreren Datensätzen mit identischen Dimensionen im InfoCube. So sollen z. B. die Umsätze des Monats Januar aufsummiert werden.
InfoCube	InfoCubes sind die zentralen Datenbehälter, auf denen das Reporting des SAP BW aufsetzt. Der BasisCube speichert die Daten physisch auf der DW-Datenbank in einer aggregierten Form. Zu einem RemoteCube ist nur die Struktur definiert. Die Bewegungsdaten werden nicht im SAP BW verwaltet. Ein MultiCube oder MultiProvider führt die Daten aus mehreren Basis- oder RemoteCubes zusammen, ohne diese physisch zu speichern.
Aggregat	Ein Aggregat enthält die Daten eines InfoCubes in verdichteter Form.
InfoArea	InfoAreas dienen zur Gruppierung und übersichtlicheren Verwaltung von InfoCubes.
INTEGRIERTE PROZESSBELEGE	
Datenextraktion	Siehe „Data-Warehouse-Administration" Kap. A2.2.1
Datentransformation	Siehe „Data-Warehouse-Administration" Kap. A2.2.1
Daten laden	Siehe „Data-Warehouse-Administration" Kap. A2.2.1
Datenmodellierung	Siehe „Data-Warehouse-Administration" Kap. A2.2.1
InfoObject	Siehe „Auswertungsobjekte" Kap. A2.1.2
Query	Siehe „Reporting" Kap. A2.1.3
Selektion: InfoCubes, Kennzahlen, Merkmale	Siehe Kernprozess „Vorbereitung integrierte Unternehmensplanung" (BI – Unternehmensplanung (SEM-BPS))

A2.1.2 Betriebswirtschaftliche Auswertungsobjekte

Die Bestandteile der BW-Strukturen sind im Wesentlichen Kennzahlen und Merkmale. Diese werden von der SAP AG weiter unterteilt und gruppiert.

Auswertungsobjekte

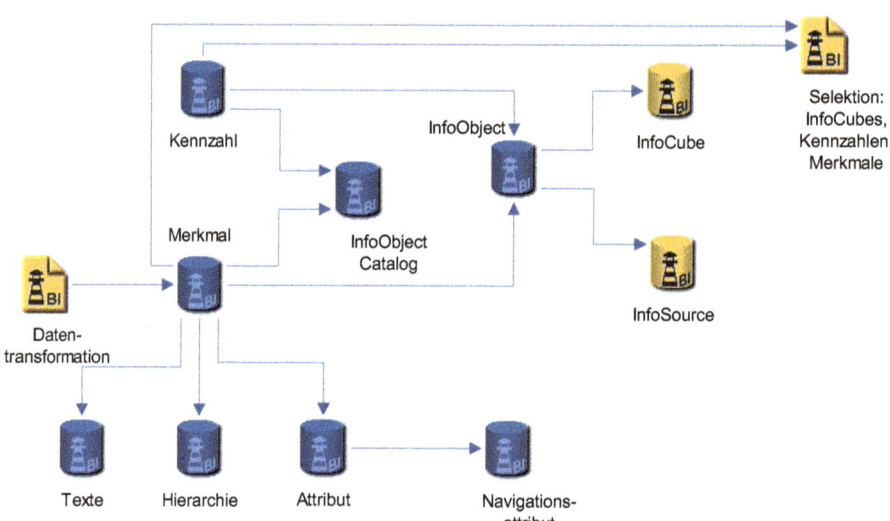

Abbildung A2.2: Prozessbelege Betriebswirtschaftliche Auswertungsobjekte des SAP BW

Tabelle A2.2: Beschreibung Prozessbelege Betriebswirtschaftliche Auswertungsobjekte

Prozessbeleg	Beschreibung
KERNPROZESSBELEGE	
Texte	Texte enthalten die Kurz-, Mittel- und/oder Langtexte der Merkmalsausprägungen.
Kennzahl	Kennzahlen sind Währungs-, Mengen- oder Zahlenfelder wie z. B. Umsatz, Kosten oder Erlöse. Sie sind die Datenfelder, Fakten oder Werte des Data Warehouse.
Merkmal	Merkmale sind Stammdaten wie z. B. Kunde, Artikel oder Kostenstelle. Es gibt Merkmale ohne Stammdaten, Merkmale mit Stammdaten (Texte, Attribute, Hierarchien, Navigationsattribut), Zeitmerkmale und Einheiten.
Hierarchie	Zu einem Merkmal können Hierarchien geladen werden. Diese enthalten eine Aufteilung der Merkmalsausprägungen nach funktionalen oder organisatorischen Gesichtspunkten in einer hierarchischen Form.
InfoObject Catalog	Zur übersichtlicheren Verwaltung von InfoObjects können diese zu InfoObject Catalogs gruppiert werden. Die Mehrfachzuordnung eines InfoObject ist möglich.
Attribut	Attribute sind additive Eigenschaften eines Merkmals und werden über Verweise auf andere InfoObjects realisiert. Die Sparte kann z. B. ein Attribut des Merkmals Kunde sein.

A2 Geschäftsprozesse im mySAP BW

InfoObject	InfoObjects sind die betriebswirtschaftlichen Auswertungsobjekte (Kunden, Artikel, Umsätze ...).
Navigationsattribut	Zu einem Attribut kann das Kennzeichen Navigationsattribut aktiviert werden. In diesem Fall kann es, wie das zugehörige Merkmal, zur Navigation im Bericht verwendet werden.
INTEGRIERTE PROZESSBELEGE	
Datentransformation	Siehe „Data-Warehouse-Administration" Kap. A2.2.1
InfoSource	Siehe „Workbench" Kap. A2.1.1
InfoCube	Siehe „Workbench" Kap. A2.1.1
Selektion: InfoCubes, Kennzahlen, Merkmale	Siehe Kernprozess „Vorbereitung integrierte Unternehmensplanung" (BI – Unternehmensplanung (SEM-BPS))

A2.1.3 Reporting

Das Reporting des SAP BW wird hauptsächlich über Microsoft Excel abgewickelt. Daneben gibt es eine Reihe von Third-Party-Tools.

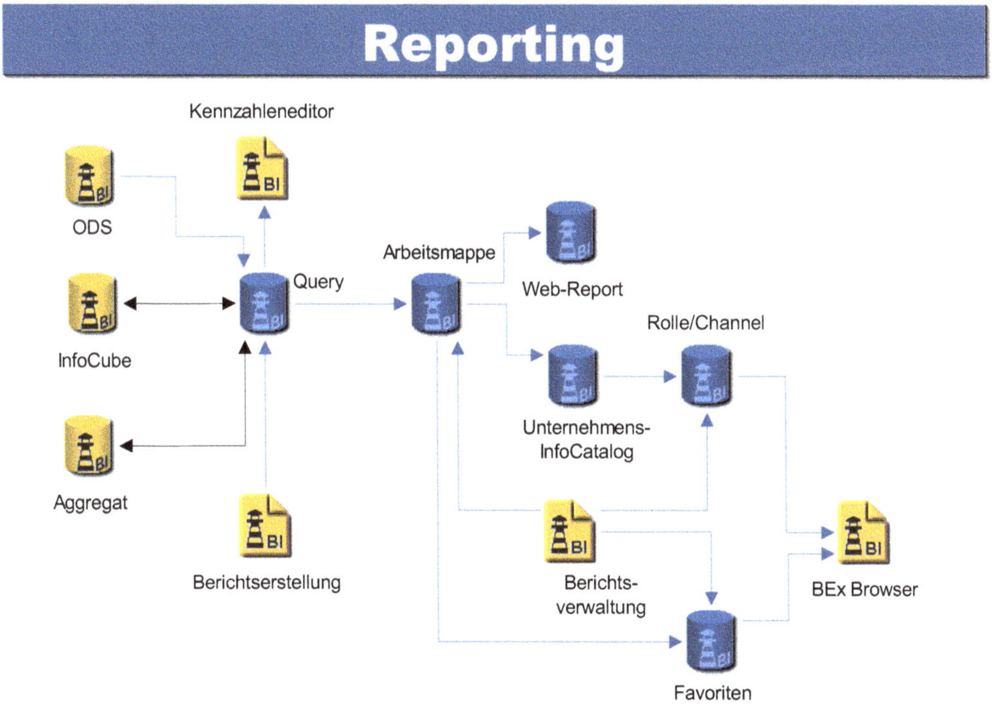

Abbildung A2.3: Prozessbelege Reporting SAP BW

Tabelle A2.3: Beschreibung Prozessbelege Reporting

Prozessbeleg	Beschreibung
KERNPROZESSBELEGE	
Query	Eine Query selektiert Daten aus einem InfoCube oder ODS-Objekt. Zur Querydefinition können alle Merkmale und Kennzahlen eines Datenziels verwendet werden. Der Berichtsaufbau kann nach der Ausführung durch interaktive Funktionen (Drill Down, Slice&Dice ...) verändert werden. Der Business Content beinhaltet vordefinierte Queries. Neben den BEx-Queries können noch InfoSet Queries zur Analyse verwendet werden. Neben Stammdaten und kundendefinierten Tabellen oder logischen Datenbanken können auch verbundene ODS-Objekte analysiert werden. Dies ist mit den BEx-Queries nicht möglich. InfoCubes lassen sich jedoch mit den InfoSet Queries nicht auswerten.
Arbeitsmappe	Eine MS-Excel-Arbeitsmappe kann mehrere Queries beinhalten. Hierdurch können z. B. die Kostenarten und die statistischen Kennzahlen einer Kostenstelle in einer Arbeitsmappe dargestellt werden, obwohl die Queries auf zwei verschiedenen InfoCubes basieren.
Web-Report	Über das Web-Reporting können Arbeitsmappen in das Internet gestellt werden. Der HTML-Bericht erlaubt Interaktionen, wie z. B. Drill-down oder Auffrischen, mit dem SAP-BW-Server.
Unternehmens-InfoCatalog	Im Unternehmens-InfoCatalog werden alle selbst erstellten Berichte gesammelt, die nicht in der privaten Ablage (Favoriten) eines Benutzers gesichert wurden.
Rolle/Channel	Unter einer Rolle bzw. Channel können Arbeitsmappen, Dokumente, URL's, R/3-Transaktionen und Links zu einem Arbeitsplatz, Prozess oder Themengebiet gesammelt werden. Eine Rolle kann durch Sub-Channels und Cluster weiter unterteilt werden.
Favoriten	Die Favoriten sind ein benutzerindividueller Channel. Im Gegensatz zu den normalen Rollen kann der Anwender seine Favoriten selbst verwalten.
INTEGRIERTE PROZESSBELEGE	
ODS	Siehe „Workbench" Kap. A2.1.1
InfoCube	Siehe „Workbench" Kap. A2.1.1
Aggregat	Siehe „Workbench" Kap. A2.1.1
Kennzahleneditor	Siehe „Corporate Performance Monitor" Kap. A3.2
Berichtserstellung	Siehe „Berichts-/Benutzeradministration" Kap. A2.2.2
Berichtsverwaltung	Siehe „Berichts-/Benutzeradministration" Kap. A2.2.2
BEx Browser	Siehe „Berichts-/Benutzeradministration" Kap. A2.2.2

A2.2 Data-Warehouse-Administration

Die Administration des SAP BW unterscheidet sich zunächst nicht grundlegend von der Verwaltung anderer DWs. Die Unterschiede werden bei der Erläuterung der einzelnen Komponenten deutlich.

A2.2.1 Data-Warehouse-Managementsystem

Eine Besonderheit des SAP BW besteht darin, dass man zunächst den verwendbaren Business Content in die Kundenmodellierung übernimmt.

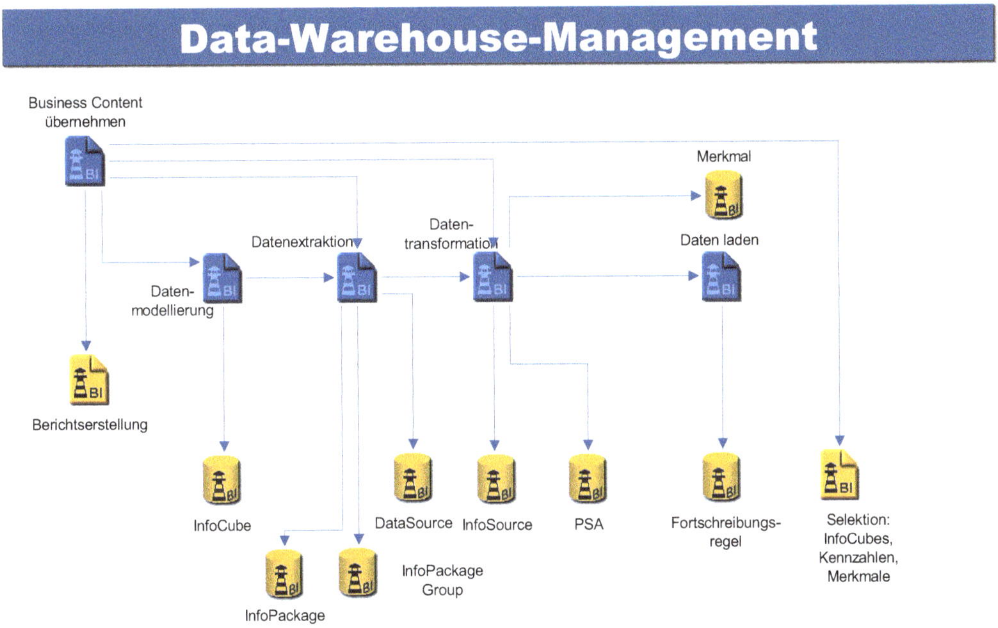

Abbildung A2.4: Prozessbelege Data-Warehouse-Management im SAP BW

Tabelle A2.4: Beschreibung Prozessbelege Data-Warehouse-Management

Prozessbeleg	Beschreibung
KERNPROZESSBELEGE	
Business Content übernehmen	Bei der Übernahme von Objekten aus dem Business Content werden die vordefinierten Objekte übernommen und aktiviert. Durch das Sammeln von vor- und nachgelagerten Objekten können komplette Informationsmodelle übernommen werden.

Datenmodellierung	Das Datenmodell legt fest, wie die Daten im Data Warehouse gespeichert werden. Im SAP BW sind die Datenstrukturen relativ eng vorgegeben. Hierdurch ist eine schnelle und einfache Modellierung möglich. Der Anwender muss nur entscheiden, welche Daten er in einem InfoCube gemeinsam speichern möchte und voneinander abhängige Merkmale einer gemeinsamen Dimension zuordnen.
Datenextraktion	Nachdem durch die Datenmodellierung die benötigten Daten festgelegt wurden, müssen diese aus den Quellsystemen extrahiert werden. Zur Datenextraktion gehört die Adaption der Extraktoren sowie das Anlegen von InfoPackages.
Datentransformation	Die extrahierten Daten werden harmonisiert und transformiert, um einen einheitlichen Datenbestand im Data Warehouse zu erhalten. Hierzu gehört z. B. die Umrechung in eine einheitliche Währung, die Vermeidung von Schlüsseldisharmonien und das Aufdecken von Fehlbuchungen in den ERP-Systemen. Zur Datentransformation gehört die Adaption der Übertragungsregeln und die Kontrolle der in das ODS verbuchten Daten.
Daten laden	Die vereinheitlichten Daten werden nach der Transformation in die Datenstrukturen des Data Warehouse verbucht. Zuvor müssen Fortschreibungsregeln angelegt werden, die die Verbuchung steuern.
INTEGRIERTE PROZESSBELEGE	
Berichtserstellung	Siehe „Berichts-/Benutzeradministration" Kap. A2.2.2
InfoPackage	Siehe „Workbench" Kap. A2.1.1
InfoPackage Group	Siehe „Workbench" Kap. A2.1.1
DataSource	Siehe „Workbench" Kap. A2.1.1
InfoSource	Siehe „Workbench" Kap. A2.1.1
PSA	Siehe „Workbench" Kap. A2.1.1
Merkmal	Siehe „Auswertungsobjekte" Kap. A2.1.2
Fortschreibungsregel	Siehe „Workbench" Kap. A2.1.1
InfoCube	Siehe „Workbench" Kap. A2.1.1
Selektion: InfoCubes, Kennzahlen, Merkmale	Siehe Kernprozess „Vorbereitung integrierte Unternehmensplanung" (BI – Unternehmensplanung (SEM-BPS))

A2.2.2 Berichts- und Benutzeradministration

Die Besonderheit in der Berichts- und Benutzeradministration liegt in der Verwendung von Rollen. Den ausgelieferten Rollen sind standardmäßig bereits Berichte zugeordnet. Die dazugehörigen Berechtigungen müssen im Projekt ausgeprägt werden.

Berichts-/Benutzeradministration

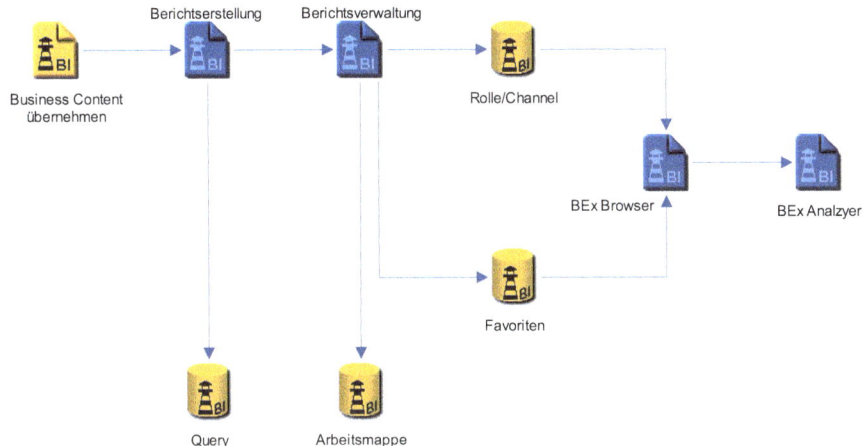

Abbildung A2.5: Prozessbelege Berichts- und Benutzeradministration im SAP BW

Tabelle A2.5: Beschreibung Prozessbelege Berichts- und Benutzeradministration

Prozessbeleg	Beschreibung
KERNPROZESSBELEGE	
Berichtserstellung	Sofern die Standardberichte des BW nicht ausreichen, müssen neue Querys im BEx Analyzer angelegt werden. Zur Berichtserstellung werden die Merkmale und Kennzahlen eines InfoCubes über Drag and Drop in die Berichtsdefinition übernommen.
Berichtsverwaltung	Die Berichte müssen den verschiedenen Benutzergruppen zur Verfügung gestellt werden. Darüber hinaus können Berechtigungen, wie z. B. für bestimmte Kennzahlen oder Hierarchieknoten, vergeben werden.
BEx Browser	Der SAP Business Explorer Browser (BEx Browser) basiert auf dem MS Internet Explorer und unterstützt den Benutzer bei der Berichtsauswahl. Auf der linken Seite des Fensters wird ein Baum, bestehend aus den Rollen des Benutzers, angezeigt. Zu der selektierten Rolle werden im Hauptfenster die zugeordneten Arbeitsmappen angezeigt. Diese sind um grafische Objekte, die sog. Cluster, gruppiert. Verweilt man mit dem Mauszeiger kurz über einer Arbeitsmappe, so erscheint ein interaktives Menü. Über dieses kann die Ar-

		beitsmappe in MS Excel ausgeführt, im unteren Fensterbereich eine Vorschau über die Querydefinition angezeigt, der Name geändert oder ein Shortcut zu dieser Arbeitsmappe auf dem Desktop erzeugt werden. Des Weiteren kann der Anwender Objekte aus seinen Rollen in die Favoriten legen.
	BEx Analyzer	Standardmäßig wird für das Reporting auf Basis des BW der SAP Business Explorer Analyzer (BEx Analyzer) mit ausgeliefert. Bei diesem Tool handelt es sich um ein MS Excel Add-In von SAP, das für die Kommunikation mit dem SAP BW sorgt und OLAP Funktionalitäten zur Verfügung stellt.
INTEGRIERTE PROZESSBELEGE		
	Business Content übernehmen	Siehe „Data-Warehouse-Administration" Kap. A2.2.1
	Query	Siehe „Reporting" Kap. A2.1.3
	Arbeitsmappe	Siehe „Reporting" Kap. A2.1.3
	Favoriten	Siehe „Reporting" Kap. A2.1.3
	Rolle/Channel	Siehe „Reporting" Kap. A2.1.3

A3 Geschäftsprozesse im mySAP SEM

A3.1 Business Planning and Simulation

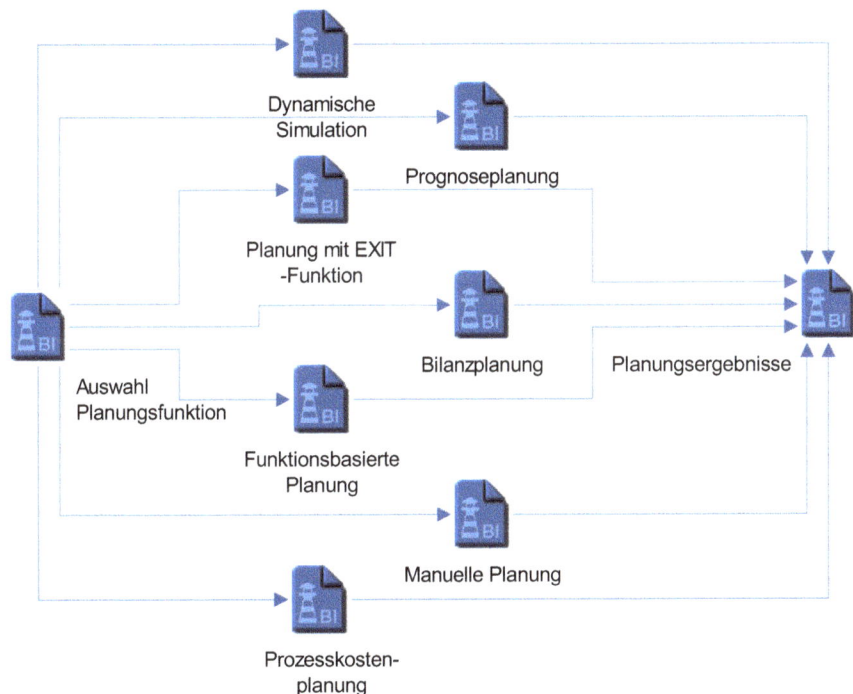

Abbildung A3.1: Prozessbelege Business Planning and Simulation

Tabelle A3.1: Beschreibung Prozessbelege Business Planning and Simulation

Prozessbeleg	Beschreibung
KERNPROZESSBELEGE	
Dynamische Simulation	Bei der Simulation wird in einem "In-Place"-Fenster die Simulationssoftware (Constructor von Powersim) aufgerufen. Hier muss zuerst ein Simulationsmodell aufgebaut werden. Die übergebenen Datenpakete können z. B. als Startwerte oder konstante Werte verwendet werden.

245

		Die Simulationsergebnisse können an das Datenpaket und den InfoCube zurückgegeben werden.
	Prognoseplanung	Mit den Prognosefunktionen können vorhandene Daten nach statistischen Verfahren hochgerechnet werden. Es stehen u. a. folgende Verfahren zur Verfügung:
		Exponentielle Glättung, Exponentielle Glättung mit Test auf Trend und Saisonalität, Gleitender Durchschnitt, Konstantmodelle, Trendmodell, Test auf Trend und Saisonalität.
	Planung mit Exit-Funktion	Es können eigene Planungsmethoden programmiert werden, falls die ausgelieferten Planungsfunktionen nicht ausreichen. Für das Erstellen sind aber fundierte ABAP-Kenntnisse erforderlich.
	Auswahl Planungsfunktion	Es stehen verschiedene Planungsfunktionen bzw. -methoden zur Verfügung.
		In Abhängigkeit von der gewählten Planungsfunktion müssen bestimmte Kennzahlen oder Merkmalswerte im Planungspaket eingeschränkt werden.
	Bilanzplanung	Zu den Funktionen für die Bilanzplanung gehören:
		Gegenbuchung, Bestandsumrechnung, Verweilzeit.
		Diese betriebswirtschaftlichen Planungsfunktionen ergänzen die Standardfunktionen. Mit ihnen sollen typische Aufgaben mit geringem Einstellungsaufwand durchgeführt werden können.
		Die Bestandsumrechnung hilft bei der Bestandfortschreibung von Bestandskennzahlen. Indem bis zu vier Kennzahlen angegeben werden (Anfangsbestand, Zugang, Abgang, Endbestand) und ein Zeitmerkmal mitgegeben wird, wird der Bestand berechnet:
		Endbestand = Anfangsbestand + Zugang - Abgang
		Mit der Verweilzeit-Funktion können zeitliche Verzögerungen zwischen zwei Vorgängen (z. B. Zahlungseingang, Abschreibung) abgebildet werden. Dazu muss die Zeitdimension, die Herkunfts-, die Zielposition und das Zeitprofil angegeben werden.
		Mit der Funktion Gegenbuchung können Ausgleichspositionen auf den Gegenkonten erzeugt werden. Dies ist notwendig, um die doppelte Buchführung auch bei selbst erzeugten (Plan-)Werten anzuwenden.
	Planungsergebnisse	Bei der Durchführung der jeweiligen Planung werden die Daten nicht automatisch gespeichert. Sie werden zuerst in einem Puffer gehalten. Die Datensicherung muss explizit ausgelöst werden.
	Funktionsbasierte Planung	Zu den generischen Planungsfunktionen zählen: Kopieren, Umbuchung, Löschen, Verteilen mit Referenzdaten, Verteilen nach Schlüsseln, Formelrechnung, Umwertung, Exit-Funktion, Einheitenumrechnung, Währungsumrechnung.

Manuelle Planung	Zu einer Planungsebene können beliebig viele Planungslayouts angelegt werden.
	Diese können dann auch auf verschiedene Planungspakete angewendet werden, wenn es bei der Merkmals- und Kennzahlen-Selektion keine Widersprüche gibt.
Prozesskostenplanung	Die Prozesskostenplanung erfolgt mit einem "In-Place"-Fenster (OROS von ABCtech).

A3.2 Corporate Performance Monitor

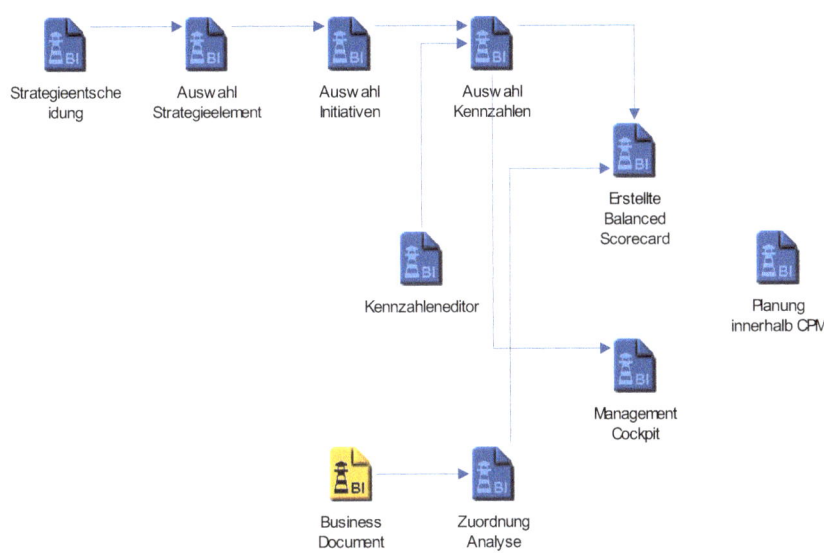

Abbildung A3.2: Prozessbelege Corporate Performance Monitor

Tabelle A3.2: Beschreibung Prozessbelege Corporate Performance Monitor

Prozessbeleg	*Beschreibung*
KERNPROZESSBELEGE	
Strategieentscheidung	Strategien sollen zielgerichtetes Handeln determinieren.
	Einzelstrategien können nach bestimmten Kriterien Strategiekategorien zugeordnet werden. Sinnvolle Kriterien können z. B. das Anwendersegment (Bank, Utilities etc.) oder die Marktsituation (Sättigung, Wachstum) sein.

Auswahl Strategieelement	Strategieelemente beschreiben eine strategische Zielsetzung innerhalb einer Perspektive. Sie werden allgemeinen Strategieelementen zugeordnet.
	Diesen kann ein Verantwortlicher zugeordnet werden.
	Strategieelemente sollen in der BSC über Ursache-Wirkungs-Zusammenhänge miteinander verknüpft werden. Dabei werden zwei Stufen voneinander unterschieden:
	Eine Verknüpfung innerhalb einer Perspektive und die Verknüpfung von Strategien zwischen den Perspektiven.
	Ursache-Wirkungs-Ketten können auf Hypothesen aufgebaut werden ("Wenn-Dann"). Aber auch die Ableitung in Anlehnung an Werttreiberbäume ist möglich.
	Strategieelemente können auch einem allgemeinen Strategieelement zugeordnet werden. Dies dient dazu, die zusammengehörigen Strategieelemente zu strukturieren, um dadurch die Strategieabstimmung zwischen Scorecards einer Hierarchie zu erleichtern.
Auswahl Initiativen	Eine Initiative beschreibt die Aktivitäten, die durchgeführt werden, um die Zielsetzung eines Strategieelements zu erreichen.
	Der Initiative kann eine Priorität, ein (Gültigkeits-)Zeitraum und ein Benutzer zugeordnet werden.
	In ihr wird außerdem die Datenquelle für Wertfelder festgelegt.
Auswahl Kennzahlen	Der Kennzahlenkatalog enthält alle strategischen Kennzahlen, die in der BSC verwendet werden können. Für die Kennzahlen lässt sich die Statusvergabe einstellen.
Kennzahleneditor	In Abhängigkeit der gewählten Strategie, des Anwendersegments oder der Unternehmensstruktur kann es notwendig sein eigene strategische Kennzahlen zu definieren, abzuändern und zuzuordnen.
	Diese werden einem Kennzahlenkatalog zugeordnet.
Erstellte Balanced Scorecard	Mit der Balanced Scorecard (BSC) kann die Umsetzung einer Unternehmensstrategie leichter kommuniziert werden.
	Ausgangspunkt ist die Unternehmensvision. Diese wird auf jeder Stufe der BSC spezifischer formuliert, heruntergebrochen und verfeinert.
	Die BSC ist keine Methode, um eine Strategie zu finden bzw. sich auf eine Strategie festzulegen, sondern nur dazu geeignet eine gefundene Strategie umzusetzen.
	In komplexen Unternehmensstrukturen kann es notwendig sein, mehr als eine BSC einzuführen. Die originäre Organisationseinheit, für die eine BSC entwickelt wird, sollte eine strategische Geschäftseinheit sein. Diese zeichnet sich dadurch aus, dass sie (nahezu) die gesamte Wertschöpfungskette abdeckt.
	Ist eine BSC für eine strategische Geschäftseinheit entwickelt

	worden, kann man dann daraus andere BSCs für untergeordnete Organisationsobjekte (Abteilungen, Funktionsbereiche, Stellen), für Zentralabteilungen (z. B. Personal in einem Konzern) oder für übergeordnete bzw. gleichgestellte Organisationseinheiten (Konzernmutter, andere Geschäftseinheiten) ableiten. Die verschiedenen Scorecards in einer Unternehmung lassen sich in einer Hierarchie strukturieren. Diese hierarchische Untergliederung sollte auch abgebildet werden, damit Zielkonflikte aufgedeckt werden können.
Planung innerhalb CPM	Den verschiedenen Elementen der Balanced Scorecard und des Management Cockpit lassen sich Planungsobjekte zuordnen und aus den jeweiligen Komponenten aufrufen. Die Zuordnung erfolgt dabei auf der niedrigsten Stufe der Metaplanung, d. h. es werden Planungspakete und Parameter ausgewählt. Einem Element lassen sich mehrere Planungsobjekte zuordnen.
Management Cockpit	Ähnlich wie die Balanced Scorecard stellt das Management Cockpit die Unternehmensstrategie strukturiert dar. Dabei wird aber auf die Modellierung mittels Strategieelementen, Initiativen etc. verzichtet. Die Kennzahlen des Management Cockpit werden anhand von Wänden dargestellt.
Zuordnung Analyse	Die meisten Informationen, die gebraucht werden, um Ergebnisse zu bewerten und strategische Entscheidungen zu treffen, stammen nicht aus internen, sondern aus externen Quellen. Dabei liegen externe Informationen meist nur textuell bzw. unstrukturiert vor. Solche Informationen können eingebunden, bearbeitet und zur Kommentierung von Daten verwendet werden.
INTEGRIERTE PROZESSBELEGE	
Business Document	Siehe Kernprozess „Business Information Collection" (BI – Strategic Enterprise Management)

A4 Geschäftsprozesse im mySAP CRM

Dieses Kapitel beinhaltet die Darstellung der wichtigsten Geschäftsprozesse mit ihren Integrationsbeziehungen und Prozessbelegen und soll einen Einblick in die Objekte, Abläufe, Beziehungen und Möglichkeiten der Business Integration liefern. Die Prozesse orientieren sich dabei an der typischen CRM-Matrix, d. h. den drei Bereichen Marketing, Vertrieb und Service in Kombination mit den Kontaktkanälen Internet, Telefon und Außendienst. Die Ausführungen sind am Belegprinzip orientiert. So spielt es beispielsweise aus Sicht der Systembelege keine Rolle, ob eine Opportunity über das Kundenkontaktcenter oder den Vertriebsmitarbeiter vor Ort erfasst bzw. gepflegt wurde. Im Sinne einer kanalübergreifenden und integrierten Betrachtung der einzelnen Elemente genügt die Darstellung der Opportunity mit ihren Informationen und Verbindungen als originärer Beleg, egal welcher Herkunft.

A4.1 Account Management

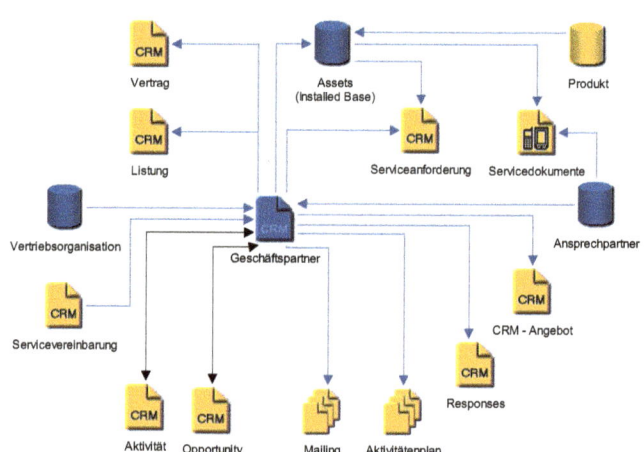

Abbildung A4.1: Prozessbelege Account Management

Tabelle A4.1: Beschreibung Prozessbelege Account Management

Prozessbeleg	Beschreibung
KERNPROZESSBELEGE	
Vertriebsorganisation	Die Vertriebsorganisation regelt den Aufbau und die Zuständigkeiten innerhalb des Unternehmens aus Sicht der Verkaufsabteilung.
Geschäftspartner	Geschäftspartner sind natürliche Personen und Organisationen, an denen das Unternehmen ein geschäftliches Interesse hat bzw. zu denen bereits eine geschäftliche Beziehung besteht.
Ansprechpartner	Ein Ansprechpartner ist ein Geschäftspartner, mit dem im Auftrag des Unternehmens verhandelt wird.
Assets	Bei einem Asset handelt es sich um ein beim Kunden installiertes Objekt (Installed Base).
INTEGRIERTE PROZESSBELEGE	
Vertrag	Siehe „Sales" Kap. A4.6
Listung	Siehe „Sales" Kap. A4.6
Servicevereinbarung	Siehe „Service" Kap. A4.7
Aktivität	Siehe „Aktivitäten-Management" Kap. A4.4
Opportunity	Siehe „Opportunity Management" Kap. A4.5
Mailing	Siehe „Marketing" Kap. A4.2
Aktivitätenplan	Siehe „Aktivitäten-Management" Kap. A4.4
Responses	Siehe „Marketing" Kap. A4.2
CRM-Angebot	Siehe „Sales" Kap. A4.6
Serviceanforderung	Siehe „Service" Kap. A4.7
Servicedokumente	Siehe „Service" Kap. A4.7
Produkt	Siehe Kernprozess „CRM-Stammdaten" (CRM – Customer Relationship Management)

A4.2 Marketing- und Kampagnenplanung

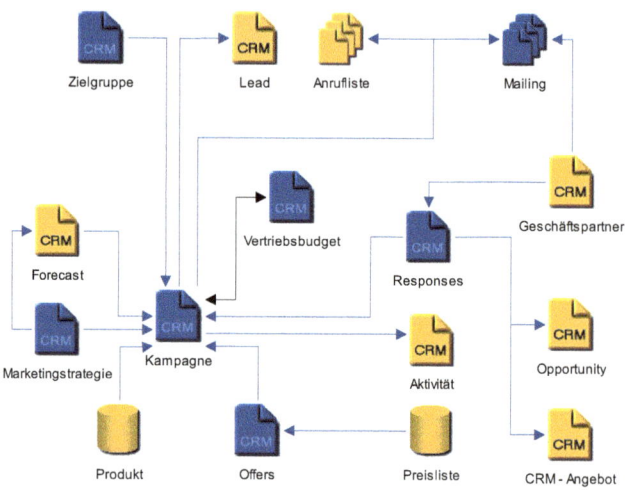

Abbildung A4.2: Prozessbelege Marketing

Tabelle A4.2: Beschreibung Prozessbelege Marketing

Prozessbeleg	Beschreibung
KERNPROZESSBELEGE	
Marketingstrategie	Die Marketingstrategie stellt unter Berücksichtigung interner und externer Einflüsse ein Rahmenkonzept für Maßnahmen zur Zielerreichung dar.
Vertriebsbudget	Das Vertriebsbudget stellt einen vorgegebenen Kostenrahmen innerhalb eines vordefinierten Zeitraums dar.
Kampagne	Eine Kampagne dient der Planung von Marketingmaßnahmen.
Zielgruppe	Zielgruppen fassen Geschäftspartner, die über eine bestimmte Marketingaktivität, z. B. eine Kampagne, kontaktiert werden sollen, auf Basis einer bestimmten Kombination von Segmentmerkmalen zusammen.
Offers	Offers sind Angebote, die für eine bestimmte Kampagne erstellt werden und nur für diese Gültigkeit haben (z. B. Sonderverkäufe).
Mailing	Maßnahme, mit der innerhalb eines Zeitraumes an mehrere Kunden, Vertriebspartner oder Mitbewerber Informationen weitergeleitet werden.
Responses	Eine Response ist eine Reaktion auf Aktivitäten wie z. B. eine Kampagne.

A4 Geschäftsprozesse im mySAP CRM

INTEGRIERTE PROZESSBELEGE	
Forecast	Siehe „Opportunity Management" Kap. A4.5
Produkt	Siehe Kernprozess „CRM-Stammdaten" (CRM – Customer Relationship Management)
Lead	Siehe „Lead Management" Kap. A4.3
Anrufliste	Siehe „Anrufabwicklung" Kap. A4.8
Geschäftspartner	Siehe „Account Management" Kap. A4.1
Opportunity	Siehe „Opportunity Mangement" Kap. A4.5
CRM-Angebot	Siehe „Sales" Kap. A4.6
Aktivität	Siehe „Aktivitäten-Management" Kap. A4.4
Preisliste	Siehe Kernprozess „CRM-Stammdaten" (CRM – Customer Relationship Management)

A4.3 Lead Management

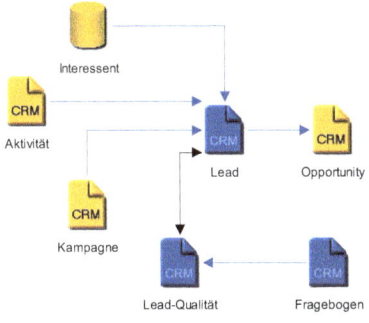

Abbildung A4.3: Prozessbelege Lead Management

Tabelle A4.3: Beschreibung Prozessbelege Lead Management

Prozessbeleg	Beschreibung
KERNPROZESSBELEGE	
Lead	Ein Lead ist ein Geschäftsvorgang, der das potenzielle Interesse eines Kunden und die damit einhergehenden Kundenkontakte über einen bestimmten Zeitraum hinweg beschreibt, erfasst, aktualisiert und verwaltet.
Lead-Qualität	Die Lead-Qualität beschreibt das potenzielle Interesse des Geschäftspartners (Interessenten), d. h. die Wahrscheinlichkeit, mit der aus dem Lead eine Opportunity wird.

253

Anhang – Prozesse der Business Integration mit SAP-Lösungen

Fragebogen	Mit Hilfe von Fragebögen werden Informationen über einen Interessenten oder Geschäftspartner gesammelt.
INTEGRIERTE PROZESSBELEGE	
Interessent	Siehe Kernprozess „Geschäftspartner übergreifend" (MD – Treasury Geschäftspartner)
Aktivität	Siehe „Aktivitäten-Management" Kap. A4.4
Kampagne	Siehe „Marketing" Kap. A4.2
Opportunity	Siehe „Opportunity Management" Kap. A4.5

A4.4 Aktivitäten-Management

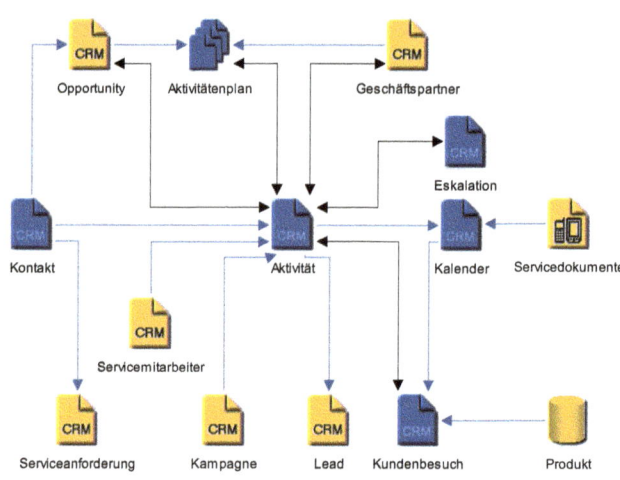

Abbildung A4.4: Prozessbelege Aktivitäten-Management

Tabelle A4.4: Beschreibung Prozessbelege Aktivitäten-Management

Prozessbeleg	Beschreibung
KERNPROZESSBELEGE	
Aktivität	Über Aktivitäten werden Interaktionen zwischen Geschäftspartnern erfasst, welche in einer beliebigen Phase der Kundenbeziehung stattgefunden haben.
Kontakt	Als Kontakt wird eine im Namen des Unternehmens erfasste Interaktion mit einem Geschäftspartner bezeichnet.
Kalender	Ein Kalender ist eine Sammlung von Terminen und terminähnlichen Daten (z. B. Aktivitäten).
Aktivitätenplan	Übersicht über alle Aktivitäten, verantwortliche Mitarbeiter und Erledigungsgrad. Der Aktivitätenplan kann Teil des Opportunityplans bzw. der definierten Verkaufsmethodik sein.

A4 Geschäftsprozesse im mySAP CRM

Kundenbesuch	Besuch bei einem bekannten bzw. potenziell neuen Kunden mit dem Ziel, Verkaufsaufträge zu generieren.
Eskalation	Die Strategie im Eskalationsmanagement kann sich nach der Qualität, dem Status oder der zeitlichen Vorgabe eines Problems richten.
INTEGRIERTE PROZESSBELEGE	
Opportunity	Siehe „Opportunity Management" Kap. A4.5
Geschäftspartner	Siehe „Account Management" Kap. A4.1
Servicedokumente	Siehe „Service" Kap. A4.7
Produkt	Siehe Kernprozess „CRM-Stammdaten" (CRM – Customer Relationship Management)
Lead	Siehe „Lead Management" Kap. A4.3
Kampagne	Siehe „Marketing" Kap. A4.2
Servicemitarbeiter	Siehe „Service" Kap. A4.7
Serviceanforderung	Siehe „Service" Kap. A4.7

A4.5 Opportunity Management

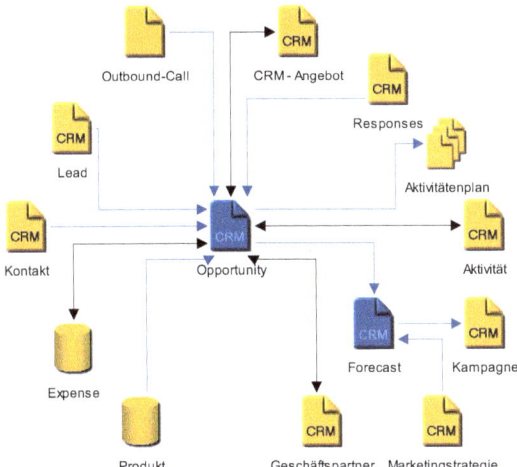

Abbildung A4.5: Prozessbelege Opportunity Management

Tabelle A4.5: Beschreibung Prozessbelege Opportunity Management

Prozessbeleg	Beschreibung
KERNPROZESSBELEGE	
Opportunity	Eine Opportunity ist eine erkannte Möglichkeit für ein Geschäft, beispielsweise den Verkauf von Produkten oder Dienstleistungen.
Forecast	Sammlung von Planzahlen für den VB, z. B. aus Analyse von Opportunities.
INTEGRIERTE PROZESSBELEGE	
Outbound-Call	Siehe „Anrufabwicklung" Kap. A4.8
Lead	Siehe „Lead Management" Kap. A4.3
Kontakt	Siehe „Aktivitäten-Management" Kap. A4.4
Expense	Siehe „Sales" Kap. A4.6
Produkt	Siehe Kernprozess „CRM-Stammdaten" (CRM – Customer Relationship Management)
CRM-Angebot	Siehe „Sales" Kap. A4.6
Responses	Siehe „Marketing" Kap. A4.2
Aktivitätenplan	Siehe „Aktivitäten-Management" Kap. A4.4
Aktivität	Siehe „Aktivitäten-Management" Kap. A4.4
Kampagne	Siehe „Marketing" Kap. A4.2
Marketingstrategie	Siehe „Marketing" Kap. A4.2
Geschäftspartner	Siehe „Account Management" Kap. A4.1

A4.6 Sales

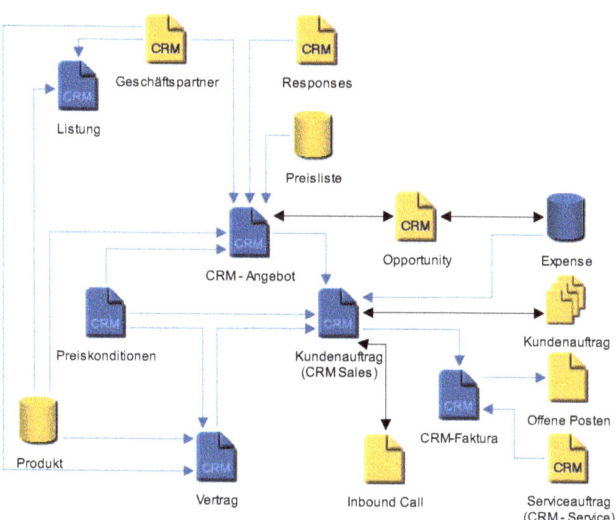

Abbildung A4.6: Prozessbelege Sales

Tabelle A4.6: Beschreibung Prozessbelege Sales

Prozessbeleg	Beschreibung
KERNPROZESSBELEGE	
Vertrag	Rahmenvertrag, der spezielle, zwischen Lieferant und Kunde vereinbarte Bedingungen enthält, etwa niedrigere Preise oder günstigere Lieferbedingungen.
CRM-Angebot	Ein Angebot ist eine verbindliche Zusage, bestimmte Produkte in einer vorgegebenen Zeitspanne zu einem vorgegebenen Preis zu liefern.
Kundenauftrag	Ein Kundenauftrag ist eine Aufforderung, eine bestimmte Menge an Produkten zu einem Zeitpunkt zu liefern bzw. Leistungen zu einem Zeitpunkt zu erbringen.
CRM-Faktura	Faktura ist der Oberbegriff für Rechnungen, Gutschriften, Lastschriften, Pro-forma-Rechnungen und Stornobelege. Die Faktura kann entweder direkt in mySAP CRM oder im Backend-System (R/3) erstellt werden.
Listung	Eine Listung stellt die Beziehung dar zwischen einem Geschäftspartner und einer Reihe von Produkten, die für einen bestimmten Zeitraum gültig sind.
Expense	Durch den Auftraggeber oder das Unternehmen zu ersetzende Auslagen.

Anhang – Prozesse der Business Integration mit SAP-Lösungen

Preiskonditionen	Preiskonditionen werden im Rahmen der Preisfindung bestimmt und determinieren den Wert einer Geschäftsbeziehung.
INTEGRIERTE PROZESSBELEGE	
Geschäftspartner	Siehe „Account Management" Kap. A4.1
Responses	Siehe „Marketing" Kap. A4.2
Preisliste	Siehe Kernprozess „CRM-Stammdaten" (CRM – Customer Relationship Management)
Opportunity	Siehe „Opportunity Management" Kap. A4.5
Produkt	Siehe Kernprozess „CRM-Stammdaten" (CRM – Customer Relationship Management)
Inbound-Call	Siehe „Anrufabwicklung" Kap. A4.8
Serviceauftrag	Siehe „Service" Kap. A4.7
Offene Posten	Siehe Kernprozess „Rechnungsbearbeitung für Debitoren" (FI – Debitorenbuchhaltung)

A4.7 Service

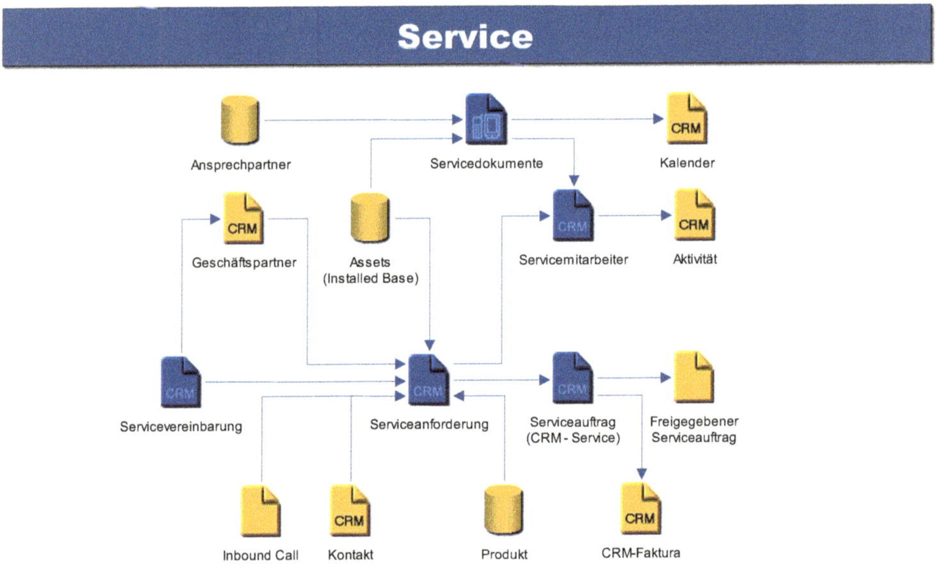

Service

Abbildung A4.7: Prozessbelege Service

Tabelle A4.7: Beschreibung Prozessbelege Service

Prozessbeleg	Beschreibung
KERNPROZESSBELEGE	
Servicevereinbarung	Eine mit einem Geschäftspartner getroffene Vereinbarung.

A4 Geschäftsprozesse im mySAP CRM

Serviceanforderung	Über eine Serviceanforderung werden Serviceleistungen angefordert.
Serviceauftrag	Der Serviceauftrag gibt an, welche Leistung zu erbringen ist, wann die Leistung zu erbringen ist, welche Hilfsmittel einzusetzen sind und wie die Auftragskosten verrechnet werden.
Servicedokumente	Ein Servicedokument umfasst alle Informationen, die ein Servicetechniker zur Bearbeitung einer Serviceanforderung benötigt.
Servicemitarbeiter	Ein Servicemitarbeiter ist eine Person, die auf Basis einer dienstvertraglichen Regelung zur betrieblichen Leistungserstellung beiträgt oder beigetragen hat.
INTEGRIERTE PROZESSBELEGE	
Ansprechpartner	Siehe „Account Management" Kap. A4.1
Geschäftspartner	Siehe „Account Management" Kap. A4.1
Assets	Siehe „Account Management" Kap. A4.1
Kalender	Siehe „Aktivitäten-Management" Kap. A4.4
Aktivität	Siehe „Aktivitäten-Management" Kap. A4.4
Inbound Call	Siehe „Anrufabwicklung" Kap. A4.8
Kontakt	Siehe „Aktivitäten-Management" Kap. A4.4
Produkt	Siehe Kernprozess „CRM-Stammdaten" (CRM – Customer Relationship Management)
CRM-Faktura	Siehe „Sales" Kap. A4.6
Freigegebener Serviceauftrag	Siehe Kernprozess „Serviceabwicklung" (CS – Servicegeschäft (ERP-System))

A4.8 Anrufabwicklung

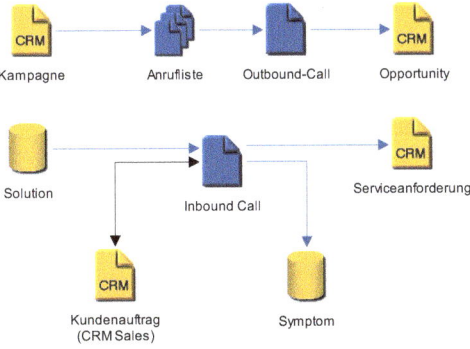

Abbildung A4.8: Prozessbelege Anrufabwicklung

259

Tabelle A4.8: Beschreibung Prozessbelege Anrufabwicklung

Prozessbeleg	Beschreibung
KERNPROZESSBELEGE	
Inbound Call	Der Inbound Call ist ein eingehender Anruf im Kundenkontaktcenter.
Outbound Call	Im Rahmen von Outbound Telesales ruft der Telesales-Agent bei Kunden an, um Produkte und/oder Dienstleistungen anzubieten.
Anrufliste	Anruflisten bilden den Arbeitsvorrat für den Call Center Agent ab. In Anruflisten sind beispielsweise alle Geschäftspartner aufgelistet, die im Rahmen einer Marketingkampagne kontaktiert werden sollen.
INTEGRIERTE PROZESSBELEGE	
Kampagne	Siehe „Marketing" Kap. A4.2
Solution	Siehe „Lösungsdatenbank" Kap. A4.9
Kundenauftrag	Siehe „Sales" Kap. A4.6
Symptom	Siehe „Lösungsdatenbank" Kap. A4.9
Serviceanforderung	Siehe „Service" Kap. A4.7
Opportunity	Siehe „Opportunity Management" Kap. A4.5

A4.9 Lösungsdatenbank

Lösungsdatenbank

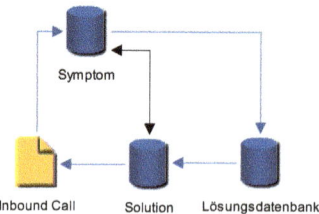

Abbildung A4.9: Prozessbelege Lösungsdatenbank

Tabelle A4.9: Beschreibung Prozessbelege Lösungsdatenbank

Prozessbeleg	Beschreibung
KERNPROZESSBELEGE	
Symptom	Das Symptom beinhaltet alle Informationen, um ein Problem zu beschreiben.
Solution	Die Lösung sammelt alle Aktionen oder Prozesse, die ein Symptom eliminiert.

Lösungsdatenbank	In der Lösungsdatenbank sind Probleme sowie Lösungen abgelegt und zugeordnet. Über intelligente Suchstrategien kann die Datenbank durchsucht und analysiert werden.
INTEGRIERTE PROZESSBELEGE	
Inbound Call	Siehe „Anrufabwicklung" Kap. A4.8

A5 Geschäftsprozesse im mySAP SRM

In diesem Kapitel werden anhand der Prozessmodelle des LIVE KIT Power die wichtigsten Geschäftsprozesse im Enterprise Buyer dargestellt. Zunächst wird auf die Stammdaten eingegangen. Anschließend werden die Prozesse im E-Procurement, bei elektronischen Ausschreibungen und im Lieferantenportal dargestellt. Die Erläuterungen beziehen sich dabei auf mySAP SRM Release 3.0.

A5.1 Stammdaten E-Procurement

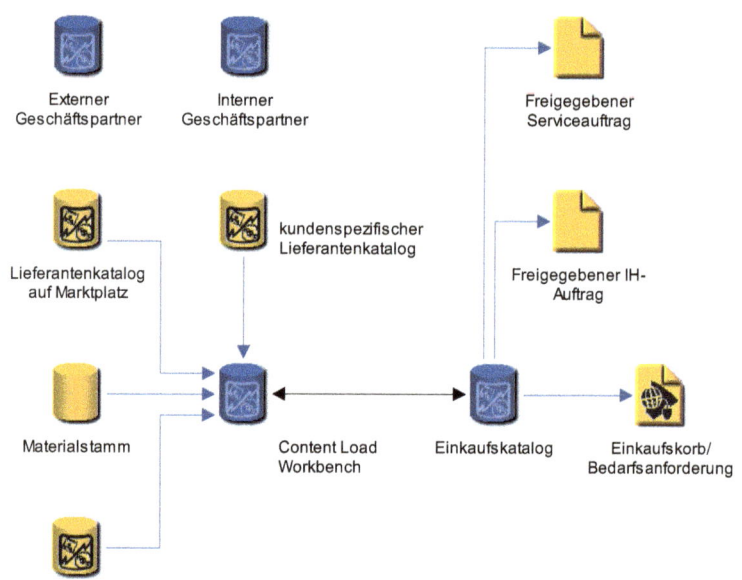

Abbildung A5.1: Prozessbelege Stammdaten E-Procurement

Tabelle A5.1: Beschreibung Prozessbelege Stammdaten E-Procurement

Prozessbeleg	*Beschreibung*
KERNPROZESSBELEGE	
Einkaufskatalog	Mit der mitgelieferten Katalogsoftware (Enterprise Buyer: Requisite Katalog) können Produktinformationen in einem eigenen Katalog aufbereitet werden.

Content Load Workbench	Kataloginhalte können direkt im E-Procurement-System verwaltet werden (Content Management). Die Informationen dazu, welche Produkte veröffentlicht und wie die Produkte dargestellt werden sollen, werden in einem virtuellen Produktkatalog-System abgelegt. Auf der Grundlage dieser Katalogdefinition werden die erforderlichen Produktdaten regelmäßig in den Einkaufskatalog übertragen.
Externer Geschäftspartner	Es können verschiedene Typen von externen Geschäftspartnern abgebildet werden: Lieferant Geschäftspartner, von dem Materialien oder Dienstleistungen bezogen werden. Bieter Unternehmen, die Angebote zu Ausschreibungen abgeben. Ansprechpartner Eine spezifische Kontaktperson des Bieters oder Lieferanten.
Interner Geschäftspartner	Es können verschiedene Typen von internen Geschäftspartnern abgebildet werden: Anforderer Mitarbeiter, der einen Bedarf anfordert. Warenempfänger Mitarbeiter, der einen Wareneingang oder eine erhaltene Dienstleistung bestätigt. Anlieferstelle Anlieferadresse eines Unternehmens, an welche die Ware versandt wird. Rechnungsempfänger Mitarbeiter, an den die Rechnung versandt wird.
INTEGRIERTE PROZESSBELEGE	
Materialstamm	Siehe Kernprozess „Produktentwicklung" (MD – Logistikstammdaten)
Lieferantenkatalog auf Marktplatz:	Siehe „Marktplatzkataloge" Kap. A8.1
Kundenspezifischer Lieferantenkatalog	Siehe „Marktplatzkataloge" Kap. A8.1
Externer Produktkatalog	Siehe Kernprozess „Externe Sell Side Solution" (EC – Internetportal und Marktplatz)
Freigegebener Serviceauftrag	Siehe Kernprozess „Serviceabwicklung" (CS – Servicegeschäft (ERP-System))
Freigegebener IH-Auftrag	Siehe Kernprozess „IH-Auftrag" (PM – Instandhaltungsabwicklung)
Einkaufskorb/Bedarfsanforderung	Siehe „E-Procurement – Standalone-Szenario" Kap. A5.2

A5.2 Prozesse E-Procurement – Standalone-Szenario

Beim Einsatz des Enterprise Buyer Professional Edition kann zwischen unterschiedlich tiefen Integrationsszenarios mit dem Backend-System gewählt werden. Die beiden wichtigsten Szenarios werden nachfolgend dargestellt.

Im Standalone-Szenario findet der gesamte Beschaffungsprozess bis hin zur Erstellung der Eingangsrechnung lokal statt.

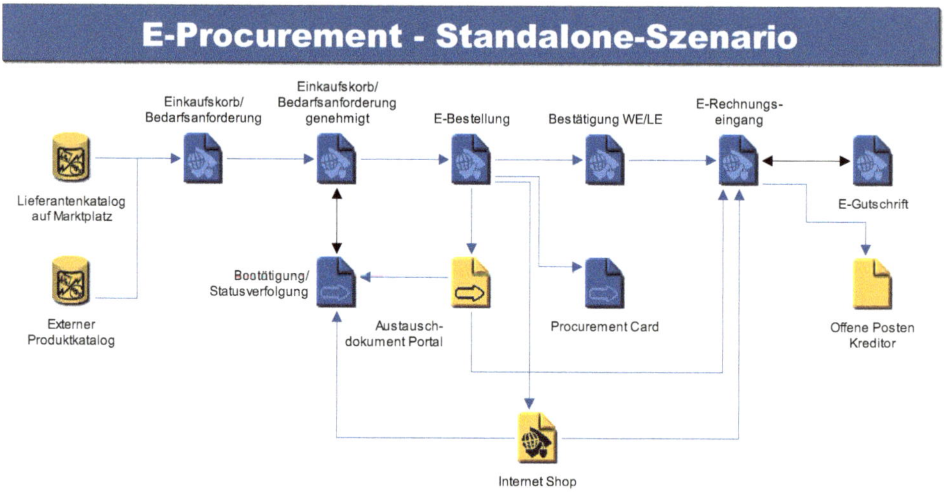

E-Procurement - Standalone-Szenario

Abbildung A5.2: Prozessbelege Standalone-Szenario

Tabelle A5.2: Beschreibung Prozessbelege E-Procurement – Standalone-Szenario

Prozessbeleg	Beschreibung
KERNPROZESSBELEGE	
Einkaufskorb / Bedarfs-anforderung	Der Mitarbeiter kann seinen Einkaufskorb mit Waren (z. B. Büromaterial) und Leistungen (z. B. Drucker reparieren oder Texte übersetzen) füllen. Hierzu sucht er in Katalogen nach geeigneten Angeboten. Falls er keine passenden Angebote findet, kann er eine Beschreibung seines Bedarfs eingeben. Es ist auch möglich, eine Produktnummer aus dem Produktstamm einzugeben.
Einkaufskorb / Bedarfs-anforderung genehmigt	Wenn ein Einkaufskorb einem Genehmigungsverfahren unterliegt, muss er erst per Genehmigungs-Workflow genehmigt werden, bevor Folgebelege (lokale Bestellung, Backend-Bestellung, Backend-Reservierung oder Backend-Banf) angelegt werden.

E-Bestellung	Für die Bedarfsanforderungspositionen mit Status „Genehmigt" können Folgebelege, z. B. eine lokale Bestellung, angelegt werden. Wenn die Bestellung erfolgt, kann im Backend-System in der Controlling-Komponente ein entsprechendes Obligo aufgebaut werden.
Bestätigung/ Statusverfolgung	Der Mitarbeiter kann überprüfen, welchen Status die einzelnen Positionen in seinem Einkaufswagen haben.
	Wenn der Lieferant die Waren von einem Transporteur (z. B. FedEx, UPS, DHL) liefern lässt, können Mitarbeiter und Einkäufer den Transportweg über die Web-Anwendung des Transporteurs verfolgen.
E-Bestätigung WE/LE	Im E-Procurement-System können sowohl die eigenen Mitarbeiter als auch die Geschäftspartner (Lieferanten oder Dienstleister) zwei Arten von Bestätigungen eingeben:
	die Lieferung von Waren und
	die erbrachten Leistungen.
E-Rechnungseingang	Im E-Procurement-System können sowohl die eigenen Mitarbeiter als auch die Geschäftspartner (Lieferanten oder Dienstleister) Rechnungen erfassen. Nachdem die Rechnung erfasst wurde, wird sie dem Mitarbeiter, der die Bestellung erfasst hat, per Workflow zur Genehmigung vorgelegt.
Procurement Card	Beim Einkaufen kann die Einkäuferkarte als Zahlweg angegeben werden. Diese funktioniert wie eine Kreditkarte. Die Abrechnungsangaben werden in regelmäßigen Abständen vom Karteninstitut übernommen und im Rechnungswesen des Backend-Systems gebucht.
E-Gutschrift	Wenn mangelhafte Ware oder ein zu hoher Preis berechnet wurde, kann der Mitarbeiter für die von ihm erfasste Rechnung, i.d.R. in Absprache mit dem Lieferanten, eine Gutschrift erfassen und buchen.
INTEGRIERTE PROZESSBELEGE	
Lieferantenkatalog auf Marktplatz	Siehe „Marktplatzkataloge" Kap. A8.1
Externer Produktkatalog	Siehe Kernprozess „Externe Sell Side Solution" (EC – Internetportal und Marktplatz)
Offene Posten Kreditor	Siehe Kernprozess „Rechnungsbearbeitung für Kreditoren" (FI – Kreditorenbuchhaltung)
Austauschdokument Portal	Siehe „Dokumentenaustausch" Kap. A8.2
Internet Shop	Siehe Kernprozess „Externe Sell Side Solution" (EC – Internetportal und Marktplatz)

A5.3 Prozesse E-Procurement – Klassisches Szenario

Im klassischen Integrationsszenario dient der EBP nur als Erfassungssystem der Bedarfsanforderungen. Diese werden an das Backend-ERP-System weitergeleitet.

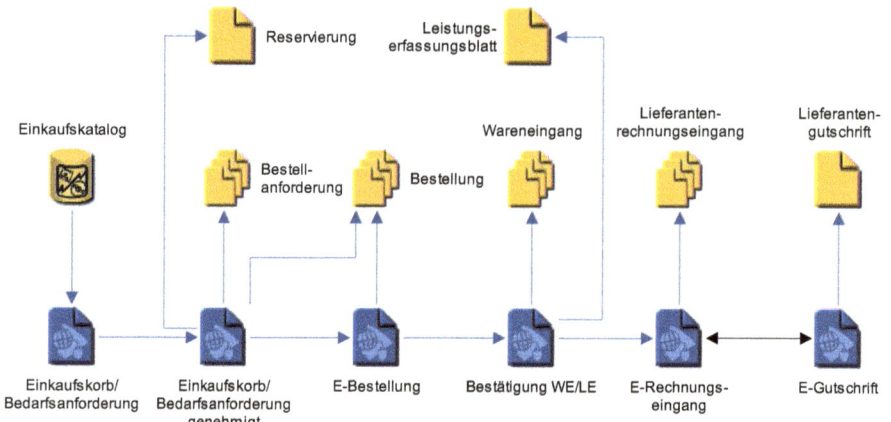

Abbildung A5.3: Prozessbelege Klassisches Szenario

Tabelle A5.3: Beschreibung Prozessbelege E-Procurement – Klassisches Szenario

Prozessbeleg	Beschreibung
KERNPROZESSBELEGE	
Einkaufskorb/Bedarfsanforderung	Der Mitarbeiter kann seinen Einkaufskorb mit Waren (z. B. Büromaterial) und Leistungen (z. B. Drucker reparieren oder Texte übersetzen) füllen. Hierzu sucht er in Katalogen nach geeigneten Angeboten. Falls er keine passenden Angebote findet, kann er eine Beschreibung seines Bedarfs eingeben. Es ist auch möglich, eine Produktnummer aus dem Produktstamm einzugeben.
Einkaufskorb/Bedarfsanforderung genehmigt	Wenn ein Einkaufskorb einem Genehmigungsverfahren unterliegt, muss er erst per Genehmigungs-Workflow genehmigt werden, bevor Folgebelege (lokale Bestellung, Backend-Bestellung, Backend-Reservierung oder Backend-Banf) angelegt werden.
E-Bestellung	Im E-Procurement System können Einkäufer lokale Bestellungen bearbeiten und vervollständigen. Wenn die Bestellung erfolgt, wird im Backend-System in der Controlling-Komponente ein entsprechendes Obligo aufgebaut.

Bestätigung WE/LE	Im Procurement-System können sowohl die eigenen Mitarbeiter als auch die Geschäftspartner (Lieferanten oder Dienstleister) zwei Arten von Bestätigungen eingeben: die Lieferung von Waren und die erbrachten Leistungen. Wareneingang und Leistungserfassung werden über einen einzigen Beleg gebucht: die Bestätigung.
E-Rechnungseingang	Im E-Procurement-System können sowohl die eigenen Mitarbeiter als auch die Geschäftspartner (Lieferanten oder Dienstleister) Rechnungen erfassen. Nachdem die Rechnung erfasst wurde, wird sie dem Mitarbeiter, der die Bestellung erfasst hat, per Workflow zur Genehmigung vorgelegt.
E-Gutschrift	Wenn mangelhafte Ware oder ein zu hoher Preis berechnet wurde, kann der Mitarbeiter für die von ihm erfasste Rechnung, i.d.R. in Absprache mit dem Lieferanten, eine Gutschrift erfassen und buchen.
INTEGRIERTE PROZESSBELEGE	
Einkaufskatalog	Siehe „Stammdaten E-Procurement" Kap. A5.1
Reservierung ERP	Siehe Kernprozess „Warenentnahme" (MM – Materialbeschaffung)
Bestellung ERP	Siehe Kernprozess „Einkauf" (MM – Materialbeschaffung)
Bestellanforderung ERP	Siehe Kernprozess „Einkauf" (MM – Materialbeschaffung)
Bestätigung/ Statusverfolgung	Siehe „E-Procurement – Standalone-Szenario" Kap. A5.2
Wareneingang ERP	Siehe Kernprozess „Wareneingang" (MM – Materialbeschaffung)
Leistungserfassungsblatt	Siehe Kernprozess „DL-Abnahme" (MM – Dienstleistungsbeschaffung)
Lieferantenrechnungseingang	Siehe Kernprozess „Rechnungsprüfung" (MM – Materialbeschaffung)
Lieferantengutschrift	Siehe Kernprozess „Rechnungsprüfung" (MM – Materialbeschaffung)

A5.4 Prozesse E-Ausschreibungen

Mit dieser Funktionalität werden der Ausschreibungsprozess für offene und nicht offene Ausschreibungen und Auktionen für Produkte und Dienstleistungen unterstützt.

E-Ausschreibungen

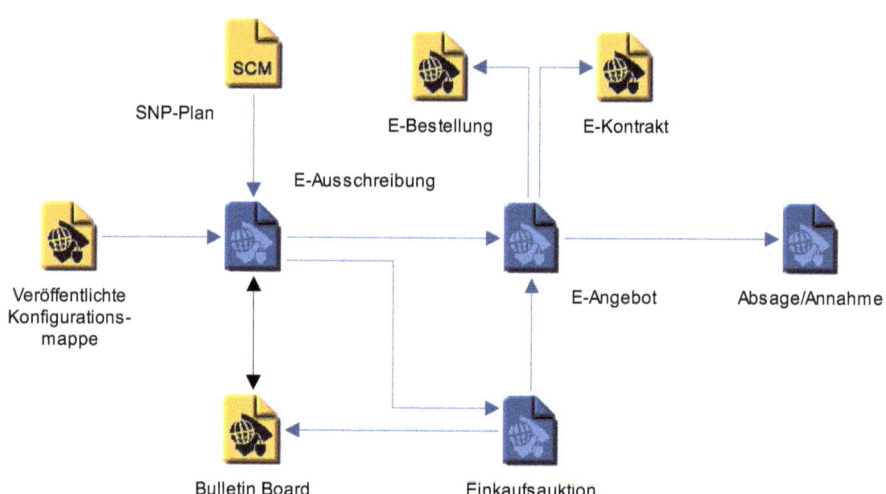

Abbildung A5.4: Prozessbelege E-Ausschreibungen

Tabelle A5.4: Beschreibung Prozessbelege E-Ausschreibungen

Prozessbeleg	Beschreibung
KERNPROZESSBELEGE	
E-Ausschreibung	Je nach Adressatenkreis werden zwei Ausschreibungen unterschieden:.
	Öffentliche Ausschreibungen werden potenziellen Bietern über das World Wide Web zugänglich gemacht und z. B. auf Portalen veröffentlicht.
	Nicht-öffentliche Ausschreibungen werden nur bekannten Bietern per E-Mail zugänglich gemacht.
E-Angebot	Die Bieter können auf unterschiedliche Art und Weise ihr Angebot zur Ausschreibung erfassen:
	Öffentliche Ausschreibungen: Die Bieter können direkt über einen Hyperlink vom Portal auf die Web-Seite gelangen, sich im E-Procurement-System anmelden und das Angebot erfassen.
	Nicht-öffentliche Ausschreibungen: Über einen Hyperlink in der E-Mail können die bekannten Bieter dann auf die Web-Seite gelangen und sich im E-Procurement-System anmelden, um das Angebot zu erfassen.
Einkaufsauktion	Um ggf. ein noch besseres Angebot zu erhalten, kann eine

	Ausschreibung in eine Einkaufsauktion umgewandelt werden. Die bisherigen Bieter werden über diese Änderung informiert und können dann ihr Angebot nochmals prüfen. Jeder Bieter sieht den bisher günstigsten Preis pro Position und kann - falls gewünscht - den Preis unterbieten.
Absage/Annahme	Nachdem die Angebote eingegangen sind, können diese nach Erreichen des Eröffnungsdatums geprüft und dem besten Angebot kann der Zuschlag erteilt werden. Bieter werden dann automatisch per E-Mail über die Annahme oder Ablehnung der Angebote benachrichtigt.
INTEGRIERTE PROZESSBELEGE	
Bulletin Board	Siehe "Auktionen und Ausschreibungen" Kap. A8.3
SNP-Plan	Siehe "Supply Network Planning" Kap. A6.6
E-Bestellung	Siehe "E- Procurement – Klassisches Szenario" Kap. A5.2
E-Kontrakt	Siehe Kernprozess „E-Procurement" (EC – E-Procurement)
Veröffentlichte Konfigurationsmappe	Siehe "Konfigurationsmanagement" Kap. A7.1

A5.5 Prozesse Lieferantenportal

Im Lieferantenportal lassen sich Aufträge, Auftragsrückmeldungen, Rechnungen und Gutschriften bearbeiten und per XML-Nachrichten austauschen. Die Lieferanten können einen eigenen Produktkatalog verwalten und mit einer eigenen Homepage ihr Unternehmen den Einkäufern präsentieren.

SUS - Lieferantenportal

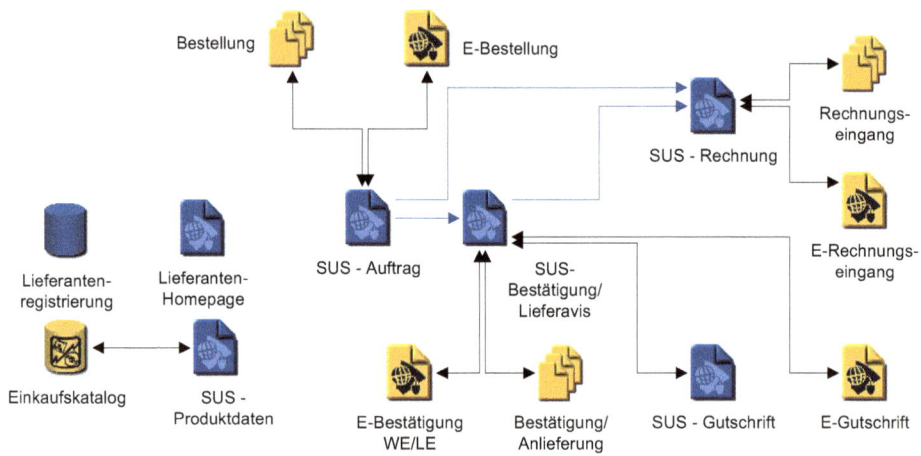

Abbildung A5.5: Prozessbelege Lieferantenportal

Tabelle A5.4: Beschreibung Prozessbelege Lieferantenportal

Prozessbeleg	Beschreibung
KERNPROZESSBELEGE	
Lieferantenregistrierung	Der erste Schritt zur elektronischen Kommunikation zwischen einer Einkaufsorganisation und ihren Lieferanten ist die Lieferantenregistrierung. Der Einkäufer hat die Möglichkeit den Lieferanten zu registrieren oder die Lieferanten einzuladen, sich selbst online zu registrieren. Der Lieferant kann sich aber auch direkt auf der Homepage der Einkaufsorganisation registrieren.
Lieferanten-Homepage	Mit dieser Funktion können die Lieferanten ihr Unternehmen ihren Einkäufern im Lieferantenportal präsentieren. Einkäufer können das Unternehmensprofil und die Angebote der Lieferanten ansehen, bevor sie eine Bestellung aufgeben.
SUS-Auftrag	Mit dem SUS-Auftrag kann der gesamte Verkaufsvorgang im Lieferantenportal abgebildet werden. Kundenaufträge werden automatisch angelegt, wenn Bestellungen im Einkaufssystem angelegt und an das Lieferantenportal gesendet werden.
SUS-Bestätigung/Lieferavis	Wenn im Lieferantenportal eine SUS-Bestätigung/Lieferavis erstellt und an den Einkäufer gesendet wird, wird im Einkaufssystem eine Bestätigung/Anlieferung angelegt.
SUS-Rechnung	Sie können von SUS-Bestätigungen oder von SUS-Aufträgen

	aus Rechnungen anlegen, abhängig von den Auftragseinstellungen im System des Einkäufers.
SUS-Gutschrift	Mit dieser Funktion erhält der Lieferant über eine autom. Abrechnung eine Gutschrift. Er muss die Gutschrift nur akzeptieren, um die Zahlung zu erhalten.
INTEGRIERTE PROZESSBELEGE	
Einkaufskatalog	Siehe "Stammdaten E-Procurement" Kap. A5.1
E-Bestellung	Siehe "E- Procurement – Standalone-Szenario" Kap. A5.2
E-Bestätigung WE/LE	Siehe "E- Procurement – Standalone-Szenario" Kap. A5.2
E-Gutschrift	Siehe "E- Procurement – Standalone-Szenario" Kap. A5.2
E-Rechnungseingang	Siehe "E- Procurement – Standalone-Szenario" Kap. A5.2
Bestellung ERP	Siehe Kernprozess „Einkauf" (MM – Materialbeschaffung)
Bestätigung/Anlieferung ERP	Siehe Kernprozess „Einkauf" (MM – Materialbeschaffung)
Rechnungseingang ERP	Siehe Kernprozess „Rechnungsprüfung" (MM – Materialbeschaffung)

A6 Geschäftsprozesse mit SAP APO

In diesem Abschnitt werden die wichtigsten Geschäftsprozesse des SAP APO anhand der Prozessmodelle des LIVE KIT Power dargestellt.

A6.1 Absatzplanung

Ziel der Absatzplanung (DP) ist es, einen zukünftigen Bedarf an Produkten des Unternehmens so genau wie möglich im Voraus zu berechnen. Eine qualitativ hochwertige Prognose ist wichtig, da viele Bereiche innerhalb des Unternehmens von den im Voraus berechneten Bedarfen abhängen.

Ablauf der Absatzplanung

Die Absatzplanung wird als interaktive Planung durchgeführt. Die Planung läuft in Planungsmappen ab, die das Layout der Absatzplanung bestimmen. In diesen Planungsmappen können Prognosen angelegt und verwaltet werden.

Folgende Schritte müssen zur Erstellung eines Absatzplanes durchgeführt werden.

- Fortschreibung der Vergangenheitsdaten,
- Generierung der Stammdaten,
- Durchführung der interaktiven Absatzplanung sowie
- Freigabe des neu angelegten Absatzplanes für die Supply Network Planning.

Ergebnis der Absatzplanung

Die Absatzplanung erzeugt als Ergebnis einen Absatzplan, der an das Supply Network Planning übermittelt werden kann.

A6 Geschäftsprozesse mit SAP APO

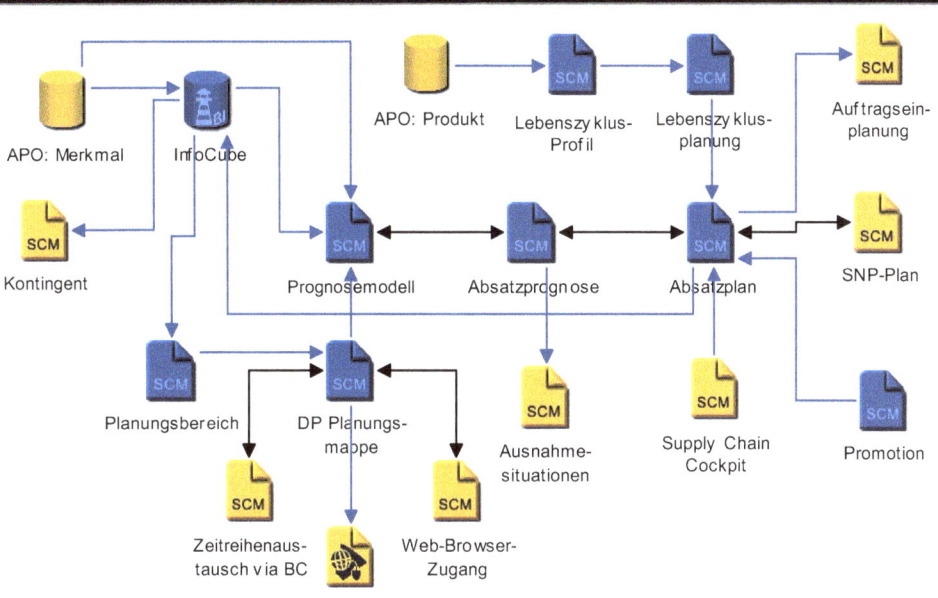

Abbildung A6.1: Prozessbelege Absatzplanung

Tabelle A6.1: Beschreibung Prozessbelege Absatzplanung

Prozessbeleg	Beschreibung
KERNPROZESSBELEGE	
InfoCube	Ein InfoCube beschreibt einen in sich geschlossenen Datenbestand z. B. eines betriebswirtschaftlichen Bereichs.
Prognosemodell	Prognosemodell oder auch -methode bezeichnet eine Kategorie (oder spezielle Gruppe) von Algorithmen; ein Prognoseverfahren bezeichnet einen speziellen Algorithmus, der bei bestimmten Datensituationen zur Anwendung kommt. Durch ein Prognosemodell werden die zwischen den Modellvariablen bestehenden Abhängigkeiten beschrieben. Nach Berechnung der eingehenden Modellparameter (mit Hilfe eines geeigneten Algorithmus) wird das Modell schließlich für die eigentliche Prognose eingesetzt.
Absatzprognose	Die Absatzprognose ermittelt die Menge (in der entsprechenden Mengeneinheit) und/oder den Wert (in der entsprechenden Währung) dessen, was wahrscheinlich verkauft wird.

Absatzplan	Der Absatzplan ist das Ergebnis der SAP APO Absatzplanung, mit der ein Unternehmen Prognosen für die Nachfrage nach seinen Produkten auf dem Markt erstellen kann.
Promotion	Die SAP APO-Promotion ist ein Funktionenkomplex, der es dem Planer ermöglicht vorherzusagen, welchen Effekt Werbemaßnahmen wie Gutscheine, Zeitschriftenbeilagen, TV-Werbespots, Preisnachlässe, Werbeaktionen des Mitbewerbs, Internet-Werbung etc. auf die Nachfrage haben werden.
Planungsbereich	Das DP übernimmt die Transport- und Bestandsplanung für das gesamte Distributionsnetzwerk. Dabei werden notwendige periodengenaue Pläne für Transporte und Bestände zur kostenminimalen Belieferung der Kunden ermittelt.
Lebenszyklus-Profil	Für ein Produkt kann entweder ein Like-Profil, ein Phase-In-Profil, ein Phase-Out-Profil oder eine gewünschte Kombination dieser Profile verwendet werden.
Lebenszyklusplanung	Die Lebenszyklusplanung verwendet Prognoseverfahren, die die verschiedenen Phasen während der Existenz eines Produkts berücksichtigen: Einführung, Wachstum, Reife, Sättigung und Rückgang (Auslauf). In der SAP APO-Absatzplanung kann der Planer den Beginn und das Ende eines Produktlebenszyklus in Form eines Produkteinführungs- und/oder Produktauslaufprofils (Phase-In-Profil/Phase-Out-Profil) abbilden.
Planungsbereich	Der Planungsbereich ist eine zentrale Datenstruktur von Absatzplanung (Demand Planning) und Supply Network Planning. Werden Istdaten oder andere Daten in einem InfoCube gespeichert, wird der InfoCube einem Planungsbereich zugeordnet. Der Planungsbereich wird im Rahmen der Konfiguration der Absatzplanung bzw. des Supply Network Planning angelegt. Eine Planungsmappe basiert auf einem Planungsbereich. Für den Endbenutzer tritt jedoch nur die Planungsmappe in Erscheinung, nicht der Planungsbereich.
DP-Planungsmappe	Die Planungsmappe ist ein konfiguriertes Layout, das in der APO-Komponente "Absatzplanung" genutzt wird. Es umfasst - jeweils einen Übersichtsbaum für die Datenselektion, - eine Reihe unterschiedlicher Planungstabellen sowie - Grafikelemente in Form von Linien- und Balkendiagrammen. Planungsmappen unterstützen die Online-Simulation verschiedener Planungsszenarios, eine konsistente Planung im gesamten Unternehmen.

INTEGRIERTE PROZESSBELEGE	
APO: Merkmal	Siehe Kernprozess „Stammdaten" (SC – Advanced Planner and Optimizer)
Kontingent	Siehe "Globale Verfügbarkeitsprüfung" Kap. A6.2
Zeitreihenaustausch via BC	Siehe Kernprozess „Collaboration Engine" (SC – Advanced Planner and Optimizer)
Planungsmappen	Siehe "Supply Network Planning" Kap. A6.5
Web-Browser-Zugang	Siehe Kernprozess „Collaboration Engine" (SC – Advanced Planner and Optimizer)
APO: Produkt	Siehe Kernprozess „Stammdaten" (SC – Advanced Planner and Optimizer)
Ausnahmesituation	Siehe "Supply Chain Cockpit" Kap. A6.4
Supply Chain Cockpit	Siehe "Supply Chain Cockpit" Kap. A6.4
SNP-Plan	Siehe "Supply Network Planning" Kap. A6.5
Auftragseinplanung	Siehe „Produktions- und Feinplanung" Kap. A6.3

A6.2 Globale ATP

Die Lösung mySAP SCM führt die Verfügbarkeitsprüfung in Echtzeit durch; es überprüft die Verfügbarkeitssituation von Fertigerzeugnissen, Komponenten und Ressourcen in Sekundenschnelle. Es umfasst auch die Auftragsverwaltung einschließlich der Erstellung von Angeboten, Kundenaufträgen und Rechnungen und bietet sogar Transport- und Lieferterminierungen.

- Global ATP ordnet Auftragsmengen zu, die auf Ist-Bestand, Plänen und Kontingenten basieren. Durch globales Sourcing und Produktsubstitutionen unterstützt es, unter Berücksichtigung von Netzwerkeinschränkungen wie Produktionsressourcen und Transportkapazitäten, auf flexible Weise unterschiedliche Verkaufsstrategien.
- Mit Kontingenten wird der Produktfluss durch die Absatzkanäle zum Endverbraucher verwaltet. Dadurch wird ein intelligenter Abgleich zwischen der kombinierten Versorgung und der Marktnachfrage höchst gewinnbringend unterstützt. Kontingente können bestimmt werden, um die Verfügbarkeit von Fertigerzeugnissen, Gesellschaften und Kapazitäten zu beschreiben.
- Mit der Angebot- und Nachfrage-Neuzuordnung wird der Abgleich zwischen Auftrag und Lieferung dynamisch neu zugeordnet, um die Kundennachfrage, basierend auf Prioritäten, zu befriedigen. Dies ermöglicht es, entsprechend auf kurzfristige Änderungen im Angebot sowie auf unerwartete Verschiebun-

gen in der Nachfrage zu reagieren, um rückständige Aufträge zu vermeiden.

Abbildung A6.2: Prozessbelege Globale ATP

Tabelle A6.2: Beschreibung Prozessbelege Globale ATP

Prozessbeleg	Beschreibung
KERNPROZESSBELEGE	
Produktverfügbarkeits-übersicht	Die Produktverfügbarkeitsübersicht bietet eine Darstellung der Verfügbarkeitssituation für ein bestimmtes Produkt in einer gegebenen Lokation. Die Produktverfügbarkeitsprüfung erfolgt auf der Grundlage eines ausgewählten betriebswirtschaftlichen Ereignisses.
Interaktive Rückstandsbearbeitung	Die Rückstandsbearbeitung im APO erfüllt eine grundsätzliche Anforderung an das Supply Management, die darin besteht, Änderungen von bestätigten Mengen und Terminen im Rahmen der ATP-Prüfung durchzuführen. Im Wesentlichen wird die Rückstandsbearbeitung eingesetzt, um erfasste Bedarfe nachzubearbeiten, Rückstandssituationen zu diagnostizieren und zu beheben.

Kontingent	Mit der Kontingentierung werden Planungs- und Steuerungsmechanismen bereitgestellt, die die Anforderungen an eine termingerechte Belieferung von Kunden in der gewünschten Auftragshöhe erfüllen und so das Unternehmen dabei unterstützt, kritische Situationen auf der Bedarfs- und Beschaffungsseite zu vermeiden. Dazu muss sowohl eine gleichmäßige Einteilung knapper Produkte möglich sein als auch die rasche Reaktion auf sich ändernde Marktsituationen und Engpässe.
INTEGRIERTE PROZESSBELEGE	
Übergabe Bestandsdaten an R/3	Siehe Kernprozess „APO – Core Interface" (SC – Advanced Planner and Optimizer)
Übernahme Produktionsdaten aus R/3	Siehe Kernprozess „APO – Core Interface" (SC – Advanced Planner and Optimizer)
Übernahme Bedarfsdaten aus R/3	Siehe Kernprozess „APO – Core Interface" (SC – Advanced Planner and Optimizer)
Übernahme Bestandsdaten aus R/3	Siehe Kernprozess „APO – Core Interface" (SC – Advanced Planner and Optimizer)
Auftragseinplanung	Siehe „Produktions- und Feinplanung" Kap. A6.3
Supply Chain Cockpit	Siehe „Supply Chain Cockpit" Kap. A6.4
Ausnahmesituationen	Siehe „Supply Chain Cockpit" Kap. A6.4
SNP-Plan	Siehe „Supply Network Planning" Kap. A6.5
Übernahme Bestelldaten aus R/3	Siehe Kernprozess „APO – Core Interface" (SC – Advanced Planner and Optimizer)
InfoCube	Siehe „Workbench" Kap. A2.1.1
Kundenauftrag (Sell Side)	Siehe Kernprozess „Internet Sales" (EC – E-Selling)
Übergabe Produktionsdaten an R/3	Siehe Kernprozess „APO – Core Interface" (SC – Advanced Planner and Optimizer)
Übergabe Bedarfsdaten an R/3	Siehe Kernprozess „APO – Core Interface" (SC – Advanced Planner and Optimizer)
Übergabe Bestelldaten an R/3	Siehe Kernprozess „APO – Core Interface" (SC – Advanced Planner and Optimizer)

A6.3 Production Planning & Detailed Scheduling

Die Komponente Produktionsplanung und Feinplanung (PP/DS) ist ein APS-Werkzeug für kurzfristige Planung und Feinplanung. Dieses Werkzeug kann für die präzise (sekundengenaue) Planung von Produkten verwendet werden, basierend auf den Einschränkungen zur Kontenfolge und zur Kapazität sowie bei gleichzeitiger Berücksichtigung der Komponentenverfügbarkeit.

Einsatzmöglichkeiten

Die mittelfristige und langfristige Beschaffungsplanung für Nachfragen, die in der Absatzplanung unter Verwendung statistischer Prognosearten erzeugt werden, wird im SNP durchgeführt, wobei zusätzlich die Durchführbarkeit des Nachfrageplans überprüft wird. Durch die SNP-Planung werden Beschaffungselemente erzeugt, die Planaufträge und Bestellanforderungen sein können.

Ob ein Planungsprozess im SNP oder in PP/DS stattfindet, hängt vom Planungshorizont ab, der den Zeitraum festlegt, wann ein Nachfrage- oder Beschaffungselement vom SNP ins PP/DS übertragen und dort geplant wird. So wird eine Nachfrage oder ein Beschaffungselement, das in diesen Produktionshorizont fällt, im PP/DS mit seinen Parametern für die Feinplanung geplant.

Daten, die für die Einplanung relevant sind, werden in den Ressourcen- und Produktionsprozessmodellen hinterlegt. Die Bearbeitungsreihenfolge der Vorgänge wird in einer mehrstufigen Vorgehensweise bestimmt und diese Vorgänge werden präzise und sekundengenau eingeplant. Ein zusätzlicher Planungsprozess plant die Komponenten, die nicht vom SNP berücksichtigt werden.

PP/DS ermöglicht es, unter Aufnahme von verschiedenen Kriterien für Geschäftsziele, die Beschaffungsplanung hinsichtlich der Zeit und Kosten zu optimieren.

Die Integration zwischen SAP APO als ein erweitertes Planungssystem und die Auftragsbearbeitung im R/3-System wird über eine standardisierte Schnittstelle, die Core Interface (CIF), erreicht. Diese Schnittstelle wird für die Übergabe von sowohl Stamm- als auch Bewegungsdaten benutzt. Datenänderungen werden sofort in beiden Systemen aktualisiert, wodurch die Datenintegrität gewährleistet und die Produktionsplanung mit den neuesten Informationen versorgt wird.

Voraussetzungen

Integrationsmodelle gewährleisten eine reibungslose Integration zwischen SAP R/3 und SAP APO. Sie verwenden die Integrationsmodelle, um die in der Datenübergabe aufzunehmenden Stamm- und Bewegungsdaten zu bestimmen. Es könnte sich als sinnvoll erweisen z. B. separate Modelle für Stammdaten und für Bewegungsdaten anzulegen.

Der Eingabebildschirm bietet eine Reihe von Kriterien, die es ermöglichen, die zu übergebenden Objekte gemäß den Anforderungen des Unternehmens zu strukturieren.

Zusätzliche planungsrelevante Einstellungen werden an den vom R/3-System übertragenen Stammdaten vorgenommen, damit das SAP APO-System sein Planungspotenzial voll ausschöpfen kann.

Hingegen werden im SAP-R/3-System gemachte Änderungen periodisch an das SAP APO übertragen, Bewegungsdaten werden gleichzeitig in beiden Richtungen ausgetauscht. Eine wichtige Voraussetzung für diese Datenübergabe ist das Vorhandensein eines aktiven Integrationsmodells (aktiver Datenkanal).

Nachfrage- und Beschaffungselemente werden von SNP in PP/DS übernommen. Die im SNP geplanten Aufträge wurden nur tagesgenau eingeplant (Tagesraster). Da die tagesgenaue Planung für Produktionszwecke nicht ausreicht (unter Berücksichtigung der Ressourcenlast, Beschaffungssteuerung usw.), wird eine präzise sekundengenaue Planung im PP/DS innerhalb des Produktionshorizontes durchgeführt. *Ablauf des PP/DS*

Der PP/DS-Planer führt zunächst einen automatischen Planungslauf durch, der ein Heuristiklauf ist; dieser Heuristiklauf erzeugt Planaufträge mit präziser Einplanung. Diese Planaufträge werden synchron über CIF an das R/3-System übermittelt. So kann der Heuristiklauf auch als Hintergrundjob ausgeführt werden.

Heuristiken können sowohl in der einstufigen als auch mehrstufigen Planung eingesetzt werden. Das Planungssystem erzeugt präzise eingeplante Planaufträge für eigengefertigte Komponenten. Für extern beschaffte Produkte erstellt das System Bestellanforderungen.

Als Alternative zum automatischen Planungslauf, der durch den Planer ausgelöst wird oder als Job geplant werden kann, ist auch ein ereignisgesteuerter automatischer Planungslauf möglich. Die automatische Planung wird durch eine beliebige Änderung der Bestands-/Bedarfssituation ausgelöst, die auf eine Knappheit im Planungsprozess hinausläuft.

Anschließend können Planungsänderungen manuell durchgeführt und auch unterschiedliche Heuristiken auswählt werden.

Nach Abschluss der Feinplanung können Aufträge nicht nur in das SAP-R/3-System, sondern auch in das Supply Network Planning übernommen werden. Die gesamte Auftragsbearbeitung findet im SAP-R/3-System statt, während die Integration mit SNP eine Deployment- und Transportplanung ermöglicht.

Bestellanforderungen werden für extern beschaffte Produkte erzeugt, die auch über CIF in das R/3-System übernommen werden. Im SAP-R/3-System werden Bestellanforderungen in Kundenaufträge umgewandelt. Zusätzlich findet die Nachrichtensteuerung im R/3-System statt.

Planung und Feinplanung laufen auf genau abgestimmte Planaufträge und Bestellanforderungen hinaus, die über CIF in das R/3-System *Ergebnis des PP/DS* übernommen und für die Deployment- und Transportplanung an das DP zurückgegeben werden können.

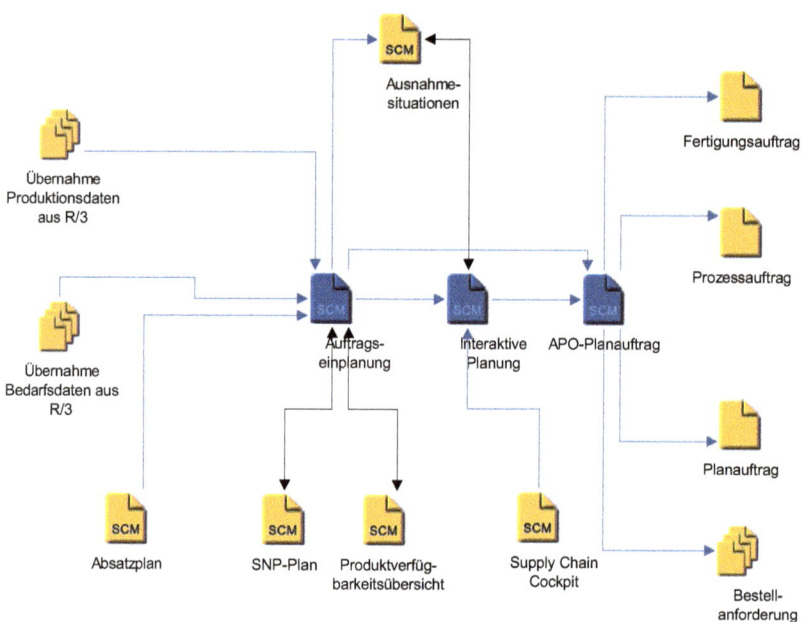

Abbildung A6.3: Prozessbelege Production Planning & Detailed Scheduling

Tabelle A6.3: Beschreibung Prozessbelege Production Planning & Detailed Scheduling

Prozessbeleg	Beschreibung
KERNPROZESSBELEGE	
Auftragseinplanung	Bei der automatischen Planung führt das System für ein Produkt und seine Komponenten eine mehrstufige Planung durch. Wenn ein Produkt nicht verfügbar ist, erzeugt das System passende Zugangselemente, wobei es die Kapazitäts- und Produktverfügbarkeit berücksichtigt.
Interaktive Planung	Für manuell zu planende Produkte wird die interaktive Planung verwendet. Für diese Produkte erzeugt das System nämlich keine Zugangselemente, weshalb die Bedarfe durch das manuelle Anlegen von Bedarfselementen gedeckt sein müssen. Die interaktive Planung kann auch verwendet werden, um die Ergebnisse der automatischen Planung zu verbessern und dabei möglicherweise aufgetretene Probleme zu lösen.

APO-Planauftrag	Der APO-Planauftrag beinhaltet die Informationen, wann und wo welche Produkte bereitgestellt und benötigt werden und welche Ressourcen dabei belastet werden.
INTEGRIERTE PROZESSBELEGE	
Übernahme Produktionsdaten aus R/3	Siehe Kernprozess „APO – Core Interface" (SC – Advanced Planner and Optimizer)
Ausnahmesituationen	Siehe „Supply Chain Cockpit" Kap. A6.4
Übernahmen Bedarfsdaten aus R/3	Siehe Kernprozess „APO – Core Interface" (SC – Advanced Planner and Optimizer)
Absatzplan	Siehe „Absatzplanung" Kap. A6.1
SNP-Plan	Siehe „Supply Network Planning" Kap. A6.5
Produktverfügbarkeitsübersicht	Siehe „Globale Verfügbarkeitsprüfung" Kap. A6.2
Supply Chain Cockpit	Siehe „Supply Chain Cockpit" Kap. A6.4
Bestellanforderung	Siehe Kernprozess „Einkauf" (MM – Materialbeschaffung)
Planauftrag	Siehe Kernprozess „Bedarfsumsetzung" (PP – Disposition)
Prozessauftrag	Siehe Kernprozess „PI-Auftragseröffnung" (PI – Prozessauftragsabwicklung)
Fertigungsauftrag	Siehe Kernprozess „PP-Auftragseröffnung" (PP – Fertigungsauftragsabwicklung)
APO: Modell/ Planversion	Siehe Kernprozess „Stammdaten" (SC – Advanced Planner and Optimizer)

A6.4 Supply Chain Cockpit

Das Supply Chain Cockpit ist eine grafische Schalttafel zum Modellieren, Navigieren und Kontrollieren der Logistikkette. Es fungiert als oberste Planungsstufe, von der aus der Benutzer andere Planungsebenen innerhalb des Unternehmens überblicken kann. Dazu gehören Bedarf, Herstellung, Distribution und Transport. Es besteht aus folgenden Komponenten:

- Supply Chain Cockpit - bietet einen detaillierten grafischen Überblick über die gesamte Kette,
- Supply Chain Engineer - wird zum Modellieren und zur Pflege des Netzwerkmodells eingesetzt und
- Alert Monitor - behandelt allgemeine Ausnahmen und Probleme aller SAP APO-Applikationen.

Anhang – Prozesse der Business Integration mit SAP-Lösungen

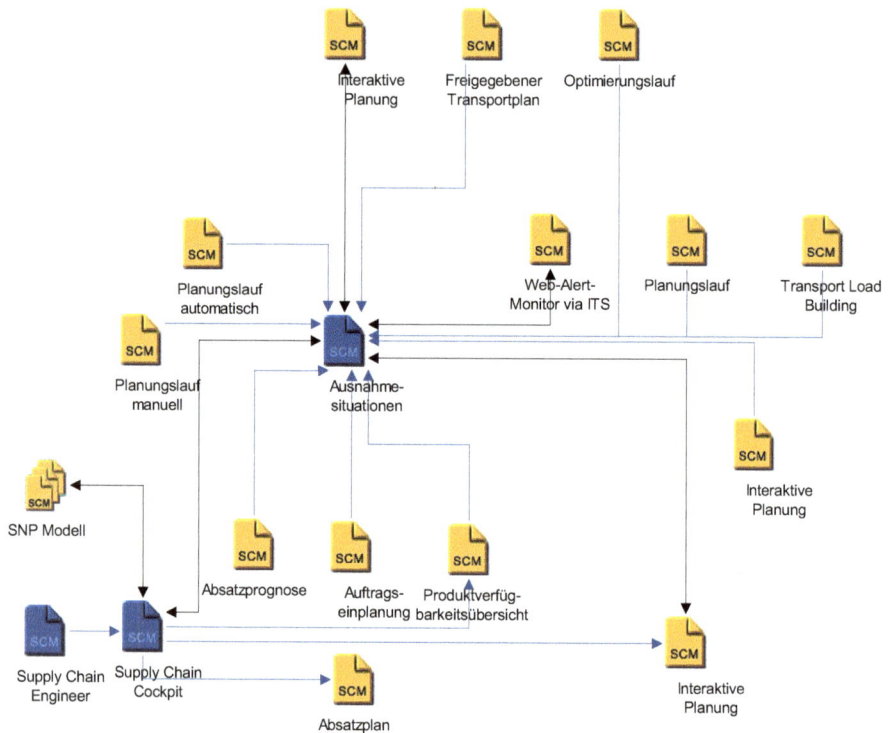

Abbildung A6.4: Prozessbelege Supply Chain Cockpit

Tabelle A6.4: Beschreibung Prozessbelege Supply Chain Cockpit

Prozessbeleg	Beschreibung
KERNPROZESSBELEGE	
Supply Chain Engineer	Der Supply Chain Engineer ist eine vollständig integrierte Komponente des APO. Man verwendet ihn zum Anlegen von Modellen. Das Modell ist die Basis für alle APO-Planungsfunktionen. Es deckt alle Bereiche der Netzwerkkette vom Lieferanten des Lieferanten zum Kunden des Kunden ab.
Supply Chain Cockpit	Das Supply Chain Cockpit ist ein Einstiegspunkt in die Logistikkette. Es ermöglicht verschiedenen Planern einen gleichzeitigen Zugang zu der Logistikkette. Mit dem Cockpit kann eine globale Informationsaggregation betrieben werden.

	Mit APO-Abfragen kann auf alle Planungsobjekte im APO-System zugegriffen und unter Verwendung von Kennzahlen die Performance des Systems gemessen werden.
Ausnahmesituationen	Sollten im normalen Ablauf innerhalb der Supply-Chain Probleme auftauchen, werden diese als Alerts dargestellt. Ausnahmesituationen können in allen Bereichen (Planungsläufe, ATP-Alerts usw.) auftauchen.
	Der Alert Monitor ist ein Werkzeug zur Überwachung des Status eines Plans. Es werden alle Probleme als Alerts dargestellt, die während einer ATP-Prüfung, eines SNP-Laufs oder bei der Generierung von Produktions- oder Bedarfsplänen auftauchen.
INTEGRIERTE PROZESSBELEGE	
SNP-Modell	Siehe „Supply Network Planning" Kap. A6.5
Planungslauf manuell	Siehe „Supply Network Planning" Kap. A6.5
Planungslauf automatisch	Siehe „Supply Network Planning" Kap. A6.5
Interaktive Planung	Siehe „Produktions- und Feinplanung" Kap. A6.3
Freigegebener Transportplan	Siehe „Transportplanung/Vehicle Scheduling" Kap. A6.6
Optimierungslauf	Siehe „Transportplanung/Vehicle Scheduling" Kap. A6.6
Web-Alert-Monitor via ITS	Siehe Kernprozess „Collaboration Engine" (SC – Advanced Planner and Optimizer)
Planungslauf	Siehe „Transportplanung/Vehicle Scheduling" Kap. A6.6
Transport Load Building	Siehe „Supply Network Planning" Kap. A6.5
Produktverfügbarkeitsübersicht	Siehe Globale Verfügbarkeitsprüfung" Kap. A6.2
Auftragseinplanung	Siehe „Produktions- und Feinplanung" Kap. A6.3
Absatzprognose	Siehe „Absatzplanung" Kap. A6.1
Absatzplan	Siehe „Absatzplanung" Kap. A6.1

A6.5 Supply Network Planning

Das SAP APO-Modul Supply Network Planning (SNP) ist ein Instrument der kurz- bis mittelfristigen Produktionsplanung, das den Einkauf, die Produktion, die Verteilungs- und Transportfunktionen berücksichtigt.

Ausgehend von einem Absatzplan legt die Supply Network Planning einen zuverlässigen kurz- bis mittelfristigen Plan fest, mit dessen Hilfe im Voraus berechnete Absatzmengen abgedeckt werden. Mit diesem Plan werden die Mengen abgedeckt, die zwischen zwei Lokationen mit Hilfe eines Transportmittels transportiert werden müssen (zum Beispiel vom Vertriebslager zum Kunden oder vom Produktionswerk zum Vertriebslager). Er beinhaltet ebenso die Mengen, die produziert und beschafft werden müssen.

Im Gegensatz zum R/3-System werden die Kosten und Kapazitäten im APO-Optimierer bei Erstellung des Produktionsplans berücksichtigt. Zusätzlich wird die gesamte Logistikkette mit einbezogen und eine ausführbare Lösung berechnet.

Voraussetzungen	Ein Absatzplan wird zunächt angelegt. Dieser Plan weist keine Einschränkungen auf, d. h. er wurde unter Verteilungs- bzw. Marketinggesichtspunkten erstellt; Produktion, Lagerung oder die Transportkapazitäten werden nicht berücksichtigt.
Ablauf der SNP	Nachdem der Absatzplan erstellt worden ist, wird er vom Absatzplaner an das SNP-Modul übergeben, d. h. die geplanten Mengen für jedes Produktions- und Verteilzentrum werden dem SNP-Planer zur Verfügung gestellt.

Zunächst wird vom SNP-Planer ein interaktiver Planungslauf durchgeführt (entweder als Heuristiklauf oder Optimizerlauf). In diesem Prozess erstellt SNP Planaufträge, die synchron an das R/3-System über CIF übergeben werden. Anschließend können die zu beschaffenden Mengen interaktiv überprüft (in der SNP-Planungsmappe) und die Ressourcenauslastung (Produktion, Transport, Lagerung) angezeigt werden.

Da der Heuristiklauf die Kapazität der Ressourcen nicht berücksichtigt, muss dann ein Kapazitätsabgleich durchgeführt werden. Bei Verwendung des Optimierers ist dies nicht erforderlich, weil er alle Einschränkungen berücksichtigt.

Ein Deploymentlauf wird nach dem Ausführen der Produktion durchgeführt: Die produzierten Mengen wurden im R/3-System verbucht und werden ins SAP APO-System über die CIF-Schnittstelle übertragen.

Das Deployment plant die Verteilung der produzierten Mengen auf andere Lokationen (z. B. Verteilzentren). Es erstellt bestätigte Umlagerungsbestellungen, die auch synchron an das R/3-System gesendet werden.

Nach dem Deployment-Lauf wird der Transport Load Builder (TLB) gestartet. Er fasst bestehende, bestätigte Umlagerungsbestellungen zu Transportaufträgen zusammen, die für einzelne Transportarten angelegt werden.

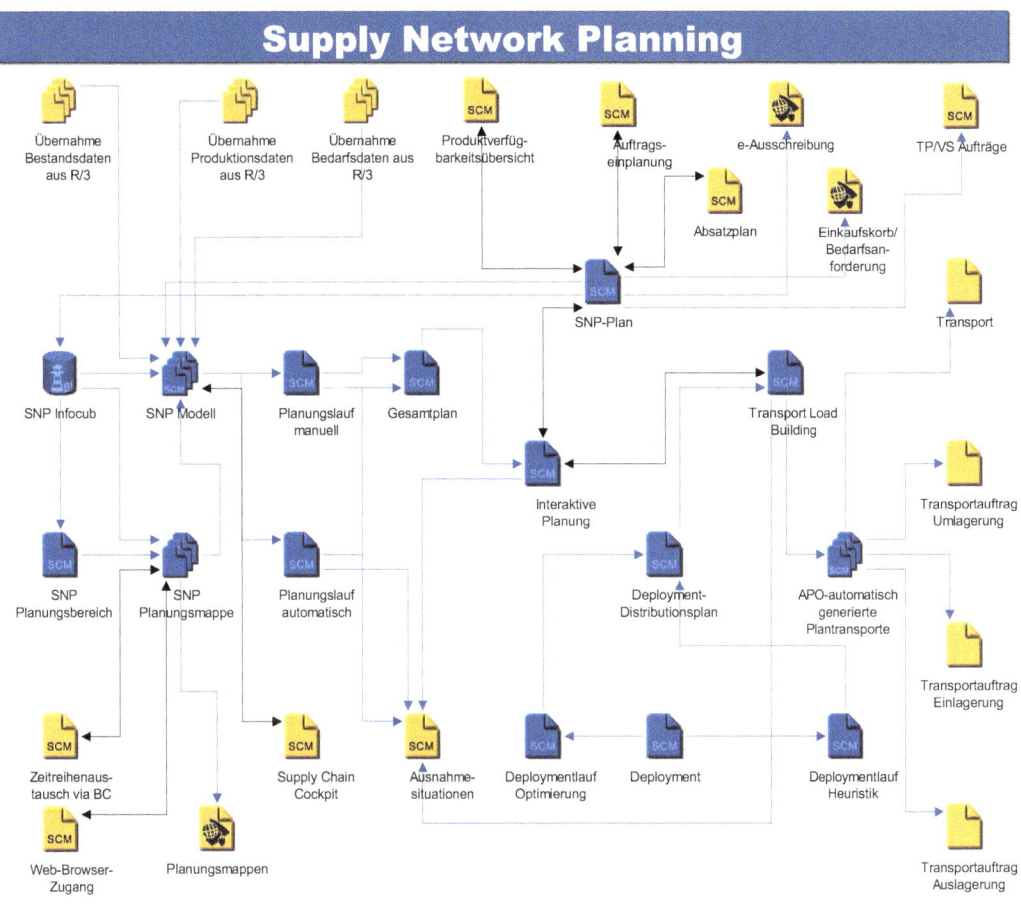

Abbildung A6.5: Prozessbelege Supply Network Planning

Tabelle A6.5: Beschreibung Prozessbelege Supply Network Planning

Prozessbeleg	Beschreibung
KERNPROZESSBELEGE	
SNP InfoCube	Ein InfoCube beschreibt einen in sich geschlossenen Datenbestand z. B. eines betriebswirtschaftlichen Bereichs.

SNP Planungsbereich	Der Planungsbereich ist eine zentrale Datenstruktur von Absatzplanung (Demand Planning) und Supply Network Planning. Werden Istdaten oder andere Daten in einem InfoCube gespeichert, wird der InfoCube einem Planungsbereich zugeordnet. Der Planungsbereich wird im Rahmen der Konfiguration der Absatzplanung bzw. des Supply Network Planning angelegt. Eine Planungsmappe basiert auf einem Planungsbereich. Für den Endbenutzer tritt jedoch nur die Planungsmappe in Erscheinung, nicht der Planungsbereich.
SNP Planungsmappe	Die Planungsmappe ist ein konfiguriertes Layout, das in der APO-Komponente "Supply Network Planning" genutzt wird.
SNP Modell	Das Supply Chain Modell beinhaltet die einzelnen Bestandteile der Supply Chain. Es ist die Grundlage für die Beziehungen, die beim Master Planning innerhalb des Supply-Chain-Netzes berücksichtigt werden müssen.
Planungslauf manuell	Der SNP-Planungslauf wird unter Verwendung der Heuristik, Optimierung, Propagierung manuell durchgeführt. Man erhält einen mittelfristigen Produktions-, Beschaffungs- und Distributionsplan. Dieser deckt zwar alle Bedarfe (z. B. Kundenaufträge, Sekundärbedarf), ist aber nicht unbedingt durchführbar.
Planungslauf automatisch	Der SNP-Planungslauf wird unter Verwendung der Heuristik, Optimierung, Propagierung automatisch durchgeführt. Man erhält einen mittelfristigen Produktions-, Beschaffungs- und Distributionsplan. Dieser deckt zwar alle Bedarfe (z. B. Kundenaufträge, Sekundärbedarf), ist aber nicht unbedingt durchführbar.
Gesamtplan	Im Gesamtplan werden die Ergebnisse der Planungsläufe gespeichert. Der Plan wird durch die Interaktive Planung weiterbearbeitet.
Interaktive Planung	Die Interaktive Planung wird nach dem SNP-Planungslauf durchgeführt. Sie stellt die notwendigen Informationen über die Ressourcenkapazität zur Verfügung sowie die erforderlichen Werkzeuge, um eine mögliche Überlastung auszugleichen und die Ressourcenauslastung für die Zukunft zu planen. Mit Hilfe der Interaktiven Planung können Entscheidungen darüber getroffen werden, wie der Produktionsplan vor der eigentlichen Produktion geändert werden muss, um den Bedarf zu decken. Dabei wird die optimierte Eingangs- und Ausgangsverteilung des verfügbaren Angebots als Reaktion auf kurzfristigen Bedarf ermittelt.
SNP-Plan	Der SNP-Plan ist ein mittelfristiger Produktions- und Distributionsplan, der aus dem SNP-Planungslauf resultiert. Dieser deckt zwar alle Bedarfe (z. B. Kundenaufträge, Sekundärbedarf), ist aber nicht unbedingt durchführbar. Der Kapazitätsabgleich ermöglicht es, den Produktionsplan im Hinblick darauf anzupassen, dass das Ressourcenkapazitätsangebot der Logistikkette den Bedarf decken kann. Es können Lagerbestände gebildet oder die Kapazität erhöht werden, um so sicherzustellen, dass der Bedarf gedeckt werden kann

	und gleichzeitig Überbestand, Ressourcenüberlastung oder mangelnde Auslastung vermieden werden. Der endgültige SNP-Plan kann auch wieder zurück an die Absatzplanung freigegeben werden, damit ein Vergleich des restriktionsfreien Absatzplans mit dem restriktionsbasierten SNP-Plan vorgenommen werden kann. Größere Abweichungen zwischen diesen beiden Plänen könnten eine erneute Prognose und schließlich eine Neuplanung auslösen.
Deployment-Lauf Optimierung	Der Optimierungsdeploymentlauf errechnet mit Hilfe der Minimalkostenfluss-Optimierung einen Distributionsplan für ein Produkt in allen Lokationen innerhalb des Netzwerkes.
Deployment-Lauf	Der Deployment-Lauf wird nach einer abgeschlossenen Produktionsplanung und nachdem das System weiß, was tatsächlich produziert wird, durchgeführt. Dabei werden bestätigte Umlagerungsaufträge generiert und unter Berücksichtigung bewährter Distributionsplanungsprozesse Transportempfehlungen für einzelne Produkte erzeugt.
Deployment-Lauf Heuristik	Der Heuristik-Deploymentlauf errechnet anhand von Fair-Share-Regeln einen Nachschubplan für ein Produkt in einer Lokation.
Deployment-Distributionsplan	Der Deployment-Distributionsplan beinhaltet generierte Umlagerungsaufträge innerhalb der Supply Chain.
Transport-Load-Building (TLB)-Lauf	Der Transport-Load-Building (TLB)-Lauf fasst die aus dem Deployment-Lauf resultierenden Umlagerungsaufträge zu Transportplänen zusammen. Dabei werden die empfohlenen Transportaufträge bearbeitet und zu den konsolidierten Transportladungen für eine Ressource auf einer Transportbeziehung zusammengestellt.
	Im Interaktiven Planungstableau werden die relevanten Werte angezeigt, wie z. B. kumuliertes Volumen, kumuliertes Gewicht und Auslastungsgrad, so dass festgestellt werden kann, wann eine Ladung vollständig ist. Für Umlagerungsaufträge, die aufgrund der festgelegten Constraints während des TLB-Laufs nicht berücksichtigt werden konnten, können Transportpläne auch manuell erstellt werden.
APO-automatisch generierte Plantransporte	Der TLB generiert Plantransporte, die im Exekutiv-System in richtige Transporte umgesetzt werden.
INTEGRIERTE PROZESSBELEGE	
Übernahme Bestandsdaten aus R/3	Siehe Kernprozess „APO – Core Interface" (SC – Advanced Planner and Optimizer)
Übernahme Produktionsdaten aus R/3	Siehe Kernprozess „APO – Core Interface" (SC – Advanced Planner and Optimizer)
Übernahme Bedarfsdaten aus R/3	Siehe Kernprozess „APO – Core Interface" (SC – Advanced Planner and Optimizer)
Produktverfügbarkeitsübersicht	Siehe „Globale Verfügbarkeitsprüfung" Kap. A6.2
Auftragseinplanung	Siehe „Produktions- und Feinplanung" Kap. A6.3

Absatzplan	Siehe „Absatzplanung" Kap. A6.1
E-Ausschreibung	Siehe „E-Ausschreibungen" Kap. A5.3
Einkaufskorb/Bedarfsanforderung	Siehe „E-Procurement – Standalone Szenario" Kap. A5.2
TP/VS Aufträge	Siehe „Transportplanung/Vehicle Scheduling" Kap. A6.6
Transport	Siehe Kernprozess „Kommissionierung/WA" (LE – Logistische Abwicklung)
Transportauftrag Umlagerung	Siehe Kernprozess „Lagerverwaltung" (LE – Logistische Abwicklung)
Transportauftrag Einlagerung	Siehe Kernprozess „Lagerverwaltung" (LE – Logistische Abwicklung)
Transportauftrag Auslagerung	Siehe Kernprozess „Lagerverwaltung" (LE – Logistische Abwicklung)
Zeitreihenaustausch via BC	Siehe Kernprozess „Collaboration Engine" (SC – Advanced Planner and Optimizer)
Web-Browser-Zugang	Siehe Kernprozess „Collaboration Engine" (SC – Advanced Planner and Optimizer)
Planungsmappen	Siehe "Absatzplanung" Kap. A6.1
Supply Chain Cockpit	Siehe „Supply Chain Cockpit" Kap. A6.4
Ausnahmesituationen	Siehe „Supply Chain Cockpit" Kap. A6.4

A6.6 Transportation Planning & Vehicle Scheduling

Die Transportplanung und das Vehicle Scheduling (TP/VS) stellen gemeinsam die strategische/taktische Ergänzung des operativen SAP Logistics Execution System (LES) dar.

Aufgabe der SAP APO Transportplanung ist die Kapazitätsplanung der vorhandenen Transportmittel. Das SAP APO Vehicle Scheduling bietet zur Transportplanung ergänzende Möglichkeiten zur Berücksichtigung von Restriktionen zur Routen- und Fahrzeugplanung, die aus den realen Unternehmensbedingungen resultieren.

Folgende Funktionalitäten sind in der Komponente TP/VS enthalten:

- Transportplanung und Transportkonsolidierung,
- Vehicle Scheduling und Routenfindung in einem dynamischen Umfeld,
- Transportmodus und Auswahl Transportdienstleister,
- Multi-Pick- und Multi-Drop-Funktionalität sowie
- Management by Exception.

A6 Geschäftsprozesse mit SAP APO

Die Anbindung von SAP APO TP/VS an das SAP R/3-Logistics Execution Systems (LES) ermöglicht die integrative Abwicklung der Transportplanung und -durchführung. So werden in der Transportplanung Lieferungen und Transporte geplant. Nach deren Freigabe aus dem TP/VS können automatisch Lieferungen und Transporte im LES angelegt werden.

Integration

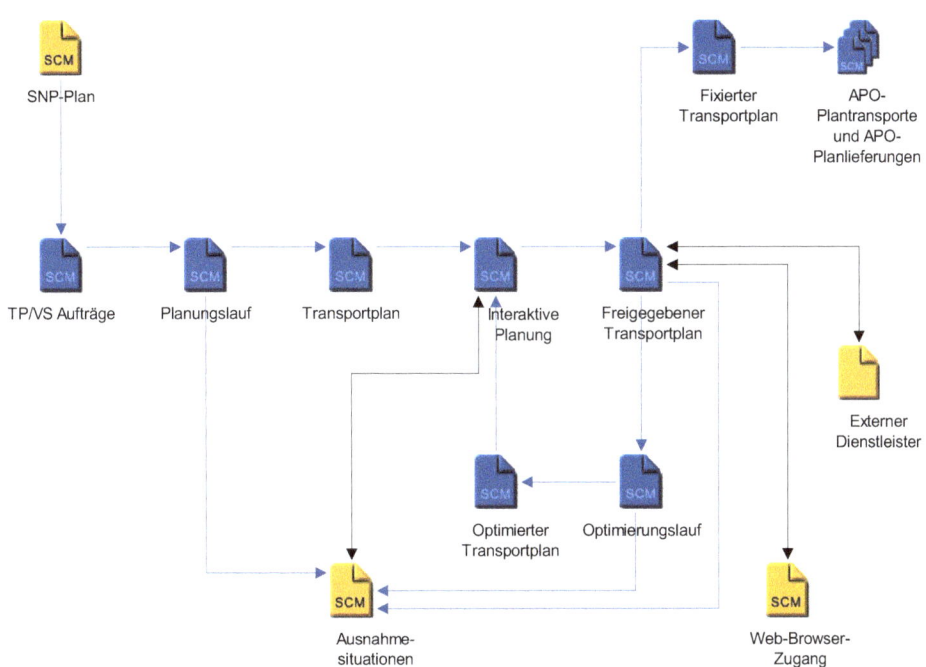

Abbildung A6.6: Prozessbelege Transportation Planning & Vehicle Scheduling

Tabelle A6.6: Beschreibung Prozessbelege Transportation Planning & Vehicle Scheduling

Prozessbeleg	Beschreibung
KERNPROZESSBELEGE	
TP/VS-Aufträge	Kundenaufträge, Bestellungen und Transportbedarfe werden aus dem OLTP-System übernommen und in der Transportplanung und Vehicle Scheduling in TP/VS Aufträge umgesetzt.

Planungslauf	Im Planungslauf werden Transportplanung/Vehicle Scheduling-Aufträge beplant. Dabei werden Transportpläne erzeugt. Die Planung umfasst interaktive Planung, Planung im Hintergrund und Optimierung.	
Transportplan	Transportplan ist das Ergebnis des Planungslaufs. Transporte können dabei interaktiv oder manuell geplant werden. Dabei werden bsp. Fahrzeugressourcen beplant. Durch Transporte wird die Bewegung und die Beladung von Fahrzeugressourcen im Zeitablauf bestimmt.	
Interaktive Planung	Die interaktive Planung wird verwendet, um die Transportplanung manuell oder automatisiert durchzuführen, Optimierungsergebnisse anzuzeigen, notfalls zu ändern, zu bestätigen oder auch abzulehnen, die Transportdienstleisterauswahl manuell vorzunehmen, Planungsergebnisse zu fixieren und an das OLTP-System zur Transportdurchführung zu übertragen, außerdem können Aufträge, Transporte und Ressourcen angezeigt und bearbeitet werden.	
Freigegebener Transportplan	Durch die Freigabe wird das Planungsergebnis endgültig akzeptiert und der Transport wird zur Übertragung an das OLTP-System vorbereitet. Ein freigegebener Transport wird vor einer Optimierung nicht ausgeplant. Seine Ressourcenbelastung wird vom Optimierer als Anfangslösung beachtet. Nach der Freigabe sind keine weiteren Änderungen am Transport im APO-System mehr erlaubt.	
Fixierter Transportplan	Sämtliche fixierten Transporte werden vor jedem Optimierungslauf ausgeplant. Um einen Auftrag fixieren zu können, muss er vorher freigegeben werden. Fixierte Transporte werden an das OLTP-System übertragen.	
APO-Plantransporte und APO-Planlieferungen	Als Ergebnisse der Transportplanung/Vehicle Scheduling werden APO-Plantransporte und APO-Planlieferungen generiert. Diese Plantransporte und Planlieferungen werden an die Lagerverwaltung in Form von Transportaufträgen für Umlagerung, Einlagerung oder Auslagerung oder in Form von Lieferungen weitergegeben.	
Optimierter Transportplan	Der Optimierte Transportplan ist das Ergebnis der Optimierung. Insofern bildet er eine optimale Verknüpfung von Transportterminen und der Zuordnung von Vehicleressourcen zu Aufträgen. Ein optimierter Transportplan basiert auf Constraints und versucht alle Kriterien gleich gut zu erfüllen. Er stellt also eine gültige optimierte Lösung da. Falls die gültige Lösung nicht möglich ist, gilt als optimierter Transportplan eine Lösung, die so optimal wie möglich ist.	
Optimierungslauf	Die Optimierung im TP/VS hat zum Ziel, Transporttermine und die Zuordnung von Vehicleressourcen zu Aufträgen optimal miteinander zu verbinden. In der Zielfunktion kann eine Berücksichtigung der Kriterien wie Be- und Entladezeit, Auftragskonsolidierung, Kostenminimierung der Transportzeit bzw. der Distanz, Kosten für Verspätung/Verfrühung/ Nichtlieferung, Fixkosten des Transports etc. erfolgen. Vor jedem Optimierungslauf werden sämtliche nicht freigegebe-	

	nen Transporte ausgeplant. Die jeweiligen Aufträge werden vom Optimierer erneut in die Planung mit einbezogen. Im Optimierungslauf wird versucht, eine gültige Lösung zu finden. Falls diese Lösung nicht möglich ist, wird eine Lösung gesucht, die so optimal wie möglich ist.
INTEGRIERTE PROZESSBELEGE	
SNP-Plan	Siehe „Supply Network Planning" Kap. A6.5
Ausnahmesituationen	Siehe „Supply Chain Cockpit" Kap. A6.4
Web-Browser-Zugang	Siehe Kernprozess „Collaboration Engine" (SC – Advanced Planner and Optimizer)
Externer Dienstleister	Siehe Kernprozess „Externer Dienstleister" (XX – Umwelt)

A7 Geschäftsprozesse im mySAP PLM

Anhand verschiedener kollaborativer Geschäftsprozesse sollen exemplarische Abläufe im Rahmen des Product Lifecycle Managements verdeutlicht werden. Die dargestellten Abbildungen basieren auf der Semantik der Prozessbelegsicht des Werkzeugs LIVE KIT Power.

Die kollaborative Entwicklung über Marktplätze ist in Kapitel A8.5 „Projekt- und Produktentwicklung" dargestellt.

A7.1 ERP-basierte Zusammenarbeit mit einem externen Projektpartner

Abbildung 7.1 stellt den Prozess der kollaborativen Produktentwicklung mit einem externen Projektpartner im CEP-Szenario dar.

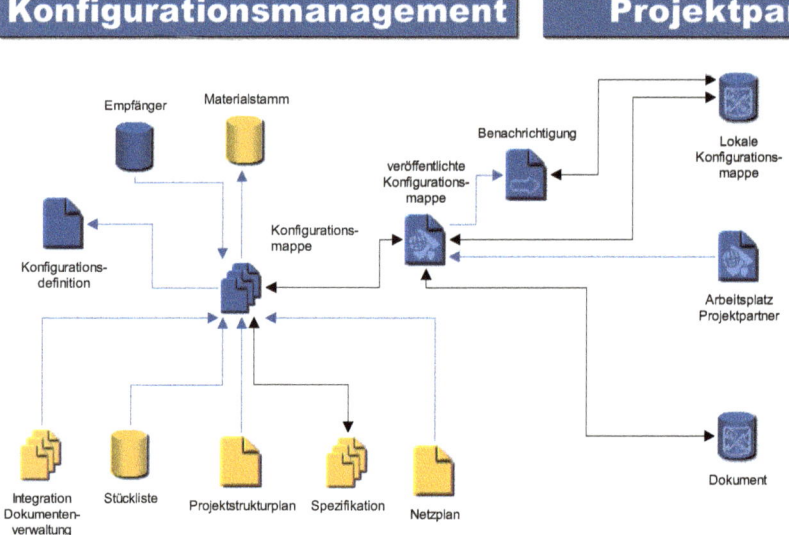

Abbildung A7.1: Prozessbelege ERP-basierte Zusammenarbeit mit einem externen Projektpartner

Tabelle A7.1: Beschreibung Prozessbelege ERP-basierte Zusammenarbeit mit einem externen Projektpartner

Prozessbeleg	Beschreibung
KERNPROZESSBELEGE	
Konfigurationsdefinition	Um die Konfigurationen eines Produkts über die verschiedenen Phasen des Lebenszyklus hinweg zu kontrollieren, muss zuerst eine Konfigurationsdefinition angelegt werden. Diese ist für alle Phasen des Lebenszyklus gültig und stellt den Rahmen dar, der die zugehörigen Mappen zusammenfasst.
Konfigurationsmappe	Mit der Konfigurationsmappe stellt der Projektinitiator die relevanten Informationen wie Dokumente, Stücklisten, Projektstrukturpläne oder Netzpläne zusammen, durch die das kontrollierte Objekt (hier eine Materialnummer aus dem Materialstamm) beschrieben wird. Konfigurationsmappen können Vorgänger und Nachfolger besitzen und sind einer Lebensphase zugeordnet.
Empfänger	Der Konfigurationsmappe müssen die Empfänger zugeordnet und für diese Berechtigungen (nur lesend, Wettbewerb oder Collaboration) vergeben werden.
Veröffentlichte Konfigurationsmappen	Mit der Veröffentlichung der Konfigurationsmappe wird diese im ERP-System für die Bearbeitung gesperrt und XML-basierte Dokumente werden als Grundlage des Informationsaustausches erzeugt.
Benachrichtigung	Nach der Veröffentlichung erhalten alle Projektpartner, die der Mappe als Empfänger zugeordnet wurden, eine Benachrichtigung in Form einer E-Mail. In dieser ist auch die Adresse zum Zugriff auf die Informationen und Dokumente enthalten.
Arbeitsplatz Projektpartner	Innerhalb seiner CEP-Arbeitsumgebung kann der Projektpartner auf die freigegebenen Informationen zugreifen und Änderungen vornehmen.
Lokale Konfigurationsmappe	Mit der Download-Option besteht für den externen Projektpartner aber auch die Möglichkeit, Daten und Dokumente lokal zu speichern, um diese offline zu bearbeiten.
Dokument	Zugeordnete (Original-)Dokumente (z. B. CAD-Modelle) können durch den Projektpartner selektiv lokal gespeichert werden.
Benachrichtigung	Nach Beendigung der lokalen Bearbeitung wird die modifizierte Mappe zusammen mit den veränderten Originalen zurückgeladen und als Nachfolger der Originalmappe angelegt. Anschließend werden der Projektinitiator und evtl. alle anderen Partner gemäß ihrer Zugriffsberechtigung vom neuen Stand benachrichtigt.
Konfigurationsmappen	Der Projektmanager hat die Möglichkeit vorgenommene Änderungen zu prüfen, zu vergleichen, zurückzuschicken oder in den operativen Bereich zu übernehmen.

INTEGRIERTE PROZESSBELEGE	
Materialstamm	Siehe Kernprozess „Produktentwicklung" (MD – Logistikstammdaten)
Integration Dokumentenverwaltung	Siehe Kernprozess „Dokumentenverwaltung" (CA – Anwendungsübergreifende Komponenten)
Stückliste	Siehe Kernprozess „Fertigungsstammdaten" (MD – Logistikstammdaten)
Spezifikation	Siehe „Engineering Change Management" Kap. A7.3
Netzplan	Siehe Kernprozess „Logistische Projektplanung" (PS – Projektabwicklung)
Projektstrukturplan	Siehe Kernprozess „Logistische Projektplanung" (PS – Projektabwicklung)

A7.2 Internet-basierte kooperative Entwicklung durch ein unternehmensübergreifendes virtuelles Team

Der Austausch von Informationen innerhalb eines virtuellen Projektteams mit Hilfe des Collaboration Folders ist mit seinen Elementen und Zusammenhängen in Abbildung A7.2 dargestellt.

A7 Geschäftsprozesse im mySAP PLM

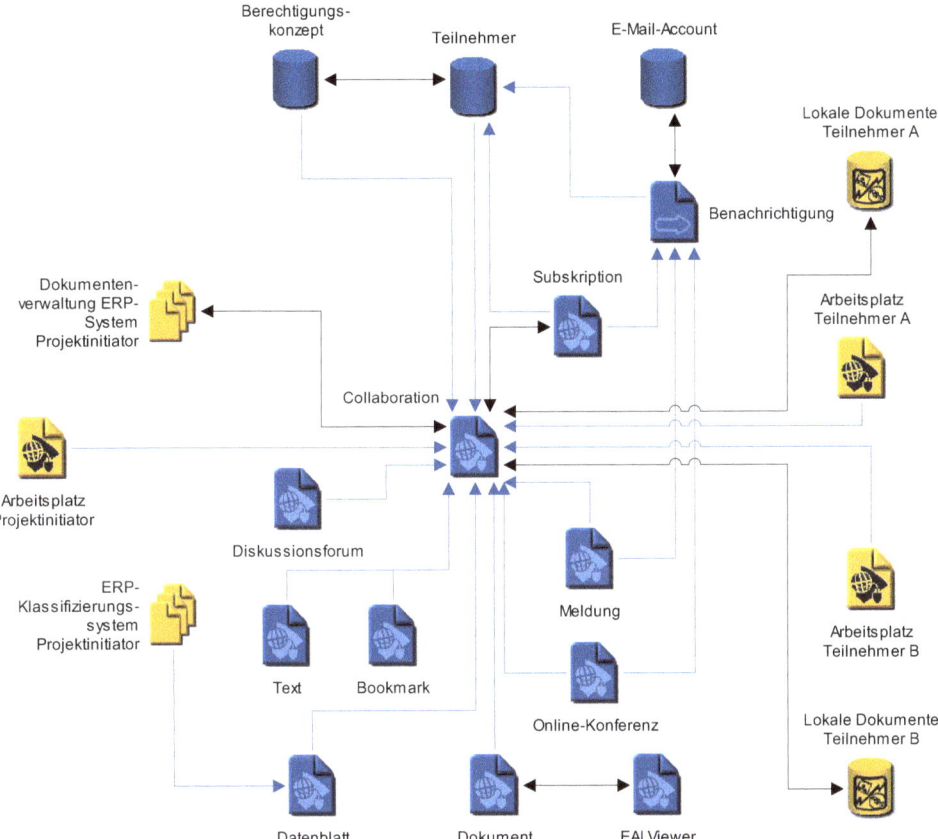

Abbildung A7.2: Prozessbelege Internet-basierte kollaborative Entwicklung durch ein unternehmensübergreifendes virtuelles Team

Tabelle A7.2: Beschreibung Prozessbelege Internet-basierte kollaborative Entwicklung durch ein unternehmensübergreifendes virtuelles Team

Prozessbeleg	Beschreibung
KERNPROZESSBELEGE	
Collaboration	Der Initiator legt eine Collaboration mit Unterstrukturen (Bereiche und Mappen) an, die als Plattform zum Austausch von Informationen im Rahmen der Aufgabe dienen soll.
	Zur Spezifikation der Aufgabenstellung und Dokumentation der erarbeiteten Lösung können unstrukturierte Informatio-

		nen in Form von Dokumenten aus dem ERP-System oder strukturierte Informationen in Form von Datenblättern mit technischen Angaben zugeordnet werden. Zur Bewertung und zum Vergleich der Datenblätter besteht die Möglichkeit vorhandene Klassifizierungen zu übernehmen.
	Teilnehmer	Anschließend wählt der Initiator die beteiligten Partner A und B aus und weist diesen Berechtigungen zu. In Abhängigkeit davon sind den Teilnehmern entsprechende Informationen zugänglich und können durch diese eingesehen oder bearbeitet werden.
	Meldung	Um die Projektpartner aufzufordern Vorschläge zu machen, erfasst der Initiator einen „Request for Information" in Form einer Meldung, die den beiden Teilnehmern zugeht.
	Subskription	Die Teilnehmer und der Projektinitiator bearbeiten nun die Dokumente und machen Designvorschläge.
		Außerdem abonnieren die Beteiligten Elemente, um sich über vorgenommene Änderungen informieren zu lassen.
		Während der Durchführung können neue Versionen erzeugt, Änderungen verfolgt und angenommen sowie Meldungen hierzu erfasst werden.
	Benachrichtigung	Benachrichtigungen mittels E-Mail können durch manuelles Anlegen einer Meldung automatisch aufgrund Veränderungen an abonnierten Elementen oder zur Initiierung einer Online-Konferenz erzeugt werden.
	Online-Konferenz	Um sich über verschiedene Designvorschläge abzustimmen, wird durch den Projektinitiator eine Online-Konferenz mittels WebEX angesetzt. Die Teilnehmer werden davon durch eine E-Mail in Kenntnis gesetzt.
	Berechtigungskonzept	Mit Berechtigungen können Zugriffe auf Arbeitsbereiche, Teilprojekte und Dokumente individuell für die Teilnehmer festgelegt werden.
	E-Mail-Account	Verzeichnis zur Benachrichtigung der Teilnehmer per E-Mail.
	Diskussionsforum	Diskussionen stehen im cFolder als eigener Objekttyp zur Verfügung.
	Text	Texte stehen im cFolder als eigener Objekttyp zur Verfügung.
	Bookmark	Bookmarks stehen im cFolder als eigener Objekttyp zur Verfügung.
	Datenblatt	Datenblätter dienen zum formalisierten Beschreiben und Vergleichen technischer Daten.
	Dokument	Dokumente können im cFolder verwaltet werden.
	EAI Viewer	Integrierte Benutzerschnittstelle für Engineering- und Designaufgaben, mit der Formatierungshinweise (Markups) und Änderungsmarkierungen (Redlining) für CAD-Zeichnungen erfasst werden können.

INTEGRIERTE PROZESSBELEGE	
ERP-Klassifizierungssystem Projektinitiator	Siehe Kernprozess „Klassensystem" (CA – Anwendungsübergreifende Komponenten)
Dokumentenverwaltung ERP-System Projektinitiator	Siehe Kernprozess „Dokumentenverwaltung" (CA – Anwendungsübergreifende Komponenten)
Arbeitsplatz Projektinitiator	Siehe Kernprozess „Arbeitsplatzportal" (EC – Unternehmens- und Mitarbeiterportal)
Arbeitsplatz Teilnehmer A	Siehe Kernprozess „Externer Projektpartner" (XX – Umwelt)
Lokale Dokumente Teilnehmer A	Siehe Kernprozess „Externer Projektpartner" (XX – Umwelt)
Arbeitsplatz Teilnehmer B	Siehe Kernprozess „Externer Projektpartner" (XX – Umwelt)
Lokale Dokumente Teilnehmer B	Siehe Kernprozess „Externer Projektpartner" (XX – Umwelt)

A7.3 Engineering Change Management unter Einbeziehung eines externen Projektpartners

Abbildung A7.3 stellt den Prozess des Engineering Change Managements dar, bei dem die anfallenden Änderungen durch einen externen Projektpartner durchgeführt werden. Ausgelöst wird der Prozess durch die veränderte Produktspezifikation des Kunden. Mit Hilfe der Elemente des Änderungsdienstes wird der Änderungsprozess gesteuert, wobei für die Zusammenarbeit mit dem Projektpartner auf die Mechanismen des Konfigurationsmanagements zurückgegriffen wird.

Anhang – Prozesse der Business Integration mit SAP-Lösungen

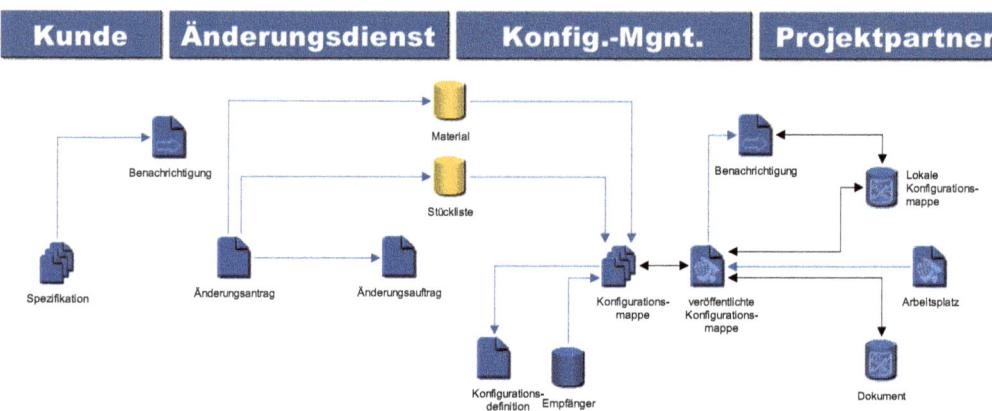

Abbildung A7.3: Prozessbelege Engineering Change Management unter Einbeziehung eines externen Projektpartners

Tabelle A7.3: Beschreibung Prozessbelege Engineering Change Management unter Einbeziehung eines externen Projektpartners

Prozessbeleg	Beschreibung
KERNPROZESSBELEGE	
Spezifikation	Während der Erstellung des durch den Kunden in Auftrag gegebenen Produkts werden die Spezifikationen vom Kunden im Rahmen des Vertrags geändert.
Benachrichtigung	Der Kunde setzt seinen Ansprechpartner beim Hersteller von den Änderungen in Kenntnis und übergibt die veränderte Produktspezifikation.
Änderungsantrag (ECR)	Mit einem Änderungsantrag in Form eines Engineering Change Request (ECR) beantragt der Projektleiter beim Verantwortlichen des betroffenen Objekts (hier ein Material) die Änderung.
Änderungsauftrag (ECO)	Der verantwortliche Mitarbeiter prüft den Antrag auf Machbarkeit. Da diese gegeben ist, ergänzt er den Antrag um weitere Informationen, ordnet die betroffene Stückliste zu und setzt den Antrag in einen Änderungsauftrag (ECO) um.
Konfigurationsmappe	Da der Änderungsauftrag eine Komponente betrifft, die durch einen externen Projektpartner entwickelt wird, stellt der verantwortliche Mitarbeiter die betroffene Produktkonfiguration in einer Konfigurationsmappe zusammen.
Veröffentlichte Konfigurationsmappe	Anschließend werden diese Informationen dem externen Partner durch Veröffentlichung der Mappe zur Verfügung gestellt. Dieser kann nun die Änderungen on- oder auch offline vornehmen.
Benachrichtigung	Nach der Veröffentlichung erhalten alle Projektpartner, die der Mappe als Empfänger zugeordnet wurden, eine Be-

	nachrichtigung in Form einer E-Mail. In dieser ist auch die Adresse zum Zugriff auf die Informationen und Dokumente enthalten.
Konfigurationsdefinition	Bei der Konfigurationsdefinition handelt es sich um eine logische Klammer, die für alle zugehörigen Konfigurationsmappen über alle Phasen des Lebenszyklus hinweg gültig ist.
Empfänger	Im Rahmen eines CEP-Szenariums müssen die Empfänger einer veröffentlichten Konfigurationsmappe zugeordnet und für diese Zugriffsrechte festgelegt werden.
Lokale Konfigurationsmappe	Nach Anmeldung am Internet-Server des R/3-Systems können die Teilnehmer am CEP-Prozess die bereitgestellten Mappenobjekte (Projektstrukturen, Dokumente, Materialien etc.) auf den lokalen PC herunterladen, dort offline bearbeiten und anschließend wieder an den Initiator zurückschicken.
Arbeitsplatz	Lokale Arbeitsumgebung des Projektpartners.
Dokument	Dokumente können im cFolder verwaltet werden.
INTEGRIERTE PROZESSBELEGE	
Material	Siehe Kernprozess „Produktentwicklung" (MD – Logistikstammdaten)
Stückliste	Siehe Kernprozess „Fertigungsstammdaten" (MD – Logistikstammdaten)

A8 Geschäftsprozesse eines Internet-Marktplatzes

Die Darstellung der Geschäftsprozesse mit ihren Integrationsbeziehungen und Prozessbelegen soll einen systematischen Einblick in die Objekte, Abläufe, Beziehungen und Möglichkeiten der Business Integration liefern.

A8.1 Marktplatzkataloge

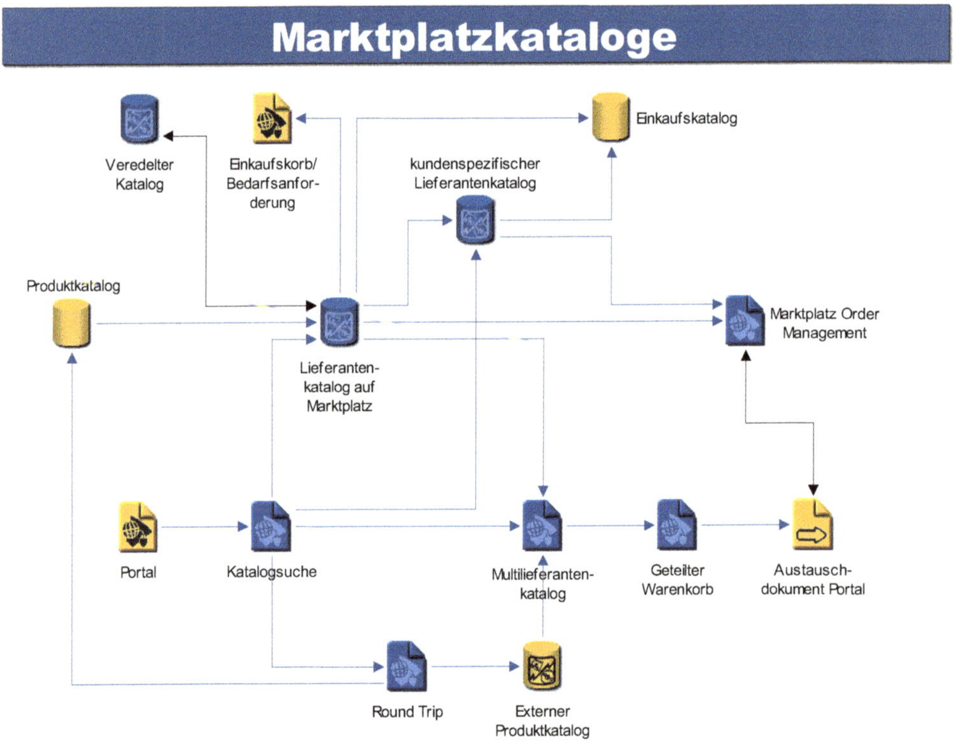

Marktplatzkataloge

Abbildung A8.1: Prozessbelege Marktplatzkataloge

Tabelle A8.1: Beschreibung Prozessbelege Marktplatzkataloge

Prozessbeleg	Beschreibung
KERNPROZESSBELEGE	
Veredelter Katalog	Kataloginhalte werden veredelt.
	Dies beinhaltet z. B. die Aufbereitung von Rohdaten, Produktkategorisierung und -beschreibung, Erstellen von erweiterten und zusätzlichen Inhalten (z. B. Produktbilder, Audio-Daten) oder Integration von Dienstleistungen wie Suchma-

	schinen oder Konfiguratoren.
Lieferantenkatalog auf Marktplatz	Der Lieferantenkatalog ist in den Marktplatz integriert.
Kundenspezifischer Lieferantenkatalog	Es können kundenspezifische Lieferantenkataloge (z. B. mit kundenindividuellen Preisen) über den Marktplatz bereitgestellt werden.
Marktplatz Order Management	Die Funktionalitäten des Order Managements bieten die Möglichkeit, über den Marktplatz Bestellungen, Rechnungen und Versanddokumente zu erstellen, einzusehen und zu ändern.
Geteilter Warenkorb	Geteilte Warenkörbe und Multi-Lieferanten-Kataloge ermöglichen den Einkauf bei unterschiedlichen Lieferanten über Bestellung und mit Rechnung. Der Marktplatz übernimmt die Abwicklung und Abrechnung.
Multi-Lieferanten-Katalog	Der Einkauf kann sich einen virtuellen Multi-Lieferanten-Katalog aus einzelnen Lieferantenkatalogen zusammenstellen.
Katalogsuche	Produktsuche in Katalogen.
Round Trip	Über eine Round Trip-Funktion können auf dem Marktplatz verzeichnete externe Kataloge erreicht werden. Ausgewählte Produkte können via OCI (Open Catalogue Interface) in den Warenkorb gelegt werden.
INTEGRIERTE PROZESSBELEGE	
Einkaufskorb/ Bedarfsanforderung	Siehe „E-Procurement – Standalone Szenario" Kap. A5.2
Einkaufskatalog	Siehe „Stammdaten E-Procurement" Kap. A5.1
Produktkatalog	Siehe Kernprozess „Stammdaten Internet Sales" (EC – E- Selling)
Portal	Siehe Kernprozess „Internet-Portal / Community" (EC – Internetportal und Marktplatz)
Austauschdokument Portal	Siehe „Dokumentenaustausch" Kap. A8.2
Externer Produktkatalog	Siehe Kernprozess „Externe Sell Side Solution" (EC – Internetportal und Marktplatz)

A8.2 Dokumentenaustausch

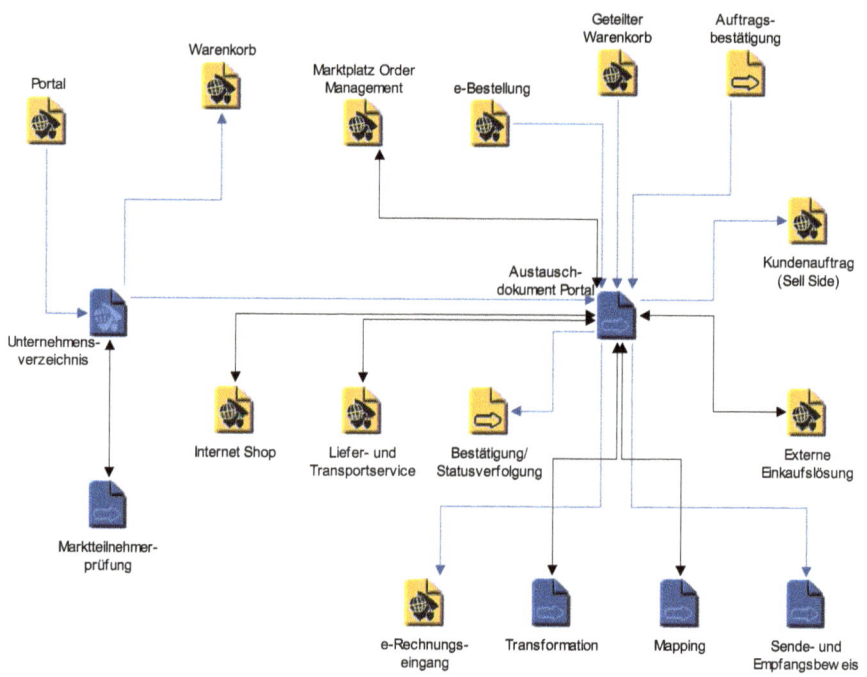

Abbildung A8.2: Prozessbelege Dokumentenaustausch

Tabelle A8.2: Beschreibung Prozessbelege Dokumentenaustausch

Prozessbeleg	Beschreibung
KERNPROZESSBELEGE	
Unternehmensverzeichnis	Das Unternehmensverzeichnis befindet sich auf dem mySAP.com-Server und bildet die Voraussetzung für Geschäfte im Internet. Diese Informationsbasis beinhaltet potenzielle Geschäftspartner, über die eine Suche gestartet werden kann, bietet aber auch die Möglichkeit, das eigene Unternehmensprofil auf dem Marktplatz zu präsentieren.
Austauschdokument Portal	Austauschdokumente repräsentieren die Fähigkeit eines Marktplatzes Geschäftsdokumente im richtigen Format und an den richtigen Geschäftspartner zu übermitteln. Der wichtigste Standard ist XML.
Marktteilnehmerprüfung	Neben der Adressprüfung kann dies bis zur Bonitätsprüfung oder Trustcenterfunktion reichen.

Transformation	Inhaltliche Umsetzungen von Werten bei der Datentransformation.
Mapping	Für den Datenaustausch zwischen unterschiedlichen Dokumentformaten müssen die Daten in das jeweilige andere Format übertragen werden.
Sende- und Empfangsbeweis	Der Sende- und Empfangsbeweis dient dazu, die Echtheit von digitalen Unterschriften sowie die Authentizität von Verträgen zu belegen.
INTEGRIERTE PROZESSBELEGE	
Portal	Siehe Kernprozess „Internet-Portal / Community" (EC – Internetportal und Marktplatz)
Warenkorb	Siehe Kernprozess „Internet Sales" (EC – E-Selling)
Marktplatz Order Management	Siehe „Marktplatzkataloge" Kap. A8.1
e-Bestellung	Siehe Kernprozess „E-Procurement" (EC – E-Procurement)
Geteilter Warenkorb	Siehe „Marktplatzkataloge" Kap. A8.1
Auftragsbestätigung	Siehe Kernprozess „Internet Sales" (EC – E-Selling)
Internet Shop	Siehe Kernprozess „Externe Sell Side Solution" (EC – Internetportal und Marktplatz)
Liefer- und Transportservice	Siehe „Supply-Chain-Zusammenarbeit" Kap. A8.4
Bestätigung/ Statusverfolgung	Siehe „E-Procurement – Standalone Szenario" Kap. A5.2
Externe Einkaufslösung	Siehe Kernprozess „Externe Buy Side Solution" (EC – Internetportal und Marktplatz)
Kundenauftrag (Sell Side)	Siehe Kernprozess „Internet Sales" (EC – E-Selling)
e-Rechnungseingang	Siehe Kernprozess „E-Procurement" (EC – E-Procurement)

A8.3 Auktionen und Ausschreibungen

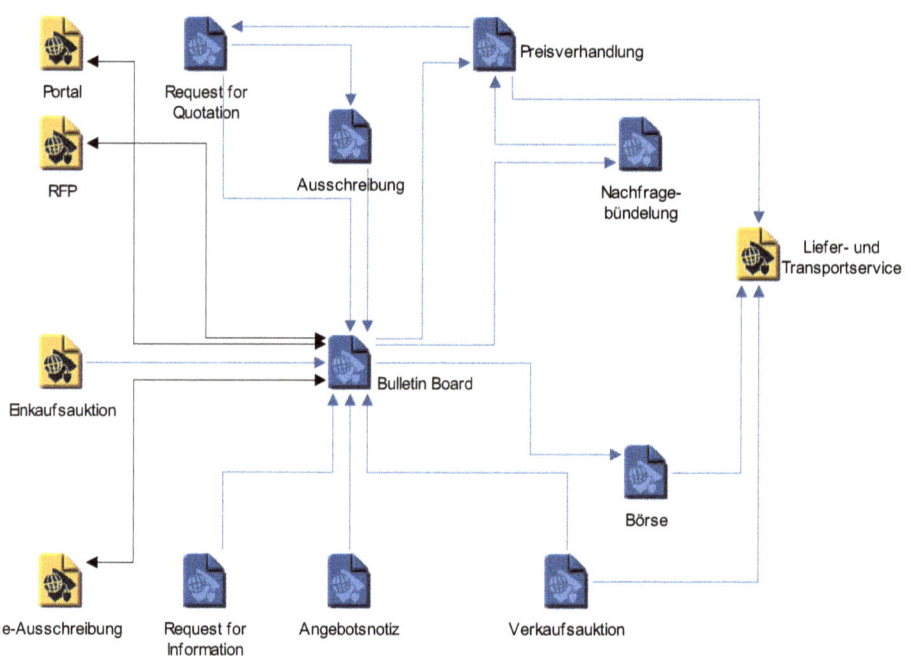

Abbildung A8.3: Prozessbelege Auktionen und Ausschreibungen

Tabelle A8.3: Beschreibung Prozessbelege Auktionen und Ausschreibungen

Prozessbeleg	Beschreibung
KERNPROZESSBELEGE	
Request for Quotation	Angebotseinholung bei mehreren Lieferanten.
Preisverhandlung	Verfahren zur Verhandlung von Preisen und sonstigen Kriterien (z. B. Qualität oder Garantien).
Ausschreibung	Im Rahmen einer Ausschreibung können Lieferanten geladen werden, die ihre Angebote abgeben sollen (RFQ). Es folgt dann eine Reverse Auction oder ein klassischer Auswahlprozess.
Nachfragebündelung	Zusammenfassung von Bestellungen zu einem Auftrag.

Bulletin Board	Das Bulletin Board fungiert als ein zentraler Vermittler auf Marktplätzen, Private Exchanges und Trading Hubs. Es ermöglicht ein zentrales Veröffentlichen von Informationen.
Request for Information	Request for Information: Aufforderung zur Nachfrageabgabe bei mehreren Kunden.
Angebotsnotiz	Bekanntmachung eines Angebots, z. B. als Antwort auf eine Produktanfrage auf dem Bulletin Board.
Verkaufsauktion	Produkte können über Verkaufsauktionen erstanden bzw. verkauft werden (z. B. Holländische Auktion, Reverse Auction). Jeder Bieter sieht den bisher höchsten Preis pro Position und kann – falls gewünscht – den Preis überbieten.
Börse	Käufer und Verkäufer können bestimmte Waren (z. B. Überschüsse, gebrauchte Maschinen) über eine Börse kaufen und verkaufen.
INTEGRIERTE PROZESSBELEGE	
Portal	Siehe Kernprozess „Internet-Portal / Community" (EC – Internetportal und Marktplatz)
RFP	Siehe Kernprozess „Projekt- und Produktentwicklung" (EC – Collaboration)
Einkaufsauktion	Siehe „E-Ausschreibungen" Kap. A5.3
Ausschreibung (aus E-Procurement-Lösung)	Siehe „E-Ausschreibungen" Kap. A5.3
Liefer- und Transportservice	Siehe „Supply-Chain-Zusammenarbeit" Kap. A8.4

A8.4 Supply-Chain-Zusammenarbeit

Supply-Chain Zusammenarbeit

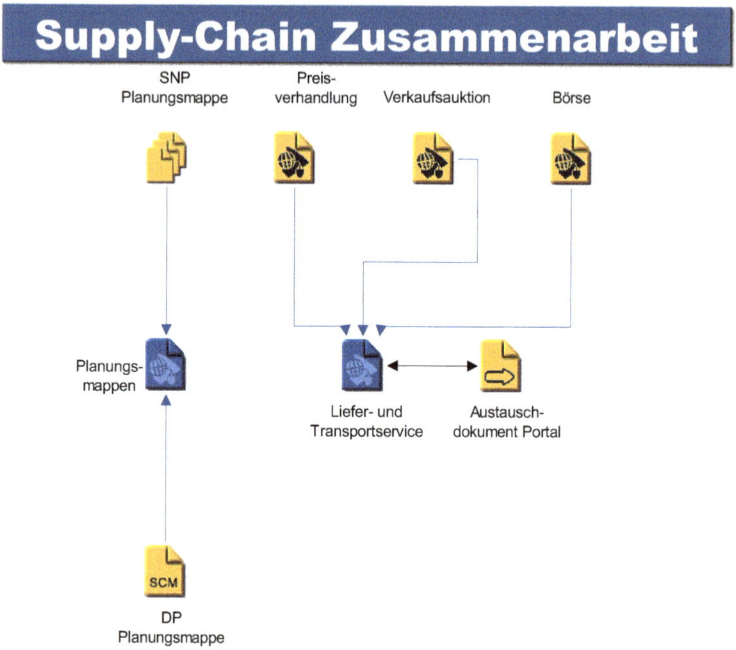

Abbildung A8.4: Prozessbelege Supply-Chain-Zusammenarbeit

Tabelle A8.4: Beschreibung Prozessbelege Supply-Chain-Zusammenarbeit

Prozessbeleg	*Beschreibung*
KERNPROZESSBELEGE	
Planungsmappen	Planungsdokumente können veröffentlicht und eingesehen werden.
Liefer- und Transportservice	Informationen über Liefer- und Transportbedarfe werden gesammelt und Logistikdienstleistern zur Verfügung gestellt.
INTEGRIERTE PROZESSBELEGE	
SNP Planungsmappe	Siehe „Supply Network Planning" Kap. A6.6
Preisverhandlung	Siehe „Auktionen und Ausschreibungen" Kap. A8.3
Verkaufsauktion	Siehe „Auktionen und Ausschreibungen" Kap. A8.3
Börse	Siehe „Auktionen und Ausschreibungen" Kap. A8.3
Austauschdokument Portal	Siehe „Dokumentenaustausch" Kap. A8.2
DP Planungsmappe	Siehe „Absatzplanung" Kap. A6.1

A8.5 Projekt- und Produktentwicklung

Projekt- und Produktentwicklung

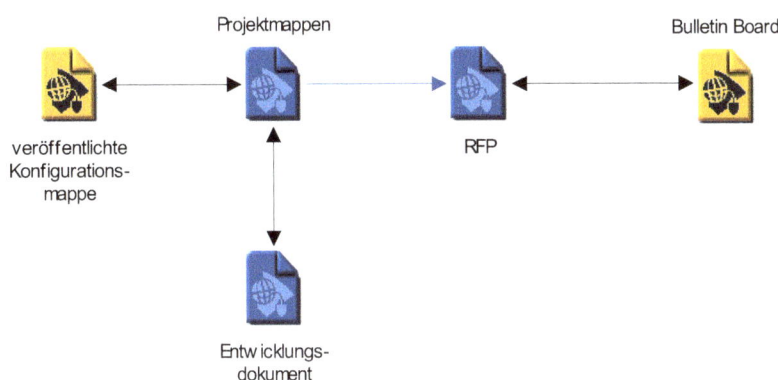

Abbildung A8.5: Prozessbelege Projekt- und Produktentwicklung

Tabelle A8.5: Beschreibung Prozessbelege Projekt- und Produktentwicklung

Prozessbeleg	Beschreibung
KERNPROZESSBELEGE	
Projektmappen	Projektmappen sind eine Möglichkeit zum Veröffentlichen von projektspezifischen Daten auf einem Marktplatz. Die Projektmappen können öffentlich zugängig gemacht oder nur von bestimmten Geschäftspartnern heruntergeladen werden. Es können Inhalte verändert oder hinzugefügt werden. Somit wird eine gemeinsame Projektentwicklung ermöglicht.
RFP	Request for Proposal: Aufforderung von Lieferanten zur Abgabe eines Konstruktionsvorschlags.
Entwicklungsdokument	Ein Entwicklungsdokument enthält Projektdaten und Dokumentationen.
INTEGRIERTE PROZESSBELEGE	
Veröffentlichte Konfigrationsmappe	Siehe "Konfigurationsmanagement" Kap. A7.1
Bulletin Board	Siehe "Auktionen und Ausschreibungen" Kap. A8.3

Abbildungsverzeichnis

Abbildung 0.1: Erste Krise: Ohne Logistik und ERP geht's nicht! 6
Abbildung 0.2: Absturz des Aktienkurses des Online Shop-Anbieters Intershop im Jahr 2000 8
Abbildung 1.1: SAP NetWeaver – Integrations- und Anwendungsplattform für eine Enterprise-Service-Architektur 23
Abbildung 1.2: Erweiterung der ERP-Welt 25
Abbildung 1.3: Felder der strategischen Situationsanalyse 27
Abbildung 1.4: Operative Situationsanalyse - Merkmale 30
Abbildung 1.5: Taktische Situationsanalyse – RBE 32
Abbildung 2.1: Die Aufholjagd der SAP AG 1992 - 2000. 36
Abbildung 2.2: Abdeckung des Informationsbedarfs bei DW-Einführungen 45
Abbildung 2.3: Vorgehensmodell zur Einführung einer Data-Warehouse-Bibliothek 51
Abbildung 2.4: Entwicklung des Business Content 56
Abbildung 3.1: Architektur entscheidungsorientierter Informationssysteme 68
Abbildung 3.2: Datenbasis SEM-BPS 73
Abbildung 3.3: Die Perspektiven der BSC 77
Abbildung 3.4: Grundelemente der BSC 77
Abbildung 3.5: Funktionen des Measure Builder 79
Abbildung 3.6: Datenselektion für eine strategische Kennzahl 79
Abbildung 3.7: Elemente des Management Cockpits 80
Abbildung 3.8: Beispiel für strategische, taktische und operative Planungsprozesse 81
Abbildung 3.9: Hierarchische Datenselektion 82
Abbildung 3.10: Informationsangebot im Internet 84
Abbildung 3.11: Einarbeitung unstrukturierter Informationen 85
Abbildung 3.12: Fehlerhafte Verdichtung von unstrukturierten Informationen 86
Abbildung 3.13: Selektion von Kennzahlen und Merkmalswert 87
Abbildung 4.1: Integration SAP CRM Server 98
Abbildung 4.2: Multi-Channel-Schnittstellenarchitektur 104
Abbildung 5.1: Funktionsvergleich Enterprise Buyer Professional (EBP) mit der Desktop Version 125
Abbildung 5.2: Entwicklung von der Materialwirtschaft in R/3 bis zum mySAP Supplier Relationship Management 125
Abbildung 5.3: Analyse des Beschaffungsportfolios 137
Abbildung 5.4: Zentrale und dezentrale Beschaffungsaufgaben 143
Abbildung 6.1: Darstellung der Abhängigkeiten zwischen SCM, SCP und SCE 154
Abbildung 6.2: Integrative Verknüpfung von Informations- und Güterflüssen 156
Abbildung 6.3: Aufbau einer SCM-Lösung 158
Abbildung 6.4: Supply-Chain-Planning-Matrix 161
Abbildung 6.5: Modifizierte Supply-Chain-Planning-Matrix 162
Abbildung 6.6: Entwicklung von mySAP SCM AG 165
Abbildung 6.7: SAP APO-Architektur 169
Abbildung 8.1: Ausschnitt aus der Nachrichtenfindung im SAP-R/3-System 210
Abbildung 8.2: Geschäftsnetze und Marktplätze 212
Abbildung 8.3: Architektur der MarketSet-Lösung 215
Abbildung 8.4: Marktplatz in Rothenburg (o. d. T.) 223
Abbildung 8.5: Marktplatzbeteiligung heute und morgen 224

Abbildungsverzeichnis

Abbildung A2.1: Prozessbelege Administrator Workbench des SAP BW 235
Abbildung A2.2: Prozessbelege Betriebswirtschaftliche Auswertungsobjekte des SAP BW 238
Abbildung A2.3: Prozessbelege Reporting SAP BW 239
Abbildung A2.4: Prozessbelege Data-Warehouse-Management im SAP BW 241
Abbildung A2.5: Prozessbelege Berichts- und Benutzeradministration im SAP BW 243
Abbildung A3.1: Prozessbelege Business Planning and Simulation 245
Abbildung A3.2: Prozessbelege Corporate Performance Monitor 247
Abbildung A4.1: Prozessbelege Account Management 250
Abbildung A4.2: Prozessbelege Marketing 252
Abbildung A4.3: Prozessbelege Lead Management 253
Abbildung A4.4: Prozessbelege Aktivitäten-Management 254
Abbildung A4.5: Prozessbelege Opportunity Management 255
Abbildung A4.6: Prozessbelege Sales 257
Abbildung A4.7: Prozessbelege Service 258
Abbildung A4.8: Prozessbelege Anrufabwicklung 259
Abbildung A4.9: Prozessbelege Lösungsdatenbank 260
Abbildung A5.1: Prozessbelege Stammdaten E-Procurement 262
Abbildung A5.2: Prozessbelege Standalone-Szenario 264
Abbildung A5.3: Prozessbelege Klassisches Szenario 266
Abbildung A5.4: Prozessbelege E-Ausschreibungen 268
Abbildung A5.5: Prozessbelege Lieferantenportal 270
Abbildung A6.1: Prozessbelege Absatzplanung 273
Abbildung A6.2: Prozessbelege Globale ATP 276
Abbildung A6.3: Prozessbelege Production Planning & Detailed Scheduling 280
Abbildung A6.4: Prozessbelege Supply Chain Cockpit 282
Abbildung A6.5: Prozessbelege Supply Network Planning 285
Abbildung A6.6: Prozessbelege Transportation Planning & Vehicle Scheduling 289
Abbildung A7.1: Prozessbelege ERP-basierte Zusammenarbeit mit einem externen Projektpartner 292
Abbildung A7.2: Prozessbelege Internet-basierte kollaborative Entwicklung durch ein unternehmensübergreifendes virtuelles Team 295
Abbildung A7.3: Prozessbelege Engineering Change Management unter Einbeziehung eines externen Projektpartners 298
Abbildung A8.1: Prozessbelege Marktplatzkataloge 300
Abbildung A8.2: Prozessbelege Dokumentenaustausch 302
Abbildung A8.3: Prozessbelege Auktionen und Ausschreibungen 304
Abbildung A8.4: Prozessbelege Supply-Chain-Zusammenarbeit 306
Abbildung A8.5: Prozessbelege Projekt- und Produktentwicklung 307

Tabellenverzeichnis

Tabelle 1.1:	mySAP Business Suite: Branchenlösungen	17
Tabelle 2.1:	Zertifizierte OLAP-Werkzeuge	47
Tabelle 2.2:	Unterschiede zwischen operativen und DW-Systemen	49
Tabelle 2.3:	Vorgefertigte DW-Lösungen	62
Tabelle 3.1:	Vergleich SAP R/3 und SAP SEM	74
Tabelle 3.2:	Business Content und Planungstemplates	88
Tabelle 6.1:	Ziele und Verbesserungspotenziale des SCM	155
Tabelle 6.2:	SCM-Planungsebenen	157
Tabelle 6.3:	Planungsunterschiede: PPS-/APS-Systeme	160
Tabelle 6.4:	Aufteilung der Planungsaufgaben auf die APS-Module	161
Tabelle 6.5:	Elemente von mySAP SCM	164
Tabelle 7.1:	Mitbewerber und fertigungsbezogene Ausrichtung im Bereich PLM	204
Tabelle A1.1:	Glossar der Prozessbelege	232
Tabelle A2.1:	Beschreibung Prozessbelege Administrator Workbench	236
Tabelle A2.2:	Beschreibung Prozessbelege Betriebswirtschaftliche Auswertungsobjekte	238
Tabelle A2.3:	Beschreibung Prozessbelege Reporting	240
Tabelle A2.4:	Beschreibung Prozessbelege Data-Warehouse-Management	241
Tabelle A2.5:	Beschreibung Prozessbelege Berichts- und Benutzeradministration	243
Tabelle A3.1:	Beschreibung Prozessbelege Business Planning and Simulation	245
Tabelle A3.2:	Beschreibung Prozessbelege Corporate Performance Monitor	247
Tabelle A4.1:	Beschreibung Prozessbelege Account Management	251
Tabelle A4.2:	Beschreibung Prozessbelege Marketing	252
Tabelle A4.3:	Beschreibung Prozessbelege Lead Management	253
Tabelle A4.4:	Beschreibung Prozessbelege Aktivitäten-Management	254
Tabelle A4.5:	Beschreibung Prozessbelege Opportunity Management	256
Tabelle A4.6:	Beschreibung Prozessbelege Sales	257
Tabelle A4.7:	Beschreibung Prozessbelege Service	258
Tabelle A4.8:	Beschreibung Prozessbelege Anrufabwicklung	260
Tabelle A4.9:	Beschreibung Prozessbelege Lösungsdatenbank	260
Tabelle A5.1:	Beschreibung Prozessbelege Stammdaten E-Procurement	262
Tabelle A5.2:	Beschreibung Prozessbelege E-Procurement – Standalone-Szenario	264
Tabelle A5.3:	Beschreibung Prozessbelege E-Procurement – Klassisches Szenario	266
Tabelle A5.4:	Beschreibung Prozessbelege E-Ausschreibungen	268
Tabelle A5.4:	Beschreibung Prozessbelege Lieferantenportal	270
Tabelle A6.1:	Beschreibung Prozessbelege Absatzplanung	273
Tabelle A6.2:	Beschreibung Prozessbelege Globale ATP	276
Tabelle A6.3:	Beschreibung Prozessbelege Production Planning & Detailed Scheduling	280
Tabelle A6.4:	Beschreibung Prozessbelege Supply Chain Cockpit	282
Tabelle A6.5:	Beschreibung Prozessbelege Supply Network Planning	285
Tabelle A6.6:	Beschreibung Prozessbelege Transportation Planning & Vehicle Scheduling	289
Tabelle A7.1:	Beschreibung Prozessbelege ERP-basierte Zusammenarbeit mit einem externen Projektpartner	293
Tabelle A7.2:	Beschreibung Prozessbelege Internet-basierte kollaborative Entwicklung durch ein unternehmensübergreifendes virtuelles Team	295

Tabelle A7.3:	Beschreibung Prozessbelege Engineering Change Management unter Einbeziehung eines externen Projektpartners	298
Tabelle A8.1:	Beschreibung Prozessbelege Marktplatzkataloge	300
Tabelle A8.2:	Beschreibung Prozessbelege Dokumentenaustausch	302
Tabelle A8.3:	Beschreibung Prozessbelege Auktionen und Ausschreibungen	304
Tabelle A8.4:	Beschreibung Prozessbelege Supply-Chain-Zusammenarbeit	306
Tabelle A8.5:	Beschreibung Prozessbelege Projekt- und Produktentwicklung	307

Abkürzungsverzeichnis

ABAP	Advanced Business Application Programming
ALE	Application Link Enabling
APO	Advanced Planner and Optimizer
APS	Advanced Planning System
APQP	Advanced Product Quality Planning
ASAP	Accelerated SAP
ATP	Aviable to Promise
BAPI	Business Application Programming Interface
BARC	Business Application Research Center
BBP	Business to Business Procurement
BC	Business Content
BCS	Business Consolidation
BEx	Business Explorer
BI	Business Intelligence
BIC	Business Information Collection
BIT	Business Intelligence Tool
BPS	Business Planning & Simulation
BSC	Balanced Scorecard
BW	Business Information Warehouse
B2B	Business to Business
B2C	Business to Customer
B2M	Business to Marketplace
CAD	Computer Aided Design
CDB	Consolidated Database
CEP	Collaborative Engineering and Project Management
cFolder	Collaboration Folder
CIC	Customer Interaction Center
CIF	Core Interface
CM	Configuration Management (Konfigurationsmanagement)
CO	Controlling
COM	Component Object Model
CPM	Corporate Performance Management

cProject	Collaboration Project
CRM	Customer Relationship Management
C-Room	Collaborative Room
CS	Customer Service
CSE	Continuous System Engineering
CTI	Computer Telephony Integration
CTM	Capable-to-Match
CTP	Capable-to-Promise
CWM	Common Warehouse Metamodel
cXML	Commerce XML
DB	Datenbank
DP	Demand Planning
DV	Datenverarbeitung
DW	Data Warehouse
DWB	Data-Warehouse-Bibliothek
EAI	Enterprise Application Integration
EBP	Enterprise Buyer Professional Edition
EBD	Enterprise Buyer Desktop Edition
ebXML	Electronic Business XML
ECO	Engineering Change Order
ECR	Engineering Change Request
EDI	Electronic Data Interchange
EDV	Elektronische Datenverarbeitung
EH&S	Environment, Health and Safety
EIS	Executive Information Systems
EBP	Enterprise Buyer Professional
ERP	Enterprise Resource Planning
ETL	Extraktion, Transformation, Laden
EUS	Entscheidungsunterstützungssysteme
HTML	Hypertext Markup Language
HTTP	Hypertext Transfer Protocol
IAC	Internet Application Component
IH	Instandhaltung
IMG	Implementation Management Guide
IPC	Internet Pricing And Configurator
iPPE	Integrated Product and Process Engineering

Abkürzungsverzeichnis

IT	Information Technology
ITS	Internet Transaction Server
IVR	Interactive Voice Response
KPI	Key Performance Indicator
KW	Knowledge Warehouse
LC	Lifecycle Collaboration
LCC	Lifecycle Costing
LES	Logistics Execution System
LIS	Logistikinformationssystem
MC	Management Cockpit
MIS	Managementinformationssystem
MRO	Maintenance, Repair and Overhaul
MRP	Material Requirements Planning
MRP II	Manufacturing Resource Planning
MOLAP	Multidimensionales OLAP
ODS	Operational Data Store
OIW	Open Information Warehouse
OLAP	On-Line Analytical Processing
OLE	Object Linking and Embedding
PLM	Product Lifecycle Management
PM	Plant Maintenance (Instandhaltung)
PP/DS	Production Planning/Detailed Scheduling
PPM	Produktionsprozessmodell
PS	Project System (Projekt-System)
PSA	Persistent Staging Area
QADB	Question and Answer Database
QM	Quality Management
RBE-BI	Reverse Business Engineer – Business Intelligence
RFC	Remote Function Call
SC	Supply Chain
SCC	Supply Chain Cockpit
SCE	Supply Chain Execution
SCE	Sales Configuration Engine
SCM	Supply Chain Management
SCOPE	Supply Chain Optimization, Planning and Execution
SCOR	Supply Chain Operations Reference Model

Abkürzungsverzeichnis

SCP	Supply Chain Planning
SD	Sales and Distribution
SEM	Strategic Enterprise Management
SNP	Supply Network Planning
SOAP	Simple Object Access Protocol
SPE	Sales Pricing Engine
SQL	Structured Query Language
SRM	Stakeholder Relationship Management
SRM	Supplier Relationship Management
SSL	Secure Sockets Layer
TLB	Transport Load Builder
TP/VS	Transportation Planning/Vehicle Scheduling
TTE	Transaction Tax Engine
UNSPSC	United Nations/Standards Products and Services Codes
URL	Uniform Resource Locator
VMI	Vendor-Managed-Inventory
WEB AS	Web Application Server
WYSIWYG	What you see is what you get
xCBL	XML Common Business Library
XML	Extented Markup Language

Autorenverzeichnis

Dr. rer. pol. Andreas Hufgard, Jahrgang 1966, studierte an der Universität Würzburg Betriebswirtschaftslehre. Danach war er wissenschaftlicher Mitarbeiter und verantwortlicher Projektleiter am Lehrstuhl für Wirtschaftsinformatik und Betriebswirtschaftslehre von Professor Dr. R. Thome. Er promovierte 1994 zum Thema „Betriebswirtschaftliche Softwarebibliotheken und Adaption". Seitdem ist er als Vorstand der IBIS Prof. Thome AG verantwortlich für Methoden- und Toolentwicklung in Kooperation mit der SAP AG und Siemens Business Services. Weiterhin ist er als Lehrbeauftragter im MBA-Studiengang „Business Integration" an der Universität Würzburg tätig.

Dr. rer. pol. Heiko Hecht, Jahrgang 1972, studierte an der Universität Würzburg Betriebswirtschaftslehre. Danach war er wissenschaftlicher Mitarbeiter und verantwortlicher Projektleiter am Lehrstuhl für Wirtschaftsinformatik und Betriebswirtschaftslehre von Professor Dr. R. Thome. Er promovierte 2003 zum Thema „Einführung und kontinuierliche Adaption von betriebswirtschaftlichen Data-Warehouse-Bibliotheken". Seitdem ist er als Mitarbeiter der IBIS Prof. Thome AG für Methoden und Werkzeuge zur Implementierung von Standardanwendungssoftware im Bereich Business Intelligence und Rechnungswesen verantwortlich sowie als Seniorberater und Projektleiter tätig. Weiterhin ist er Lehrbeauftragter des MBA-Studiengangs „Business Integration" an der Universität Würzburg.

Dr. rer. pol. Wolfgang Walz, Jahrgang 1965, studierte, nach seiner Ausbildung zum Bankkaufmann, an der Universität Würzburg Betriebswirtschaftslehre. Danach war er wissenschaftlicher Mitarbeiter und verantwortlicher Projektleiter am Lehrstuhl für Wirtschaftsinformatik und Betriebswirtschaftslehre von Professor Dr. R. Thome. Er promovierte 2000 zum Thema „Organisation von Konzerneinführungen durch Adaption von Standardsoftwarebibliotheken". Seitdem ist er als Vorstand der IBIS Prof. Thome AG verantwortlich für die Methodenentwicklung und das Coaching in Roll-Out-Projekten. Weiterhin ist er als Lehrbeauftragter im MBA-Studiengang „Business Integration" an der Universität Würzburg tätig.

Dr. rer. pol. Frank Hennermann, Jahrgang 1970, studierte an der Universität Würzburg Betriebswirtschaftslehre. Danach war er wissenschaftlicher Mitarbeiter und verantwortlicher Projektleiter am Lehrstuhl für Wirtschaftsinformatik und Betriebswirtschaftslehre von Professor Dr. R. Thome. Er promovierte 2002 zum Thema „Betriebswirtschaftliche Wissenspakete als Informationsträger der Softwareadaption". Seitdem ist er als Mitarbeiter der IBIS Prof. Thome AG für Methoden und Werkzeuge zur Implementierung von Standardanwendungssoftware im Bereich Customer Relationship Management und im Anwendersegment Versorgungsindustrie verantwortlich sowie als Seniorberater und Projektleiter tätig.

Dipl.-Kfm. Gerald Brosch, Jahrgang 1966, studierte an der Universität Würzburg Betriebswirtschaftslehre. Danach war er wissenschaftlicher Mitarbeiter am Lehrstuhl für Wirtschaftsinformatik und Betriebswirtschaftslehre von Professor Dr. R. Thome. Seit dem Examen ist er als Mitarbeiter der IBIS Prof. Thome AG für Methoden und Werkzeuge zur Implementierung von Standardanwendungssoftware in den Bereichen Materialwirtschaft und Supplier Relationship Management verantwortlich sowie als Seniorberater und Projektleiter tätig.

Dr. rer. pol. Sabine Mehlich, Jahrgang 1965, studierte an der Universität Würzburg Betriebswirtschaftslehre. Danach war sie wissenschaftliche Mitarbeiterin und verantwortliche Projektleiterin am Lehrstuhl für Wirtschaftsinformatik und Betriebswirtschaftslehre von Professor Dr. R. Thome.
Sie promovierte 1999 zum Thema „Merkmalsorientierte Anforderungsnavigation zur Adaption betriebswirtschaftlicher Softwarebibliotheken". Seitdem ist sie als Mitarbeiterin der IBIS Prof. Thome AG für Methoden und Werkzeuge zur Implementierung von Standardanwendungssoftware im Bereich Supply Chain Management verantwortlich sowie als Seniorberaterin und Projektleiterin tätig. Weiterhin ist sie Lehrbeauftragte für Wirtschaftsinformatik und des MBA-Studiengangs „Business Integration" an der Universität Würzburg.

Dr. rer. pol. Christian Bätz, Jahrgang 1969, studierte an der Universität Würzburg Betriebswirtschaftslehre. Danach war er wissenschaftlicher Mitarbeiter und verantwortlicher Projektleiter am Lehrstuhl für Wirtschaftsinformatik und Betriebswirtschaftslehre von Professor Dr. R. Thome.
Er promovierte 2000 zum Thema „Systematische Gestaltung und kontinuierliche Anpassung von Organisationsstrukturen bei der Anwendung betriebswirtschaftlicher Softwarebibliotheken". Seitdem ist er als Mitarbeiter der IBIS Prof. Thome AG für Methoden und Werkzeuge zur Implementierung von Standardanwendungssoftware im Bereich Product Lifecycle Management verantwortlich sowie als Seniorberater und Projektleiter tätig. Weiterhin ist er Lehrbeauftragter des MBA-Studiengangs „Business Integration" an der Universität Würzburg.

Die **IBIS Prof. Thome AG** entwickelt innovative Methoden und Werkzeuge für die anforderungsgerechte Integration von Organisation und Informationsverarbeitung. Das thematische Spektrum reicht von der effektiven Erforschung bis zum effizienten Projekteinsatz von Methoden und Werkzeugen für ERP, CRM, SCM, BI und E-Commerce. Zur erfolgreichen und wirtschaftlichen Projektdurchführung wird aktuellstes Forscher- und Beraterwissen von der strategischen Vorbereitung über die Einführung bis zur kontinuierlichen Verbesserung von Anwendungen eingebracht. Die IBIS Prof. Thome AG kooperiert in längerfristiger Zusammenarbeit mit Partnern wie SAP und Siemens Business Services. Daneben werden auch Tagungen und Seminare veranstaltet. Weitere Informationen sind zu finden unter http://www.ibis-thome.de.

GPSR Compliance
The European Union's (EU) General Product Safety Regulation (GPSR) is a set of rules that requires consumer products to be safe and our obligations to ensure this.

If you have any concerns about our products, you can contact us on

ProductSafety@springernature.com

In case Publisher is established outside the EU, the EU authorized representative is:

Springer Nature Customer Service Center GmbH
Europaplatz 3
69115 Heidelberg, Germany

www.ingramcontent.com/pod-product-compliance
Ingram Content Group UK Ltd.
Pitfield, Milton Keynes, MK11 3LW, UK
UKHW022152230426
12049UKWH00003BA/49